隆天知識産權 组织编写
LUNG TIN IP ATTORNEYS

知识产权律师论丛

Attorney's Perspectives On IP Practice

（第3辑）

主编 郑泰强　　　　副主编 郭晓东

知识产权出版社
全国百佳图书出版单位

图书在版编目（CIP）数据

知识产权律师论丛. 第3辑/郑泰强主编. —北京：知识产权出版社，2018.10

ISBN 978-7-5130-5750-9

Ⅰ.①知… Ⅱ.①郑… Ⅲ.①知识产权—文集 Ⅳ.①D913.04-53

中国版本图书馆 CIP 数据核字（2018）第 186623 号

内容提要

本书延续《知识产权律师论丛》第1辑、第2辑（2014年、2016年由知识产权出版社出版），内容为隆天知识产权代理有限公司组织的知识产权律师就近两年行业热点和日常知识产权实务所做的一些探讨和评析，分"知识产权律师观点""知识产权实务探讨"和"知识产权法律研究"3个章节，共44篇专业文章。本书旨在为知识产权从业者提供一线的律师观点，为企业的知识产权确权与保护实践提供切实可行的建议，并与同行就相关的知识产权法律问题进行交流和探讨。

与第1辑包含中英双语两部分内容不同，《知识产权律师论丛（第3辑）》仅包含中文部分内容，相应的英文部分已单独结册印刷，如有需要英文内容的读者，可致函隆天公司邮箱：LTBJ@lungtin.com 索要。

读者对象：知识产权从业者、企业法务工作者及对知识产权感兴趣的人士。

责任编辑：黄清明　韩婷婷　　　　责任校对：谷　洋

封面设计：刘　伟　　　　　　　　责任印制：刘译文

知识产权律师论丛（第3辑）

主　编　郑泰强

副主编　郭晓东

编　委　向　勇　徐擎红　闫　华

出版发行：**知识产权出版社**有限责任公司		网　　址：http://www.ipph.cn	
社　　址：北京市海淀区气象路50号院		邮　　编：100081	
责编电话：010-82000860 转 8359		责编邮箱：46816202@qq.com	
发行电话：010-82000860 转 8101/8102		发行传真：010-82000893/82005070/82000270	
印　　刷：北京嘉恒彩色印刷有限责任公司		经　　销：各大网上书店、新华书店及相关专业书店	
开　　本：720mm×1000mm　1/16		印　　张：21	
版　　次：2018年10月第1版		印　　次：2018年10月第1次印刷	
字　　数：389千字		定　　价：79.00元	

ISBN 978-7-5130-5750-9

序

在中国知识产权法领域，学术界与实务部门的互动一直很密切，已经形成很好的学术与实务的对话传统。学术界非常关注各种实务争议，努力提供更普适性的理论解释；而实务部门也很关注前沿问题的理论研究，努力为自己的实务主张寻求依据。近些年来，国内知识产权界的一系列学术与实务争议都生动地体现了这一点。比如，汉字字体的知识产权保护、商标许可背景下的未注册商标的权属（"王老吉"案）、网络版权领域服务器标准的去留、体育赛事节目画面的版权属性、网络游戏的版权保护等。这些争议中，学者与律师相互支持、质疑甚至批判，互为对方的进步着急或努力。画风看上去很混乱，其实也很和谐。

在这一背景下，清华大学法学院知识产权法研究中心非常注重和国内外实务部门的合作，共同开展学术研究并共同组织一些学术会议，并努力发挥自己的学术影响力。隆天知识产权团队在知识产权法律实务领域有丰富的经验，并且有兴趣参与学术活动，自然成为我们研究中心的合作伙伴。中心和隆天知识产权团队已经有过多次的合作和交流，个人也因此对隆天公司有一些了解，特别对隆天知识产权团队的认真、专业和务实的作风印象深刻。不过，当我看到这本隆天公司上下齐心协力认真编写的《知识产权律师论丛（第3辑）》时，还是有些意外。本人作为专业教师，出版过一些论文和教科书，深知学术研究的寂寞和辛苦。论文作者们于百忙之中，还能就自己遇到的难点或热点问题，独立思考，认真探究解决方案，很不容易。借此机会，对隆天知识产权部门的同行，表达由衷的敬意。

这本论文集已是隆天知识产权团队自2014年以来出版的第3本论文集，也算是小有成就，值得庆贺一下！我相信，他们还会有第4辑、第5辑……坚持做一件事，并不断提升专业水准，这应该是中国知识产权人共同的追求吧。祝《知识产权律师论丛》越出越多，越办越好！也借此机会发个小广告，欢迎各位同行去清华知识产权法研究中心"论见"！

崔国斌
清华大学法学院知识产权法研究中心主任
2018年9月于北京清华园

目录

知识产权实务探讨

知识产权法律研究

知识产权律师观点

创新技术的革命对知识产权行业变革的探索
之
AI 人工智能对专利代理的改变

叶 虹

AI（Artificial Intelligence），即人工智能，当下最炙手可热的技术，它似乎拥有不可阻挡的力量，改变着每个行业，剑指着未来产业的制高点。而知识产权作为服务产业发展的法律行业，它会受到 AI 的冲击吗？它会被改变或消亡吗？以下选取"专利代理"这个视角，在 AI 的描绘下，触摸着未来模样。

AI，是一种被很多人描述为具有人的思考和学习能力，同时又具有机器不知疲倦"永动"能力的技术。目前，AI 更多的是为了解决某些业务场景，而配置了多种技术的集合。例如，图像识别技术、语音技术、视频技术等。但归根结底，其底层技术在于机器学习以及深度学习的实现。简单地说，机器具有"智慧"需要完备的逻辑决策算法和足够多的学习样本。

在对 AI 有一定认知的基础上，共同探索专利代理行业+AI 所产生的"化学反应"，其将会对专利代理行业带来全新的变化。

一、专利代理的"挤出效应"

部分国内专利代理将被"挤"出行业。目前国内专利代理行业已进入行业"红海"，代理费持续走低，必然导致部分代理人撰写案件的付出不断减少，不可避免会出现"抄技术交底书文本"或者是"文字搬运工"的专利撰写情况。基于此，AI 能够利用自身所具备的逻辑分析和决策能力实现对技术交底书文本的逻辑分析和决策判断，进而完成此类案件的撰写。此时更为高效低成本的 AI，将会逐步把此部分专利代理"挤"出行业。

"简单"的涉外代理将被"挤"出行业。涉外代理往往被误解为"文本转换"的工作，对文本"简单"且忠于原文的"转换"，导致部分涉外代理变成了"翻译器"，无法真正达到对技术内容的透彻理解，保护范围基于不同国家法律进行策略调整等目标，也无法真正达到涉外专利的"信达雅"。此时，AI 将会运用语义识别技术或脑电波信号训练模型等手段完成专利的翻译。在 AI 的世界里，它将会轻松把此类专利代理"挤"出行业。

仅依赖出售流程管理的代理将被"挤"出行业。代交专利案件、代缴专利年费、专利案件监控等代为管理各种专利流程事务的专利代理，将会面临 AI 的严峻挑战。专利流程事务是一套标准化的执行规范，AI 将会比人做得更为精准、时效性更强，它将会把此种专利代理"挤"出行业。

被 AI"挤"出专利代理行业的它们，其有可能结合互联网以另外一种形态而存在，并服务于"特定"诉求的客户群体，甚至这一种存在形态还可能被免费化。

AI 在专利代理行业的融入将会丰富专利代理的内容，提升专利代理的品质，完善专利代理的管理，对于被"挤"专利代理的"内容"，将会在整体上被平台化、互联网化甚至免费化。

二、专利代理的效率提升

AI 辅助代理人与发明人的有效对接。发明人所提供的技术交底书文本，在很大程度上决定了代理人的撰写质量。代理人的日常撰写中，需要花费较多的时间与发明人进行不同程度的沟通。这是由于技术交底书文本与专利撰写需求的不对称性所造成的，而这种缺陷将能够由 AI 来弥补。例如，AI 可以辅助或代替代理人向发明人获取必要的技术逻辑、技术细节等资料，使得代理人的精力能够专注于专利的撰写，也保证了更为透彻的技术处理。

AI 辅助代理人优化案件的撰写。代理人撰写一份具有高质量的专利，会从多个维度、多个层次、多个实施例去阐述技术方案，进而支撑权利要求的合理保护范围。有 AI 的存在，就可以通过平行文库进行分析和判断所撰写案件的优化方向，甚至具体优化细节。

AI 将作为代理人的工具存在，为代理人工作日常提高智能化程度。

三、专利代理的"微笑曲线"

在专利代理行业的"产业链"上，存在着专利代理的"微笑曲线"，专利代理的"微笑曲线"如图 1 所示。

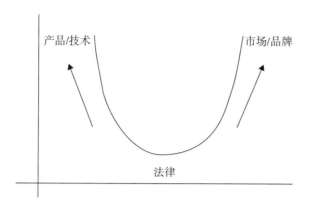

图1 微笑曲线

在该"微笑曲线"上，两端映射于核心竞争力，中间环节为"产业链"低附加值的部分。存在于"微笑曲线"两端的核心竞争力是：产品/技术以及市场/品牌，仅在法律规范要求这一维度上进行的专利代理处于"微笑曲线"的中间环节。

AI 的技术出现，将取代仅有低维度或单一功能的专利代理。这样的变革将会驱使代理人不能仅待在"微笑曲线"的中间环节，代理人需要向"微笑曲线"的两端延伸，即融入研发的第一线、产品的设计中，实现研发路径和所投放产品的全面专利申请保护；相对应地，代理人也需要对产品在市场上运营、品牌的运用保驾护航。

也只有这样，AI 的技术发展促使代理人具备"跨界"能力，即更多维度的处理能力，这就是 AI 不可替代的核心竞争力，重塑专利代理行业。

四、专利代理的蜕变

AI 不会取代专利代理，但是它会对专利代理行业的架构进行重塑。专利代理行业的"生产"模式，代理人的"业务"模式等，都有可能出现新的正向改变。也许在不远的将来，将会衍生出"专利技术/产品代理人"或"专利市场/品牌代理人"等新的身份，这也许就是专利代理行业的蜕变，更为真切地适用于产业和科学技术的发展，并从中实现专利代理行业的价值。

软件发明变身为专利，你该知道些什么？

张浴月

今天，几乎在每个行业都能见到软件发明的身影，这种趋势将代表未来的潮流，尤其考虑到智能家居、智能机器人时代的到来。

用知识产权来保护计算机软件，在国内和国际上始终是一个存在争议的议题。众所周知，你可以用版权来保护你的软件，如其源代码和目标码。然而版权保护只能局限于软件的文字表达上，不能保护软件所蕴含的思想，而这个思想则有重要的商业价值。专利则能保护这个思想。并且，即使用专利来保护，不同的国家和地区在软件给予何种程度上的专利保护存在着些许的差异。

本文提供在中国用专利保护软件的实用技巧，新的变化以及中国国家知识产权局（SIPO）、欧专局（EPO）、美国专利商标局（USPTO）的差异点。

一、软件是否是可专利的客体——技术性的要求

与欧洲不同，中国专利法并没有明确排除"计算机程序本身"的可专利性。然而，中国《专利法》第二条要求，发明应当是产品或方法的技术方案。并非所有的软件发明都可以申请专利。

请见中国《专利审查指南》（简称"审查指南"）第二部分第九章对于《专利法》第二条的定义："涉及计算机程序的发明是指为解决发明提出的问题，全部或部分以计算机程序处理流程为基础，通过计算机执行按上述流程编制的计算机程序，对计算机外部对象或者内部对象进行控制或处理的解决方案。"

并且，审查指南给出了三要素测试法，即（ⅰ）是否解决了技术问题？（ⅱ）是否采用了遵循自然规律的技术手段？（ⅲ）是否达到了符合自然规律的技术效果？

需要提醒注意的是，上述三个要素都需要满足，并且"技术性"是核心。

类似地，EPO采用"技术特性"审查基准，实际上该标准是比较低的，即一般而言，能够体现出"技术性"的特征均能通过专利客体的门槛。另外，USPTO，并非从技术性着眼，而是关注（ⅰ）该专利是否覆盖了专利禁区，

例如抽象思想或自然规律，（ⅱ）如果是，对该抽象思想或自然规律的应用是否含有创造性（inventive concept）？

二、可专利的软件发明的例子

审查指南提供了四个属于专利客体的软件发明的例子。

（ⅰ）用于工业过程的控制，例如：控制橡胶模压成型工艺的方法。

（ⅱ）用于改善计算机相关产品的内部性能，例如：扩充移动计算设备的存储容量方法。

（ⅲ）用于工业测量或测试，例如：通过计算机程序测量液体黏度的方法。

（ⅳ）处理外部数据，例如：去除图像噪声的方法。

通过上述案例，似乎可专利的客体涵盖了几乎所有的工业和商业领域。

但是，实际上，通常工业领域中诞生的软件发明被认为是可专利的客体，而商业领域中的商业方法往往会面临三要素测试法的严格筛选。

这对于银行业、保险业等不是好消息已经有多年，并且也正在束缚大量新型的电子商务、游戏、物流企业。令人感到振奋的是，近年来中国也正在考虑给捆在这些领域上的软件发明的三要素测试法的绳子松绑。而大洋彼岸的美国似乎正在收紧在这些领域上的软件可专利性的绳子。

三、权利要求的撰写要求和比较

（一）权利要求的类别

对于仅涉及软件改进的纯软件发明，中国允许第一类——方法权利要求，和第二类——产品权利要求，以及第三类——介质权项。

USPTO 类似中国，但对于第三类——介质权项，要求明确限定是"非暂态"，即不能是光、电等不具有永久性的介质。比较而言，中国虽然没有这种明确的要求，但是从审查指南的修改背景和上下文可以认为类似于美国，介质应该是永久性载体，例如磁带、磁盘、光盘、磁光盘、ROM、PROM、VCD、DVD 或者其他的计算机可读介质。（参见中国的《专利审查指南》第二部分第九章第 2 节第（1）项第一段）

欧洲专利局（EPO）最宽，进一步允许第四类——计算机程序或软件，数据结构、帧结构，只要满足技术性即可。参见 EP1056267B1，朗讯的一个权利要求，其主题是"一种结构化的电子信息"。

（二）方法权利要求的撰写要求

SIPO、EPO、USPTO 的要求是不同。其中，EPO、USPTO 要比 SIPO 严

格，要求写明方法所运行的具体物理限制特征。如果没有这些特征，很可能遭遇 EPO、USPTO 提出的客体或创造性问题。

（三）产品权利要求的撰写要求

SIPO、EPO 与 USPTO 的有几分形似，又有几分神不同。三者都允许使用模块型权利要求，而美国将模块解释为说明书中的实施方式及其等同物，即按照功能特征来解释范围为：说明书公开的软件算法及其等同物。EPO 的解释规则则是，如果没有说明书中相反解释，权利要求中的模块一般为硬件或物理模块。原则上，在欧盟国家，权利要求中的模块的含义是根据说明书中的描述结合附图来解释的。因此如果说明书描述的是完全由软件来实现的时候，权利要求中的模块将被解释为程序模块。EPO 的解释与 SIPO 基本相同。

近年来，SIPO 的审查实践与 EPO 中出现一种趋势，那就是允许美国式的"处理器+存储器"型权利要求。

然而，虽然产品权利要求写成模块式，"处理器+存储器"式在审查阶段很重要，或者说很热闹，目前在司法审判中却很沉默，在中国以及欧盟国家，尚未有针对真实具体案例的司法解释，来解释上述产品权利要求的保护范围。

四、说明书的撰写要求和比较

在中国，对于软件运行的物理环境，或者说包含该软件的物理产品，并无要求。

说明书中只需提供如下内容：

（1）在附图中提供计算机程序的主要流程图；

（2）在说明书中按照该流程的时间顺序，用自然语言描述该计算机程序的每个步骤；

（3）必要时，提供部分程序的源代码，但不需要提供全部源程序。

EPO 和 USPTO 还要求写明软件运行的物理环境，或者说包含该软件的物理产品的描述。尤其是美国，通过最高法院在 2013—2018 年的一系列案例，对说明书描述的细致度的要求更高，例如，Richard A. Williamson v. Citrix Online, LLC,（Fed.Cir.2015）(en banc)，权利要求保护一种分布式学习控制模块，法院以说明书没有给出所记载的功能的算法为由将该专利无效。

综上，软件发明正以势如破竹的速度迅速渗入各行各业，并且将在未来扮演更重要的角色。知道如何将软件发明变为专利的关键点，以及中、美、欧的区别点，将有助于准备专利申请文件，应对审查程序以及授权后程序。

专利申请文件撰写之再思考

——从最高人民法院《关于审理侵犯专利权纠纷案件应用法律若干问题的解释（二）》谈起

张永康

一、引　言

2016 年 3 月 22 日，中国最高人民法院发布了《专利纠纷案件司法解释（二）》。在该《专利纠纷案件司法解释（二）》中，涉及了权利要求的保护范围的解释，并且导入了一些新的解释规则，强调了专利申请文件撰写的公示性，提升了专利侵权的可预见性。

该《专利纠纷案件司法解释（二）》的发布，必然会对专利权的保护范围产生很大影响，因此，有必要根据该《专利纠纷案件司法解释（二）》来重新衡量以往的申请文件的撰写方式是否完备。

由此，笔者希望根据自身从事专利代理的实务经验，从《专利纠纷案件司法解释（二）》中的规定出发来对申请文件的撰写进行深入探讨，以期对广大申请人有所裨益。

二、《专利纠纷案件司法解释（二）》的相关规定

在《专利纠纷案件司法解释（二）》中，涉及了权利要求的保护范围的解释，导入了一些新的解释规则，具体涉及如下内容。

（一）当权利要求书和说明书存在歧义时对保护范围的界定

根据《专利纠纷案件司法解释（二）》第四条❶的规定，当权利要求书和说明书存在歧义时，本领域普通技术人员通过阅读权利要求书、说明书及附图可以得出唯一理解的，将根据该唯一理解进行认定。

但是，在该条司法解释中，对于权利要求书和说明书存在歧义并且本领

---

❶ 《专利纠纷案件司法解释（二）》第四条：权利要求书、说明书及附图中的语法、文字、标点、图形、符号等存有歧义，但本领域普通技术人员通过阅读权利要求书、说明书及附图可以得出唯一理解的，人民法院应当根据该唯一理解予以认定。

域普通技术人员不能得出唯一理解时应当如何认定，并没有给出相应的规定。那么此时，是只能按照权利要求书中的理解进行界定呢，还是可以根据说明书中记载的内容来对权利要求书中的含义进行修正呢？

对此，在"西安秦邦电信材料有限责任公司诉无锡市隆盛电缆材料厂等侵犯专利权纠纷案"❶一案中，最高人民法院再审理认为：当本领域普通技术人员对权利要求相关表述的含义可以清楚确定，且说明书又未对权利要求的术语含义作特别界定时，应当以本领域普通技术人员对权利要求自身内容的理解为准，而不应当以说明书记载的内容否定权利要求的记载，从而达到实质修改权利要求的结果，并使得专利侵权诉讼程序对权利要求的解释成为专利权人额外获得的修改权利要求的机会，否则，权利要求对专利保护范围的公示和划界作用就会受到损害，专利权人因此不当获得了权利要求本不应该涵盖的保护范围。

（二）在侵权诉讼中法院解释涉案专利权利要求的相关文书

根据《专利纠纷案件司法解释（二）》第六条❷的规定，人民法院可以运用与涉案专利存在分案申请关系的其他专利及其专利审查档案、生效的专利授权确权裁判文书解释涉案专利的权利要求。上述专利审查档案，包括专利审查、复审、无效程序中专利申请人或者专利权人提交的书面材料，国务院专利行政部门及其专利复审委员会制作的审查意见通知书、会晤记录、口头审理记录、生效的专利复审请求审查决定书和专利权无效宣告请求审查决定书等。

（三）对封闭式组合物专利的侵权的认定

根据《专利纠纷案件司法解释（二）》第七条❸第一款的规定，如果被诉侵权技术方案在包含封闭式组合物权利要求全部技术特征的基础上增加其他技术特征，则被诉侵权技术方案未落入专利权的保护范围，但该增加的技术特征属于不可避免的常规数量杂质的除外。

---

❶　最高人民法院（2012）民提字第 3 号判决书。

❷　《专利纠纷案件司法解释（二）》第六条：人民法院可以运用与涉案专利存在分案申请关系的其他专利及其专利审查档案、生效的专利授权确权裁判文书解释涉案专利的权利要求。

专利审查档案，包括专利审查、复审、无效程序中专利申请人或者专利权人提交的书面材料，国务院专利行政部门及其专利复审委员会制作的审查意见通知书、会晤记录、口头审理记录、生效的专利复审请求审查决定书和专利权无效宣告请求审查决定书等。

❸　《专利纠纷案件司法解释（二）》第七条：被诉侵权技术方案在包含封闭式组合物权利要求全部技术特征的基础上增加其他技术特征的，人民法院应当认定被诉侵权技术方案未落入专利权的保护范围，但该增加的技术特征属于不可避免的常规数量杂质的除外。前款所称封闭式组合物权利要求，一般不包括中药组合物权利要求。

但是，对于该条司法解释，可能有人对某些特殊领域存在疑惑。例如，在药品中，活性成分以外的成分，究竟可不可以例外。

对此，在"山西振东泰盛制药有限公司、山东特利尔营销策划有限公司医药分公司与胡小泉侵犯发明专利权纠纷案"❶一案中，最高人民法院给出了答案。在该案中，争议焦点在于，在被诉药品中，含有封闭式药物权利要求的构成成分以外的辅料，对于此封闭式权利要求的保护范围的界定，可否认定为仅活性成分封闭，而非全部构成成分封闭，从而使权利要求的保护范围涵盖被诉药品？对此，最高人民法院再审判决认定，封闭式权利要求，其保护范围应当按照对封闭式权利要求的一般解释予以确定，在该封闭式药物权利要求中，除可能具有通常含量的杂质外，别无其他组分，辅料并不属于杂质，辅料也在涉案专利权利要求的排除范围之内。

另外，在《专利纠纷案件司法解释（二）》第七条第二款中，出于对中医药行业的促进与保护的目的以及中医药的特殊性，规定了中药组合物权利要求并不适用上述规则，亦即，即使在中药组合物权利要求中采用了封闭式的撰写方式，也并不按照上述规则进行判断。

（四）功能性特征的认定与解释

根据《专利纠纷案件司法解释（二）》第八条❷的规定，功能性特征，是指对于结构、组分、步骤、条件或其之间的关系等，通过其在发明创造中所起的功能或者效果进行限定的技术特征，但本领域普通技术人员仅通过阅读权利要求即可直接、明确地确定实现上述功能或者效果的具体实施方式的除外。

与说明书及附图记载的实现前款所称功能或者效果不可缺少的技术特征相比，如果被诉侵权技术方案的相应技术特征是以基本相同的手段，实现相同的功能，达到相同的效果，且本领域普通技术人员在被诉侵权行为发生时无需经过创造性劳动就能够联想到，则该相应技术特征与功能性特征相同或者等同。

---

❶ 最高人民法院（2012）民提字第 10 号判决。

❷《专利纠纷案件司法解释（二）》第八条：功能性特征，是指对于结构、组分、步骤、条件或其之间的关系等，通过其在发明创造中所起的功能或者效果进行限定的技术特征，但本领域普通技术人员仅通过阅读权利要求即可直接、明确地确定实现上述功能或者效果的具体实施方式的除外。

与说明书及附图记载的实现前款所称功能或者效果不可缺少的技术特征相比，被诉侵权技术方案的相应技术特征是以基本相同的手段，实现相同的功能，达到相同的效果，且本领域普通技术人员在被诉侵权行为发生时无需经过创造性劳动就能够联想到的，人民法院应当认定该相应技术特征与功能性特征相同或者等同。

（五）使用环境的限定作用

根据《专利纠纷案件司法解释（二）》第九条❶的规定，如果被诉侵权技术方案不能适用于权利要求中使用环境特征所限定的使用环境，则被诉侵权技术方案未落入专利权的保护范围。

（六）制备方法界定产品的限定作用

根据《专利纠纷案件司法解释（二）》第十条❷的规定，对于权利要求中以制备方法界定产品的技术特征，需要根据产品的制备方法及其等同的方法来界定产品的保护范围，并不上升到根据产品本身来界定该产品的保护范围。

（七）方法权利要求中步骤的先后顺序的限定作用

根据《专利纠纷案件司法解释（二）》第十一条❸的规定，虽然在方法权利要求中未明确记载技术步骤的先后顺序，但是如果本领域普通技术人员阅读权利要求书、说明书及附图后直接、明确地认为该技术步骤应当按照特定顺序实施，则该步骤顺序对于专利权的保护范围具有限定作用。

作为具体案例，在OBE-工厂·翁玛赫特与鲍姆盖特纳有限公司与浙江康华眼镜有限公司侵犯发明专利权纠纷案❹中，在涉案权利要求中没有记载四个步骤的先后顺序，最高人民法院经过审理认为，根据说明书及附图可以确定涉案权利要求中的四个步骤应当按照供料步骤、切割步骤、冲压步骤或冲孔步骤的顺序依次实施，因此，各个步骤之间具有特定的实施顺序，从而在该案中认定该步骤顺序对于专利权的保护范围具有限定作用。

（八）特定术语的使用将导致不能适用等同原则

根据《专利纠纷案件司法解释（二）》第十二条❺的规定，在权利要求

---

❶ 《专利纠纷案件司法解释（二）》第九条：被诉侵权技术方案不能适用于权利要求中使用环境特征所限定的使用环境的，人民法院应当认定被诉侵权技术方案未落入专利权的保护范围。

❷ 《专利纠纷案件司法解释（二）》第十条：对于权利要求中以制备方法界定产品的技术特征，被诉侵权产品的制备方法与其不相同也不等同的，人民法院应当认定被诉侵权技术方案未落入专利权的保护范围。

❸ 《专利纠纷案件司法解释（二）》第十一条：方法权利要求未明确记载技术步骤的先后顺序，但本领域普通技术人员阅读权利要求书、说明书及附图后直接、明确地认为该技术步骤应当按照特定顺序实施的，人民法院应当认定该步骤顺序对于专利权的保护范围具有限定作用。

❹ 最高人民法院民事裁定书（2018）民申字第980号。

❺ 《专利纠纷案件司法解释（二）》第十二条：权利要求采用"至少""不超过"等用语对数值特征进行界定，且本领域普通技术人员阅读权利要求书、说明书及附图后认为专利技术方案特别强调该用语对技术特征的限定作用，权利人主张与其不相同的数值特征属于等同特征的，人民法院不予支持。

中采用了"至少""不超过"等用于对数值特征进行界定的用语，并且本领域普通技术人员阅读权利要求书、说明书及附图后认为专利技术方案特别强调该用语对技术特征的限定作用，则对于该数值特征不能适用等同原则来界定保护范围。

三、专利申请文件撰写时的注意事项

如上所述，在充分考虑《专利纠纷案件司法解释（二）》中的涉及权利要求的保护范围的解释的条款及其对于权利要求的保护范围的影响后，笔者认为可从如下方面进行应对。

（一）在权利要求撰写时采用清楚明了的语言

首先，如上所述，根据《专利纠纷案件司法解释（二）》第四条的规定，当权利要求书和说明书存在歧义并且本领域普通技术人员通过阅读权利要求书、说明书及附图可以得出唯一理解时，将根据该唯一理解进行认定。而且，在不能得到唯一理解时，将按照对于权利要求的理解进行界定保护范围。

因此，在撰写权利要求时应该采用清楚明了的语言，采用通用术语，并且避免使用复杂的复合句。如果难以找到合适的术语，而采用了非通用的术语时，应该在说明书中给出清楚明确的定义，从而保证权利要求书和说明书中的含义的一致性。

（二）在权利要求撰写时要考虑存在分案申请关系的其他专利的撰写情况

首先，如上所述，根据《专利纠纷案件司法解释（二）》第六条的规定，法院可以运用与涉案专利存在分案申请关系的其他专利及其专利审查档案、生效的专利授权确权裁判文书解释涉案专利的权利要求。

因此，在撰写权利要求时，应当充分考虑在存在分案申请关系的其他专利文件及其专利审查档案中的记载方式等，使这些案件的对应构成要素之间的技术用语以及技术含义保持一致，以免导致在侵权诉讼的判断中，本领域技术人员会有不同于本专利中的真实含义的理解。

（三）在权利要求撰写时重视封闭式与开放式的区别

首先，如上所述，根据《专利纠纷案件司法解释（二）》第七条的规定，如果被诉侵权技术方案在包含封闭式组合物权利要求全部技术特征的基础上增加其他技术特征，则被诉侵权技术方案未落入专利权的保护范围，但该增加的技术特征属于不可避免的常规数量杂质的除外。

因此，在撰写时首先要考虑采用开放式权利要求的撰写方式。例如，虽然在发明人给出的技术交底书中为仅由 A 和 B 组成的封闭式的技术方案，但是在与发明人充分沟通后，充分挖掘出上述 A、B 成分以外的例如 C、D 成分。在权利要求书中撰写成"包括 A 和 B"的开放式权利要求，并且在权利要求书中另外撰写一个封闭式的"由 A 和 B 组成"的权利要求，并且在说明书中记载上述 A、B 成分以外的 C 或 D 成分等。

当然，如果充分沟通确认是仅由 A 和 B 组成的封闭式的技术方案，则也应该记载为封闭式的权利要求。如果将本应采用封闭式表达的权利要求写成开放式的权利要求，也可能会带来如下的问题。例如，在审查阶段，如果现有技术中存在"A、B 和 C"构成的技术方案，就会影响上述权利要求"包括 A 和 B"所界定的保护范围的新颖性，而对于权利要求"由 A 和 B 组成"所界定的保护范围而言，它的新颖性不会受该现有技术的影响。另外，如果说明书中实际上没有所描述除此之外的组分，则得不到说明书的支持，在审查阶段需要根据实际情况进行修改，进而延长审查周期。另外，在授权后，也可能容易被无效掉，而且由于在无效过程中对修改的限制，因此，也难以修改成封闭式权利要求。

因此，在实务操作中，应该重视封闭式权利要求与开放式权利要求的区别，结合具体技术方案仔细推敲，不要盲目选用开放式或封闭式的表达方式。

（四）在权利要求撰写时尽量避免使用功能性特征

首先，如上所述，根据《专利纠纷案件司法解释（二）》第八条的规定，功能性特征，被限定为与说明书及附图记载的实现所称功能或者效果不可缺少的技术特征及其等同的范围内。

因此，作为申请人或专利代理人，应当尽可能避免使用功能性特征进行撰写，从而避免权利要求的范围受到说明书记载实施例的限制。

另外，如果难以找到合适的结构性或组成性的语言，不得已使用了功能性特征，则要在说明书中记载尽可能多的实施例，从而扩大其能够等同的范围。

（五）在权利要求撰写时尽量避免记载使用环境

首先，如上所述，根据《专利纠纷案件司法解释（二）》第九条的规定，如果被诉侵权技术方案不能适用于权利要求中使用环境特征所限定的使用环境，则被诉侵权技术方案未落入专利权的保护范围。

对于一项发明而言，如果是依赖于特殊的使用环境而存在的，当然在权利要求中记载使用环境是无可厚非的。但是，如果仅是该项发明能够应用于某个特殊的环境，而限定了使用环境，则会使该发明的保护范围受到了不应该受到的限制。

因此，作为申请人或专利代理人，应该尽可能避免在权利要求中记载使用环境，除非该环境的记载对于发明的实现而言是必需的。

（六）在权利要求撰写时尽量避免使用制备方法界定产品

首先，如上所述，根据《专利纠纷案件司法解释（二）》第十条的规定，对于权利要求中以制备方法界定产品的技术特征，根据产品的制备方法及其等同的方法来界定产品的保护范围，并不上升到产品本身来界定产品的保护范围。

因此，作为申请人或专利代理人，应该尽可能采用结构性或组成性的语言来撰写产品的权利要求，避免采用制备方法界定产品的方式进行撰写，从而避免产品权利要求的保护范围受到制备方法的限制。

（七）特别留意方法权利要求中步骤的先后顺序

首先，如上所述，根据《专利纠纷案件司法解释（二）》第十一条的规定，方法权利要求未明确记载技术步骤的先后顺序，但是如果本领域普通技术人员阅读权利要求书、说明书及附图后直接、明确地认为该技术步骤应当按照特定顺序实施，则该步骤顺序对于专利权的保护范围具有限定作用。

因此，如果一项方法发明，其步骤并不存在先后顺序时，作为申请人或专利代理人，不仅在权利要求中不要记载先后顺序，而且，在说明书及附图中也不要记载先后顺序，并且优选在说明书及附图中明确声明该步骤之间没有先后顺序，并且进一步地详细解释该步骤之间为何可以没有先后顺序，从而使本领域普通技术人员在阅读权利要求书、说明书及附图后能够确信在该步骤之间没有先后顺序。

反之，如果一项方法发明，其步骤之间存在先后顺序时，作为申请人或专利代理人，也应该在权利要求中明确记载先后顺序，这样既有利于快速获得授权，也有利于确权过程中的稳定性。

（八）在权利要求撰写时不要采用"至少""不超过"等的术语

首先，如上所述，根据《专利纠纷案件司法解释（二）》第十二条的规定，当在权利要求中，采用了"至少""不超过"等用语对数值特征进行界定，并且本领域普通技术人员阅读权利要求书、说明书及附图后认为专利技术方案特别强调该用语对技术特征的限定作用时，权利人将不能主张与其不相同的数值特征的等同。

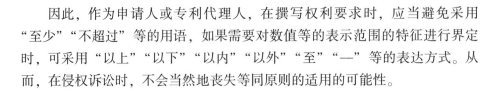

因此，作为申请人或专利代理人，在撰写权利要求时，应当避免采用"至少""不超过"等的用语，如果需要对数值等的表示范围的特征进行界定时，可采用"以上""以下""以内""以外""至""—"等的表达方式。从而，在侵权诉讼时，不会当然地丧失等同原则的适用的可能性。

四、结　论

综上，在《专利纠纷案件司法解释（二）》中，涉及了权利要求的保护范围的解释，导入了一些新的解释规则。本文中，笔者首先简要分析了《专利纠纷案件司法解释（二）》对于权利要求的保护范围的影响，以及对于撰写专利申请文件提出的挑战，然后，对上述影响及挑战进行了各种探讨，并提出了专利申请文件撰写的具体的应对方案。若能够对专利申请文件的撰写有所裨益，则笔者幸甚。

最后，鉴于笔者水平和经验有限，不妥之处敬请各位业界前辈、同人批评指正。

公知常识在审查中的应用

——中国国家知识产权局与其他知识产权局的比较研究

张浴月

中国国家知识产权局（SIPO）在评价权利要求的创造性时，经常使用公知常识。其他主要知识产权局，如 USPTO、EPO、JPO 以及 KIPO 的情况也是如此。

SIPO 与这些知识产权局的共同点在于：公知常识都可以被声称为事实，而与现有技术文献组合或者修改现有技术文献；审查员可以使用公知常识，而不必引用具体的证据；以及审查员不能将公知常识作为最接近的现有技术，并仅仅引用公知常识来做出不具备创造性的结论。

本文旨在探讨 SIPO 与主要知识产权局在审查实践方面存在的差异，包括以下几个方面：公知常识的应用范围和来源；公知常识与其他专利文献的组合的可靠性，对公知常识审查意见的抗辩方式和可能的后果。

一、SIPO 目前的审查实践

（一）公知常识的应用范围和来源

关于公知常识的应用范围，审查员不仅用来评述那种一眼看上去就能毫无疑问确定为非常公知的特征，如"计算机包括一个处理器"，还用来评述看上去不像是已知的特征。

关于公知常识的来源，《专利审查指南 2010》（以下简称《指南》）第二部分第四章第 3.2.1.1 节，在关于创造性的三步法的评价中，有如下示例：

"公知常识，例如，本领域中解决该重新确定的技术问题的惯用手段，或教科书或者工具书等中披露的解决该重新确定的技术问题的技术手段。"

《指南》在第四部分第二章第 3.3 节，在关于驳回决定后的前置审查中，规定审查员可以：

"对驳回决定和前置审查意见中主张的公知常识补充相应的技术词典、技术手册、教科书等所属技术领域中的公知常识性证据。"

由于《指南》的上述规定，导致了实践中审查员通常只能将教科书、工具书、技术词典、技术手册作为公知常识性证据。因此，审查员即使通过检索（往往是专利文献、论文、互联网上的内容）基本确定了某个特征是公知常识，在审查意见中是不会告知申请人其证据的，这就会导致申请人无法反驳。

（二）公知常识与其他现有技术文献的组合

过去，SIPO 的审查员并没有给出要清楚阐述将公知常识与其他现有技术文献组合或用公知常识来修改其他现有技术文献的分析论证。

中国最高人民法院在（2012）行提字第 8 号撤销了专利局复审委"第12728 号无效决定"，理由是复审委"既未对'卡接'在机械领域的具体含义进行查明，也没有就'卡接'属于公知常识进行举证和充分说理，更没有结合本领域所要解决的技术问题和产生的技术效果对'卡接'进行具体分析，在技术事实尚未查明的情况下即得出权利要求 1 不具有创造性的结论，难以令人信服"。

SIPO 据此要求审查员在应用公知常识时应做一些分析。

（三）审查意见的抗辩方式和后果

申请人（权利人）在面对某个特征被认为公知常识的审查意见时，通常会做一个判断，判断这种认定是否正确，如果不正确，可以在答复意见中进行质疑。

《指南》没有给出具体质疑的方式和例子。目前，申请人常用的方式就是简单地质疑，很少给出具体的理由。

《指南》第二部分第八章第 4.10.2.2 节对于申请人质疑的结果规定如下："审查员在审查意见通知书中引用的公知常识应当是确凿的，如果申请人对审查员引用的公知常识提出异议，审查员应当能够说明理由或提供相应的证据予以证明。"

由此可见，即使申请人质疑使用公知常识的可靠性，审查员并没有义务一定要提供证据，可以通过说明理由来证明。因此，根据局部统计，在审查实践中提供证据来证明公知常识的比例很低。

二、EPO、USPTO、JPO 以及 KIPO 的审查实践

（一）公知常识的应用范围和来源

关于公知常识的应用范围，参见 USPTO 的审查指南，仅在审查员认为他断言

是本领域公知常识（common sense，基本对等于 SIPO 的 common knowledge）的事实能够立刻被毫无疑问地证实的情况下，才作出一个没有证据支持公知常识的通知书。

关于公知常识的来源，参见 EPO 的审查指南第 G 部第 VII 章第 3.1 节，除了教科书，教科书所参考的文章和书籍也可以认为公知常识（common general knowledge，基本对等于 SIPO 的 common knowledge）。此外，欧洲专利局申请委员会的一些判例认为，在少数情况下，某些专业性强的文件以及专利文献也可作为公知常识。例如发明所属领域较新，对于该课题还没有很多教科书问世。

与 EPO 类似，JPO 允许审查员使用专利文献（一般 2~3 篇），论文、著名的科技杂志（如「日経 Electronics」）、Internet Website 上的内容等来作为周知技术（基本对等于 SIPO 的公知常识）的证据。

为什么 EPO 和 JPO 允许公知常识以专利文献，甚至论文的方式出现呢？这种实践，一方面有利于评价某一研究领域太新以至于技术知识还无法从教科书中获得的发明，另一方面有利于申请人进行反驳。

（二）公知常识与其他现有技术文献的组合

美国联邦最高法院在一个判例中（KSR International, Co. v. Teleflex, Inc.）清楚要求，做出创造性核驳意见的关键在于对于所要求保护的发明为何是显而易见给出清晰分析和论证。因此，在将公知常识与其他现有技术文献组合来否定创造性时，必须有分析和经过论证的理由来支持。

美国联邦巡回法院在 KSR 后的一个判例中（Plantronics vs. Aliph, Fed. Cir. July 31, 2013）指出，如使用没有任何支持的"公知常识"为由确定权利要求是显而易见的，这是很不充分的，强调说基于公知常识认定是显而易见时，其事实的分析必须包含明确清晰的说理，以便提供为何公知常识导致了显而易见性成立的基础。美国联邦巡回法院进一步提示注意提防"事后诸葛亮"的偏见，特别是当存在能够证明非显而易见的客观证据（例如，商业成功，和被复制），公知常识可能并非如此明显。此判决发出了一个明确的信号给 USPTO，即不允许基于没有得到支持的公知常识，得出创造性的否定结论。

在基于判例法的 USPTO，审查员对于权利要求的技术方案与现有技术文献之间的差距为何可由公知常识来填补，应给出详细和清楚的说理。

（三）审查意见的抗辩方式和后果

在 EPO，申请人（权利人）的抗辩方式有：提供一份独立专家，或者本领域中受人尊敬的技术人员的证据来说明，在申请日前，哪些是公知的，哪些不是公知的。申请人也可以在实审、异议、上诉等任一个的口头审理程序（oral proceeding）中提供口头证词。

关于抗辩后的结果，与 SIPO 不同，EPO 在其指南中规定公知常识在遭到质疑时需要通过书面文献证据进行支持，但实际上，EPO 在审查实践中也有相当比例是采用说理的方式来证明公知常识。再来看一下 KIPO。如果申请人对于公知常识的认定进行质疑，很多审查员，虽然不是全部，重新考虑后，经常再发一次审查意见，并增加对比文件，来证明该特征是公知常识。

类似于 EPO 和 KIPO，如果申请人对于是否正式通知基于公知常识的事实认定以及该认定是否适当进行质疑，USPTO 的审查员必须提供充足证据来支持其认定。

再进一步，对于申请人不质疑或质疑理由不充分时，USPTO 规定审查员应该在下一次审查意见清楚表明，由于申请人并未反驳审查员的公知常识主张或反驳不充分，审查员所表述的公知常识已被承认为现有技术。并且，如果申请人的质疑理由不充分，审查员还应该在下一次审查意见解释为何该质疑不充分。

三、对于 SIPO 当前实践的探讨

根据我们的执业经验和不完整统计分析，SIPO 的审查员在审查和无效程序中用公知常识来评价创造性的审查意见比例，估计高达 60%。屡见不鲜的是，审查员引用公知常识来评价申请人或权利人自认为是发明点的特征；然而，按理说，作为发明点的特征不应是立刻被毫无疑问地确定为非常公知的。

因此，关于公知常识的应用范围，我们认为，像 USPTO 那样，仅那些立刻被毫无疑问地确定很已知的非发明点特征用公知常识来评述更合理，而作为发明点的特征不宜使用公知常识。

关于公知常识的来源，建议参考 EPO 和 JPO，允许使用专利文献、论文、互联网证据。如此一来，当评价某一研究领域太新以至于技术知识还无法从教科书中获得的发明时，审查员估计只能检索到专利文献、论文、互联网证据，但他/她可以将这个检索结果提供给申请人。这样申请人就可以知道审查员认定公知常识的基础为何，并对其进行分析和反驳。

如前所述，核驳创造性的审查意见多数使用了公知常识，并且相当比例的审查意见中，并没有详细和清楚的说明：对于权利要求的技术方案与现有技术文献之间的差距为何可由公知常识来填补。虽然，SIPO 已经有鉴于最高院之前的判决，要求审查员在应用公知常识提供分析，仍建议，有必要在指

南中对此作出明确要求。

最后，尽管 SIPO 审查员可以基于公知常识的主张来核驳一个权利要求，但建议这种审查实践应该限制在较低比例，并且一旦遭到质疑，审查员应提供证据加以支持。同时，如果审查员的公知常识主张未遭到质疑，则其关于公知常识的陈述被承认为现有技术是合理的。

商业成功在创造性评判实践中的进展

吴小瑛

商业成功作为专利申请创造性判断中考虑的其他因素，是从鼓励经济激励的角度出发而做出的规定，将商业成功作为创造性的考虑因素，在《专利审查指南》中早有明确规定。但在实践中，以商业成功作为创造性理由的案例并不多，而且大多案件也都是被否定的结果。近几年来，随着经济的发展，越来越多的案件利用商业成功为理由证明发明的创造性，商业成功在创造性中的判定也因此受到业界更多的关注。在 2012 年的案例指导中，最高人民法院对商业成功在创造性判断中的考量因素和标准给予了说明，但并没有因商业成功而认可涉案专利的创造性。在"2015 年度专利复审无效十大案件"中，针对专利（专利号：03108814.7）的无效决定，复审委在发明的创造性评价中考虑了商业成功，这应当是商业成功被成功地用于支持创造性的中国第一例。

一、相关规定

我国《专利审查指南》第二部分第四章有关创造性审查的规定中，明确了发明创造性的审查原则和基准，即，按照"三步法"判断发明是否具有突出的实质性特点，并考虑发明是否具有有益的技术效果来评价发明是否具有显著的进步，作为《专利法》第二十二条第三款的审查原则和基准。同时，将"发明解决了人们一直渴望解决但始终未能获得成功的技术难题""发明克服了技术偏见""发明取得了预料不到的技术效果"以及"发明在商业上获得成功"作为判断发明创造性时需要考虑的其他因素。

根据我国《专利审查指南》第二部分第四章的规定，"当发明的产品在商业上获得成功时，如果这种成功是由于发明的技术特征直接导致的"，则可以认定"这类发明具有突出的实质性特点和显著的进步，具备创造性"。

二、行政部门和法院的案例

(一)"超声检测仪"案

2008 年 5 月 16 日，恩普公司针对专利（专利号：200420012332.3）提出无效宣告请求。该专利的专利权人在专利复审委员会做出无效宣告审查决定和一审法院判决维持该无效决定后，又继续向二审法院提起诉讼，提出该专利获得了商业上的成功，并提交了相关证据。经审理，二审法院认为该专利克服了现有技术中的缺点和不足，取得了商业成功，且这种成功是由技术特征直接导致的，因而该专利具备创造性，由此判决撤销一审判决和无效宣告审查决定。专利复审委不服二审判决，向最高人民法院申请再审。最终，最高人民法院于 2012 年 4 月 13 日做出行政判决（2012）行提字第 8 号，撤销一审、二审和无效宣告审查决定，最高人民法院认为，根据技术方案这一整体考虑，涉案专利具有创造性。进一步地，最高人民法院针对是否获得商业上的成功的判断给予了意见。商业成功是创造性判断的辅助性因素，对于商业上的成功是否确实导致技术方案达到被授予专利权的程度，应当持相对严格的标准，而从本案的证据表明的产品销售量来看，尚不足以证明该产品达到商业上成功的标准，商业上的成功体现的是一项发明被社会认可的程度。从理论上讲，成功与否应当由该发明所代表的产品或技术相比其他类似的技术或产品在同行业所占的市场分额来决定，单纯的产品销售并不能代表已经取得商业上的成功。

（二）"喹唑啉衍生物"案

无效请求人于 2014 年 9 月 11 日针对专利（03108814.7）提出无效宣告请求，其中涉及该专利保护的化合物不具有创造性。复审委认为，对比文件与该专利的化合物都是酪氨酸激酶抑制剂，区别在于三个稠合环中的一个环的环原子数目不同。对比文件的 A 环是 5~8 元环，而涉案专利的 A 环是 9~15 元环。但对比文件没有明示或暗示 A 环可以被扩大，因而本领域技术人员没有动机将 A 环扩大为 9~15 元环。此外，专利权人提交了证据，证实了本专利的化合物商业上获得成功。对于产品在商业上的成功，一方面确实可能是由于本专利的技术方案在现有技术的基础上有贡献直接导致的，另一方面也可能是由于销售技术、广告宣传等多方面的因素所带来的，前者是判断创造性需要考虑的因素。就本专利权利要求 9 所保护的化合物特别是权利要求 9 的最后一个化合物（埃克替尼）而言，该药品于 2011 年 6 月获得新药证书、8 月上市，当年销售额即为 6000 万元人民币，两年后，年销售额则近 5 亿元人民币。可见，该药品确实在短时间内在商业上获得成功，由于药物化学领域是严重依赖技术支持、技术革新的领域，只有研发出确实安全有效的药物时，所述药物才能被批准上市，才能被广大病患所接受，进而产生相应的商业效益；故埃克替尼于短时间内在商业上获得成功也佐证了本发明的化合物具有创造性，佐证了本发明的发明构思相对于现有技术是有贡献的。

三、构成"商业成功"的条件和证据要求

根据《专利审查指南》的规定，可以总结为判定商业成功是否带来创造性需具备以下两个条件：

（1）权利要求的技术方案获得了商业成功；

（2）商业成功是由发明的技术特征直接导致的。

商业成功需要申请人或专利权人主动提交证据来证明，对于证据形成的时间并不要求是申请日之前公开的。事实上，能够用于证明商业成功的证据通常都形成于申请日之后。

申请人首先需提交能够证明构成商业成功的证据，这些证据通常包括证明发明涉及的产品或技术在市场上的销售状况，例如，销售合同、提货单、发票等。需要说明的是，证明获得商业成功的证据必须是能够证明申请所保护的产品或技术相比其他类似的产品或技术在同行业所占的市场份额，而单纯的产品销售不能代表已经取得商业上的成功。❶

申请人还需要提交能够证明商业成功是由发明的技术特征直接导致的证据。认定商业成功的难度往往在于认定所述成功是否是由技术特征直接导致，而非销售手段或广告宣传等其他因素造成，因为商业成功和技术特征之间的关系难以通过客观的销售数据来证明。商业成功和技术特征之间的关系需要本领域技术人员根据产品或技术做出的改进，由此在同行业产品和技术中占有优势，导致占领市场达到一定份额进行说明和分析，通常以专家证言的形式举证。

需要注意的是，这里规定的"技术特征"是指与最接近的现有技术相比的区别技术特征；且该区别技术特征为对权利要求的保护主题起限定作用的技术特征。举例来说，如果权利要求保护的是一种组合物，则技术特征必须是对组合物起限定作用的特征，如组合物的组分和含量。如果权利要求还记载了例如组合物的效果或性能的特征，这些特征通常不会被考虑。

四、建 议

商业成功在"喹唑啉衍生物"案中获得的成功为申请人或专利权人在支持创造性的道路上又提供了一条途径，尤其是针对化学、药学和生物这些属

---

❶（2012）行提字第 8 号。

于实验科学领域的专利申请，自从（2011）行提字第 8 号的最高人民法院的判决以来，这些领域的申请在克服缺乏创造性时备受局限，因为难以提交被接受的数据而无法证明具有创造性。❶

中国在创造性审查中对补交数据的要求远远严格于诸如欧美的其他主要国家或地区。在化学、药学和生物领域的申请中，常常会因为后补数据不被接受而难以克服缺乏创造性的问题。针对已经提交的专利申请，"喹唑啉衍生物"案在商业成功方面的突破为这些领域的案件在支持创造性方面提供了有价值的借鉴作用。

---

❶ 湘北威尔曼公司"抗 β-内酰胺酶抗菌素复合物"专利（专利号：97108942.6）的无效行政案。在判决中，最高人民法院指出，证明创造性的在后提交的数据，必须是基于申请文件中已经通过数据验证的效果来提出，否则不予考虑。例如，申请文件里只有活性数据，没有其他性能的数据，则在创造性答辩中只能利用对照实验数据比较活性才被考虑是否足够构成创造性，其余性能的数据不予考虑。

跳出"三步法"的逻辑答复创造性审查意见

孙宝海　刘文洁

创造性是申请专利的发明被授予专利权的必要条件，是实质审查的审查重点。理想状况是发明的创造性具有客观的判断标准；在代理实务中，创造性的判断不可避免地涉及主观因素，代理人是否能够准确抓住发明点，有针对性、有重点地答复审查意见，对能否说服审查员、案件最终能否获得授权有着很大影响。

发明的创造性，是指与现有技术相比，该发明具有突出的实质性特点和显著的进步。突出的实质性特点，是指对所属技术领域的人员来说，发明相对于现有技术是非显而易见的。说起非显而易见性的判断标准，不得不提到著名的"三步法"。

《专利审查指南》给出了通过"三步法"判断非显而易见性的具体步骤：

（1）确定最接近的现有技术；

（2）确定发明的区别特征和发明实际解决的技术问题；

（3）判断要求保护的发明对本领域的技术人员来说是否显而易见。

代理人在收到创造性审查意见后，一般会发现审查员按照"三步法"的逻辑来评述权利要求的创造性，至少在形式上如此。但是，代理人如果尝试在"三步法"框架下答复创造性审查意见时却常常遇到阻碍，这是因为：不少审查员选择最接近的现有技术并通过比对确定区别技术特征之后，根据区别技术特征的作用和功能来反推实际要解决的技术问题，这样就容易倾向于将区别技术特征简单认定为公知常识、常用技术手段、存在技术启示，最后得到不具备创造性的结论。这种"三步法"的创造性评述逻辑本质上的"反推"逻辑，即审查员假设"所属技术领域的技术人员"已经知晓所要解决的技术问题，并且掌握解决该问题的技术手段，来判断要求保护的发明是否显而易见，容易低估发明的创造性。在这种情况下，如果代理人囿于"三步法"的框架束缚，纠缠于审查员确定的某一区别技术特征是否属于公知常识或常用手段而与审查员发生争执，常常是申请人和审查员各执一词，其结果往往是代理人无法说服审查员，进而收到驳回通知书。

那么,代理人在答复创造性审查意见时,如何在熟练掌握"三步法"的基础上,跳出"三步法"的逻辑,从整体上评价发明的创造性呢?

答复思路

当收到审查意见时,代理人首先应当仔细研究审查意见、申请文件说明书和对比文件,从整体上把握本发明和对比文件中技术方案的异同,参考审查员指定的最接近的现有技术,来重新确定本发明的发明点。

基于最接近的现有技术重新确定发明点的过程与新申请撰写过程中确定发明点的过程相似,即首先,基于最接近的现有技术确定区别技术特征,其次,分析各区别特征之间的相互关系及其所起的作用,确立主要改进点以及与主要改进点相配合或适应的改变的特征,确定发明三要素,即技术问题、技术方案和技术效果之间的对应关系;最后,确定发明点。

在重新确定发明点的过程中,要充分重视和深入挖掘原说明书中记载的发明点。因为发明人对本领域的技术理解比较深入,发明人原来指出的发明点往往是本发明最容易与现有技术相区分的地方,容易找出答复突破口。

重新确定的发明点可分为几种情况:(a)重新确定的发明点与原发明点相同;(b)重新确定的发明点是原发明的子发明点;(c)完全不同。在后两者的情况下,需要确认与重新确定的发明点相关联的技术特征是否已包括在权利要求中,如未包含,则修改权利要求使其体现在文字上。需要避免的是,在意见陈述中洋洋洒洒地陈述了很多本发明和对比文件的不同,但争辩点却仅记载在说明书中,未体现在权利要求书中,这样的争辩自然不会被审查员所接受。

为了有针对性、有说服力地与审查员进行高效的沟通,代理人如果能够从审查员的角度出发,客观地推导出审查意见中存在的矛盾和逻辑错误,则说服力更强,更容易被审查员理解和接受。

下面参照一个具体案例,说明如何按照上述答复思路答复审查意见。

【例】一项发明专利申请涉及移动通信领域相邻小区(NCell)的同步信道(SCH)监听。其背景技术是:移动终端(MS)在小区间的切换需要持续监听相邻小区的同步信道,现有技术中每26个TDMA帧里有一个空闲帧,MS利用该空闲帧读取NCell的载频,读取一个NCell的载频占用一个空闲帧。当需要读取的NCell很多时,MS可能无法在规定的时间内完成读取所有NCell的载频,从而影响切换成功率。

针对现有技术中存在的上述问题,该发明提供了这样一种解决方案:

"1. 一种同步信道（SCH）监听方法，其特征在于，包括：在一个时分多址帧的两个以上时隙上读取两个以上相邻小区的 SCH 信号；对读取的两个以上相邻小区的 SCH 信号进行解调。"

在审查意见通知书中审查员引用了一篇对比文件，该对比文件为了解决现有技术中只能在每个 SCH 帧的第一时隙（时隙 0）读取 SCH 位模式的问题，在 SCH 帧的每个时隙中都包括 SCH 位模式，可以在 SCH 帧的任意一个时隙上读取 SCH 位模式。从上面的描述可以看到，对比文件可以在一帧中的任一时隙读取 SCH 位模式，而不是在同一帧的两个以上时隙读取两个以上 SCH 位模式，并且对比文件也没有公开读取的是相邻小区的 SCH 位模式。

审查员认为，对比文件中读取 SCH 位模式相当于本发明权利要求中的读取相邻小区的 SCH 信号，在一个或多个帧的每个时隙上具有 SCH 位模式相当于在一个或多个帧的两个以上时隙上读取 SCH 信号；对比文件和本发明的权利要求的区别为：在一个 TDMA 帧上读取 SCH 信号。基于该区别技术特征确定发明实际解决的技术问题是：提高通信质量。而在 TDMA 帧读取 SCH 信号是本领域的公知常识。因此，权利要求不具有创造性。

根据上文所述的答复思路，首先，基于最接近的现有技术确定区别技术特征；其次，分析各区别特征之间的相互关系及其所起作用，确立主要改进点以及发明三要素，即技术问题、技术方案和技术效果之间的对应关系；最后，确定发明点。

通过技术方案的整体考虑，对比文件没有公开：在一个时分多址帧的两个以上时隙上读取两个以上相邻小区的 SCH 信号，对应解决的技术问题是：提高 SCH 信号读取效率，获得的技术效果是：加速 NCell SCH 信道的读取，提高读取 NCell SCH 的效率。在该案例中，重新确定的发明点与原发明点相同，因此无须修改权利要求。

以重新确定的发明点为基准，回过头来判断审查意见中的特征比对是否准确。比文件中的"SCH 位模式"和本发明中的"SCH 信号"在技术方案中所起的作用相同，属于对同一事物的不同表述，该特征比对正确。然而，审查员认为对比文件中在一个或多个帧的每个时隙中都包括 SCH 位模式，从而使得可以在一个帧的任意一个时隙上读取 SCH 位模式相当于在一个或多个帧的两个以上时隙上读取 SCH 信号，从而使得权利要求 1 中的在一个帧上读取两个以上相邻小区的 SCH 信号显而易见，却值得商榷。实际上对比文件并未公开上述区别技术特征。因此，从这一点来看，审查员确定的区别技术特征不准确，基于此确定的本发明实际解决的技术问题也不准确。

　　确定了审查意见中"三步法"判断中存在的问题后,进一步分析审查意见的推理逻辑,确定答复的突破口。通过分析,审查员的内在逻辑很可能是:即使对比文件未公开在同一个帧的两个以上时隙上读取两个以上相邻小区的SCH信号,但是,在对比文件已经公开可以在一个帧的任意一个时隙上读取SCH信号,在此技术启示下,容易想到可以在一个帧的多个时隙上读取多个相邻小区的SCH信号。

　　在上述分析基础上,在答复中,重点指出审查意见中确定的区别技术特征不准确,并强调现有技术中都是一帧只能读取一个时隙的SCH信号,即使在对比文件1中,虽然任意一个时隙都可能被读取,但一帧也只能读取一个时隙的SCH信号,而且同一帧的每个时隙上都是同一小区的SCH信号,因此,"在一个时分多址帧的两个以上时隙上读取两个以上相邻小区的SCH信号"既没有被对比文件公开,也不是本领域的公知常识,该申请经过审查意见答复,最后获得了授权。

　　由于创造性判断涉及主观因素,历来是专利代理人学习和培训的难点和重点。代理人在熟练掌握"三步法"的规定和要求基础上,更应掌握基于整体技术方案判断创造性的逻辑思维方法,这样才是真正符合《专利法》和《专利审查指南》的规定和精神。

点睛之笔——浅析创造性辅助判断标准的妙用

付永莉

在创造性的答辩中，常用的和基本的答辩方法是创造性三步法，即确定最接近的现有技术，确定发明的区别技术特征和发明实际解决的技术问题，判断要求保护的发明对本领域的技术人员来说是否显而易见。除此之外，《专利审查指南2010》（以下简称《审查指南》）还规定了创造性的辅助判断标准，这些辅助判断标准常常容易被大家所忽视，然而结合具体案例巧用这些辅助判断标准有时却会起到点睛之笔的妙用。今天我们就来说说创造性辅助判断标准的那些事。

一、什么是创造性辅助判断标准

《审查指南》第二部分第四章第 4 节和第 5 节分别规定了几种不同类型发明的创造性判断以及判断发明创造性时需考虑的其他因素，这两节的内容通常被大家认为是创造性的辅助判断标准。具体而言，在发明的类型上，《审查指南》中特别列举了六种类型发明的创造性判断，即：

（1）开拓性发明

所谓开拓性发明是指一种全新的技术方案，在技术史上未曾有过先例。

（2）组合发明

组合发明是指将某些技术方案进行组合，构成一项新的技术方案，以解决现有技术客观存在的技术问题。在进行组合发明创造性的判断时通常需要考虑：组合后的各技术特征在功能上是否彼此相互支持、组合的难易程度、现有技术中是否存在组合的启示以及组合后的技术效果等。

（3）选择发明

选择发明是指从现有技术中公开的宽范围中，有目的地选择现有技术中未提到的窄范围或个体的发明。在进行选择发明创造性的判断时，选择所带来的预料不到的技术效果是考虑的主要因素。

（4）转用发明

转用发明是指将某一技术领域的现有技术转用到其他技术领域中的发明。在进行转用发明的创造性判断时通常需要考虑：转用的技术领域的远近、是否存在相应的技术启示、转用的难易程度、是否需要克服技术上的困难、转用所带来的技术效果等。

（5）已知产品的新用途发明

已知产品的新用途发明是指将已知产品用于新的目的的发明。在进行已知产品新用途发明的创造性判断时通常需要考虑：新用途与现有用途技术领域的远近、新用途所带来的技术效果等。

（6）要素变更的发明

这种类型的发明又细分为要素关系改变的发明、要素替代的发明和要素省略的发明。

所谓要素关系改变的发明，是指发明与现有技术相比，其形状、尺寸、比例、位置及作用关系等发生了变化。如果要素关系的改变导致发明产生了预料不到的技术效果，则发明具有突出的实质性特点和显著的进步，从而具备创造性。

所谓要素替代的发明，是指已知产品或方法的某一要素由其他已知要素替代的发明。

所谓要素省略的发明，是指省去已知产品或者方法中的某一项或多项要素的发明。

除此之外，在发明创造性的判断中还需要考虑以下因素：发明是否解决了人们一直渴望解决但始终未能获得成功的技术难题、发明是否克服了技术偏见、发明是否取得了预料不到的技术效果、发明是否在商业上获得了成功。

《审查指南》中特别规定，如果申请属于以上情形，则审查员应当予以考虑，不应轻易作出发明不具备创造性的结论。

以上是《审查指南》中关于创造性辅助判断标准的规定，上述的规定是以列举方式呈现的，因此，就目前而言，创造性的辅助判断标准仅限于上述罗列的情形。

二、如何应用创造性辅助判断标准

创造性辅助判断标准中罗列了六种类型的发明以及四种需要考虑的情形，而重要的是我们应该熟知和准确理解上述罗列的各种情形，这样才能在具体案件的创造性答辩中具有敏感性，将案件合理归类为上述的类型或情形，从而合理地应用创造性辅助判断标准，增加创造性答辩的成功率。

（1）下面以"省略要素发明"类型的创造性答辩为例详细讨论如何应用创造性辅助判断标准。

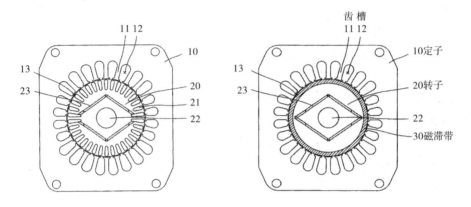

图 1　发明申请示意

该案涉及一种电动机，如图 1 左图所示，该案针对的背景技术为：在电动机运行过程中，在过渡状态下，电动机产生的转矩主要由笼条 21 产生的笼转矩和永磁体 23 产生的磁转矩组成。达到同步时，仅由永磁体 23 的磁转矩产生作用。因此，基于该案背景技术部分的介绍，现有技术存在如下的缺陷：笼条 21 仅能在过渡状态下产生笼转矩以加速转子 20，而在正常运转状态下，一旦电动机达到同步速度将不能产生加速转子 20 的转矩。

据此，该案改进的具体方案如图 1 右图所示，即该电动机包括：定子 10，该定子 10 包括形成多个槽的多个齿 11、借助所述多个齿的末端在中心处形成的通孔以及围绕所述多个齿缠绕且在通电时产生旋转磁场的线圈；转子 20，该转子可转动地插入该通孔，且具有供一转轴插入的轴孔以及设置在该轴孔周围的多个永磁体 23；以及磁滞带 30，该磁滞带设置在该转子的外围上。结合该案背景技术的介绍，可以知道该案的主要改进点在于，省略了现有技术中设置的鼠笼条，而且在转子的外围上增设磁滞带。

在实审过程中，审查员引证了 D1，主要方案如图 2 所示：

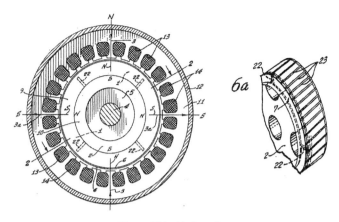

图2 引证技术示意

D1 的方案主要是在磁滞构件 1 的外表面形成有多个轴向槽，相应的多个杆 23 设置在所述的轴向槽内，由此形成了缠绕在转子上的鼠笼结构，所述形成的鼠笼结构用于改进电动机的同步转矩特性。其中附图标记 2 表示永磁体，1 表示磁滞构件（转子构件），4 表示转轴，5 表示轮毂。也即，D1 中事实上是将转子 1 以磁滞材料制成，转子和磁滞带合而为一，因此审查员认为 D1 中披露了关于磁滞带的特征，本案相比于 D1 不具有新颖性和创造性。

基于权利要求撰写的特点，并不是所有的组成部件都需要写在权利要求书中，该案的权利要求 1 如下："一种电动机，包括：<u>定子</u>，该定子包括形成多个槽的多个齿、借助所述多个齿的末端在中心处形成的通孔、以及围绕所述多个齿缠绕且在通电时产生旋转磁场的线圈；<u>转子</u>，该转子可转动地插入该通孔，且具有供一转轴插入的轴孔以及设置在该轴孔周围的多个永磁体；以及<u>磁滞带</u>，该磁滞带设置在该转子的外围上。"基于该权利要求，如果采用传统三步法的答辩思路，则在找出区别技术特征的时候就会存在困难，本案权利要求 1 中记载的各个技术特征均在 D1 中有所披露，包括磁滞带的特征 D1 中也有所披露，审查员甚至都提出了新颖性的缺陷，显然该案的答辩进入"山穷水复疑无路"的境地了。

是时候请出创造性辅助判断标准这根救命稻草了！如前述所分析的，该案与 D1 技术方案相比，区别仅在于该案中并未设置鼠笼条。因此，我们可以将本案归类为要素省略的发明，本案相比于 D1 省略了鼠笼条结构。基于本案背景技术部分的介绍，鼠笼条结构是包括 D1 在内的现有技术中惯常使用的必要部件，本案省略了传统的鼠笼条结构之后，不但依然可以保持原有功能，而且还具有如下的有益技术效果：在过渡状态下，永磁体产生的负的磁转矩由磁滞转矩和涡流转矩进行补偿；而在具有同步速度的正常状态下，转子在磁滞转矩和磁转矩作用下加速。因此，根据本案的电动机可以兼具磁滞电动机和永磁电动机两者的优点。

这样，通过将本案巧妙归类为省略要素的发明，放大了本案与 D1 的区别，使得创造性的争辩最终获得了成功。

（2）实践中上述辅助标准也可考虑结合使用，以进一步加大创造性高度。通常而言，发明是否解决了人们一直渴望解决但始终未能获得成功的技术难题、发明是否克服了技术偏见、发明是否取得了预料不到的技术效果、发明是否在商业上获得了成功这四个因素可以与六类特殊发明类型的答辩相结合，当然，上述四个因素也完全可以结合到创造性三步法的答辩中，同样可以增加创造性高度，提高答辩成功率。

以下以省略要素与具有预料不到的技术效果相结合的答辩为例进行说明。

该案涉及一种抵抗电动斥力的电磁继电器，如图 3 所示，其包含第一引出片 22、静触点 23、第二引出片 24、动触点 25 以及接触动簧片 26，静触点 23 固接于第一引出片 22，动触点 25 固接于动簧片 26，动簧片 26 连接于第二引出片 24，在继电器触点闭合工作时，第二引出片 24 和动簧片 26 电流方向相反并相互作用产生磁场，该磁场使得动簧片 26 产生电磁力，而且产生的电磁力与推动卡产生的推动力方向相同；该产生的电磁力与推动卡产生的推动力的合力在触点闭合方向上。

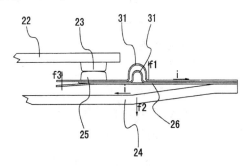

图 3　本专利示意

无效程序中的证据 1 如图 4 所示，可以看出证据 1 披露的结构与本案中记载的结构非常相似。经过仔细比对二者的区别仅在于：本案中的推动卡直接在动簧片上作用推力，而证据 1 中推动卡的推力作用在额外弹片 16 上，再由额外弹片 16 将该推动力传递到动簧片 4。

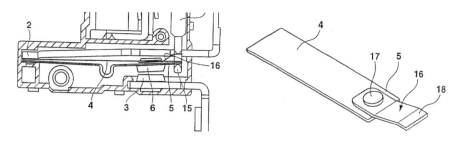

图 4　证据 1 技术方案示意

同样地，基于权利要求书撰写的特点，如果以创造性三步法进行答辩，则在找出区别技术特征的时候会存在困难，因此，我们可以想到将其归类为省略要素的发明，本案中通过设置一个动簧片 26 即实现了证据 1 中"动簧片 4 铆接额外弹片 16"所达到的技术效果，因此本专利中虽然省去了额外弹片 16，但是可以保持原有的可以实现防止触点回跳的功能，以及增加预压力和超行程的功能。

除此之外，为了放大上述区别，也可以考虑采取同时结合具有预料不到的技术效果进行争辩的策略。本专利的方案由于动簧片 26 为一体式结构，因而相比于证据 1 的两片式结构（簧片 4+额外弹片 16）而言，结构更为简单、工艺可以大大简化，直接导致成本大幅降低。对于产品而言，成本即生存。通过专利权人的配合，我们提交了有关"本专利产品的市场占有率远远超出证据 1 产品的市场占有率"，以及"本专利产品目前已经被推为行业内标准"方面的证据，以佐证本案具有预料不到的技术效果。

经过上述争辩，合议组最终认可了本专利相比于证据 1 的创造性。

（3）在无效阶段和诉讼阶段几乎没有主张商业成功方面的成功案例，如何认定商业成功业内一直没有统一的标准和规定，仅在最高人民法院 2012 年度的知识产权审判案例指导中就一件主张商业成功方面的案例给出如下指导：当案人或专利权人主张其发明或者实用新型获得了商业上的成功时，应当审查：①发明或者实用新型的技术方案是否真正取得了商业上的成功；②该商业上的成功是否源于发明或者实用新型的技术方案相比现有技术做出改进的技术特征，而非该技术特征以外的其他因素所导致的。

我们也在实践中碰到了一些商业上获得了巨大成功的发明却最终得不到确权的案例，究其原因，主要是证明方面准备的不足。根据上述指导意见，可以考虑收集关于该发明的产品在同行业所占的市场份额方面的证据，而且相关的证据还需要体现是因为发明技术特征的因素导致的市场份额增加。这就需要专利权人在发明产品实施之初就留意收集这方面的证据，例如可以考虑在每一份合同中增加发明权利要求的内容，或者将产品的型号与发明的权利要求对应等。

另外，也可以考虑在发明申请的实审阶段，提早向审查员主张这方面的内容，我们知道，实审阶段审查员对于证据的要求并不像无效和诉讼中那样严格，因此，商业成功的主张更容易被审查员接受，即使不能接受商业成功的主张，也可以增加专利申请的创造性认知度。

前面以案例的形式主要介绍了如何应用创造性辅助判断标准中的要素省略的发明、预料不到的技术效果以及商业成功。其他的类型和因素的应用也是同样，《审查指南》对于这些类型和因素如何认定为具有创造性给出了明确具体的规定，我们在实践中要敏感地对发明给予正确归类，从而可以按照《审查指南》的具体规定应用这些辅助判断标准。

三、为什么要应用创造性辅助判断标准

通过上述关于如何应用创造性辅助判断标准的说明，大家可能已经感觉到了这六种类型和四种情形确实有力地补充了创造性三步法的判断标准，实为专利权申请人和专利权人的有力武器，可以充分捍卫自己的权利。特别是在传统的创造性三步法答辩不充分的情况下，正确引入这些辅助性判断标准有时真的会化解"山穷水复疑无路"的尴尬，达到"柳暗花明又一村"的境地。

再者而言，应用这些创造性辅助判断标准有时还会简化创造性的答辩。《审查指南》对于这些辅助标准均给予了明确规定，并且以列举的方式规定了具有创造性的情形，这些情形的说明并不复杂，例如省略要素的发明，只要能够说明省略要素后原有的功能依然存在即可，其远比创造性三步法的答辩简单容易。

并且应用创造性辅助标准还可增加答辩成功率。只要发明能够正确归类为六种类型和四种情形，根据《审查指南》的规定就不能轻易否认其创造性。结合具体案件，上述辅助标准如果能够结合应用，创造性答辩成功率将会陡增。

总而言之，创造性辅助判断标准减少了创造性判断中的主观性，其对于创造性认定的补充规定更为科学且更具可操作性。结合具体案例合理应用这些辅助判断标准可以为创造性的答辩画上点睛之笔！

参考文献

[1] 中华人民共和国国家知识产权局. 专利审查指南 2010（修订版）[M]. 北京：知识产权出版社，2017.

[2] 奚晓明. 最高人民法院知识产权审判案例指导（第四辑）[M]. 北京：中国法制出版社，2012.

无效理由的组合运用

聂慧荃

提出专利无效请求是当事人面对专利权人侵权指控时最常用、最直接的对抗手段。作为请求人，诚然检索到好的证据是取得无效案件成功的关键；而如何有效组织无效理由，发挥已有证据的最大功用，是确保案件成功的根本，也是对代理水平的考验。

一、无效理由运用的考虑因素

《中华人民共和国专利法实施细则》第六十五条❶（下称"细则第六十五条"）规定了可提出的无效宣告理由（下称"无效理由"），除不具备新颖性（A22.2）和/或不具备创造性（A22.3）的理由之外，实践中还常常用到如下无效理由作为辅助理由：不支持（A26.4）、不清楚（A26.4）、公开不充分（A26.3）、缺少必要技术特征（R20.2）、修改超范围（A33）等。尽管目前在被无效的专利中80%以上的专利是由于不具备新颖性/创造性的理由而被无效掉，但是上述辅助理由的灵活运用往往会为专利权人创造性的答辩设置诸多障碍，使得请求人获得事半功倍的效果。

请求人有效运用无效理由首先要建立在客观评估涉案专利和已有证据的基础上。请求人需要对涉案专利和已有证据进行细致分析，充分了解已有证据的利弊所在，基于相应法律条款之间的内在联系来选取所要使用的无效理由，构建可行的攻防策略。

在进行无效理由的组合运用时，需要重点考虑所提观点的两面性以及理由组织的逻辑性，当同时存在侵权诉讼时更是如此。随着无效案件的进展，比如公知常识证据的出现或者专利权人答辩的提出，请求人对本专利的理解、对证据的理解都可能发生不同程度的变化；再者，专利权人对权利要求的修

---

❶ 细则第六十五条："前款所称无效宣告请求的理由，是指被授予专利的发明创造不符合专利法第二条、第二十条第一款、第二十二条、第二十三条、第二十六条第三款、第四款、第二十七条第二款、第三十三条或者本细则第二十条第二款、第四十三条第一款的规定，或者属于专利法第五条、第二十五条的规定，或者依照专利法第九条规定不能取得专利权。"

改也会导致案件走向不明朗。因此，在组织无效理由之初，就要设想好案件后续的可能进展方向，建立多角度的防御措施，为可能的变化留有余地。

无效理由的组合运用很大程度上体现在请求书的撰写上。撰写请求书时，请求人就需要考虑如下问题：所选取的无效理由应当按照何种先后顺序排列？每个无效理由要阐述到什么程度？专利权人可能对权利要求做出哪些修改？如何回避可能对侵权案件造成的不利影响？如何引导专利权人给出自身所需要的回应？基于对以上问题的考虑，请求人在撰写请求书时就会比较清楚如何撰写得详略得当，既令人信服地展现出所主张的观点，又不会过多过细，为后续的答辩和口审留有足够余地。

运用无效理由时，需要从正反两方面来评价每个理由，预估每个理由所要达到的目的，遵循清晰的逻辑条线来具体说明无效理由，从而为引导案件的走向做好铺垫。

二、典型案例

下面将结合笔者代理的一起无效案件，来探讨无效理由的组合运用策略，以期对后续案件的处理有一定的借鉴意义。

（一）涉案专利的基本信息

涉案专利是一个 PCT 国际申请进入中国国家阶段后获得授权的专利，该 PCT 国际申请的原始公布文本为法语文本。由于原申请文件本身的撰写不够清楚，而且翻译过程中又存在一些错误，从而导致涉案专利晦涩难懂，特别是对涉案专利发明点的描述都比较模糊。我们反复阅读涉案专利以及涉案专利背景技术中提到的参考文献，在专业技术人员的帮助支持下厘清涉案专利的技术方案，找出哪些内容是由于翻译错误导致难以理解，哪些内容是由于撰写疏漏导致难以理解，尝试尽可能贴近专利权人的本意来理解其要保护的技术方案。

涉案专利中对现有技术缺陷的描述如下："现有技术描述了一种成像方法，用于同时观察漫射粘弹性介质许多点出的低频剪力脉冲波的传播。为此，要以很快的速度在该装置中发射压缩超声波，这种超声波能够得到一连串的介质图像，然后在不同的时间利用互相关处理得到的图像以便在剪力波传播时确定每个图像各点处的介质运动。因为该发明需要考虑以下两种假设，所以令人并不满意：在垂直于平面的方向认为移动的二次导数为零（即公知的假设给出了 $\frac{\partial^2 v}{\partial z^2}=0$，假定介质完全不能压缩。"

简而言之，现有技术的缺陷之一就在于，由于没有考虑垂直于图像平面的竖向分量（z方向分量）的影响，因而所获得的弹性模型不够准确。

为解决以上缺陷，本专利说明书中具体描述了三种解决方式（见图1~图3）。

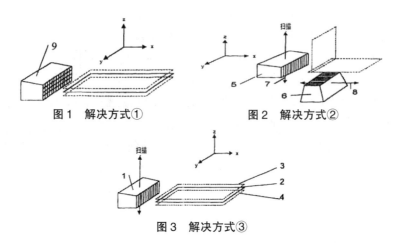

图1 解决方式①　　　　　图2 解决方式②

图3 解决方式③

方式①："在图1所示的只有一个单向超声棒1的情况下，超声回波棒1移动的距离为10μm~10mm。至少沿一个方向进行扫描。例如沿由平面2建立的z方向扫描，移动距离为△z，在该图中由两个平面3和4构成该移动距离。"

方式②："在图2所示的两个超声棒5、6或沿两个轴7和8设置的一个超声棒的情况下，使用两个超声棒5和6（或者连续使用一个）。这种扫描可以得到组织速度矢量的所有分量。"

方式③："在图3所示的一个1.5D的超声棒9的情况下，避免了机械扫描，结果与星形传感器的相同；这两个元件可以在三个不同高度处聚焦。在一个1.5D的超声棒9的情况下，通过改变聚焦规则得到沿z方向的移动，从而改变图像的平面高度。"

从说明书中其他地方的描述可推知，本专利不像现有技术中那样将垂直于图像平面的二次导数视为零，而是通过使超声棒在三个不同的高度点聚焦（在z向上扫描），来得到二维/三维的弹性测量模型。本专利中，由于考虑了垂直于图像平面的竖向分量（z方向）的影响，因而能够得到比现有技术更准确的弹性模型和参数。

涉案专利共有两组权利要求，其中独立权利要求1为装置权利要求，要求保护的是一种测量在超声照射以后提供超声信号的粘弹性介质的弹性以及连续建立该弹性的二维或三维模型的装置；独立权利要求27为方法权利要求，要求保护的是一种测量在超声照射以后提供超声信号的粘弹性介质的弹性以及连续建立该弹性的二维或三维模型的方法。其中，涉案专利的原独立权利要求1具体为："1. 一种测量在超声照射以后提供超声信号的粘弹性介质的弹性以及连续建立该弹性的二维或三维模型的装置，该装置包括：至少一个具有多个传感器（12）的超声棒；一个产生并发送直接或间接低频应力的激励设备；一个超声信号获得设备；一个数据控制和处理设备。其特征在于，该装置还包括一个扫描设备，用于沿一维或沿两个垂直方向的二维利用上述超声棒实施扫描，使得能够在三个不同的高度点聚焦，以得到二维或三维的弹性测量模型。"

（二）无效理由组合的目标

通过分析理解涉案专利的技术方案，我们可以掌握涉案专利存在哪些缺陷和可攻击的点。之后，我们还需要对已有证据的情况进行综合评估，分析已有证据客观公开的技术内容，了解已有技术方案与涉案专利方案在技术手段及技术构思上的区别，明确哪些内容需要专利权人做进一步解释或者给出公知常识性的认定。

再者，就对侵权案件的影响来看，装置权利要求是本次无效的重点；而涉案专利的独立权利要求1只是给出了几个简单的部件以及用功能性特征限定的扫描设备，其所涵盖的保护范围非常宽泛，是对侵权认定成立与否最为关键的权项，是本次无效的重中之重。

通过上述分析梳理，我们认为本案中组合运用无效理由所要实现的目标为：

（1）利用涉案专利中存在的缺陷、笔误直接打掉部分小权项，迫使专利权人至少对独立权利要求进行修改；

（2）促使专利权人对不清楚的内容（特别是涉案专利的发明点）给出明确阐释，以使后续的博弈更具针对性；

（3）已有证据中披露了多种形式的扫描设备，需引导专利权人对扫描设备做出扩展解释；

（4）扫描设备能使超声棒在三个不同的高度点处聚焦对涉案专利权利要求的创造性影响最大，最好引导专利权人给出对三个不同高度聚焦手段的不利解释。

（三）无效理由组合运用的具体策略

根据对涉案专利及证据的分析，我们在本次无效中提出了修改超范围、独立权利要求缺少必要技术特征、说明书公开不充分、权利要求得不到说明书的支持、权利要求不具备创造性等多个无效理由。这些无效理由相互配合，促使专利权人在无效口头审理前就对独立权利要求进行了主动限缩，切实避免了请求人可能存在的侵权风险。此外，专利权人针对具体无效理由的答辩局限了其创造性的答辩，最终导致装置权利要求被全部无效掉。

具体而言，为实现上述目标，我们首先使用了说明书公开不充分的理由（A26.3）和缺少必要技术特征（R21.2）的理由。我们注意到，权利要求1对扫描设备的描述非常宽泛，但是权利要求5中对于扫描设备在三个不同的高度点聚焦的手段做出了进一步限定（与方式①~③相对应），如果专利权人将权利要求5的这些特征引入独立权利要求1中将会对请求人非常有利。

因此，我们在论述公开不充分和缺少必要技术特征的理由时指出：本专利相对于现有技术最主要的改进点就在于，扫描设备沿一维或沿两个垂直方向的二维利用上述超声棒实施扫描，从而能够实现在三个不同的高度点聚焦。权利要求1中既没有对扫描设备的具体结构做明确限定，特别是对扫描设备与超声棒之间的结构关系，乃至它们与其他各部件间的关系；也没有对有关扫描设备的功能性步骤如何执行做出明确限定，更不涉及弹性测量模型的具体形成步骤。说明书中对于以上内容同样也没有充分的说明。

与预期相同，专利权人为克服上述缺陷，对独立权利要求进行了主动限缩，引入了权利要求5的附加技术特征，这样即使新的独立权利要求1不能够被无效掉，请求人也不会存在侵权风险。

通过比较装置独立权利要求与方法独立权利要求，我们发现该方法权利要求除了包含与装置独立权利要求中的对应特征外，还包括"产生超声图像；计算组织速度；反转包括恢复参数的数据，这些参数描述所述粘弹性介质；在计算组织速度期间，测量该速度沿空间三个方向的三个分量的空间导数"的步骤，这些方法步骤特征也属于该方法权利要求相对于现有证据的区别之一，尽管这些技术特征属于本领域的公知常识，但是目前没有找到很好的公知常识性证据。

我们在提出缺少必要技术特征的理由时指出，在这两个独立权利要求要解决的技术问题基本相同的情况下，可以反证方法独立权利要求中的上述方法步骤特征是本领域的惯常技术手段，否则这些方法步骤特征应当属于实现装置权利要求方案的必要技术特征，就应当写入装置独立权利要求中。对此，专利权人在口审时认可所争议的方法步骤特征属于本领域的公知常识，明确排除了这些方法步骤特征对创造性的贡献。至此，我们利用缺少必要技术特征的理由，无须举证就获得了上述方法步骤特征属于公知常识的认定。

其次，我们使用了修改超范围（A33）的理由。通过对涉案专利审查档的查阅，我们发现独立权利要求 1 中与发明点密切相关的技术特征"使得能够在三个不同的高度点聚焦"是专利权人在答复第一次审查意见通知书中新增的技术特征，但是说明书中仅明确记载了在 1.5D 超声棒的情况下，扫描设备可在三个不同高度处聚焦（方式③），图 1 中还示出了一个单向超声棒在三个高度位置的移动（方式①）；独立权利要求 1 涵盖了本专利所公开的三种解决方式，已有证据对于第一和第三种解决方式均有明确公开，但是没有明确公开第二种解决方式（方式②），换句话说，方式②不利于权利要求不具备创造性的主张。

对此，我们在主张修改超范围的理由指出，特征"使得能够在三个不同的高度点聚焦"属于专利权人对技术方案二次概括后得出的特征，本专利仅记载了在 1.5D 棒的情况下在三个不同高度处聚焦的实施例，而从涉案专利的图 2（方式②）看不出能使超声棒在三个高度处聚焦，涉案专利说明书中明确记载了"在双机械扫描的情况下……组织速度的所有分量都是已知的"，z 轴上的分量自然也是已知的，这种情况下就不需要在三个不同的高度上聚焦。

专利权人在应对修改超范围的理由中指出，该特征"使得能够在三个不同的高度点聚焦"是本领域技术人员可根据前述解决方式①~③直接地毫无疑义确定的特征，涉案专利的图 1 中示出了单个超声棒的情况（方式①），图 2 中尽管没有示出三个高度面，但是图 2 的这种双机械扫描实际上就是使用两个图 1 中所示的超声棒在两个方向上进行扫描，或者是使用图 1 中的超声棒连续在两个方向上进行扫描，其与图 1 的区别主要在于数量上的不同。如此一来，我们就利用修改超范围的理由迫使专利权人做出了不利于创造性的解释，既然方式②只是方式①在数量上的简单叠加，那么在方式①被已有证据公开的前提下，方式②也不会具备创造性。

最后，我们提出了权利要求得不到说明书支持的理由。不支持的理由主要涉及两个方面：①权利要求与说明书不一致；②扫描设备的功能性限定得不到说明书支持。涉案专利的多个权利要求存在与说明书不一致的情况，有的是要保护的技术方案与说明书描述的方案不一致，有的是技术术语的不一致，对于这部分不支持的问题，主要目的在于通过指出具体问题所在，达到能澄清技术方案或者直接无效掉部分权利要求的目的。

对于扫描设备的功能性限定，我们认为：独立权利要求中用功能性步骤简单限定了扫描设备，本领域技术人员基于目前的限定可知，任何能够让超声棒沿一维或沿两个垂直方向的二维实施扫描且在三个不同的高度点聚焦的扫描设备都落入其包含范围，而没有关于扫描设备的具体结构的实施例支撑，这种宽泛的功能性概括显然得不到说明书的支持。该无效理由的提出就迫使专利权人对于扫描设备做出扩展解释，专利权人认为独立权利要求并非旨在保护扫描设备的具体结构，而是在于保护能够实现在三个不同的高度点聚焦的扫描设备。

专利权人的上述主张就使得在评价独立权利要求创造性时，无须考虑扫描设备的具体结构，也无须考虑超声棒的移动方式，只要符合上述功能限定的扫描设备可以在多个高度点聚焦（考虑 z 分量）即可，因此已有证据中的多篇文献都可以破坏独立权利要求的创造性。

三、结　语

从上述案例中可知，尽管每个无效理由单独来看可能不足以将相应权利要求无效掉，但这些无效理由通过组合运用，一方面可以促使专利权人针对独立权利要求做出限缩性修改，另一方面能够为对专利权人的创造性主张产生不利影响。

总之，在无效案件的处理中，案件承办人需要全面分析涉案专利和证据的优势与劣势所在，重视多个无效理由之间的关联关系，借助无效理由的布局审慎陈述观点，从而确保案件的胜利。

GUI 外观专利的第一份无效决定出炉

徐擎红　黄　艳

自 2014 年 5 月 1 日起，图形用户界面（GUI）在中国可以作为外观设计保护客体而获得外观专利保护。2017 年 4 月 18 日，国家知识产权局专利复审委员会（以下称"复审委"）针对 GUI 外观专利作出了第一份无效决定。

该案的背景是，广州市动景计算机科技有限公司（以下称"广州动景"）于 2016 年 6 月 21 日向北京市知识产权局提交了专利侵权纠纷处理请求书，请求责令北京猎豹移动科技有限公司（以下称"北京猎豹"）停止制造、许诺销售和销售包含其用于手机的授权外观设计的产品。为此，北京猎豹作为反击向复审委就相关外观专利提出了无效宣告请求，所提出的无效理由包括涉案专利不属于外观设计保护客体以及涉案专利缺乏创造性。

由于 GUI 外观在中国尚属新兴事物，还在实践中逐渐发展和完善，因此在专利申请和实施的过程中必须考虑诸多不确定因素。再者，虽然《专利审查指南》对 GUI 外观设计的保护范围作出了限制，但是却不足以增进对 GUI 外观设计保护的理解。本文主要在简述上述案例的无效决定的基础上，就如何解决 GUI 实施中的不确定性因素，以及 GUI 在中国获得有效的外观专利保护的要点等方面展开讨论。

一、GUI 外观专利的第一份无效决定

涉案专利（CN201530383753.0）包含两项有关 GUI 的相似设计（设计 1 和设计 2），这两项相似设计均旨在保护图形用户界面，其具有相同的主视图，但是呈现不同的界面动态变化图。

设计1　　　　　　　　　　　　　　　　设计1

设计1主视图

设计2　　　　　　　　　　　　　　　　设计2

（一）涉案专利的外观设计属于外观专利保护客体

无效请求人北京猎豹主张，授权的 GUI 设计是显示在手机屏幕上的图案排布，其与手机的功能无关，应属于网页排版的情形，是《专利审查指南》明确排除的授权客体。参见《专利审查指南》第一部分第三章第 7.4 节第一段第（11）项。

《专利审查指南》的该部分规定，与人机交互无关或者与实现产品功能无关的产品显示装置所显示的图案。例如，电子屏幕壁纸、开关机画面、网站网页的图文排版，属于不授予外观设计专利权的情形。

复审委并未支持北京猎豹的上述主张，指出设计 1 和设计 2 旨在保护用户在向上和向下滑动屏幕、触摸和浏览时对应于人机交互过程的不同的动态变化图案，而不仅仅是简单的图案排布，与手机功能相关。因此，复审委认定设计 1 和设计 2 属于专利法规定的可授权的外观设计保护客体。

（二）设计 2 相对于现有设计是非显而易见的

北京猎豹还主张，相对于作为现有设计的证据 1 （AndroidU3 版本10.6.2.626）和证据 2 （CN201430128675.5），涉案专利中的 GUI 设计不具备专利性。由于专利权人放弃了涉案专利中的设计 1，所以本案争论的焦点就集中在了设计 2 与现有设计的组合相比是否具有显著的视觉差异。

复审委的回应是肯定的，其给出了如下理由：由于在过程中显示出了不同的动态变化，所以设计 2 的中间具体界面的内容和最终给消费者的动画效果不同于现有设计。为此，复审委作出如下无效决定：（1）设计 1 被无效；（2）设计 2 相对于现有设计是非显而易见的，因此维持有效。

有趣的是，复审委对设计 2 的保护范围的解释包括以下几个方面：（ⅰ）产品的外观，（ⅱ）主视图，以及（ⅲ）从开始到结尾的界面的动态变化；并且在此决定中还提出，考虑动态界面的动态变化过程（并非仅仅是首帧和尾帧）是很重要的，因为其在 GUI 设计的整体视觉效果上对于消费者的体验能产生重要的影响。

二、GUI 侵权的不确定性

虽然在本案中设计 2 被维持有效，但是从专利侵权的角度来看却存在不确定性，因为广州动景必须证明：（ⅰ）北京猎豹已经从事专利侵权活动，（ⅱ）被诉侵权设计与授权的 GUI 设计相似。

第一，根据《专利法》第十一条第二款的规定，任何单位或者个人未经外观设计专利权人许可，都不得实施其专利，即不得为生产经营目的制造、许诺销售、销售、进口其外观设计专利产品。在这种情况下，北京猎豹看上去像是 App 研发人员，如其在司法程序中所主张的，其仅仅在提供给终端用户的软件中使用了与涉案专利中的设计相似的 GUI 设计，但是并未向终端用户提供包含该授权 GUI 设计的手机。换句话说，北京猎豹可能使用了授权专利中的 GUI 设计，但是并没有制造、销售、许诺销售或进口（这些行为是容许专利权人阻止他人进行的）结合有该授权设计的手机。为此，北京猎豹是否侵犯该外观设计专利权确实存在争议。

第二，在保护动画或动态 GUI 设计的情况下，与具有变化状态的产品的外观设计专利相关的司法解释如下：

（ⅰ）被诉侵权设计与变化状态图所示各种使用状态下的外观设计均相同或者近似的，人民法院应当认定被诉侵权设计落入专利权的保护范围；

（ⅱ）被诉侵权设计缺少其中一种使用状态下的外观设计或者与之不相同也不近似的，人民法院应当认定被诉侵权设计未落入专利权的保护范围。

对于本案，涉案专利中的设计 2 是以动态 GUI 的一幅主视图和五幅静态使用帧来展示的。根据上述有关侵权纠纷的司法解释，涉案专利的设计 2 中在每一幅视图中显示的使用状态或帧都需要在涉嫌侵权的手机上找到。而要满足这一条件存在较高的难度。

第三，在北京知识产权法院正在处理的奇虎360诉北京江民新科技有限公司的GUI外观专利侵权纠纷（所谓的"中国第一起GUI外观专利侵权纠纷案"）中，原告提出的侵权赔偿额为1500万元。根据《专利法》第六十五条第一款，侵犯专利权的赔偿数额按照权利人因被侵权所受到的实际损失，或者侵权人因侵权所获得的利益，或者参照该专利许可使用费的倍数来确定。鉴于原告和被告双方均向终端用户提供免费软件的事实，让人存在疑问的是，如果侵权行为成立，如何根据《专利法》第六十五条来计算和最终确定侵权赔偿额。

对于这些问题，社会公众正在密切关注北京知识产权法院将如何判决该首例GUI侵权案件。

三、中国GUI外观设计专利的要点

GUI是软件程序的"外观和感觉"，是程序面向世界的大门。因此，企业正努力地保护GUI设计不被复制或模仿。除了版权保护之外，外观设计专利已成为保护企业GUI设计的有力手段。那么，如何有效地在中国申请GUI外观设计呢？

（一）现行法律要求GUI外观设计申请要包含物理硬件

中国专利法的修正案（其中很可能引入部分外观设计的保护）仍在讨论中，而目前的GUI外观设计申请必须结合物理硬件来递交。这种做法与许多其他司法体系的做法不同。例如，美国专利商标局通常允许GUI外观设计申请仅显示GUI设计本身，而不用包括特定的装置。在单个GUI可以被应用于不同装置的情况下，一种做法是将具有相同或相似的GUI外观设计以及不同硬件设计的同一装置的各项设计合并到一件专利申请中进行申请。如果审查员允许这种合案申请，申请人将受益于明显的成本效益和较宽的GUI外观设计保护范围；而如果审查员拒绝这样进行合案申请，申请人可以在此后提交分案申请予以应对。

鉴于以上所述，GUI设计的保护范围是产品外形和图形界面设计的组合。然而，由于其创新点在图形界面设计，《专利审查指南》规定，对于包括图形用户界面的产品外观设计，如果涉案专利其余部分的设计为惯常设计，其图形用户界面对整体视觉效果更具显著的影响。换句话说，审查员和法官可能会更多地关注图形界面设计而不是产品外观，这已经可以通过GUI外观专

的该第一个无效决定得到证实。

（二）动画或动态 GUI 设计应包括一系列的关键帧

根据《专利审查指南》的相关规定，图形用户界面为动态图案的，申请人应当至少提交一个状态的上述整体产品外观设计视图，对其余状态可仅提交关键帧的视图，所提交的视图应当能唯一确定动态图案中动画的变化趋势。可见，动画或动态的 GUI 设计可以以连续顺序的一系列静态图像予以呈现，每个图像显示出活动中的 GUI 的定格图像。鉴于上述司法解释，重要的是将关键的使用状态合并到外观设计申请中，而不是每个使用状态或每个帧。否则，竞争对手可以非常容易地通过取消某个或某些微不足道的使用状态来规避该外观专利权。如果申请人认为一个或多个使用状态或帧对于相关的软件 GUI 是非常重要的和新颖的，则可以在此基础上递交一件或多件申请。

（三）动画或动态 GUI 设计应包括一系列的关键帧

在中国外观申请中必须递交简要说明。根据《专利法》第五十九条第二款的规定，外观设计专利权的保护范围以表示在图片或者照片中的该产品的外观设计为准，简要说明可以用于解释图片或者照片所表示的该产品的外观设计。然而，许多申请人对此简要说明却没有给予足够的重视。

实际上，简要说明对于 GUI 外观设计尤为重要，因为通常删除的信息（由灰色块替代）需要借助简要说明来提供对界面功能和使用的理解。复审委在此 GUI 无效案件的第一份决定中就强调了界面动态变化（在功能和使用方面）的影响，这表明了简要说明的重要性，其能够帮助审查员和法官了解相关设计的本质，并在无效和侵权诉讼程序中将重点放在其在本质上是否相似。对于 GUI 外观设计申请而言，我们建议，试图准备一份清晰而全面的简要说明，例如可以指出：（i）GUI 在产品上的位置；（ii）GUI 的功能；（iii）用户如何与 GUI 进行交互；以及（iv）如何通过用户交互使得 GUI 发生变化。

四、结　论

在中国，GUI 外观设计的专利保护还是比较新兴的事务。理解如何成功地保护 GUI 设计对于申请人来说至关重要。该 GUI 外观专利无效案的第一份无效决定阐述了如何解释 GUI 外观设计的保护范围。我们更期待获知法院将如何在侵权案件中进行判定。此外，了解中国与其他司法体系之间的差异对于申请人而言也是非常重要的，申请人要考虑每个决定将对其申请产生怎样的影响。我们还希望在此强调，在外观设计申请中简要说明的合理和充分的使用将指导审查员和法官对 GUI 外观设计的解释。

商标重复授权行为的法律定性

王小兵

商标权利人为一己之利，存在对外多重独占许可的可能，加之知识产权本身所具备的特殊性和市场信息不对称，往往会引发被许可人之间激烈的利益冲突。当你作为商标独占被许可人突然发现商标注册人又授权你的竞争对手商标独占使用权，之后，竞争对手对你发起商标侵权诉讼，你该如何应对？法院会如何评价商标重复授权行为，如何保护在先合法被许可人的权益？

在上海帕弗洛文化用品有限公司诉毕加索国际企业股份有限公司、上海艺想文化用品有限公司商标许可合同纠纷一案［案号：（2014）沪高民三（知）终字第117号］判决中，法院回答了：（ⅰ）在后的商标独占许可协议是否有效；（ⅱ）在后的商标独占被许可人是否有权使用授权商标。本案由隆天合伙人王小兵律师代理原告，为原告赢得唯一的商标独占许可使用权，该案因其典型性和重大指导意义入选最高人民法院发布的"2015年中国法院十大知识产权案件"❶。

一、案情简介

毕加索国际企业股份有限公司（以下简称毕加索公司）是涉案商标

的权利人。2008年9月，毕加索公司授予上海帕弗洛文化用品有限公司（以下简称帕弗洛公司）在大陆地区独家使用该争议商标，期限为2008年9月至2013年12月。2010年2月，毕加索公司与帕弗洛公司约定商标使用许可期限在原基础上延展10年。但是，2012年2月，毕加索公司又与帕弗洛公司的竞争对手上海艺想文化用品有限公司（以下简称艺想公司，该公司此前因仿冒帕弗洛公司的产品被判构成不正当竞争）签订《商标使用许可合同书》，约定艺想公司2012年1月至2017年8月独占使用该商标。艺想公司获得授权后，针对帕弗洛公司及其经销商发起了20余起商标侵权诉

---

❶ 该案也同时入选"2015年上海知识产权十大典型案例"（上海市知识产权联席会议发布）和"2015年上海法院知识产权司法保护十大案例"（上海市高级人民法院发布）。

讼，数起商标侵权行政投诉和刑事举报，涉及全国十几个城市，给帕弗洛公司的生产经营造成严重影响。

为对抗艺想公司的商标侵权诉讼和投诉，帕弗洛公司一方面积极进行应诉工作，同时立即向法院提起诉讼，要求宣告毕加索公司与艺想公司之间的商标许可合同无效。帕弗洛公司向法院起诉称：毕加索公司与艺想公司均明知帕弗洛公司与毕加索公司之前的商标许可关系未终止，又擅自签订系争合同，使用系争商标，并向工商管理部门投诉帕弗洛公司侵权、向法院提起商标侵权诉讼，艺想公司获得商标授权后进行全方位的仿冒，此行为系"恶意串通，损害第三人合法利益"及"违反法律、行政法规的强制性规定"。请求法院判令系争合同无效、两被告赔偿帕弗洛公司损失100万元。

二、法院裁决

一审法院（上海市第一中级人民法院）经审理后认为，帕弗洛公司享有系争商标的独占许可使用权，但系争商标使用许可合同系双方当事人真实意思表示，目的在于获取涉案商标的独占许可使用权，难以认定其有损害帕弗洛公司合法利益的主观恶意；系争合同的订立并未违反强制性规定。遂判决驳回帕弗洛公司的全部诉讼请求，并认为艺想公司基于商标许可合同具有独占许可使用权，对于重复授权行为，帕弗洛公司可以向毕加索公司主张违约责任。

二审法院（上海市高级人民法院）审理后认为，毕加索公司与艺想公司签订系争商标使用许可合同时均知晓帕弗洛公司与毕加索公司之间存在涉案商标独占使用许可关系，因而艺想公司并不属于善意第三人，虽然难以认定帕弗洛公司所主张的毕加索公司与艺想公司恶意串通损害第三人利益之行为，但由于帕弗洛公司在先享有对涉案商标的独占许可使用权，可以对抗在后的系争商标使用许可合同关系，故艺想公司不能据此系争合同获得涉案商标的使用权。二审法院虽认定系争合同有效，但在判决书中重点对商标重复授权行为进行了评价，纠正了一审判决的不足之处，支持帕弗洛公司享有在先的独占许可使用权，艺想公司不享有对该商标的任何权利。

三、律师点评

本案案情复杂，涉及事实跨度十年之久，涉案商标的使用权归属涉及国内数十家销售商的商标侵权认定。该案判决结果为上海法院四起超长审限案件及全国各地数十起商标侵权关联案件的审理奠定了基础。本案判决后，艺想公司在全国各地提起的商标侵权诉讼案件陆续被判决驳回诉请或裁定撤诉。

本案的焦点问题主要有两个：一是两被告之间的商标许可合同是否有效；二是艺想公司是否基于该许可合同获得商标独占许可使用权。两审法院均认为被告之间的商标许可合同是有效的，不符合"恶意串通"的情形，但一审法院却认为艺想公司基于有效的商标合同而获得商标独占许可使用权，原告如认为自己的合法权益受到损害可以向毕加索公司主张违约责任。此观点显然错误，根据最高人民法院《关于审理商标民事纠纷案件适用法律若干问题的解释》第三条第一款第（一）项："独占使用许可，是指商标注册人在约定的期间、地域和以约定的方式，将该注册商标仅许可一个被许可人使用，商标注册人依约定不得使用该注册商标。"因此，一件商标只能有一项独占许可使用权，不可能存在两项独占许可使用权，一审法院一方面认为帕弗洛公司对系争商标享有在先的独占许可使用权，另一方面又认为艺想公司基于合同也获得了独占许可使用权，这与商标许可制度的基本原理相悖。

二审法院纠正了一审法院的观点，法院梳理了当事人之间纷繁复杂的商标许可合同关系，认定艺想公司明知毕加索公司和帕弗洛公司未解除在先商标独占使用许可合同，仍和毕加索公司签订系争合同，导致先后两个独占许可期间存在重叠，其不属于"善意第三人"，不能依据在后合同获得涉案商标的使用权。

本案的典型意义在于：判决明确在先的商标独占许可使用权可以对抗在后非善意的商标使用许可合同关系，对于明确商标许可交易市场规则、营造诚信透明的商标市场环境具有积极示范意义。

最高院：商标授权确权司法解释
2017 年 3 月 1 日起施行

徐攀红　尹渤亚

2016 年 12 月，最高人民法院认定乔丹体育股份有限公司注册的 3 件"乔丹"商标侵犯迈克尔·杰弗里·乔丹的姓名权。2017 年 1 月，最高人民法院《关于审理商标授权确权行政案件若干问题的规定》（以下简称《授权确权规定》）予以公布，明确了政治、经济、文化、宗教、民族等领域公众人物姓名不得作为商标使用。

《授权确权规定》由最高人民法院审判委员会第 1703 次全体会议讨论通过，并将于 2017 年 3 月 1 日起施行。《授权确权规定》共 31 条，主要涉及审查范围、显著特征判断、驰名商标保护、著作权、姓名权等在先权利保护等实体内容以及违反法定程序、一事不再理等程序内容，对商标授权确权行政案件所涉及的重要问题和审判实践中的难点问题进行了明确，主要内容包括如下。

一、绝对禁止注册事项的明确

1. 明确《商标法》第十条第一款第（一）项规定的"同中华人民共和国的国家名称等相同或者近似"

《授权确权规定》第三条指出此相同或者近似是指商标标志整体上与国家名称等相同或者近似。对于含有中华人民共和国的国家名称等，但整体上并不相同或者不相近似的标志，如果该标志作为商标注册可能导致损害国家尊严的，人民法院可以认定属于《商标法》第十条第一款第（八）项规定的情形。例如在"中国劲酒"案中，最高人民法院认为，诉争的商标标志虽然包含了我国国家名称，但可以清晰识别为"中国""劲"和"酒"三个部分，整体上与我国国家名称并不近似，所以不属于《商标法》第十条第一款第（一）项所指情形。

2. 明确"其他不良影响"和"其他不正当手段"

《授权确权规定》第五条和第二十四条分别对《商标法》第十条第一款第（八）项的"其他不良影响"和第四十四条第一款的"其他不正当手段"

做出了规定，明确其分别适用于"对公共利益和公共秩序的消极负面影响"和"以欺骗手段以外的其他方式扰乱商标注册秩序、损害公共利益、不正当占用公共资源和谋取不正当利益"的情形，对于仅仅损害了特定民事权益的，不属于该两条涵盖的范围。"海棠湾"案中，最高人民法院对争议商标申请人无真实使用意图，在多个类别注册"海棠湾"商标以及没有合理理由大量囤积与海南省著名景点有关的商标的行为，认定为不具备注册商标应有的正当性，不正当占用公共资源，扰乱商标注册秩序，属于"其他不正当手段"所指情形。

《授权确权规定》第五条第二款规定：将政治、经济、文化、宗教、民族等领域公众人物姓名等申请注册为商标，属于前款所指的"其他不良影响"。

二、商标的显著特征判断

1. 判断是否具有显著性需从整体考虑

《授权确权规定》第七条规定，人民法院审查诉争商标是否具有显著特征，应当根据商标所指定使用商品的相关公众的通常认识，判断该商标整体是否具有显著特征。商标标志中含有描述性要素，但不影响其整体具有显著特征的；或者描述性标志以独特方式加以表现，相关公众能够以其识别商品来源的，应当认定其具有显著特征。

2. 判断外文商标取决于相关公众认知

《授权确权规定》第八条指出，诉争商标为外文标志时，人民法院应当根据中国境内相关公众的通常认识，对该外文商标是否具有显著特征进行审查判断。标志中外文的固有含义可能影响其在指定使用商品上的显著特征，但相关公众对该固有含义的认知程度较低，能够以该标志识别商品来源的，可以认定其具有显著特征。

3. 三维标志经过长期或者广泛使用相关公众能够通过该标志识别商品来源的才具有显著性

《授权确权规定》第九条规定，仅以商品自身形状或者自身形状的一部分作为三维标志申请注册商标，相关公众一般情况下不易将其识别为指示商品来源标志的，该三维标志不具有作为商标的显著特征。前述标志经过长期或者广泛使用，相关公众能够通过该标志识别商品来源的，可以认定该标志具有显著特征。即使商品自身形状或者自身形状一部分系申请人所独创或者最早使用的，也不能当然导致其具有作为商标的显著特征。

三、驰名商标保护的法律适用

1. 未注册的驰名商标的保护

《授权确权规定》第十二条指出，当事人依据《商标法》第十三条第二款主张诉争商标构成对其未注册的驰名商标的复制、摹仿或者翻译而不应予以注册或者应予无效的，人民法院应当综合考量如下因素以及因素之间的相互影响，认定是否容易导致混淆：

（1）商标标志的近似程度；

（2）商品的类似程度；

（3）请求保护商标的显著性和知名程度；

（4）相关公众的注意程度；

（5）其他相关因素。

2. 已注册的驰名商标的保护

《授权确权规定》第十三条指出当事人依据《商标法》第十三条第三款主张诉争商标构成对其已注册的驰名商标的复制、摹仿或者翻译而不应予以注册或者应予无效的，人民法院应当综合考虑如下因素，以认定诉争商标的使用是否足以使相关公众认为其与驰名商标具有相当程度的联系，从而误导公众，致使驰名商标注册人的利益可能受到损害：

（1）引证商标的显著性和知名程度；

（2）商标标志是否足够近似；

（3）指定使用的商品情况；

（4）相关公众的重合程度及注意程度；

（5）与引证商标近似的标志被其他市场主体合法使用的情况或者其他相关因素。

四、诚实信用原则，遏制恶意抢注的倡导

1. 明确《商标法》第十五条第一款所指代理人或者代表人的含义

《授权确权规定》第十五条第三款明确"商标申请人与代理人或者代表人之间存在亲属关系等特定身份关系的，可以推定其商标注册行为系与该代理人或者代表人恶意串通，人民法院适用《商标法》第十五条第一款的规定进行审理。"即在此情况下将与代理人或者代表人恶意串通的商标申请人视为代理人或者代表人，以充分发挥该条款制止抢注的功能。

2. 利用在先使用商标商誉的恶意的举证责任

《授权确权规定》第二十三条明确规定，在先使用人主张商标申请人以不

正当手段抢先注册其在先使用并有一定影响的商标的，如果在先使用商标已经有一定影响，而商标申请人明知或者应知该商标，即可推定其构成"以不正当手段抢先注册"。但商标申请人举证证明其没有利用在先使用商标商誉的恶意的除外。

五、《商标法》第三十二条规定的在先权利保护的规定

1. 在先作品名称、作品中角色名称的保护

《授权确权规定》第二十二条第二款规定："对于著作权保护期限内的作品，如果作品名称、作品中的角色名称等具有较高知名度，将其作为商标使用在相关商品上容易导致相关公众误认为其经过权利人的许可或者与权利人存在特定联系，当事人以此主张构成在先权益的，人民法院予以支持。"司法实践中已经对如"邦德007""功夫熊猫""哈利波特"等知名的作品名称或者角色名称给予了保护，表明了法院倡导诚信经营、平等保护的司法态度，也取得了良好的社会效果。

2. 商标标志作为在先著作权的保护

《授权确权规定》第十九条规定：当事人主张诉争商标损害其在先著作权的，人民法院应当依照著作权法等相关规定，对所主张的客体是否构成作品、当事人是否为著作权人或者其他有权主张著作权的利害关系人以及诉争商标是否构成对著作权的侵害等进行审查。商标标志构成受著作权法保护的作品的，当事人提供的涉及商标标志的设计底稿、原件、取得权利的合同、诉争商标申请日之前的著作权登记证书等，均可作为证明著作权归属的初步证据。商标公告、商标注册证等可以作为确定商标申请人为有权主张商标标志著作权的利害关系人的初步证据。

3. 姓名权作为在先权利的保护

《授权确权规定》第二十条规定：当事人主张诉争商标损害其姓名权，如果相关公众认为该商标标志指代了该自然人，容易认为标记有该商标的商品系经过该自然人许可或者与该自然人存在特定联系的，人民法院应当认定该商标损害了该自然人的姓名权。

对于实践中出现的并非以自然人的户籍姓名，而是以笔名、艺名、译名等特定名称来主张姓名权的，该条第二款规定，"如果该特定名称具有一定的知名度，与该自然人建立了稳定的对应关系，相关公众以其指代该自然人的，人民法院应当予以支持"，并依照第一款规定判断诉争商标的申请是否对其构成损害。

4. 企业字号权及字号简称作为在先权利的保护

《授权确权规定》第二十一条指出，当事人主张的字号具有一定的市场知名度，他人未经许可申请注册与该字号相同或者近似的商标，容易导致相关公众对商品来源产生混淆，当事人以此主张构成在先权益的，人民法院予以支持。该条第二款还规定了当事人以具有一定市场知名度并已与企业建立稳定对应关系的企业名称的简称为依据提出主张的，适用前款规定。

六、遵循商标授权确权案件的特点，充分发挥司法审查功能，加大实质性解决纠纷力度，提高商标授权确权效率

1. 法院的自由裁量权

《授权确权规定》第二条规定，人民法院对商标授权确权行政行为进行审查的范围，一般应根据原告的诉讼请求及理由确定。原告诉讼中未提出主张，但商标评审委员会相关认定存在明显不当的，人民法院在各方当事人陈述意见后，可以对相关事由进行审查并作出裁判。

2. 明确依据生效裁判作出的判决的权威性

《授权确权规定》第三十条规定，人民法院生效裁判对于相关事实和法律适用已作出明确认定，当事人对于商标评审委员会依据该生效裁判重新作出的裁决提起诉讼的，人民法院依法裁定不予受理；已经受理的，裁定驳回起诉。当然，如果商标评审委员会所做裁决引入了新的事实或者理由，则不适用该条规定。

欧洲当事人在华专利诉讼分析

洪 燕 冯程程

一、引 言

1985 年 4 月 1 日，专利法在我国正式实施，经过三十多年的发展，我国专利制度经历了从无到有，不断完善的过程。根据世界知识产权组织发布的《世界知识产权指标》年度报告，2015 年中国提交的专利申请数量首次在单一年度内超过了 100 万件，超过美国和日本申请数量的总和，位居全球第一位。

与专利申请数量增长相呼应的是，随着企业竞争日趋白热化，相同领域的产品同质化日趋严重，为了保证自己的竞争优势，越来越多的企业开始使用"专利诉讼"来达到打击竞争对手、获得市场份额的效果。具体表现为：近几十年来中国专利诉讼案件数量不断攀升，根据最高人民法院的白皮书记载，全国法院每年新收的专利民事一审案件即从 2011 年的 7819 件增长到了 2015 年的 11607 件。

在全球化背景下，随着中国的经济实力不断增强，中国庞大的市场开始得到外国企业的关注，甚至成为一些企业的重要收入来源。因此，为了在中国经济发展中分得一杯羹，越来越多的外国企业携专利武器"杀入"中国市场。

欧洲是全球最发达的地区，经过两次工业革命和上百年的技术演进，欧洲企业在很多技术领域掌握了全球的尖端技术，同时欧洲也是专利制度的诞生地，经过几十年的发展，欧洲的专利制度已经发展得十分成熟，专利制度在许多欧洲企业中成为"标准配置"，专利事务负责人在企业中位于高级管理层，直接管辖本公司的所有专利事务。那么，掌握了领先技术、配置了成熟专利制度的欧洲企业，在我国是否必然能通过专利诉讼取得竞争优势呢？

本文希望通过针对涉及欧洲当事人的判决书进行研究，以分析近年来以企业为主的欧洲当事人在华涉及的专利诉讼案件，探究欧洲企业在华涉及专利诉讼审判的实际情况。

本次分析针对来自北京知产宝网络科技发展有限公司的 448 份判决，其中包括行政判决书 345 份，以及民事判决书 103 份。所述判决书的做出时间在 2010 年至 2015 年。

二、欧洲企业在华诉讼概览

专利诉讼分为民事诉讼和行政诉讼，民事诉讼主要是指专利侵权诉讼，行政诉讼主要是指不服专利无效、复审决定提出的行政纠纷。欧洲企业在华涉及的专利诉讼数量逐年变化如图 1 所示，可见，欧洲企业在华的专利行政诉讼数量高于民事诉讼数量，且专利民事诉讼数量呈逐年增长趋势，而行政诉讼的数量变化却无明显规律。

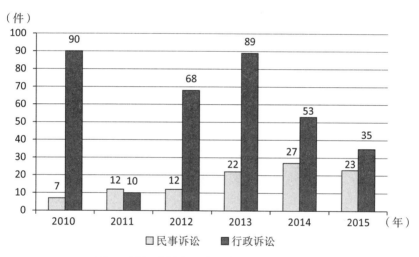

图 1　近年欧洲企业在华专利诉讼数量分布

三、欧洲企业在华专利民事诉讼介绍

根据我国民事诉讼法和专利法规定，专利民事诉讼一审由被告所在地和侵权行为地的中级人民法院或知识产权法院管辖，因此专利民事诉讼一审管辖法院分布（见图 2）可以在一定程度上反映与欧洲企业发生商业竞争的企业所在地或侵权行为地，可以看出，管辖法院集中于"长三角、珠三角、环渤海"区域，而这些地方同时是我国经济发达的地区，也是与欧洲企业发生专利纠纷的企业所在地或侵权行为地。

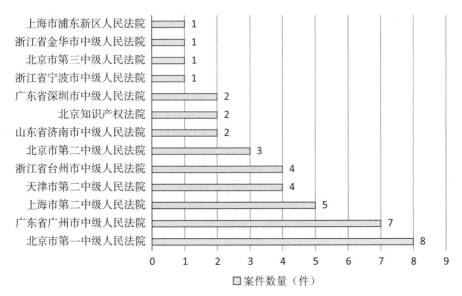

图2 欧洲企业在华专利民事诉讼一审管辖分布

分析专利民事诉讼案由分布（见图3），侵犯发明专利权纠纷占比63%，侵犯实用新型专利权纠纷占比26%，侵犯外观设计专利权纠纷占比7%，其他纠纷主要是技术中介合同纠纷、商业诋毁纠纷、不正当竞争纠纷、确认不侵害专利权纠纷。相对而言，发明创造经过了实质审查，技术含量获得认可，侵犯发明创造的诉讼因无效而中止的可能性较低，且其不容易被无效。当然，欧洲企业本身掌握较成熟的技术也是一个重要因素，总之，欧洲企业在诉讼中更加愿意选择发明创造提起诉讼。

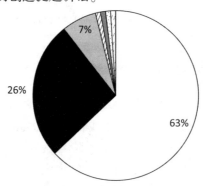

□ 侵犯发明专利权纠纷　　■ 侵犯实用新型专利权纠纷　　▨ 侵犯外观设计专利权纠纷
▨ 技术中介合同纠纷　　▨ 商业诋毁纠纷　　▨ 不正当竞争纠纷
▨ 确认不侵害专利权纠纷

图3 欧洲企业在华专利民事诉讼案由分布

图 4、图 5 是欧洲企业在华专利民事诉讼一审、二审的胜诉情况，由图可见，在华的专利民事诉讼中，欧洲企业基本上都能获得诉讼的胜利，这说明了在与欧洲企业竞争中，由于技术的落后，我国产品仍然难以摆脱对国外产品的抄袭、模仿。

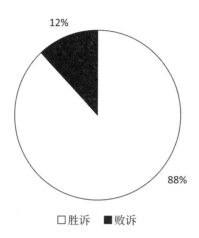

图 4　欧洲企业在华专利民事诉讼一审胜诉率情况

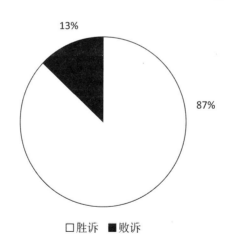

图 5　欧洲企业在华专利民事诉讼二审胜诉率情况

图 6、图 7 体现的是欧洲企业在华赢得诉讼后所能获得的判决结果，由图 6 可知，欧洲企业在诉讼中获得针对侵权企业的行为禁令的概率高达 98%，可以达到通过诉讼挤压竞争对手、抢占市场的效果。图 7 则反映了欧洲企业胜诉后获得赔偿额的情况，由图可见，赔偿额主要呈现"中间小、两头大"的

分布态势，相当一部分案件赔偿额集中于 5 万元至 10 万元赔偿额较低的阶段，但也不乏赔偿额在 50 万元以上的案件。

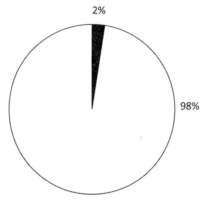

■无行为禁令 □有行为禁令

图 6　欧洲企业在华专利民事诉讼判决行为禁令情况

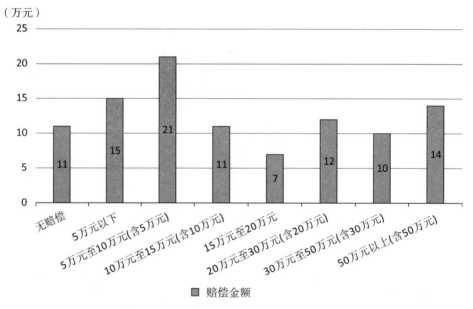

图 7　欧洲企业在华专利民事诉讼判决赔偿额分布

综上分析，欧洲企业在华参与专利民事诉讼案件总体数量不多，主要管辖法院集中于东南沿海，多以发明创造提起诉讼，且最终多以胜诉告终。反映了欧洲企业以其发达的技术以及成熟的专利意识，在与我国企业的专利诉讼中获得了优势地位。

四、欧洲企业在华专利民事诉讼介绍

专利行政诉讼主要是由于不服专利无效决定以及专利复审无效决定提起的（见图8），被告是专利复审委员会，过去的一审管辖法院是北京市第一中级人民法院，自2015年北京知识产权法院成立后，专利行政纠纷一审由北京知识产权法院管辖，二审管辖法院是北京市高级人民法院。

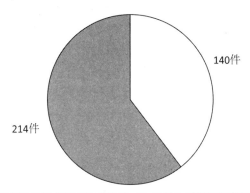

140件

214件

□ 不服无效宣告请求审查决定　■ 发明专利驳回复审行政纠纷

图8　欧洲企业在华专利行政诉讼案由分布

行政诉讼针对的是专利复审委员会做出的无效决定及复审决定，由图9、图10可见，在多数情况下，法院会支持专利复审委员会做出的决定，但耐人寻味的是，欧洲企业在专利行政诉讼一审中的胜诉率是10%，在二审中却能取得23%的胜诉率，这在一定程度上说明了通过二审法院再次对案情进行审判，在一审中败诉的欧洲企业有较大希望在二审中获得"改判"的结果。

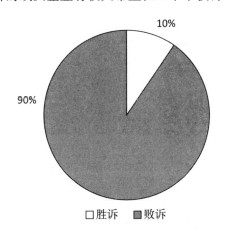

10%

90%

□ 胜诉　■ 败诉

图9　欧洲企业在华专利行政诉讼一审胜诉率

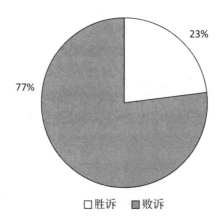

图 10　欧洲企业在华专利行政诉讼二审胜诉率

　　鉴于上文分析的结论，为了进一步论证在欧洲企业的专利行政诉讼中，"上诉"这一行为的意义之所在，本文就欧洲企业在华专利行政诉讼一审、二审情况进行了进一步分析。图 10 说明了在一审后，相当部分的欧洲企业不会选择提起上诉，将服从一审判决。但一旦案件进入二审中，则主要是由于欧洲企业提起了上诉。进一步分析二审法院对一审法院判决的支持率（见图11），可见虽然绝大多数情况下二审法院将支持一审法院作出的判决，但仍有 15% 的案件二审法院将作出 "撤销原判" 的裁定，这在一定程度上给予了 "上诉" 这一行为以积极评价。那么，经过一审、二审后，最终行政决定是否能得到改变呢？分析相关数据可知，经过一审、二审后，只有 15% 的行政决定将被撤销，这说明了大多数专利复审委员会的决定是得到法院支持的。

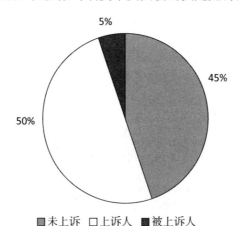

图 11　欧洲企业在华专利行政诉讼上诉情况分析

由以上分析可知，我国专利复审委员会做出的行政决定较能获得法院的认可，欧洲企业在华的专利行政诉讼并不能取得较大的优势地位。需要指出的是，以上分析仅是基于宏观数据得出来的结果，不能适用于个案，在实际情况中，欧洲企业在华专利行政诉讼的胜诉可能性，依然要通过针对性分析才能得出大致结果。

五、结　语

欧洲在过去的几十年在经济、政治、科技、文化上一直走在世界前沿，而近年来由于各种情况，欧洲经济增长停滞甚至负增长，内需不振，陷入经济危机的泥潭，而中国却凭借三十年的经济高速增长逐渐受到世界瞩目，因此在"西边不亮东边亮"的情况下，中国市场对欧洲企业的重要性不言而喻。而我国科技经过几十年的发展，虽然获得了很大的进步，但与欧洲企业相比而言，在很多领域依然存在不同程度的差距，尤其是欧洲企业早在过去几十年针对核心技术进行周密的专利布局的情况下，中国企业很难绕过这些核心技术专利进行技术发展，这也导致了我国企业在与欧洲企业的专利诉讼中，屡屡处于劣势的结果。面对欧洲企业的强势进攻，在技术发展尚未成熟的情况下，对于我国企业而言，可行的应对之策是将专利放在战略性的高度，将专利制度列为企业构建的重要组成部分，在面对专利纠纷时，以专业的态度积极应对。

总之，如果说"商场如战场"，那么专利即是战场中的重大杀伤性武器，如何防止受到他人利用专利攻占市场以及如何利用专利获得市场优势地位，值得每个企业思考。

浅析确权形成的内部证据对专利侵权判定的影响

孙　强　胡　明

前　言

最高人民法院《关于审理侵犯专利权纠纷案件应用法律若干问题的解释》第三条第一款规定，人民法院对于权利要求，可以运用说明书及附图、权利要求书中的相关权利要求、专利审查档案进行解释。专利审查档案包括生效的专利复审请求审查决定书和专利权无效宣告请求审查决定书等。本款中所述的"说明书及附图、权利要求书中的相关权利要求、专利审查档案"在专利法原理中，称为"内部证据"。唯有在专利授权确权程序中形成的"内部证据"是在专利授权之后产生的，具有较大的不确定性；而在现实中该类证据却往往成为专利民事侵权程序中的胜负手。

笔者拟通过对两个案例的分析，从两个角度浅析确权形成的内部证据对专利侵权判定的影响。

一、确权形成的内部证据在判断是否构成相同或等同侵权中往往起到关键性作用

我们大家一起来看第一个具体案例：

最高人民法院审理的（2016）最高院民再第 180 号案件——夏六丽与东莞怡信磁碟有限公司等侵害实用新型专利权纠纷，该案件涉案专利为 ZL200720051806.9 "便携可充式喷液瓶"实用新型专利，该专利的专利申请日为 2007 年 5 月 23 日，于 2008 年 5 月 7 日授权公告，本专利的专利权人为东莞怡信磁碟有限公司（原审原告）（见图 1）。

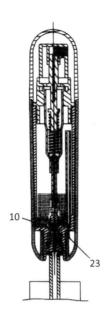

图 1　涉案专利说明书附图之一

涉案专利专利要求为："1. 一种改进型便携可充式喷液瓶，包括喷头组件、内瓶和外壳，喷头组件安装于内瓶上部，内瓶底部设有充液结构，充液结构包括内瓶底部的充液口、安装在充液口的顶杆、顶杆回位结构以及密封结构，内瓶上还设有排气结构，其特征在于：所述的顶杆上部为一限位块，下部有一凹槽，所述的密封结构包括第一密封圈和第二密封圈，其中第一密封圈与顶杆上部的限位块相连，第二密封圈嵌入顶杆下部的凹槽中，所述的排气结构包括设置于内瓶底部的排气孔及与排气孔接通并延伸到内瓶顶部的导气管。2. 根据权利要求 1 所述的一种改进型便携可充式喷液瓶，其特征在于：所述的第二密封圈与排气孔形成动态密封，即充液时，第二密封圈随顶杆上移，其与排气孔分离，常态时，第二密封圈环压在排气孔处，形成密封。"

该案件的一审浙江省杭州市中级人民法院（2013）浙杭知初字第 391 号民事判决和二审浙江省高级人民法院（2014）浙知终字第 169 号民事判决均认定：被告夏六丽生产的被控侵权产品的技术特征完全覆盖了涉案专利权利要求 1、2 的全部技术特征，故落入了 ZL200720051806.9 实用新型专利权的保护范围，属于侵权产品。

作为反诉，原审被告夏六丽及案外人在该诉讼期间，提出了第 20271 号和第 23681 号无效宣告请求，其生效的裁定结果均为维持涉案专利

200720051806.9实用新型专利权有效，而且涉案专利的权利要求在经历两次确权程序后并没有作出任何修改。

一审、二审没有新的事实出现，确权程序中专利权也似乎未伤分毫，基于以上事实，看似最高人民法院的再审结果也将会是波澜不惊的维持原审决定。岂料，最高人民法院的再审判决结果却推翻了一审、二审的判决，作出了截然相反的判决，判决认定被诉侵权产品没有落入涉案专利权利要求1的保护范围，是什么缘故导致该案件的最终结果反转了呢？其实，让最高人民法院作出不同认定的玄机，恰恰是在这两次确权程序中形成的内部证据——已生效的无效宣告裁定书。

一起来看看在该案中最高人民法院起到决定作用的相关内部证据认定吧：

"……涉案专利权利要求1请求保护的是一种便携可充式喷液瓶，包括喷头组件、内瓶和外壳。喷头组件安装于内瓶上部，其特征在于：与所述的内瓶底部设有充液结构，所述的充液结构包括内瓶底部的充液口、安装在充液口的顶杆、顶杆回位结构以及密封结构；所述的顶杆设有充液管道；所述内瓶上还设有排气结构。"针对涉案专利权利要求1的技术特征，专利复审委员会在其已生效的第20271号和第23681号无效宣告请求审查决定中，均认定其与附件1的区别在于：排气结构的位置不同，涉案专利的排气结构设置于内瓶上，而附件1设置在内瓶上部的上盖上，此外涉案专利内瓶外面具有外壳，而附件1没有外壳，并据此认定涉案专利提供了一种不同的喷液瓶结构，其中内瓶上的排气结构与外壳相互配合，由于外壳包覆内瓶，在喷液时外壳对设置在内瓶上的排气结构瞬时密封以使液体能够顺利喷出，并在充液时形成缓慢排气。由上述决定来看，本专利权利要求1中的外壳与排气结构存在相互配合的关系，其作用在于包覆内瓶，在喷液时对设置在内瓶上的排气结构瞬时密封，以使液体能够顺利喷出，并在充液时形成缓慢排气。

从本案查明的事实来看，被诉侵权产品的外壳与内瓶独立可分，排气口设置在产品底部安装顶杆的通道侧壁上。嵌入顶杆下部的凹槽中的第二密封圈与排气孔形成动态密封，即充液时，第二密封圈随顶杆上移，其与排气孔分离；常态时，第二密封圈环压在排气孔处形成密封。据此，**本院认为，正是由于被诉侵权产品的排气结构是与充液机构连动的，故其与外壳不存在相互配合的关系，即在喷液时外壳对设置在内瓶上的排气结构不会瞬时密封，在充液时也不会形成缓慢排气。**怡信公司对于被诉侵权产品的结构与其2008年专利一致，2008年专利的外壳与排气结构不存在相互配合的关系亦予以认可。……鉴于被诉侵权产品的外壳不具有涉案专利权利要求1所述的功能，故应当认定被诉侵权产品没有落入涉案专利权利要求 1 的保护范围，原审判决对此认定有误，本院依法予以纠正。

怡信公司认为，涉案专利外壳的瞬时密封作用并非必要技术特征，只是提高喷液能力的一种辅助手段，涉案专利没有外壳配合，也可以实现排气效果。**本院认为，"专利复审委员会在无效宣告请求审查决定中认定涉案专利权利要求 1 与附件 1 的一个区别就是具有外壳，外壳与排气结构存在相互配合的关系，这是涉案专利区别于现有技术，被认定为具有创造性并被维持有效的原因之一，故该技术特征应对本专利权利要求 1 的保护范围具有限定作用，在判断被诉侵权产品是否落入其保护范围时，对该技术特征应予考虑。怡信公司的上述主张没有法律依据，本院不予支持。"**

原审原告方在之前一系列诉讼程序中均是高歌猛进，但在决定最终命运的最高人民法院再审判决中却遭到逆转，而原审被告看似一路节节败退，却终在最高人民法院再审判决中胜利大逃亡。

但是，这一切，并非表面看来那么简单，可以说，原审被告能够在再审中获得逆转，是其精心策划的诉讼策略导致的：

首先，由案外人在第一次提出的第 20271 号无效宣告中，其采用用于评价专利创造性的最接近的现有技术的附件 1 以及用于评价专利新颖性的附件 2 均是不具有"外壳"这一技术特征的，而专利权人在确权程序中却不明就里地紧抓这个方向，导致该无效宣告请求审查决定中得出："……而本专利的外壳用来包覆内瓶，因此附件 2 的上盖 1 和底座架 14 并不相当于本专利的外壳……本专利提供了一种不同的喷液瓶结构，其中内瓶上的排气结构与外壳相互配合，由于外壳包覆内瓶，在喷液时外壳对设置在内瓶上的排气结构瞬时密封以使液体能够顺利喷出……**本专利权利要求 1 相对于附件 1 提供了一种不同的喷液瓶结构，其中内瓶上的排气结构与外壳相互配合，由于外壳包覆内瓶，在喷液时外壳对设置在内瓶上的排气结构瞬时密封以使液体能够顺利喷出，在没有相关证据予以佐证的情况下，也不能说明上述区别特征为本领域的公知常识……**"的结论。

接着，由原审被告提出的第 23681 号无效宣告请求中，进一步，其采用用于评价专利创造性的最接近的现有技术的附件 1 与与其结合的附件 2 均没有公开在一层瓶体外再加装一层外壳的技术特征，而专利权人在确权程序中再次抓住了这个原审被告卖的破绽，强调了：内瓶上的排气结构与外壳相互配合，取得了如下有益的技术效果：由于外壳包覆内瓶，在喷液时外壳对设置在内瓶上的排气结构瞬时密封以使液体能够顺利喷出，并在充液时形成缓慢排气。最终导致该无效宣告请求审查决定中得出："……（1）证据 1 和证据 2 中的容纳液体的容器均是仅有一层瓶体，均没有公开在一层瓶体外再加装一层外壳的技术特征。具体而言，本专利权利要求 1 相对于证据 1 提供了一种不同的喷液瓶结构，其中内瓶上的排气结构与外壳相互配合，取得了如下有益的技术效果：由于外壳包覆内瓶，在喷液时外壳对设置在内瓶上的排气结构瞬时密封以使液体能够顺利喷出，并在充液时形成缓慢排气。在没有相关证据予以佐证的情况下，也不能说明上述区别特征为本领域的公知常识……"的结论。

至此，对于原审被告而言，其所需要获得的有利于其的内部证据均已形成，只待生效，可谓"万事俱备只欠东风"。虽然，二审判决结果早于内部证据形成的时间，但是在内部证据形成之后立刻申请再审，并请求中止二审执行，并获得最高人民法院（2015）民申字第 814 号裁定的支持，导致原审被告的权益实际并未受损，而最终获得逆转。

一般而言，在专利民事侵权程序中，解释权利要求的目的在于通过明确权利要求的含义及其保护范围，对被诉侵权技术方案是否落入专利保护范围做出认定。在这一程序中，如果专利保护范围字面含义界定过宽，出现权利要求得不到说明书支持、将现有技术包含在内或者专利审查档案对该术语的含义作出过限制解释因而可能导致适用禁止反悔原则等情形时，可以利用说明书、审查档案等对保护范围予以限制，从而对被诉侵权技术方案是否落入保护范围作出更客观公正的结论。

通过上述案例可见，最高人民法院正是该原则之下，在充分考虑了已生效的第 20271 号和第 23681 号无效宣告请求审查决定这两份内部证据的基础上，从而作出与原审一审、二审不同的事实认定。

从该角度出发，在处理涉及专利民事侵权的专利授权确权程序时，应该充分考虑在确权过程中可能形成的对于技术特征的限制性解释与侵权中判断是否构成相同或等同侵权依据之间的关联关系。

二、确权形成的内部证据是外观侵权判断中确定设计空间的重要依据

设计空间又称设计自由度，是指设计者在创作特定产品外观设计时的自由程度。

设计空间是指设计者在创作特定产品外观设计时的自由度。设计者在特定产品领域中的设计自由度通常要受到现有设计、技术、法律以及观念等多种因素的制约和影响。特定产品的设计空间的大小与认定该外观设计产品的一般消费者对同类或者相近类产品外观设计的知识水平和认知能力具有密切关联。

大家一起再来看第二个具体案例：

该案件为笔者本人所代理的深圳市神牛摄影器材有限公司与深圳市迪比科电子科技有限公司侵害外观设计专利权纠纷。

该纠纷涉案专利为专利号 ZL201330157710.1，名称为"相机闪光灯"的外观设计专利权（以下称涉案专利）。其申请日为 2013 年 5 月 6 日，授权公告日为 2013 年 9 月 4 日，专利权人为深圳市神牛摄影器材有限公司（见图 2）。

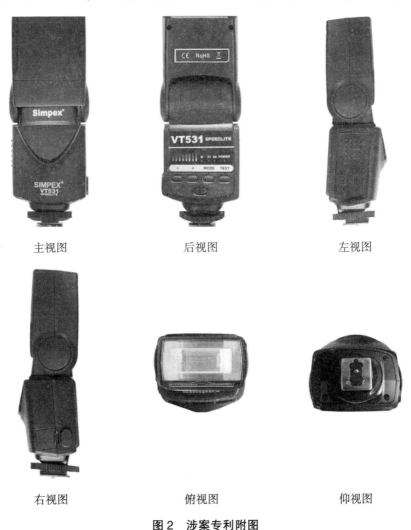

主视图　　　　　　　　后视图　　　　　　　　左视图

右视图　　　　　　　　俯视图　　　　　　　　仰视图

图 2　涉案专利附图

立体图　　　　　　　　　使用状态参考图

图2　涉案专利附图（续）

该案件一审广东省深圳市中级人民法院（2014）深中法知民初字第740号民事判决中认定：

"被诉侵权产品为'DF-400'相机通用外置闪光灯，将被诉侵权产品与神牛公司外观设计专利进行对比，从主视图看，被诉侵权产品控制部上方为梯形测光窗，专利设计为三角形测光窗；从后视图看，被诉侵权产品的闪光灯中间部位设有一矩形，专利设计为矩形图案；从左视图看，被诉侵权产品控制部的电池盖板上为长条形凸起，专利设计为圆形凸点；从右视图看，被诉侵权产品控制部右下端为近似椭圆形盖，专利是设计为凸起椭圆形盖；其余视图均无明显区别……神牛公司本案专利为相机闪光灯，而被诉侵权产品也是闪光灯，二者属于同类产品。经过比对，虽然被诉侵权产品与本案外观设计专利图片存在局部细微差异，但在产品正常使用时一般消费者难以完全区分两者的差别，且对产品的整体视觉效果影响甚小，不影响整体视觉效果的判定。因此，一审法院认定被诉侵权产品与神牛公司专利外观设计近似，落入神牛公司专利权的保护范围……"

而在一审期间，作为反诉，一审被告提出了第26344号无效宣告请求，其生效的裁定结果为维持涉案专利ZL201330157710.1外观设计新型专利权有效，而且涉案专利的文件在经历该次确权程序后并没有作出任何的修改。

随后，一审被告提起了上诉，其在上诉理由中辩称："一审法院对神牛公司专利的过度保护，将严重影响技术的进步和社会的发展，**涉案产品由闪光灯部、转轴部、控制部及底座四部分组成，其中，闪光灯部，转轴部以及底座均主要是由技术功能决定的设计特征，涉案产品的设计空间较小，主要为控制部。……而一审判决中认定涉案产品与涉案专利存在区别……**"

同时，再次提出了第29497号无效宣告请求，其理由是："涉案专利不符合《专利法》第二十三条第二款的规定，并提交了如下证据：

证据1：专利号为ZL01309867的中国外观设计专利授权公告文本打印件；

证据2：专利号为 Des. 342,753 的美国外观设计专利授权公告文本打印件及其中文译文；

证据3：专利号为 ZL200710152007.5 的中国发明专利授权公告文本打印件。

请求人认为：（1）证据1至证据3的公告日在涉案专利申请日之前，可以作为现有设计来评价涉案专利是否符合《专利法》第二十三条的规定。（2）证据1至证据3同样由闪光灯部、转轴部、控制部及底座四部分组成，在控制部的反面上都设有显示界面、控制按键及电源按钮。（3）在证据3的基础上，将证据2的显示界面替换到证据3上，将证据1的四个控制按键替换到证据3显示界面下方，将证据2的电源键替换到对比设计3的四个控制按键下方。**上述设计特征均为常规设计，该具体组合手法在现有设计中存在启示，并且涉案专利没有产生独特的视觉效果。**涉案专利与证据1至证据3的组合相比不具有明显区别，涉案专利不符合《专利法》第二十三条第二款的规定。"（见图3~图5）。

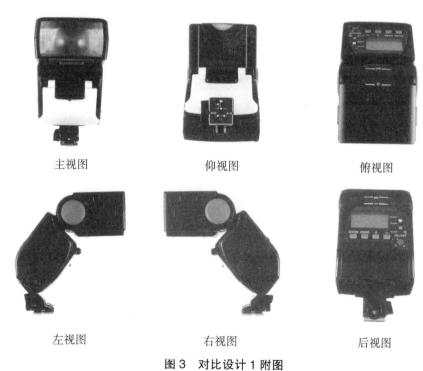

主视图　　　　　　　　　仰视图　　　　　　　　　俯视图

左视图　　　　　　　　　右视图　　　　　　　　　后视图

图3　对比设计1附图

立体图

立体图

使用状态图

图3　对比设计1附图（续）

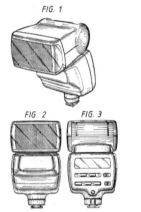

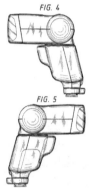

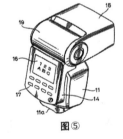

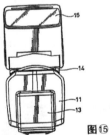

图4　对比设计2附图

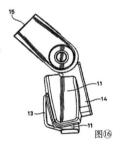

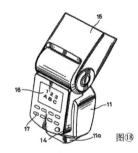

图5　对比设计3附图

　　笔者通过对于一审原告的上诉理由及第 29497 号无效宣告请求进行了全面分析可以确定，一审原告的诉讼策略为：通过确权程序确认涉案产品的设计空间有限，主要集中在控制部。而涉案产品控制部在一审中是被认定了与涉案专利设计存在区别的。根据最高人民法院《关于审理侵犯专利权纠纷案件应用法律若干问题的解释（二）》第十四条第二款的规定，"设计空间较大的，人民法院可以认定一般消费者通常不容易注意到不同设计之间的较小区别；设计空间较小的，人民法院可以认定一般消费者通常更容易注意到不同设计之间的较小区别"，故而可以避免被认定为侵权。

　　基于以上认知，在确权和二审上诉程序中分别提出了如下主张和证据：

　　在第 29497 号无效宣告请求中专利权人提交了意见陈述书和如下反证：

　　反证 1：专利号为 ZL01305668.9 的中国外观设计专利授权公告文本打印件；

　　反证 2：专利号为 ZL201030135521.0 的中国外观设计专利授权公告文本打印件；

　　反证 3：专利号为 ZL201230070827.1 的中国外观设计专利授权公告文本打印件。

　　具体陈述意见如下：（1）参考专利权人提供的三份反证以及请求人提供的证据，对于一般消费者而言，闪光灯类产品的设计空间较大，特别是闪光灯部、转轴部、控制部以及底座四个设计特征。故在判断涉案专利是否与现有设计有区别时，需要对涉案专利所有部件进行判断。（2）证据 1 至证据 3 与涉案专利在闪光灯部、转轴部、控制部、底座以及整体排列上，两者之间均存在极大的差别，并不存在"判断在与涉案专利相同或者相近种类产品的现有设计中是否存在具体的转用和/或组合手法的启示"的条件，因此，请求人的无效宣告理由适用法律错误。即便能够组合，通过上述对比也可以看出其所结合的方案与涉案专利有实质性区别。

　　而在二审中"神牛公司辩称……二、一审法院认定被诉侵权产品与神牛公司的专利外观近似的结论正确，迪比科公司对一审判决的认定理解有误。三、'一般消费者'会得出被诉侵权产品与神牛公司的专利外观近似的结论。四、现有设计中闪光灯类产品'设计空间'较大，一审法院对神牛公司专利保护恰当……"并且同样提供了上诉在第 29497 号无效宣告请求提供的相关反证。

　　最终，第 29497 号无效宣告请求决定中并没有得出通过确权程序确认涉案产品的设计空间有限，主要集中在控制部的结论，而同样案件编号为

（2016）粤民终字第1138号的二审维持了一审判决，维护了一审原告的权益。

通过该案例可见，在考量外观设计专利侵权判断时，设计空间的存在是不可以忽视的问题，而设计空间的确定与专利授权确权程序形成的内部证据关系密切。

换而言之，在外观设计专利确权过程中，**认定涉案设计中的设计特征是否属于惯常设计和主要由技术功能决定的设计特征的结果，往往会直接影响外观侵权判断中设计空间的确定。**

结语：无论是在哪一种专利类型的专利授权确权程序中，参与的双方均应该结合相关的维权程序整体通盘的考虑，放眼全局，而不拘泥于一城一池之得失。

北京知识产权法院首张诉前禁令签发给"中国好声音"
——中国诉前禁令案件审查标准探讨

洪 燕

2016年6月20日，北京知识产权法院裁定支持浙江唐德影视股份有限公司（以下简称唐德公司）针对上海灿星文化传播有限公司（以下简称灿星公司）非法使用"中国好声音""The Voice of China"字样的节目名称及第G1098388号、第G1089326号注册商标所提出的诉前保全申请。针对该裁定，灿星公司提出了复议申请。2016年7月4日，北京知识产权法院做出复议裁定，维持了原诉前禁令的裁定。

此裁定系2014年年底中国成立专门的知识产权法院以来签发的首张诉前禁令，加上"中国好声音"节目在中国的巨大影响力，该案系统展示了北京知识产权法院针对诉前禁令进行审查的过程和思路，其中关于"胜诉可行性"的审查，尤其值得关注。

一、关于"中国好声音"

上海灿星公司，是"好声音"系列节目的原创者和所有人荷兰Talpa公司的前合作伙伴，制作了"中国好声音"真人秀节目的第1~4季。Talpa公司与灿星公司的合作结束后，Talpa公司授权浙江唐德公司制作"中国好声音"节目的第5~8季。

在灿星公司开始准备第5季"中国好声音"节目的制作时，唐德公司一纸诉状将灿星公司诉至北京知识产权法院，以其侵犯第G1098388号、第G1089326号注册商标权、相关商标应作为驰名商标予以保护和不正当竞争为由提出诉前保全申请，并提出高达5.1亿元人民币的赔偿额。

商标及标识对比如图1所示。

第G1098388号注册商标	第G1089326号注册商标
（1）	（2）
节目标识一	节目标识二
（3）	（4）

图1　商标及标识对比

二、相关法律规定及以往的司法实践

2000 年 8 月 25 日修订并于 2001 年 7 月 1 日起施行的中国《专利法》第六十一条在中国首次建立了诉前禁令制度，之后修改的商标法、版权法也相继引入该制度。以上法律概括规定了诉前的行为保全制度，但均未涉及禁令审查的具体标准。随后，最高人民法院集中出台了一系列司法解释，包括2000 年 12 月 21 日施行的《关于审理涉及计算机网络著作权纠纷案件适用法律若干问题的解释》、2001 年 7 月 1 日施行的《关于对诉前停止侵犯专利权行为适用法律问题的若干规定》、2002 年 1 月 22 日起施行的《关于诉前停止侵犯注册商标专用权行为和保全证据适用法律问题的解释》及 2002 年 10 月 27日施行的《关于审理著作权民事纠纷案件适用法律若干问题的解释》。司法解释主要对具体措施、步骤、程序等进行了进一步细化，没有提出更为具体相近的实体审查标准。

2009 年 4 月 21 日，最高人民法院在对八年司法实践进行总结的基础上，在《关于当前经济形势下知识产权审判服务大局若干问题的意见》（以下简称意见）第十四条，对知识产权诉前禁令的把握尺度给出了较为详细的内部指引，提出了关于诉前禁令审查的若干标准，其中提出"诉前停止侵权主要适用于事实比较清楚、侵权易于判断的案件，适度从严掌握认定侵权可能性的标准，应当达到基本确信的程度。"即提出了诉前禁令应达到侵权可能性易于认定的案件，并且需要从严把握该标准，达到基本确信的标准，即提出了"胜诉可行性"的理念，并且对此给出了较为严格的审查标准。

法院在诉前禁令审查过程中，也均把握了相当严格的标准，主要针对事实清楚无较大争议，基本上达到确信的标准。北京市第二中级人民法院曾在2014年4月25日通报了10年来该院审理的知识产权行为保全案件审理情况。在其审理20件知识产权行为保全案件中，诉前保全19件，诉中保全1件；从涉案领域来看，涉及商标权的案件13件、涉及专利权的案件5件、涉及著作权的案件两件；从审理结果看，当事人在审理中主动撤回申请的5件，其余15件案件中，支持申请的有5件、驳回申请的有10件。在其所公布的几个典型案例中，其关于胜诉可行性的认定均基本达到无争议。例如，钱钟书手稿案，红狮商标案，捷豹眼镜案，正大天晴药业案。

2015年2月26日，最高人民法院发出《关于审查知识产权与竞争纠纷行为保全案件适用法律若干问题的解释（征求意见稿）》，公开向社会征求意见，其中针对行为保全事宜作出详细的规定，首次明确提出了"胜诉可行性"标准，其中第七条【保全必要性考虑因素】规定：

人民法院根据申请人提供的申请书、必要证据和被申请人提供的必要证据对知识产权与竞争纠纷行为保全申请进行审查。人民法院应当综合考虑以下因素，判断是否有必要采取保全措施：

（1）申请人在本案中是否有胜诉可能性，包括作为申请人的知识产权权利人或者利害关系人拥有的权益是否有效、稳定；

（2）因被申请人一方的行为或者其他原因是否可能造成将来的判决难以执行或者造成申请人其他损害，或者使申请人的合法权益受到难以弥补的损害；

（3）采取保全措施对被申请人造成的损害是否明显超过不采取保全措施给申请人带来的损害；

（4）采取保全措施是否会损害社会公共利益。

三、同意诉前保全及法院的考虑

在本案中，北京知识产权法院在裁定中遵循了最高人民法院在以上征求意见稿中给出的具体标准，特别针对"胜诉可行性"进行了审理。

在原裁定中，法庭主要审查了侵权认定的可能性，包括：

（1）侵害第 G1098388 号、第 G1089326 号注册商标专用权的可能性。认定构成侵权。

（2）侵害未注册驰名商标权益的可能性。针对节目标识一（由中文"中国好声音"、英文"The Voice of China"以及 V 形手握话筒图形组合而成）和节目标识二（由中文"中国好声音"和英文"The Voice of China"组合而成，本院注意到节目标识一、二均含有中文"中国"和英文"China"）是否符合商标法有关注册商标的规定，法院认为本案尚在诉前保全申请审查阶段，无法对上述两节目标识是否构成未注册驰名商标进行判断。

（3）构成不正当竞争行为的可能性。首先，法院认为，"中国好声音"和"The Voice of China"被认定为电视文娱节目及其制作服务类的知名服务特有名称，存在较大可能性。其次，根据 Talpa 公司与相关公司就制作播出第 1~4 季"中国好声音"的授权协议的约定，Talpa 公司拥有有关"中国好声音"和"The Voice of China"节目名称权益的可能性较大。再次，上海灿星公司在第五季"中国好声音"以及"2016 中国好声音"歌唱比赛选秀节目的宣传、推广、海选、广告招商、节目制作过程中，可能涉及使用"中国好声音"和"The Voice of China"作为节目名称的行为，而世纪丽亮公司在"2016 中国好声音"歌唱比赛选秀节目的宣传、推广、海选、广告招商过程中，可能涉及使用"中国好声音"作为节目名称的行为。

综上所述，认为上海灿星公司和世纪丽亮公司的上述行为，存在构成不正当竞争行为的可能性。

复议阶段，案件争议聚焦中"中国好声音"这五个字的权利归属和状态上。针对双方当事人的争点，复议裁定首先针对司法解释征求意见稿中的"胜诉可能性"进行了说明："所谓胜诉可能性，是法院根据现有证据，并结合程序性临时措施的特点所作出的可能性判断，这显然有别于实体审理后的确定性认定。因此，在诉前行为保全申请审查阶段，胜诉可能性并不必然排除保全申请人败诉或者保全被申请人胜诉的可能性。"在此基础上，其审理了影响胜诉的几个事实因素。

（1）"中国好声音"五个中文字既非中国注册商标，也尚未经任何法定程序认定为"知名服务的特有名称"（反不正当竞争案件的法律基础）。对此，法院认为"根据浙江唐德公司提交的材料，'中国好声音'中文节目名称被认定为电视文娱节目及其制作服务类的知名服务特有的名称，存在较大可能性。"

（2）"中国好声音"的知名度形成融入了多方努力，许可人 Talpa 公司是否针对"中国好声音"享有合法权益。对此，法院认为"根据现有证据判断，'中国好声音'这一节目最初来源于 Talpa 公司关于相关节目模式的授权，即'中国好声音'这一节目名称指向一种具有特定模式的节目，且该节目名称权益的产生来源于 Talpa 公司的经营行为。因此，浙江唐德公司经授权可能享有对'中国好声音'这一节目名称的在先权益"。

（3）案外人浙江卫视声称"中国好声音"系其向国家广电总局申请登记获准的节目名称，且合法持有"好声音"商标。对此，法院认为："首先，原裁定并未涉及该项权益归属的确定性认定，'中国好声音'中文节目名称权益的最终归属确定属于后续侵权诉讼中实体审理的内容，而非本案诉前行为保全申请审查程序进行认定的范围。其次，基于当前广播电视节目制作和播出分离的现实，为慎重考虑，本院多次要求上海灿星公司提交其持有的与浙江卫视签订的相关协议，基于上海灿星公司的主张，该协议的提交可能有利于其主张事实的查明，但其始终未予提交，而浙江卫视亦仅提交了书面声明，并未提交其他任何相应材料。再次，本案并不排除浙江卫视最终可能拥有'中国好声音'中文节目名称权益，但是，国家新闻出版广电总局（广电总局）对电视台的管理规定以及对电视节目名称的备案管理并非判断民事权益归属的唯一依据。"

（4）针对"中国好声音"的权利归属，许可人 Talpa 公司与上一被许可人在许可合同中约定了有效的仲裁条款，且该案正在香港仲裁庭进行仲裁。对此，法院认为："香港仲裁庭裁决中所作出的最终权利宣告裁决，对 Talpa 公司提出的临时措施申请的处理，以及香港高等法院根据香港仲裁庭裁决对其作出的临时禁令所可能作出的调整，均不必然影响本院对是否采取诉前行为保全措施的判断和实施。况且，香港仲裁庭裁决目前亦并未对'中国好声音'中文节目名称的合同约定归属作出结论性认定，故在程序上也不能排除浙江唐德公司拥有提出本案诉前行为保全申请的权利。"

可见，北京知识产权法院在诉前禁令的审查标准"胜诉可行性"上进行了有益的探索，在本中系统提出禁令审查的内容和标准，并结合案件事实进行了示范。

四、小　结

值得思考的是，从法院以上分析可见，本案中，"中国好声音"是否可以作为知名服务的特有名称，申请人是否享有合法权益，如确定原告方权益后其与案外人浙江卫视的名称以及商标如何并处以及法院禁令程序与有效仲裁约定的关系是否仅仅停留在案件显示的当事人而无须考虑案件真实事实等，都还存在较大不确定性，北京知识产权法院在本案中把握的"胜诉可行性"标准，似乎低于之前北京第二中级人民法院公布的案例。在裁定行文中，也出现了诸多"可能性"用语。这些是否最终能够成为禁令案件的通行标准等，都还存在很多值得研究的空间。

中国法院判决的专利侵权赔偿金正在增加

刘　潇

2016 年 12 月 8 日，在一起专利侵权诉讼中，北京知识产权法院支持了原告握奇数据股份有限公司，并史无前例地判决被告恒宝股份有限公司就单个专利赔偿高达 4900 万元人民币（约 710 万美元）的专利侵权赔偿金。此外，法院还将 100 万元人民币（约 14.5 万美元）的律师费判由被告承担（此种做法在以往的专利诉讼中较为罕见）。该判决充分显示出中国法院希望通过对专利侵权人采取相对高额的罚金来加强对专利权的保护。

以下，将简单介绍我国专利法对侵权赔偿数额的相关规定的发展过程和趋势。

最早规定专利侵权赔偿制度的是 1985 年《专利法》，其中第六十条规定：对未经专利权人许可，实施其专利的侵权行为，专利权人或者利害关系人可以请求专利管理机关进行处理，也可以直接向人民法院起诉。专利管理机关处理的时候，有权责令侵权人停止侵权行为，并赔偿损失；当事人不服的，可以在收到通知之日起 3 个月内向人民法院起诉；期满不起诉又不履行的，专利管理机关可以请求人民法院强制执行。

不难看出，在首次颁布的 1985 年《专利法》中，对专利侵权赔偿的规定较为笼统，仅原则性地规定了"停止侵权"和"赔偿损失"，但并没有提供赔偿的计算方法。虽然以当下的观点来看，这样的规定标准较为单一，可操作性不强。但是，考虑到《民法通则》于一年多之后才得以颁布，可以说 1985 年《专利法》在当时已经是一部比较超前的法律。

在 1992 年《专利法》的第一次修订中，并未对《专利法》第六十条进行修改。但是，在 1992 年 12 月 29 日，最高人民法院印发了《关于审理专利纠纷案件若干问题的解答》（以下简称《解答》）的通知，以从具体操作的层面上指导各级法院应对日益增加的专利侵权案件，该通知中规定了三种具体的损失赔偿数额的计算方法。

第一种是以专利权人因侵权行为受到的实际经济损失作为损失赔偿额，其计算方法是：因侵权人的侵权产品（包括使用他人专利方法生产的产品）

在市场上销售使专利权人的专利产品的销售量下降，其销售量减少的总数乘以每件专利产品的利润所得之积，即为专利权人的实际经济损失。

第二种是以侵权人因侵权行为获得的全部利润作为损失赔偿额，其计算方法是：侵权人从每件侵权产品（包括使用他人专利方法生产的产品）获得的利润乘以在市场上销售的总数所得之积，即为侵权人所得的全部利润。

第三种是以不低于专利许可使用费的合理数额作为损失赔偿额。

需要说明的是，以上三种计算方法在适用上并没有先后顺序，而是由法院选择适用。另外，当事人也可以自行协商而采用其他计算方法。

接下来，在2000年《专利法》的第二次修订中，新增了第六十条，其规定了侵犯专利权的赔偿数额，按照权利人因被侵权所受到的损失或者侵权人因侵权所获得的利益确定；被侵权人的损失或者侵权人获得的利益难以确定的，参照该专利许可使用费的倍数合理确定。

该法条不仅以法律的形式确定了1992年的《解答》中所提出的计算方法，同时首次规定了计算方法适用的先后顺序，即优先采用权利人所受损失或侵权人所得利益的计算方法，只有当以上两者难以确定时，才采用许可使用费的倍数进行计算。然而，该法条中并没有规定以许可使用费来计算的赔偿数额究竟可以是许可使用费的多少倍，这也是在《专利法》第二次修订之后亟待解决的问题。

在此次《专利法》修订中，新增第六十条的一个目的是为了和Trips协议第四十五条规定（对已知或有充分理由应知自己从事之活动系侵权人，司法当局应当有权责令侵权人向权利持有人支付足以弥补因侵犯知识产权而给权利人造成之损失的损害赔偿费）保持一致，从而为中国加入WTO做铺垫。

在《专利法》第二次修订一年之后，最高人民法院发布了《关于审理专利纠纷案件适用法律问题的若干规定》（以下简称《规定》）。

该《规定》第二十条中明确了追究侵权人赔偿责任时，"可以根据权利人的请求，按照权利人因被侵权所受到的损失或者侵权人因侵权所获得的利益确定赔偿数额"，而并非只能由人民法院来选择适用。该《规定》第二十条还首次规定了"侵权人因侵权所获得的利益一般按照侵权人的营业利润计算，对于完全以侵权为业的侵权人，可以按照销售利润计算"，也就是说，对恶意侵权人的惩罚力度将大于对一般侵权人的惩罚力度，这种按照销售利润计算的方法类似于德国所采用的边际利润计算法。

该《规定》第二十一条则对采用许可使用费的倍数计算赔偿数额做出了具体规定，即"参照专利许可使用费的1至3倍合理确定赔偿数额"。另外，该《规定》第二十一条还规定了作为兜底条款的法定赔偿数额，即 "没有专利许可使用费可以参照或者专利许可使用费明显不合理的，人民法院可以根据专利权的类别、侵权人侵权的性质和情节等因素，一般在人民币 5000 元以上 30 万元以下确定赔偿数额，最多不得超过人民币 50 万元"。

2008 年的《专利法》第三次修订进一步将《专利法》第六十条修改为第六十五条，并且规定："侵犯专利权的赔偿数额按照权利人因被侵权所受到的实际损失确定；实际损失难以确定的，可以按照侵权人因侵权所获得的利益确定。权利人的损失或者侵权人获得的利益难以确定的，参照该专利许可使用费的倍数合理确定。赔偿数额还应当包括权利人为制止侵权行为所支付的合理开支。权利人的损失、侵权人获得的利益和专利许可使用费均难以确定的，人民法院可以根据专利权的类型、侵权行为的性质和情节等因素，确定给予一万元以上一百万元以下的赔偿。"

对第六十条修订的重点主要是两个方面：第一，将权利人所受损失与侵权人所得利益并列的计算方式修改为优先适用权利人所受损失，损失难以确定的才适用侵权人所得利益；第二，将 5000 元至 50 万元的法定赔偿数额提高到 1 万元至 100 万元。

在 2009 年，最高人民法院发布了《关于审理侵犯专利权纠纷案件应用法律若干问题的解释》（以下简称《解释》）。该《解释》第十六条规定了 "人民法院依据专利法第六十五条第一款的规定确定侵权人因侵权所获得的利益，应当限于侵权人因侵犯专利权行为所获得的利益；因其他权利所产生的利益，应当合理扣除。侵犯发明、实用新型专利权的产品系另一产品的零部件的，人民法院应当根据该零部件本身的价值及其在实现成品利润中的作用等因素合理确定赔偿数额。侵犯外观设计专利权的产品为包装物的，人民法院应当按照包装物本身的价值及其在实现被包装产品利润中的作用等因素合理确定赔偿数额。"

从学理上讲，以上规定确认了专利侵权损害赔偿额计算中的 "技术分摊规则"（按照专利因素对产品利润的贡献比率来计算专利损害赔偿数额）。该规则对于防止过度惩罚是十分必要的，否则对于生产一种产品侵犯多个专利权的情况，侵权人对每个专利权人都有可能赔偿所获利润，总赔偿额将远大于自己实际所获得的利润。

2016 年 3 月 21 日，最高人民法院还发布了《关于审理侵犯专利权纠纷案件应用法律若干问题的解释（二）》（以下简称《解释二》）。该《解释二》第二十七条细化了专利权人对侵权人所得利益进行举证的程度要求，即 "权利人因被侵权所受到的实际损失难以确定的，人民法院应当依照专利法第六十五条第一款的规定，要求权利人对侵权人因侵权所获得的利益进行举证；在权利人已经提供侵权人所获利益的初步证据，而与专利侵权行为相关的账簿、资料主要由侵权人掌握的情况下，人民法院可以责令侵权人提供该账簿、资料；侵权人无正当理由拒不提供或者提供虚假的账簿、资料的，人民法院可以根据权利人的主张和提供的证据认定侵权人因侵权所获得的利益"；并且该《解释二》第二十八条还规定"权利人、侵权人依法约定专利侵权的赔偿数额或者赔偿计算方法，并在专利侵权诉讼中主张依据该约定确定赔偿数额的，人民法院应予支持"。

在以往的司法实践中，由于权利人举证困难，以法定赔偿数额作为侵权赔偿数额的案件比例过高。在未来，《解释二》第二十七条将有望对这一现状产生有利影响，从而帮助专利权人更多地采用例如侵权人所得利益的方法来计算侵权赔偿数额。

目前，《专利法》第四次修订送审稿已经公布并处于征求意见的阶段。根据公布的内容，《专利法》第六十五条将很可能引入"惩罚性赔偿制度"，其具体规定为"对于故意侵犯专利权的行为，人民法院可以根据侵权行为的情节、规模、损害后果等因素，将根据前两款所确定的赔偿数额提高至二到三倍"。

在国家知识产权局关于《中华人民共和国专利法修改草案（征求意见稿）》（以下简称《草案》）的说明中解释道：惩罚性赔偿，是加害人给付受害人超过其实际损害数额的一种金钱赔偿，具有惩罚、补偿等功能。当前，专利侵权赔偿实行"填平原则"，即权利人获得的赔偿是用来弥补其实际损失的，不能超过其实际损失。但是，由于专利权的客体是无形的，专利权保护比有形财产的保护成本更高、难度更大，仅仅适用"填平原则"并不足以弥补专利权人的损失和维权成本，"赢了官司输了钱"的现象较为普遍。为解决此类问题，建议在本条中增加人民法院可以根据侵权行为的情节、规模、损害后果等因素对故意侵犯专利权的行为将赔偿数额提高至二到三倍的相关规定。

对于专利的惩罚性赔偿制度，多数学者表示支持，并且有些学者认为引入该制度可以有效地改变民事赔偿数额偏低的状况，还可以替代民事制裁、弥补刑事惩罚的不足、挤压过于强势的行政责任。

除了《专利法》外，2013年8月30日通过的商标法修正案中的第六十三条第一款已经率先规定了惩罚性赔偿制度。另外，著作权法的修订中也提出了类似的动议。因此，该《草案》对惩罚性赔偿的引入并非是专利法所独有的，而是三大主要知识产权法律修改的共同趋向。

最近，多个专利侵权案件的判决显示出专利侵权赔偿数额较以前有显著提高。在今年的三月，福建泉州市中级人民法院宣判了发明名称为"组件显示处理方法和用户设备"、专利号为"ZL201010104157.0"的"华为诉三星"专利侵权案件。在庭审过程中，原告和被告均未能证明原告的实际损失和被告的获利。法院根据相关的证据估算出被告的获利大约在 26.5 亿元到 109.1亿元。在这种情况下，法院通常应以法定赔偿数额（1 万~100 万元）来确定最终赔偿数额。然而，考虑到被告的获利显然远远超出法定赔偿数额，最终法院完全支持了原告的诉讼请求，并判决被告赔偿原告 8000 万元人民币。

纵观我国专利法以及相关司法解释发展的整个过程，我们欣喜地看到，专利侵权赔偿的相关制度经历了从无到有，并且逐渐健全的过程。相关规定正在向世界上主流的做法靠拢，赔偿数额也不断提高。然而，法律的修改只是第一步，在今后的司法实践中，更重要的是法院如何运用法律的规定来更充分地保障专利权人的合法权益以及专利权人如何更好地利用法律的规定将专利权转化成实际的经济补偿，同时让侵权者望而却步。

🔍 参考文献

和育东，等. 知识产权侵权引入惩罚性赔偿之辩 [J]. 知识产权，2013 (4).

知识产权实务探讨

浅谈企业知识产权管理运行控制

王小兵

一、知识产权管理运行控制的概念

企业知识产权管理运行控制，主要是指企业按照知识产权管理的方针、目标、计划规定的要求，实施运行，并且在运行过程中对各个知识产权管理要素进行对照检查，发现差距，分析原因，采取措施，予以纠正，使其达到既定方针、目标、计划要求或更符合企业实际的过程。❶ 该部分工作是对企业知识产权管理工作是否正常运行的监督检查，以确保知识产权管理工作朝着健康方向发展，发挥其应有的功能和作用。

一般而言，企业要实现对知识产权管理体系运行的有效控制，应当具备下列条件：一是要有明确的执行标准，如数量、定额、指标、规章制度、政策措施等；二是要有顺畅的信息下达和反馈渠道，企业的管理或决策者能够及时获得发生偏差的信息，如有报表制度、定期或不定期简报报送制度、原始记录制度、口头汇报制度等；三是要有纠正偏差的有效措施。缺少上述任何一个条件，企业的知识产权管理活动便会失去控制。❷

二、知识产权管理运行控制的目标

企业知识产权管理运行控制的目标主要是：确保企业知识产权管理制度得到有效落实，企业能够严格按照既定的管理制度稳步推进各项工作；能够有效地维护和管理企业各项知识产权，发挥其在保护企业智力成果和打击竞争对手方面的作用；促进企业知识产权有效运营，使知识产权为企业创造更多价值；正确应对企业知识产权纠纷，在知识产权争端过程中能够最大限度地保护企业利益。

总之，上述目标是衡量企业知识产权管理工作好坏的标准，只有企业在日常工作中，重视知识产权，规范知识产权管理，才能达到上述目标，企业

---

❶❷ 朱宇，黄志臻，唐恒. 企业知识产权管理规范培训教程［M］. 北京：知识产权出版社，2011：90.

的知识产权管理工作才算合格。

三、知识产权管理运行控制的内容

（一）知识产权创造和取得过程中的运行控制

知识产权创造主要是指知识产权从无到有的产生过程，这个过程既包括前期的研发、设计，也包括相应智力成果经过申请、核准被授予权利。在知识产权创造过程中，企业应当注重前期对研发技术项目进行检索分析，以判断该技术的发展现状，竞争对手的知识产权布局，以明确研发方向，防止重复劳动以及未来可能产生的侵权风险。在申请专利前，应当建立相应的审批机制，由技术人员将拟申请专利的技术方案报送至知识产权部门进行审核，知识产权部门应当对该技术方案进行前期的检索分析，以判断专利申请的可能性及稳定性。在申请商标前，知识产权部门也应当进行初步的检索，以判断拟申请商标是否已有他人在先注册，同时还应判断商标标识是否有可能侵犯他人在先权利。

知识产权取得，主要是指通过转让的方式获得知识产权。在知识产权取得过程中，企业应当对转让方是否拥有权利以及权利的稳定性进行调查核实，还要审查拟转让的知识产权是否涉诉或存在其他纠纷，如果存在纠纷，应当评估纠纷的性质，进而判定是否应当继续推进转让工作。在签订转让合同时，应当对合同条款进行严格审核，消除对己方不利的因素，确保转让行为顺利进行。

在知识产权创造和取得过程中，企业还应当定期对知识产权状况进行梳理，通过头脑风暴、部门会议、成果汇报等方式，确保企业每一项智力成果都能获得知识产权保护，防止遗漏。

（二）知识产权维护过程中的运行控制

知识产权维护，主要是指企业对现有知识产权进行梳理、维持其有效的行为。当企业拥有大量知识产权后，对其进行维护就显得尤为重要。知识产权维护也包括对部分价值不高的知识产权的放弃，以节约成本。当然，对知识产权的放弃需要知识产权部门从企业实际情况出发，结合企业自身发展战略来确定，切不可随意放弃自认为不重要的知识产权。

在知识产权维护过程中，知识产权部门应当对下列问题进行定期监控：专利年费是否按时交纳；注册商标专用权到期后是否及时续展；注册商标是否使用以及是否规范使用；企业网站域名是否正常续费；重要的作品是否已经申请作品著作权登记；对商业秘密采取的保密措施是否合理；针对常用的商号、特有的商品名称、包装、装潢是否持续进行使用、宣传，以保持其知名度等。

知识产权维护过程中的运行控制是一个长期化、精细化的工作，特别是对于拥有众多知识产权权利的企业，更需要通过科学的方式进行管理和监控，以防止遗漏而对企业造成重大损失。笔者建议，可以通过使用一些专业的企业知识产权管理软件来辅助此项工作。对于监控中发现的问题，应当及时应对和解决。

（三）知识产权许可过程中的运行控制

知识产权许可是对知识产权进行商业运营的重要方式。通过许可，知识产权权利人可以将智力成果转化成商业利润，从而进一步激发权利人的创造积极性。另外，被许可人获得自由实施该成果的通行证，通过实施知识产权为社会创造财富，使知识产权得以充分利用。可以说，没有许可制度，知识产权的生命力和生命周期都会大大降低。企业作为市场经济的主体，在知识产权许可过程中，既可以作为许可人，也可以作为被许可人。基于角色的不同，企业所应采取的控制措施也是不同的。

作为许可人来说，应当考察被许可方是否拥有实施能力和支付许可费的能力，同时还应当明确许可的方式；在许可期间应当采取措施尽可能维持专利的有效性；在许可期间，监控被许可人的实施方式、范围、期限是否超出许可协议的约定；监控被许可人是否按时足额缴纳许可费用；针对侵权行为，应当及时采取法律措施进行制止，以确保被许可人的利益不受损害等。

作为被许可人来说，应当考察知识产权是否有效、稳定；是否存在在先的许可协议；许可人是否可能进行多重许可；随时监控自身行为是否超出许可协议的实施方式、范围、期限；许可合同是否已经向相关行政管理部门进行备案等。

（四）知识产权维权过程中的运行控制

近几年来，知识产权纠纷呈现上升趋势，越来越多的企业拿起法律武器来维护自身的知识产权，打击侵权行为。企业在维权过程中，也需要对整个维权行动进行全程监控，以确保维权的结果向着自己有利的方向发展。

一般来说，企业在知识产权维权过程中需要在以下几方面进行重点监控：

（1）外部律师选择管控。面对重大复杂的知识产权诉讼，企业通常会委托外部律师处理，那么如何选择外部律师？笔者建议，首先，应当选择专业的知识产权律师，最好该律师处理过类似案件，有丰富的经验；其次，律师应当尽职尽责，具备责任心；最后，应当考虑企业的维权成本。优秀的、经验丰富的律师往往意味着高额的律师费用。所以，对于中小企业来说，应当从自身实力出发，选择性价比较高的律师提供服务。即便如此，专业度仍然是企业选择律师的首要考虑因素。

（2）时限管控。维权应当在合理的期限内开展，避免因自身原因导致丧失诉讼时效。在诉讼启动后，应当注意答辩期限、举证期限、开庭时间、上诉期限、执行期限等诉讼时限，确保在时限内完成相应的工作。

（3）证据管控。维权过程中提交哪些证据，证据的内容是否对己方有利，还需要补充哪些证据，这些问题均应当在起诉前进行详细论证，企业知识产权部门应当严格把控提交的每一份证据，如果已经聘请外部律师代理的，还应当经常与律师进行证据方面的沟通交流。

（4）诉讼策略管控。企业作为原告进行维权，应当清楚案件中所蕴含的各种法律关系和适用的法律条文，选择有利于己方的诉讼策略，在确定诉讼策略后，一切工作都应当围绕该策略开展，不能偏离。

（5）纠纷解决方式管控。大多数知识产权诉讼都是为企业商业利益服务的，所以，知识产权纠纷除了可以通过诉讼判决的方式解决以外，还可以通过和解、调解等较为缓和的方式解决，而采用后者可以使双方的矛盾冲突不那么激烈，甚至可以达成合作，实现共赢。因此，企业知识产权部门应当在维权过程中，及时了解事态的发展和对方的想法，适时寻求多种方式来解决知识产权纠纷。

企业知识产权管理运行控制是一个动态化的过程，做好该项工作需要企业具备专业的知识产权管理人才，更需要企业有相对完善和成熟的知识产权管理制度。在此前提下，规范而严格的运行控制体系，能够确保企业知识产权管理制度有效落实并发挥出它应有的作用。

浅谈专利优先审查程序

董江霞

2017 年 8 月 1 日开始实施的《专利优先审查管理方法》（以下简称新《办法》），对国内申请人来讲，是个"福音"。且与 2012 年 8 月开始施行的《发明专利申请优先审查管理办法》（以下简称原《办法》）相比，适用范围更加广泛，程序设置更加完善，从而使我国首次形成系统完整的专利优先审查制度。为了更好地宣传和解读这一惠及国内申请人的新《办法》，笔者从实际作业的角度，谈谈现行的优先审查程序。

一、优先审查可以加快哪些程序

（1）发明专利申请的实审程序、复审程序和无效宣告程序；凡国家知识产权局同意进行优先审查的，应当自同意之日起，在以下期限内结案：

发明专利申请在 45 日内发出第一次审查意见通知书，并在 1 年内结案；

专利复审案件在 7 个月内结案；

发明专利无效宣告案件在 5 个月内结案。

（2）实用新型和外观设计专利申请程序、复审程序和无效宣告程序；凡国家知识产权局同意进行优先审查的，应当自同意之日起，在以下期限内结案：

实用新型和外观设计专利申请在 2 个月内结案；

实用新型专利无效宣告案件在 5 个月内结案；

外观设计专利无效宣告案件在 4 个月内结案。

但需注意的是，依据国家知识产权局与其他国家或者地区专利审查机构签订的双边或者多边协议开展优先审查的，按照有关规定处理，不适用本办法。

从以上可以看出，新《办法》的适用范围更广，除了原《办法》规定的发明专利申请的优先审查外，增加了实用新型和外观设计的优先审查，且程序也延伸到了复审程序和无效宣告程序，形成了系统完整的专利优先审查制度。

二、哪些申请或案件可以请求优先审查

有下列情形之一的专利申请或者专利复审案件，可以请求优先审查：

（1）涉及节能环保、新一代信息技术、生物、高端装备制造、新能源、新材料、新能源汽车、智能制造等国家重点发展产业；

（2）涉及各省级和设区的市级人民政府重点鼓励的产业；

（3）涉及互联网、大数据、云计算等领域且技术或者产品更新速度快；

（4）专利申请人或者复审请求人已经做好实施准备或者已经开始实施，或者有证据证明他人正在实施其发明创造；

（5）就相同主题首次在中国提出专利申请又向其他国家或者地区提出申请的该中国首次申请；

（6）其他对国家利益或者公共利益具有重大意义需要优先审查。

与原《办法》相比，新《办法》扩充和丰富了适用优先审查的情形。实际作业中，请求人如何判断是否属于上述情形？由于提交优先审查需由国务院相关部门或者省级知识产权局在优先审查请求书中签署推荐意见（上述第（5）项情形除外），那么一个直接的判断方式是，看能否取得国务院相关部门或者省级知识产权局的签署推荐意见。

三、办理优先审查应当提交哪些文件

对专利申请、专利复审案件提出优先审查请求，应当经全体申请人或者全体复审请求人同意；对无效宣告案件提出优先审查请求，应当经无效宣告请求人或者全体专利权人同意。

处理、审理涉案专利侵权纠纷的地方知识产权局、人民法院或者仲裁调解组织可以对无效宣告案件提出优先审查请求。

具体应当提交的文件：

（1）申请人提出发明、实用新型、外观设计专利申请优先审查请求的，应当提交：

①由国务院相关部门或者省级知识产权局签署推荐意见的"优先审查请求书"。一个例外的情形是：就相同主题首次在中国提出专利申请又向其他国家或者地区提出申请的该中国首次申请，请求优先权审查的，不需签署推荐意见。

②现有技术或者现有设计信息材料和相关证明文件。

（2）当事人提出专利复审、无效宣告案件优先审查请求的，应当提交：

①由国务院相关部门或者省级知识产权局签署推荐意见的"优先审查请求书"。一个例外的情形是：在实质审查或者初步审查程序中已经进行优先审查的专利复审案件，不需签署推荐意见。

②相关证明文件。

（3）地方知识产权局、人民法院、仲裁调解组织提出无效宣告案件优先审查请求的，应当提交：

优先审查请求书并说明理由。

与原《办法》相比，新《办法》简化了办理手续。例如，不再要求提交检索报告，请求人仅需提交现有技术或现有设计信息材料；在某些情况下，不再需要国务院相关部分或者省级知识产权局签署推荐意见。

四、优先审查请求通过后的注意事项

对于提交了优先审查的专利申请，有下列情形之一的，国家知识产权局可以停止优先审查程序，按普通程序处理：

（1）优先审查请求获得同意后，申请人根据《专利法实施细则》第五十一条第一款、第二款对申请文件提出修改，即发明专利申请在进实审同时或收到进实审通知后3个月内提出主动修改的、实用新型或者外观设计在申请日起2个月内提出主动修改的，国家知识产权局将停止优先审查程序。

（2）申请人答复期限超过优先审查案件规定的答复期限，即答复发明专利申请审查意见通知书的期限超过通知书发文日起2个月的、答复实用新型和外观设计专利申请审查意见通知书的期限超过通知书发文日起15日的，国家知识产权局将停止优先审查程序。

（3）申请人提交虚假材料。

（4）在审查过程中发现为非正常专利申请。

对于优先审查的专利复审或者无效宣告案件，有下列情形之一的，专利复审委员会可以停止优先审查程序，按普通程序处理，并及时通知优先审查请求人：

（1）复审请求人延期答复；

（2）优先审查请求获得同意后，无效宣告请求人补充证据和理由；

（3）优先审查请求获得同意后，专利权人以删除以外的方式修改权利要求书；

（4）专利复审或者无效宣告程序被中止；

（5）案件审理依赖于其他案件的审查结论；

（6）疑难案件，并经专利复审委员会主任批准。

友情提示：以上信息仅供参考，具体作业时，请以国家知识产权局发布的《专利优先审查管理办法》为依据。

参考文献

［1］专利优先审查管理办法（2017）（第 76 号）［EB/OL］. http://www.sipo.gov.cn/zwgg/jl/201706/t20170628_1312314.html.

［2］专利优先审查管理办法解读［EB/OL］. http://www.sipo.gov.cn/zcfg/zcjd/201707/t20170712_1312516.html.

专利行政案件起诉材料的准备与注意事项

王丽娟

北京知识产权法院每年要受理大量的专利行政案件：针对不服专利复审委员会作出的《复审决定书》提起的行政诉讼（下称"复审行政诉"）或《无效宣告请求审查决定书》提起的行政诉讼（下称"无效行政诉"），且审核材料非常严格，原告或其代理人在提交起诉材料时往往遇到各种各样的问题无功而返。故特此介绍下向北京知识产权法院起诉时的立案材料准备及应注意的问题，以便当事人成功立案。

一、行政案件所需的立案材料

行政案件所需的立案材料包括：起诉状、涉诉决定、原告的主体资格文件、代理资格文件、证据材料及第三人的相关信息。

1. 起诉状

针对复审行政诉：正本及副本各一份。

针对无效行政诉：正本一份，副本两份（每增加一名当事人需多提交起诉状副本一份）。

应列明事项：

原告、被告、第三人（针对无效行政诉）的简要信息；

案由；

诉讼请求；

事实与理由；

落款。

注意：

落款"此致北京知识产权法院"，法院的名称很容易写错，没有"市"。

当事人签字盖章：

当事人为国内自然人——本人亲笔签名；

当事人为国内法人或其他组织——加盖本单位公章；

当事人为外国或港澳台当事人——由原告委托代理人签字（该委托代理

人应当具有代为起诉、签署起诉状的代理权限）。

2. 涉诉决定

《复审决定书》或《无效宣告请求审查决定书》原件及复印件（同起诉状的份数）。

向法院递交起诉材料时，务必携带涉诉决定原件。

3. 原告的主体资格文件一份

国内自然人：本人身份证复印件（上面应有本人的亲笔签名）

国内法人或其他组织：
- 加盖公章的营业执照副本复印件
- 法定代表人或负责人身份证明书
- 法定代表人或负责人身份证复印件

外国或港澳台自然人：本人有效身份证复印件

外国或港澳台法人或其他组织：
- 公司存续证明材料
- 法定代表人或负责人身份证明书
- 其他证明材料，如证明法定代表人有签字权的证明材料

注意：

（1）作为外国或港澳台当事人，提交的授权委托材料、主体资格材料等文件应履行公证认证手续。

何为公证认证？

对于外国当事人：经所在国公证机关公证证明，并经中华人民共和国驻该国使领馆认证；

对于香港当事人：经国家司法部指定的香港公证律师公证证明后，加盖中国法律服务（香港）有限公司转递章；

对于澳门当事人：经国家司法部指定的澳门公证律师公证证明后，加盖中国法律服务（澳门）有限公司转递章；

对于台湾当事人：经台湾当地的公证机关进行公证后，公证原件寄交中国境内代理人，副本寄交北京市公证协会，待确认协会收到后携带正本进行核证。

（2）外国、港澳台当事人提交的文件为外文文本的，应附中文译本，译本需由北京市高级人民法院指定的翻译机构进行翻译并加盖公章。

北京市高级人民法院指定的翻译机构名单：

中国对外翻译出版公司

北京市外文翻译服务公司

北京信达雅翻译有限责任公司

北京世纪行外文翻译有限公司

北京百嘉翻译服务有限公司

双雄对外服务公司

北京思必锐翻译有限责任公司

英华博译（北京）信息技术有限公司

4. 代理资格文件

当事人如委托代理人，还需提交：

授权委托书（自然人签字、法人加盖公章或由法定代表人签字）。

注意：

授权委托书中要列明委托权限，尽可能写全。

代理资格文件（主要介绍专利行政诉讼中常涉及的三类）

（1）律师：律师执业证、所在律师事务所加盖公章的所函；

（2）专利代理人：专利代理人执业证及身份证件、所在代理机构加盖公章的指派函、专利代理人协会推荐的诉讼代理人名单或个案推荐信；

（3）当事人的工作人员：身份证件、授权委托书、在职证明原件、劳动合同复印件、社保证明复印件。

5. 证据材料

原告如在立案阶段提交证据，需提供与起诉状份数相同的证据材料。

所有证据提供形式为 A4 纸大小，每页下方编写页码并制作证据目录，证据目录需注明证据的序号、名称、来源、证明目的和页码，并由当事人或者代理人签字或盖章。

注意：

提交证据页数超过 50 页，需胶装成书。

6. 第三人的相关信息

针对无效行政诉，还需提供第三人的下述信息：

中国大陆公民：提供该公民的身份证号码或经常居住地地址；

中国大陆的法人或其他组织：提供该法人或其他组织的工商登记信息打印件；

境外第三人：只需提供其住所地，如知晓无效阶段该第三人的代理所，则列明其联系信息，方便法院送达法律文书。

二、行政案件立案材料的递交

1. 起诉期限

涉诉决定的实际收到日+3 个月 $\left\{\begin{array}{l}\text{代理机构自取文件－发文日+3 个月}\\ \text{寄送文件，以实际的签收日为收到日，}\\ \text{立案时携带寄送信封}\end{array}\right.$

2. 立案

文件准备齐全后前往北京知识产权法院立案。

法院地址：北京市海淀区彰化路 18 号。

立案窗口取号立案。

注意：

针对原告为外国或港澳台当事人，因在起诉期限内无法完成公证认证手续，可在起诉期限内预立案之日起，并在预立案 3 个月内完成公证认证手续后递交法院进行正式立案。

评价新颖性的对比文件是否要求公开充分

徐擎红　吴小瑛

目前很多国家都要求评价新颖性的对比文件首先是披露了权利要求所涉及的技术方案，其次是该技术方案的披露是公开充分的。[1] 对于技术方案是公开充分的这一要求，在中国却并没有被纳入专利审查的标准中，从最近最高院的判例［（2015）知行字第 264 号］中可见一斑。

最高院提审了有关中国专利 CN 03814382.8 无效决定的行政诉讼案，该专利的发明名称为"用于微生物细胞和微生物油的巴氏消毒方法"，专利权人为帝斯曼知识产权资产管理有限公司。专利的权利要求 1 在无效程序中被修改为含有高含量花生四烯酸（ARA）的微生物油。权利要求 1 中的每个技术特征都被对比文件 10（"Hempenius"）[2] 所披露。整个无效和行政诉讼期间争议的焦点都在于对比文件 10 能否破坏权利要求 1 的新颖性以及由谁来承担举证责任。

一、中国专利实践——没有关于对比文件公开充分的规定

总体而言，中国没有规定对比文件需满足公开充分的要求。《专利审查指南 2010》（以下称《审查指南》）的第二部分第十章第 5.1 节"化合物的新颖性"写道：

"专利申请要求保护一种化合物的，如果在一份对比文件里已经提到该化合物，即推定该化合物不具备新颖性，但申请人能提供证据证明在申请日之前无法获得该化合物的除外。这里所谓'提到'的含义是：明确定义或者说明了该化合物的化学名称、分子式（或结构式）、理化参数或制备方法（包括原料）。"

尽管上述规定是针对化合物权利要求审查的规定，但已经清楚地阐明审查由对比文件评价新颖性时所考虑的因素包括：（1）假定发明是可以实现的；（2）举证责任在对方（申请人提供证据来证明无法获得）；（3）公开充分的

---

[1] 换言之，对比文件必须充分公开权利要求的技术方案达到本领域技术人员无须过度实验就能够实现该技术方案。

[2] Preliminary Safety Assessment of an Arachidonic Acid-Enriched Oil Derived From Mortierella Alpina：Summary of Toxicological Data［J］. RA Hempeniuset al. Food ChemToxicol，1997，35（6）：573-581.

低门槛（可以说，对于对比文件没有公开充分的要求）。

尽管上述规定是针对化合物发明专利申请的，但纵观《专利法》《专利法实施细则》和《审查指南》，这是唯一的有关规定。从法理而言，应该适用于其他技术领域。专利法的一个基本要求就是不能使处于公知领域的技术获得专利权，可授权的发明必须是新的，是由专利权人首次公开的技术。通过上述《审查指南》的规定可见，中国专利实践关注更多的是权利要求主张的技术是否已被公开，而不是评价新颖性的对比技术应该满足哪些条件。

二、美国和欧洲的实践——明确规定了评价新颖性的对比文件需满足公开充分的要求

在美国，评价新颖性的对比文件需满足公开充分的要求可追溯到 1870 年（见 Seymour v. Osborne，78 U. S.（11 Wall.）516（1870））。公开充分的要求在美国专利法案第一百一十二条第一款（U. S. law. Section 112，¶1）中有规定，其规定专利申请人提交的专利申请文件的记载需使本领域技术人员无须额外的过度劳动或实验就能够制造和使用权利要求最大范围保护的发明。

与之不同，本文所讨论的对比文件的公开充分的要求，是要求对比文件的披露可使本领域技术人员能够利用预先存在的知识来实现权利要求的技术方案。具体而言，美国专利审查指南（MPEP）§2121.01 中规定，要使引用的对比文件能够导致一项权利要求丧失新颖性，该文献必须公开充分了解该权利要求的技术方案。MPEP 的该章节继续写道，仅仅提到发明的名称或描述了发明的技术方案还不够充分，所引用的对比文件必须阐明了公众在本发明之前获得了权利要求涉及的技术方案。换言之，引用的对比文件必须详细描述了权利要求主张的技术方案，达到本领域技术人员无须过度实验就能够实现该技术方案的程度。❶

在欧洲，审查指南（G，VI，4，）规定：

当文献中披露的信息足以使本领域技术人员在文献公开之时，可结合该领域的公知常识，能够实现该技术方案，则文献中描述的技术方案才会被认

---

❶ 当一篇对比文件仅仅公开了权利要求中化合物的结构，证据显示在本发明之前经过努力尝试但没有成功得到该化合物则足以表明该发明在发明之前是不可获得的〔见 In re Wiggins，488 F. 2d 538，179 USPQ 421（CCPA 1971）。然而，如果对比文件的作者没有经过努力尝试想获得该化合物，也没有其他证据，则该文献不能证明该化合物不可获得（见 In re Donohue，766 F. 2d 531，226 USPQ 619（Fed. Cir. 1985）〕。

为是公众可获得，方可作为 Art. 54（1）中所述的现有技术。❶

类似地，如果一篇对比文件提到某化合物的名称、结构式，并不能因此认为这个化合物就是已知的，除非该文献中的信息，连同该文献公开之时的本领域公知常识，能够使该化合物被制得或如果是天然产物能够被分离得到。

三、中国专利 CN 03814382.8 的独立权利要求 1 和现有技术

无效程序修改后的涉案专利的权利要求 1 涉及一种微生物油，其含有至少 90% 的甘油三酯。其中，所述的油包含至少 35% 的花生四烯酸（ARA），并且具有不超过 3.0 的过氧化值（POV）和不超过 20 的茴香胺值（AnV），其中 ARA 的来源是来自高山被孢霉（Mortierellaalpina）。

对比文件 Hempenius 是一篇名为 "源自 Mortierella alpina 的富含 ARA 的微生物油进行用于婴儿营养品用途的安全性评价研究" 的论文，其在涉案专利的优先权日之前公开。该论文的研究人员使用富含 ARA 的两个批次的微生物油（Batch A 和 Batch B）进行安全性评价研究，其中 Batch B 的组成为甘油三酯 96.5%，ARA 含量 38.6%，AnV 为 1.9，POV 为 0.8（见第 574 页右栏表 1）。

四、在欧洲同族的异议程序中，EPO 认为对比文件 Hempenius 公开不充分

该专利的 EP 同族（EP1513922B）经历了异议程序。❷ EPO 的异议结论是，Hempenius（D21）公开不充分，原因是所用的菌株是无法获得的，由此导致该对比文件不能用于评价权利要求的新颖性。Hempenius 在实验部分使用了高山被孢霉 CBS 168.95 和 CBS 169.95 作为生产花生四烯酸的菌株（见第 574 页第 2 栏最后一段）。专利权人提供了证据（D50a 和 D50b）证明菌株 CBS 168.95 和 CBS 169.95 在该专利的优先权日之前并不是公众可自由获得的。

专利权人提供的证据是该两个菌株的保藏机构（Fungal Biodiversity Centre, Institute of the Royal Netherlands Academy of Arts and Sciences ［ "the KNAW"）］

---

❶ In G, Ⅵ, 4, Guidelines for Examination, EPC：Subject-matter described in a document can only be regarded as having been made available to the public, and therefore as comprised in the state of the art pursuant to Art. 54（1）, if the information given therein to the skilled person is sufficient to enable him, at the relevant date of the document, to practise the technical teaching which is the subject of the document, taking into account also the general knowledge at that time in the field to be expected of him.

❷ 异议决定被提出上诉，但后来又被撤回。

出具的声明，其声明菌株 CBS 168.95 和 CBS 169.95 作为 CBS（Centra albureauvoor Schimmelcultures）的特殊物品限制性保藏在 KNAW，仅仅可供保藏人或经保藏人授权的其他人使用。❶

五、Hempenius 中的 Batch B 不为公众可获得，除非无效请求人提出反证——PRB 和一审法院

在中国的无效决定（17476）中，专利复审委（PRB）不认可 Hempenius 可以用于评价新颖性的理由是无效请求人没有承担举证责任来证明 Batch B 在优先权日之前可以被公众获得，而只字未提对比文件是否公开充分的问题。❷ 复审委结论的法律依据是《审查指南》第二部分第三章第 2.1 节"现有技术"，"现有技术应当是在申请日以前公众能够得知的技术内容。换句话说，现有技术应当在申请日以前处于能够为公众获得的状态，并包含有能够使公众从中导致实质性技术知识的内容"。❸ 关于公众可获得的举证责任，复审委认为该举证责任在无效请求人一方。行政诉期间，北京一中院维持了复审委的无效决定〔（2012）No. 1971〕。

六、Hempenius 中的 Batch B 能够破坏权利要求 1 的新颖性，除非专利权人证明其是公众不可获得的——终审法院和最高院

在终审中，北京高院撤销了复审委的无效决定，北京高院认为 Hempenius 中的 Batch B 公开了作为产品权利要求的独立权利要求 1 的每一个技术特征，因此破坏了权利要求 1 的新颖性〔（2013）高行终字第 686 号〕。终审法院认为复审委错误地将举证责任施加给无效请求人（Hempenius 中的 Batch B 不属于公众已知的举证责任应该是专利权人），并进一步评述到，Batch B 是否能被制备得到与产品权利要求 1 的新颖性无关。

最高院维持了终审法院的判决，最高院再次重申了举证责任的原则，即 Batch B 的微生物油能否被公众所获得的证据应由专利权人承担，由专利权人来举证证明该产品为何不能被获得。专利权人提交的专利局检索报告和微生物保藏证明等证据均不足以证明 Hempenius 公开的技术无法获得。

---

❶ 这个证据也在中国无效程序中被提交。

❷ 尽管专利权人提交了 KNAW 的声明，但并没有提出对比文件 Hempenius 存在公开不充分的问题，而是以菌株不为公众所获得为理由争辩。

❸ 复审委所引用的《审查指南》的规定与专利权人提出的不为公众所获得的理由不相符。

七、中国对用于评价新颖性的对比文件没有公开充分的要求

通过二审判决和最高院的裁定可以看出，法院将《审查指南》中关于化合物权利要求的规定用到了评价组合物权利要求上。甚至，二审法院还强调，产品权利要求 1 的新颖性评价与 Batch B 的微生物油能否被制得无关，即用于评价新颖性的对比文件不需要公开充分（引用的对比文件不需要将技术方案描述到可使本领域技术人员能够获得的程度）。

与之不同，美国专利体系在开始实施的第一个世纪内就提出了对比文件需满足公开充分的要求。❶ 在近期的一个案件中，联邦巡回法院再次提出公开充分的要求，其要求对比文件在发明提交时已教导本领域技术人员无须过度劳动就能够实现该发明 [见 In re Morsa，No. 15 - 1107（Fed. Cir. Oct. 19, 2015）]。开始，法院怀疑产品发布宣传能否公开涉案发明，并将案件发回专利审判和上诉委员会 [The Patent Trial and Appeal Board（PTAB）] 重审；而 PTAB 则认为该产品发布宣传公开得足够充分，本领域技术人员看了产品发布宣传就知道如何实现 Morsa 的发明，最后法院给予了支持。

与美国实践相同，欧专局要求作为评价新颖性的对比文件必须将发明公开到使本领域技术人员能够实现该发明的程度。换言之，该文献必须是公开充分的。上诉委员会在其决定"Overlapping ranges of thickness"中 [见 T 26/85（OJ EPO 1990，22，27）] 解释有关新颖性的法条（EPC Art. 54）时说，只有当文献的信息公开充分到使本领域技术人员可以结合公知常识能够实现权利要求的技术方案的程度时，方可被认为是现有技术。

在中国，如本文所讨论，由涉案专利的终审和最高院的决定清晰可见，中国专利实践不要求评价新颖性的对比文件满足公开充分的要求，在审查时更注重于是否公众已经知晓了权利要求的技术方案，无论该对比文件是不是公开充分的文献。

---

❶ 美国最高法院（见 Seymour v. Osborne（1870））："[p] atented invention cannot be superseded by the mere introduction of [the reference]，though of prior date，unless the description…contain [s] … a substantial representation of the patented improvement，in such full，clear，and exact terms as to enable any person skilled in the art or science to which appertains，to make，construct，and practice the invention to the same practical extent as they would be enabled to do if the information was derived from a prior patent …" Id. at 555.

浅议优先权中相同主题的判断及其在实践中的运用

李　华　　于宝庆

优先权原则在各国专利制度中占有极其重要的地位，在各国专利制度仍然彼此独立的状况下，是使申请人能够在世界各国就其发明创造获得专利保护的重要保障。

中国《专利法》第二十九条规定：申请人自发明或者实用新型在外国第一次提出专利申请之日起十二个月内，或者自外观设计在外国第一次提出专利申请之日起六个月内，又在中国就相同主题提出专利申请的，依照该外国同中国签订的协议或者共同参加的国际条约，或者依照相互承认优先权的原则，可以享有优先权。申请人自发明或者实用新型在中国第一次提出专利申请之日起十二个月内，又向国务院专利行政部门就相同主题提出专利申请的，可以享有优先权。

可见，无论外国优先权还是本国优先权，在核实优先权成立时均以是否属于"相同主题"为一般的判断标准。

《专利审查指南2010》（以下简称《审查指南》）第二部分第三章第4.1.2节规定：专利法第二十九条所述的相同主题的发明或者实用新型，是指技术领域、所解决的技术问题、技术方案和预期的效果相同的发明或者实用新型。但应注意这里所谓的相同，并不意味着在文字记载或者叙述方式上完全一致。

如果在后申请与在先申请的技术方案在表达上的不同仅仅是简单的文字变换，或者在后申请的技术方案是能够从在先申请中直接和毫无疑义地确定的技术内容，则两者也属于相同主题的发明创造。也就是需要判断技术方案是否实质上相同，而排除了"上位概念与下位概念""惯用手段的直接置换"或"数值范围交叉或者部分重叠"等。

【案例 1】❶

在先申请记载了一种包含元素 Fe 的磁性材料。在后申请请求保护一种包含过渡金属元素的磁性材料。

案例分析：

在后申请包含过渡金属元素的技术方案在在先申请中并没有记载，尽管在先申请中记载了包含元素 Fe 的技术方案，并且元素 Fe 是过渡金属元素的下位概念，但也不能由在先申请直接和毫无疑义地确定包含过渡金属元素的技术方案，所以在后申请不能享受在先申请的优先权。

如果在先申请记载的是包含过渡金属元素的磁性材料，没有记载包含元素 Fe 的磁性材料，而在后申请请求保护包含元素 Fe 的磁性材料，在后申请同样不能享受在先申请的优先权。

结论：

在后申请与在先申请中的某个（些）特征属于上、下位的关系，则在后申请不能享受在先申请的优先权。

【案例 2】

在先申请记载了一种采用钉子进行固定的装置，在后申请要求享受在先申请的优先权，但其请求保护一种采用螺栓进行固定的装置。

案例分析：

尽管用螺栓固定与用钉子固定属于惯用手段的直接置换，但由在先申请的技术方案并不能直接和毫无疑义地确定在后申请的技术方案，因此，在后申请不能享受在先申请的优先权。

结论：

如果在后申请要求享受在先申请的优先权，但在后申请中的某个（些）技术特征是在先申请中某个（些）技术特征的惯用手段的直接置换，则在后申请不能享受在先申请的优先权。

【案例 3】

表 1 列出了在先申请中氧气含量为第 1 列的数值，在后申请中氧气含量为第 2 列的数值，其他技术特征相同时，在后申请是否能够享受在先申请优先权的一些判断示例。

---

❶ 中华人民共和国国家知识产权局. 审查操作规程［M］. 北京：知识产权出版社，2011.

表1 数值范围部分重叠的判断示例

在先申请：一种可燃气体，其中氧气的体积含量为	在后申请：一种可燃气体，其中氧气的体积含量为	分析
20%～50%	30%～60%	在后申请的氧气含量范围30%～60%与在先申请氧气含量范围20%～50%仅仅是部分重叠，在先申请并没有记载氧气含量范围为50%～60%，也没明确记载氧气含量为30%，因而不能由在先申请直接和毫无疑义地确定氧气含量范围为30%～60%的技术方案，在后申请不能享受在先申请的优先权
20%～50%、30%	30%～50%	在先申请虽然没有明确记载氧气含量范围为30%～50%，但由于在先申请记载了氧气含量范围为20%～50%，并且还记载了氧气含量可以是30%，由在先申请可以直接和毫无疑义地确定氧气含量范围可以是30%～50%，因此在后申请可以享受在先申请的优先权
20%～50%	30%～50%	在先申请没有记载30%这个点值，不能由在先申请直接和毫无疑义地确定氧气含量可以为30%～50%，因此在后申请不能享受在先申请的优先权
20%～50%、30%、35%	30%、35%、50%	在先申请已记载了30%、35%两个点值和50%这个端点，因此在后申请可以享受在先申请的优先权
20%～50%、30%	30%、35%、50%	在先申请中记载了氧气含量为30%和50%的技术方案，因此，在后申请中氧气含量为30%和50%的技术方案可以享受在先申请的优先权；在先申请中没有记载氧气含量为35%的技术方案，并且这一技术方案也不能从在先申请中直接和毫无疑义地确定，因此在后申请中氧气含量为35%的技术方案不能享受在先申请的优先权
20%、50%	20%～50%	在先申请没有记载氧气含量为20%～50%的范围内的技术方案，并且也不能从在先申请中直接和毫无疑义地确定这一技术方案，因此在后申请不能享受在先申请的优先权

结论：

如果在后申请请求保护的技术方案中包含数值范围，而该数值范围与在先申请记载的数值范围不完全相同，而是部分重叠，则该在后申请不能享受在先申请的优先权。

在判断在后申请是否与在先申请属于相同主题时，应把在先申请作为一个整体进行分析研究，这个整体既包括在先申请的说明书和权利要求书（不包括摘要），同时也应该包括说明书附图。附图属于在先申请说明书和权利要求书记载的范围，对有附图的发明及实用新型专利申请来说，说明书附图是申请人披露其发明内容的重要手段，往往能够对准确理解技术方案起到重要作用。

在第 17763 号无效宣告请求审查决定涉及的无效案件中，无效请求人认为：权利要求 1 中限定的"凹字形断面的一侧设置有内圆外方的内腔"在优先权文件中不存在。合议组认为：根据优先权文件说明书的记载并结合附图可知，优先权文件实际上包括该专利权利要求 1 中上述技术特征的内容，因此两者属于相同主题的发明创造，权利要求 1 可以享有优先权❶。

综上所述，在判断是否属于相同主题时，应当先申请作为一个整体考虑，在后申请是否能由在先申请直接、毫无疑义地确定。而在后申请是对在先申请的修改、补充、完善，以获得更全面的专利保护。这就提醒我们应当注意，在撰写优先权文件时，尽量将某个（些）特征的上位概念和下位概念都记载在文件中；对于数值范围，应当尽可能多地记载数值范围内的具体数值；对于存在惯用手段直接置换的特征，尽量将能够置换的特征都记载于在先申请中。如此，可以避免在后申请通过对在先申请修改、补充、完善时引入新的特征，导致出现新的技术方案，进而不能享有在先申请的优先权。

需要特别指出的是，如果因为对在先申请的修改、补充、完善等而导致不能享受优先权的情况下，则时下流行的提前公开就应当特别慎重。因为要求提前公开（3~6 个月或更早），有时会出现在先申请已经公开，但是在后申请尚未递交的情形。在这种情况下，如果在后申请因为前述原因而不能享受在先申请的优先权，则已经公开的在先申请就成了在后申请的现有技术，可用于评价在后申请的新颖性和创造性，有时会导致申请人自身的在先申请否定了自身的在后申请的专利性。

例如，在一专利无效事件中，一化合物晶体专利（专利号：ZL201510

---

❶ 王普天，李亚林. 专利优先权核实中相同主题的判断标准研究 ［J］. 专利代理，2016（2）：86-90.

398190.1，申请日 2015 年 7 月 8 日）共包括 10 项权利要求，权利要求 1～3 是涉及化合物晶体的产品权利要求，权利要求 4～9 是涉及化合物晶体制备的方法权利要求，权利要求 10 是该化合物晶体制药用途权利要求。与该专利相关的专利申请包括：CN104072413（申请日 2014 年 7 月 8 日，公开日 2014 年 10 月 1 日），即该专利的在先申请（无效中的证据 1）；及 CN1016762677（申请日 2008 年 9 月 16 日，公开日 2010 年 3 月 24 日），即与该化合物晶体专利相关的化合物专利申请（无效中的证据 6）。

在无效过程中，复审委认为该专利的权利要求 3 因为增加一技术特征，权利要求 4～9 因为删除了部分技术特征，而导致这些技术方案没有记载在在先申请文件中，因而不能享受优先权；同理，权利要求 10 引用权利要求 3 时的技术方案也不能享受优先权。

更不可思议的是，该专利的在先申请 CN104072413 的公开日还早于该专利的申请日，因而可以作为评价该专利新颖性和创造性的现有技术。

最终，复审委认定该化合物晶体专利的权利要求 4～9 相对于证据 1 不具备新颖性，权利要求 1～3 和 10 相对于证据 6 和公知常识不具备创造性，专利被全部无效。

上面的事例也给出这样的启示，由于中国专利实践对优先权是否成立的要求比较严格，可能导致部分权利要求的优先权不能成立（尤其是在优先权为美国临时申请的情况下）。所以，在无效程序中，值得优先挑战优先权，特别是在检索到中间文件的情况下。

在专利检索中如何有效利用日本 FI/F-term 分类号

李 华

在知识产权领域，众所周知，日本是进行专利检索的重要信息来源之一，这是因为日本拥有丰富的专利文献集，而且在某些技术创新领域该文献集起着至关重要的作用。虽然您觉得查阅国际专利分类号（IPC 分类号）很舒服，它非常易于浏览并且您对它的层次结构也都了然于胸，但是当使用日本专利分类系统时您还能抱有同样的信心吗？

为便于更有效地进行日本专利文献检索，本文分别向大家介绍两款由日本特许厅开发的内部分类系统，即日本 FI 分类号（Japanese File Index）和日本 F-term。虽然这两款分类系统经常被同时提及，但两者有很大差异且在专利检索方面均有诸多优势。

一、FI/F-term 分类号简介

（一）FI 分类号

FI 是日本特许厅内部将 IPC 细分和扩展得到的，用于扩展 IPC 在某些技术领域的功能。它也采用 IPC 分类表的等级结构原理，并在此基础上，根据需要，将大组和小组进行了 IPC 细分和/或文档细分，使某一组下的几十万篇文献，细分后，在 IPC 细分类号下或文档下的文献在几千篇之内。因此，可提高检索效率。FI 分类号标识的文献给出了目的、发明信息的 FI 分类号，对应于专利文献所要解决的技术问题和解决该技术问题所对应的技术方案，因此在检索时将这两种分类号进行"与"检索，会大大提高检索效率。

一个完整的 FI 的分类号由 IPC 分类号/+IPC 细分类号/+文档细分号组成，其中 IPC 细分类号（IPC-subdivision symbol）是由日本局针对 IPC 的细分类号，由 3 位阿拉伯数字构成，从使用场合、结构特征等不同方面进行分类；文档细分号（File discrimination symbol）是由日本局对 IPC 或 IPC 细分类符号进一步细分的表示符号，由 1 位英文字母构成。"IPC 细分类号"和"文档细分号"并不

是 FI 所必须包含的部分。其中，文档细分号用一个字母 A~Z 的英文字母表示（为了避免歧义，字母"I"和"O"除外），其中字母"Z"表示"其他"，用于表示那些不属于已出现的文档细分号表示的小组中的主题，或者涉及一个以上文档细分号表示的小组中的主题都分入细分号"Z"表示的小组。

FI 分类号主要有以下 4 种：①只有 IPC 号，如 H01M10/02；②IPC 号+IPC 细分类号，如 H01M10/00&118；③IPC 号+文档细分号，如 H01M10/06&L；④IPC 号+IPC 细分类号+文档细分号，如 H01M10/00&301A。

（二）F-term 分类号

F-term 系统是日本特许厅创建的用于计算机检索的一种分类体系。因为 F-term 是单独设置的分类系统，所以它的标记方式与 IPC 分类号和 EC 分类号有一定差别，其通过多方面的技术角度来区分技术领域，从而对 IPC 进行了细分和重新划分，包括：目的、使用、结构、材料、制造方法、处理和操作方法、控制方法等。通过用 F-term 进行检索，能将每个小领域中相关的现有技术文献的数量控制在大约 100 篇以下，提高了检索效率。F-term 的标引主要是基于对权利要求的拆解来进行的，但同时还会根据说明书中的内容和附图的内容进行分类，因此一篇专利文献的 F-term 分类号能全面地反映发明信息和附加信息，由此一篇专利文献的 F-term 分类号也比较多。

F-Term 分类号的结构如下：由五位字符主题码+两位字母视点符+两位数字位符。例如：5H011AA01，其中：五位字符主题码（Theme code）"5H011"表示技术领域；两位字母视点符（Viewpoint）"AA"表示发明的材料、方法、结构等；两位数字位符（Figure）"01"是对视点符所表示的技术特征的进一步细化。

F-Term 的具有以下特点：①F-Term 分类系统的分类号之间没有相互不重叠的要求，对同一篇专利文献中的同一技术内容从不同角度给出分类号，导致一篇专利文献的 F-term 分类号个数过多，并且这些 F-Term 分类号并无主副之分。F-Term 分类号主要可以分为三类：从目的和作用、应用、权利要求中提炼出的具体技术特征。该特点主要带来以下两个好处：首先，对一个文献给出了多角度的标引，用户可以从不同角度入手来获得该文献，对文献标引的冗余特性大大加强了检出文献的可能。例如：可以通过采用目的类 F-Term 分类号、应用类 F-Term 分类号或具体技术特征类 F-Term 分类号等不同角度对文献进行检索；利用反映当前申请的目的类 F-Term 分类号、应用类 F-Term 分类号和具体技术特征类 F-Term 分类号，部分或全部相"与"，来查找现有技术的技术方案同时具备上述两个或三个角度的技术特征。那么所检索到的文献与当前申请的相关程度是最大的，很可能就有影响当前申请新颖性或创造性的对比文件。其次，多角度标引适应了对文献不同角度的需求，在除了查新检索以外的很多检索需求中发挥了重要作用。例如：进行某一技术的统计分析。②F-Term 分类系统不仅从整体考虑分类号，而且从权利要求的具体技术特征中提炼分类号，在权利要求中出现的任何技术内容都有可能成为技术条目，即从文献的细节处给出分类号，所以一篇文献可能有十几个甚至上百个 F-Term 分类号；同时由于这样的分类方式，可以在使用的过程中，用某些分类号来代替关键词，从而避免了关键词的不足，减少漏检。例如：可以采用具体技术特征类 F-Term 分类号"and"具体技术特征类 F-Term 分类号或具体技术特征类 F-Term 分类号"and"关键词等检索式来进行检索。而 IPC 分类系统是从文献的整体内容或重点描述的主题中提炼分类号，一般不涉及细节，不如 F-Term 分类号那么细致。

在实际分类中，一篇日本专利文献同时以 FI 和 F-term 两种分类进行标引。因此，在实际检索工作中，可以将 FI、F-term 单独用于检索，也可以组配起来用于检索。

二、FI/F-Term 在检索中的应用

【案例】

案情介绍：

提供一种电极接合体与集电板适当地紧密接触、液体燃料不易泄漏的燃料电池单元、燃料电池单元集合体及具有其的电子设备。DMFC 单元 U1 通过供给甲醇水溶液而发电。其中：包括 MEA11，MEA 的 1 对集电板（12、13），具有储存甲醇水溶液的燃料室（20a）的燃料箱（20），在 MEA11 的配置区域内夹持集电板（12、13）的夹持机构（40），夹持机构在配置区域的大致中央位置进行夹持。

在现有技术中，如图 1 所示，集电板的夹持力在四角最大，中央位置的夹持力最小，当中央位置的夹持力小到一定程度时，集电板与膜电极之间可能形成缝隙，导致液体燃料漏出。

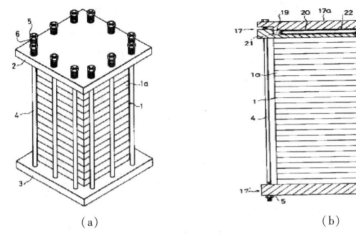

(a)   (b)

图1   现有技术中夹持力图示

本申请中采用圆形集电板和膜电极组件（见图2），夹持部件位于燃料电池堆的中央，因此，提供一种集电板与膜电极组件紧密接触的燃料电池堆。

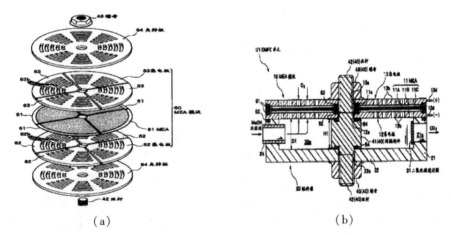

(a)   (b)

图2   本申请中夹持部件图示

权利要求：

一种燃料电池单元，通过供给液体燃料而发电，其特征在于：具有膜电极接合体、上述膜电极接合体的1对集电板、用于储存上述液体燃料的液体燃料储存空间的燃料箱以及在上述膜电极接合体的配置区域内夹持上述集电体的夹持机构。

检索过程及分析：

本发明涉及的IPC分类号为H01M8/10，本发明可提取的关键词为"圆形""中央""中心"，如果根据这几个检索要素进行检索，显然会引出大量噪声。因为本发明中的"圆形"是用来限定电池的外形，而这一因素是分类号和关键词都不能反映出来的，因此检索结果会引出其他噪声。考虑到 F-term 分类号中有涉及燃料电池的进一步细分，因此优选采用 F-term 分类号进行检索。

F-term 分类号中包括涉及燃料电池形状的分类号：5H026/CV00（单元电池形状、结构和成组），本发明涉及的主题属于该点组下的 CV01 [正方形和长方形以外的板状形状（如圆形、扇形）]，因此用该分类号检索会避免"圆形"不是限定电池形状而产生的噪声。利用 F-term 分类号检索，最终得到 278 件相关专利，经过细读找到 3 篇相关专利。

三、小　结

FI 分类系统是对 IPC 细分和扩展，细分后可以减少每个分类号下的专利数量，减少阅读量，提高检索效率。

F-term 分类系统善于从目的、使用、结构、材料、制造方法、处理和操作方法、控制方法等各个技术角度进行分类，因此其详细程度和准确程度非常高，在一些领域中采用 F-term 分类号检索比用关键词检索更加准确。检索者通过对一个技术主题的各个技术角度进行 F-term 分类号的确定，然后进行相"与"往往就可以获得非常相关的日本专利文献，而且其文献阅读量可以得到缩小。

但是，采用 FI 和 F-term 分类号检索还存在一定的局限性，由于其他国家的专利文献没有给出 FI 和 F-term 分类号，因此目前采用 FI 和 F-term 分类号只能检索日本专利文献和具有日本同族的专利文献。

强大的中国外观设计专利：相似外观设计的优势

黄 艳

外观专利非常重要。在苹果与三星的专利之争中，苹果公司的外观专利成了引人注目的中心。可见，外观专利已经在知识产权布局中占据重要地位。那么，如何在中国构建出强大的外观专利布局呢？

中国专利制度包括三种不同的保护类型❶，发明、实用新型和外观设计。由于专利法意义上的发明/实用新型保护的是产品的技术性成果，而外观设计保护的是产品的装饰性改进，所以发明/实用新型与外观设计之间在一定程度上存在重叠的保护范围❷。事实上，虽然发明/实用新型与外观设计在法律上提供的是独立的保护，但是产品的技术性和装饰性通常难以简单地被割裂开，因此在诸多情况下发明/实用新型和外观设计具有良好的互补作用。

在 2009 年新修订的专利法中，引入了针对同一产品的多个实施例的外观设计合案申请制度❸，其拓展了外观设计专利保护。特别是，在原有的合案申请制度的基础上，允许同一产品的十项以内的相似外观设计在一件外观设计申请中进行保护❹。

---

❶ 《专利法》第二条：本法所称的发明创造是指发明、实用新型和外观设计。

发明，是指对产品、方法或者其改进所提出的新的技术方案。

实用新型，是指对产品的形状、构造或者其结合所提出的适于实用的新的技术方案。

外观设计，是指对产品的形状、图案或者其结合以及色彩与形状、图案的结合所作出的富有美感并适于工业应用的新设计。

❷ 《专利法》第五十九条：发明或者实用新型专利权的保护范围以其权利要求的内容为准，说明书及附图可以用于解释权利要求的内容。

外观设计专利权的保护范围以表示在图片或者照片中的该产品的外观设计为准，简要说明可以用于解释图片或者照片所表示的该产品的外观设计。

❸ 《专利法》第三十一条第二款：一件外观设计专利申请应当限于一项外观设计。同一产品两项以上的相似外观设计，或者用于同一类别并且成套出售或者使用的产品的两项以上外观设计，可以作为一件申请提出。

❹ 《专利法实施细则》第三十五条第一款：依照《专利法》第三十一条第二款规定，将同一产品的多项相似外观设计作为一件申请提出的，对该产品的其他设计应当与简要说明中指定的基本设计相似。一件外观设计专利申请中的相似外观设计不得超过 10 项。

相似外观设计合案申请的机制是对当前制度的优化，为申请人带来了诸多益处。为了充分利用中国外观设计专利保护制度，下面将讨论相似外观设计合案申请制度到底具有哪些显著的优点。

一、优化申请资源

在知识产权保护方面，申请人通常会在需求、市场和成本等因素中寻求平衡，由此确定知识产权保护策略。

通常，在产品外观上获得设计理念周期相对较短、实施比较容易、进入市场较为迅速、对于消费者的影响更为直接，而且在同一设计理念下可以衍生多种设计形式。与此同时，外观设计专利申请的文件准备比发明/实用新型简单，一旦通过初步审查就能获得授权，而无须实质性审查。目前，根据官方数据，外观设计专利申请的审查周期大约为 3.7 个月。

外观设计相对于发明/实用新型总体上具有创作和申请周期短且授权快的优点，但是却具有与发明/实用新型同等的司法保护。因此，申请人在确定知识产权保护策略时应给予外观设计足够的重视来平衡申请资源。

由于申请人仅通过递交一项外观设计专利申请即可实现多项外观设计的保护，进而实质上扩大保护范围，因此相似外观设计合案申请制度加强了所有可申请资源的整合，并使得申请人能以较低的成本以更多的选择来优化申请策略。

二、规避"重复授权"的法律风险

《专利审查指南 2010》（以下简称《审查指南》）第一部分第三章第11.1 节"判断原则"规定，"在判断是否构成专利法第九条❶所述的同样的发明创造时，应当以表示在两件外观设计专利申请或专利的图片或者照片中的产品的外观设计为准。同样的外观设计是指两项外观设计相同或者实质相同。"

关于"外观设计实质相同"，《审查指南》（参见第四部分第五章第 5.1.2节）规定，"外观设计实质相同的判断仅限于相同或者相近种类的产品外观设计。……如果一般消费者经过对涉案专利与对比设计的整体观察可以看出，

---

❶ 《专利法》第九条：同样的发明创造只能授予一项专利权。但是，同一申请人同日对同样的发明创造既申请实用新型专利又申请发明专利，先获得的实用新型专利权尚未终止，且申请人声明放弃该实用新型专利权的，可以授予发明专利权。

两个以上的申请人分别就同样的发明创造申请专利的，专利权授予最先申请的人。

二者的区别仅属于下列情形，则涉案专利与对比设计实质相同：（1）其区别在于施以一般注意力不能察觉到的局部的细微差异，例如，百叶窗的外观设计仅有具体叶片数不同；（2）其区别在于使用时不容易看到或者看不到的部位，但有证据表明在不容易看到部位的特定设计对于一般消费者能够产生引人注目的视觉效果的情况除外；（3）其区别在于将某一设计要素整体置换为该类产品的惯常设计的相应设计要素，例如，将带有图案和色彩的饼干桶的形状由正方体置换为长方体；（4）其区别在于将对比设计作为设计单元按照该种类产品的常规排列方式作重复排列或者将其排列的数量作增减变化，例如，将影院座椅成排重复排列或者将其成排座椅的数量作增减；（5）其区别在于互为镜像对称。"

而《审查指南》第一部分第三章第9.1.2节"相似外观设计"又规定，"初步审查时，对涉及相似外观设计的申请，应当审查其是否明显不符合专利法第三十一条第二款的规定。一般情况下，经整体观察，如果其他外观设计和基本外观设计具有相同或者相似的设计特征，并且二者之间的区别点在于局部细微变化、该类产品的惯常设计、设计单元重复排列或者仅色彩要素的变化等情形，则通常认为二者属于相似的外观设计。"

不难发现，对于某些相似的外观设计而言，适当的做法是将其放入一件外观设计专利申请中予以保护，倘若分别以独立的申请提交，有可能被认定为"实质相同"而面临重复授权的问题。

三、协调不同国家/区域之间的申请需求

不同国家和区域对外观设计的保护制度各有不同。从实务操作来看，相似外观设计制度的引入缩小了中国外观设计保护制度与其他国家和区域的司法管辖的差异性。

例如，在美国、欧盟、日本、韩国、中国台湾等国家和地区以及基于海牙协定的工业品外观设计国际注册，其外观设计保护均适用"部分外观设计"，亦即，通过实线绘示出产品要求保护的部分，并且用虚线绘示出该产品不要求保护的部分来实现产品局部部位的保护，这与中国的仅保护能够分割或者能够单独出售且能够单独使用的部件/产品整体的"整体外观设计保护制度"❶ 不同。

---

❶ 《审查指南》第一部分第三章第7.4节"不授予外观设计专利权的情形"规定：根据专利法第二条第四款的规定，以下属于不授予外观设计专利权的情形：……（3）产品的不能分割或者不能单独出售且不能单独使用的局部设计，例如袜跟、帽檐、杯把……

在中国专利实践中，如果一件中国外观设计专利申请要求具有部分外观设计保护的外国优先权，通常需要将相关设计中的虚线全部转换为实线，以符合中国"整体外观设计保护制度"的要求，并且根据需要在简要说明中声明设计要点。但是，这种转换本质上并不能达成该国外优先权中"部分外观设计"的保护宗旨。

为此，需要合理利用相似外观合案申请制度，在保留请求保护的设计要部的基础上，分别通过删除部分虚线和/或将部分虚线转换为实线的方式形成多个实施例，并尝试在同一件外观专利申请中以多项相似设计的方式保护这些实施例，从而向该优先权文件中的"部分外观设计"的保护范围靠拢。由此，缩小不同外观设计保护法律体系之间的差异。

反过来，如果以中国外观设计专利申请作为优先权向海外申请外观设计保护，则应该充分考虑目标国家和地区外观设计的保护实践，提前拟定相应的申请策略。例如，可以通过在一件中国外观设计专利申请中包含多项外观设计，或者甚至可以考虑包含局部外观设计以及参考设计等方式，来确保中国优先权中具有足够的设计信息，进而在不同的目标国家和地区请求优先权的权益并获得法律保护，以不变应万变。

可以说，中国的相似外观设计合案申请制度已经成为连接不同法律制度之间的桥梁。

四、增加专利权的稳定性

在判断同一申请中的多项外观设计的新颖性和创造性时，需要对该申请中的每一项外观设计分别进行判断。为此，需要将每项外观设计分别与对比设计进行对比。因此，在多项外观设计专利的无效过程中，不具备专利性的外观设计将被无效，而具备专利性的外观设计将维持有效。亦即，在针对一件具有多项相似设计的外观设计专利的无效决定可以是全部有效、全部无效、部分无效。

此外，在确权过程中，专利权人也可以声明放弃一件外观设计专利的多项外观设计中的部分项。

五、专利维权更具可行性

在2010年1月1日起施行的最高人民法院《关于审理侵犯专利权纠纷案

件应用法律若干问题的解释》（法释〔2009〕21号）中，外观设计侵权判定❶根据被诉侵权产品的外观设计与涉案外观专利是否相同或相似来进行。但是，以谁的视角来判断某项外观设计是否构成侵权却没有明确清晰的定义。根据审查指南规定的"一般消费者"（一种"假想"的人）仅仅用以判断某外观设计是否属于现有设计。而，根据司法解释，人民法院应基于外观设计产品的一般消费者的知识水平和认知能力来判断相同或相似性，但是却没有对在购买者和使用者属于不同人群时如何进行相同或相似性判断给出指导性意见。

基于这种不确定因素，在以外观设计进行知识产权保护时，推荐采用相似外观设计合案申请的策略。

以变化状态产品为例，根据《审查指南》第四部分第五章第5.2.5.2节"变化状态产品"规定，"变化状态产品是指在销售和使用时呈现不同状态的产品。"2016年4月1日起施行的最高人民法院《关于审理侵犯专利权纠纷案件应用法律若干问题的解释（二）》（法释〔2016〕1号）第十七条规定："对于变化状态产品的外观设计专利，被诉侵权设计与变化状态图所示各种使用状态下的外观设计均相同或者近似的，人民法院应当认定被诉侵权设计落入专利权的保护范围；被诉侵权设计缺少其一种使用状态下的外观设计或者与之不相同也不近似的，人民法院应当认定被诉侵权设计未落入专利权的保护范围。"

可见，变化状态产品的外观专利保护在抵御侵权方面的能力是较为薄弱的。为此，可以采用相似外观设计合案申请的策略，将同一产品的具有固定状态、具有一个、两个或多个变化状态的不同设计合案申请，从而具备更多有效的专利设计来防止侵权，加强防御性。

总之，中国专利保护体系提供了容易且快速的外观设计保护。毫无疑问，外观设计保护是知识产权保护的重要组成部分，其已经因更为常用和更易维权的优势而越来越得到重视。在中国，巧用相似外观设计合案申请制度将会带来事半功倍的成效！

---

❶ 司法解释（法释〔2009〕21号）第十一条：人民法院认定外观设计是否相同或者近似时，应当根据授权外观设计、被诉侵权设计的设计特征，以外观设计的整体视觉效果进行综合判断；对于主要由技术功能决定的设计特征以及对整体视觉效果不产生影响的产品的材料、内部结构等特征，应当不予考虑。

下列情形，通常对外观设计的整体视觉效果更具有影响：

（一）产品正常使用时容易被直接观察到的部位相对于其他部位；

（二）授权外观设计区别于现有设计的设计特征相对于授权外观设计的其他设计特征。

被诉侵权设计与授权外观设计在整体视觉效果上无差异的，人民法院应当认定两者相同；在整体视觉效果上无实质性差异的，应当认定两者近似。

浅议美国与欧盟外观专利申请的图片要求及相关策略

宋 洋

近年来，越来越多的中国企业开始重视并实施在国外的知识产权保护。其中，产品的外观设计由于可以在较短周期内获得专利权的保护，且其内容更容易吸引消费者的眼球，因此中国企业外观设计专利的海外申请量也处于大幅上升之中。

外观设计图片对于外观设计专利申请的重要性不言而喻。美国与欧盟作为全球最大的两个经济体，均为中国企业进军海外市场的主要目标国，两者对于外观设计申请的要求既有迥异之处，又有相互借鉴性，颇具探讨意义。在此，笔者主要针对美国和欧盟这两个国家/地区来谈谈其外观设计申请的图片准备及相关的申请策略。

一、美国外观设计申请文件及图片审查要求

美国外观设计申请的申请文件包括外观设计图片（或照片）、权利要求书及外观设计说明书（三者一般以 PDF 格式文件合并提交）。其中，外观设计图片应包括立体图（展开图）和六面视图，六面视图的尺寸比例必须一致；权利要求书声明所请求的保护范围，说明书给出各图的描述以及相互之间的关系。

美国专利商标局（USPTO）对外观设计申请的审查程序与发明专利申请基本一致，都需进行专利性实质审查，包括检索相关分类下的现有设计来核查外观设计的新颖性和非显而易见性。除此之外，审查员对外观设计图片表示内容的清楚和完整性的要求相当严格，尤其在提交的图片为线条型图片的情况下，审查员会对线条所表示的产品形状的细节部分的清晰度进行审查。外观设计图片在审查过程中可能被指出的问题包括：缺少特定角度的视图、线条或者断线不清楚、不同的线条交错、产品立体感无法正确表示等。

因此，美国外观设计申请的图片通常都需要进行清晰化和细化的制作。例如，在由产品设计图转换成递交版的 PDF 格式线条图的过程中，为确保线条对外观设计产品形状的正确阐示，线条清晰度和相关的线型选择均是在制图中需要考虑的关键因素。

　　在制图工作中，除了要在设计图中合适地调整线宽和线型以符合上述审查的要求之外，在有利于外观设计申请的审查和保护的原则下，可考虑依照美国的制图规范，在视图中适当加入阴影线和曲面过渡线来提高轮廓立体感和视图可读性（见图1）。

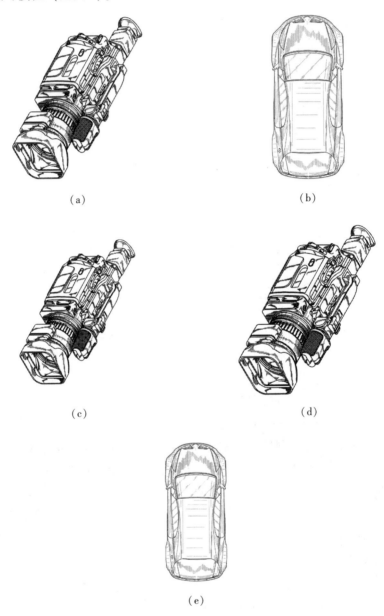

（a）　　　　　　　　　　　　（b）

（c）　　　　　　　　　　　　（d）

（e）

图1　制图示例

此外，还可考虑充分利用美国外观专利体系中的"部分外观设计"的概念来进一步拓展和增强外观设计的保护，亦即，如外观设计申请图片中产品的某一部分的轮廓线或其他图形元素为虚线或点画线示出，则这一部分会被声明为不请求保护的部分，同时也将不构成对该外观设计保护范围的限制。通过这种方式，在图中以虚实线结合的方式来突出并保护核心设计部位/局部，将可能获得更为有利的保护范围（见图2）。

（a）   （b）

图2　外观设计

此外，在实践中，一件美国外观设计专利申请中鲜少能包含多项设计（实施例），除非在同一件申请中包括的多项设计（实施例）之间"无专利性差异"（符合外观设计的单一性要求）。即便如此，作为在递交阶段降低成本并且尽可能覆盖更广的范围等方面的考量，可以考虑根据实际需求，使一件外观申请中包含有多项产品变型设计。但同时需注意的是，由于美国申请文件有页数限制，在超出100页的情况下，多出的页数将收取超页费用（每50页以内收取200美元）。因此，还可以在美国外观申请的图页中通过布置多幅视图来减少总页数，降低不必要的支出。

二、欧盟外观设计申请文件及图片审查要求

与USPTO对外观设计申请文件的要求不同的是，欧盟外观设计（"共同体外观设计"）要求每一件申请包括至少一项外观设计，并允许在同一件申请中包含至多99项处于Locarno分类中同一大类下的外观设计，针对每一项设计需要提交至少1张、最多7张JPG格式的图片或照片；大体上，每一图片文件不应超过5MB，大小不应超过17 cm×24 cm、2008×2835像素（数据仅供参考）。另外，欧盟外观设计申请仅进行形式审查，主要审查内容为是否满足递交申请的形式要求（包括：图片表示的内容是否符合外观设计的定义，是否违背公序良俗），经审查符合要求的外观设计申请，即进行注册并公布，因此从申请到获得权利的时间周期较短。

在原则上，欧盟外观设计申请同样要求图片具有良好的质量以清晰地显示所要保护的外观设计的细节，但主要应由申请者自己承担义务来确保这一点（欧盟的外观设计形式审查中极少会质疑图片的细节内容，这与美国的审查要求不同）。此外，图片应当具有单一的背景，除显示所要表达的外观设计，不应显示与外观设计无关的内容。另外，与美国外观设计申请类似的是，欧盟外观专利体系中也可以利用由虚实线结合表示的"部分外观设计"来进行产品的保护。因此，申请人在准备欧盟外观设计申请的图片时，同样要考虑的是请求保护某项产品的整体还是局部，并且可根据实际需求来考虑增加多种产品变型设计和多项扩展设计的可能性。

另外，在欧盟外观设计申请的制图工作中，如采用原始的线条设计图来制作 JPG 递交图片，需注意以下问题：在将设计图转为 JPG 格式图片时，较细的线宽虽能够确保线条密集时的清晰度要求，但也会导致如线条色浅、清晰度不足和图形虚化的问题，使图片质量较低。同时，欧盟外观设计图片因有上文所述的像素的限制而难以通过提高像素数来保证足够的清晰度。为克服此问题，可采取在图形处理软件中将同一线条图层进行多次复制叠合的方式来制图。如此即便线条较细，其显示的色深和清晰度也能够达到令人满意的效果。

友情提示：以上信息仅供参考，在实际作业中，请以美国专利商标局和欧盟知识产权局的最新信息及相关规定为准。

三、结　语

上文主要谈到利用产品设计图来制作线条格式的图片，但在实践中，外观设计申请也可通过渲染图或照片进行申请和保护。根据笔者的理解和实践，"线条图"与"渲染图（或照片）"两种图片模式在外观设计的表达上各有利弊，且有一定的互补性。而在允许提交相似设计的情况下，可以考虑利用这两种不同类型的图形表现方式，通过将两种图片各自作为同一申请的相似设计进行提交，来更全面地表达产品的外观设计。

最后，笔者还要补充说明的是，在海外外观设计申请要求中国国内优先权的情况下，外观设计图片的制作需要以优先权图片表示的内容为准。尤其是利用产品原始设计图制作外观申请递交图片的情况下，确保递交图片与优先权图片两者表示的内容的一致性，对于优先权的稳定无疑是至关重要的。此外，国内优先权文件本身的质量，亦是某种程度上决定海外外观设计专利申请的顺利与否的因素之一。

　　总体而言，一套理想的外观设计图片，不仅要确保全面、真实地反映所要求保护的产品，而且要具备良好的观感并能够清晰地凸显所要保护的部分的特征，以期更好地服务于外观设计的保护目的。

针对美国审查意见中有关保护客体问题的答复思路

章侃铱

作为 2014 年美国最高法院作出的最重要的判决之一，Alice Corp. v. CLS Bank International 一案的影响延续至今。在 Alice 一案中，最高法院就如何确定一项专利的保护客体是否适格给出了有法律意义的判断标准和步骤。应用该案的标准，有越来越多涉及商业方法的软件专利被各级法院以不符合美国专利法第一百零一条为由无效，甚至连同所有计算机软件类的专利授权和实施前景都十分不明朗。由于美国司法制度的设计，Alice 一案的判决同时适用于美国专利商标局（USPTO）的专利审查过程。由此一来，给我们代理人带来的后果就是，近年收到的美国审查意见中关于第一百零一条的保护客体问题越来越普遍。本文中，笔者试图结合自己的实务经验就如何答复涉及保护客体问题的审查意见给出一些参考意见。

在准备有针对性的答复之前，有必要先简单了解一下关于第一百零一条的审查意见是如何产生的。根据 USTPO 公布的《2014 年有关保护客体适格性的临时指南》（以下简称临时指南），审查员针对一项方法或产品权利要求进行的保护客体适格性测试可概括成图 1 中的步骤。

同时，上述临时指南中还明确规定：（ⅰ）在评价一个权利要求的专利性之前，要按最宽泛的合理解释来理解权利要求，并且在评价专利性时要将权利要求视为一个整体；（ⅱ）基于高效审查的要求，在判断保护客体适格性的同时，要结合其他所有专利性要求（例如新颖性和创造性等）对全部权利要求进行充分审查。

得利于 USPTO 在临时指南中公布的详细审查标准和判断步骤甚至包括示例，这些材料同时给我们代理人答复有关保护客体的审查意见也给出了可以参考的方向：

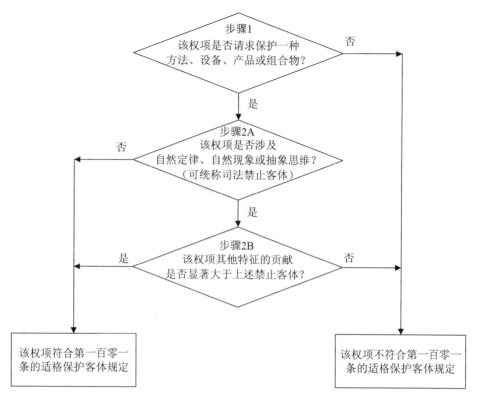

图1　方法或产品权利要求的保护客体适格性测试步骤（译自 USPTO）

1. 争辩权利要求方案不属于抽象思维

由于上述临时指南给出的概括图1的步骤1是针对那些保护主题明显不符合授权客体的权利要求，因此一般而言，针对第一百零一条审查意见的答复可以直接从步骤2A开始。以审查员针对方法权项的常见起始语句："该/所有权利要求仅涉及一种在通用计算机上执行的算法/数学关系/公式……其可由人的思维活动来进行处理……属于不予专利保护的抽象思维"为例，可考虑从以下方面展开答复。

首先，根据权利要求的实际记载情况，可以争辩当前权利要求中并没有记载临时指南中针对抽象思维列举的一些反面示例，例如"基本经济活动、组织人为活动的特定方法、思维本身……以及数学关系/公式"等。同时，结合临时指南中对于审查员的要求，在适用的情况下可以在答复中指出审查员仅仅是简单的断言权项涉及抽象思维，而没有进行详细的理由说明；或者仅仅是概括性地否定了所有权利要求，而没有针对每个权利要求进行详细的理由说明。

进一步，不属于抽象思维的具体理由还可以包括当前权利要求并没有造成垄断或独占任何思维活动的威胁，这一理由的陈述通常可以与权利要求的应用场景相结合。以请求保护一种基于特定参数计算结果从多个电子地图中选择一个最佳匹配电子地图的权利要求为例，即使认为审查员关于其中计算部分属于抽象思维的断言是正确的（答复中要注明申请人对此并不承认），但这部分计算还可以被使用在不涉及电子地图的应用当中。况且，即使是在电子地图的特定应用中，这部分计算也可以在不实施当前权利要求其他步骤的情况下加以实施。换言之，当前的权利要求所请求保护的范围是在同时限定了其他步骤的电子地图应用中使用这部分计算过程，而并没有造成在其他应用范围内垄断或独占使用的威胁。因此，当前权利要求不属于对抽象思维的保护。

2. 权利要求的贡献显著大于抽象思维

临时指南中对于确定一项权利要求除抽象思维之外的其他特征贡献是否显著大于抽象思维本身给出了一些示例性的考虑因素。其中，符合"显著大于"标准的示例包括：（ⅰ）对某一技术或技术领域的改善；（ⅱ）增加的具体限定不属于该领域的公知、惯用或传统手段；（ⅲ）增加的非传统步骤将该权利要求限定到一个特定的实际应用当中。相应地，在答复中便可以结合权利要求的情况使用上述示例中的一个或多个因素作为具体理由。

例如，以"对某一技术或技术领域的改善"开始，答复中可以简略地提及当前权利要求对某一特定的技术或技术领域存在改善。需要注意的是，这里提到的"改善"难免让我们联想到在答复中国审查意见中广泛使用的"有益效果"，但众所周知，为了避免在审查阶段的陈述对后续专利的实施阶段产生不利的限制影响，我们在答复美国审查意见时对于具体效果的理由陈述要非常谨慎。因此，这里陈述存在改善的重点应在于指出当前权利要求所限定的技术领域，而非详细阐述其所能达到的有益效果。

对于上述提及的第（ⅲ）项示例因素，其与本文第1部分提到的有关应用场景的陈述存在一定的关联。如果在第1部分中陈述了应用场景的有关理由，这里则可以结合当前权利要求记载的具体特征展开详细陈述。仍以前述涉及电子地图的权利要求为例，在此处的陈述中可以将除计算部分之外的其他技术特征例如"接收用户输入……启动电子地图""获取筛选信息……""确定与筛选信息匹配的电子地图……"——列举出来，从而向审查员表明当前权利要求已被限定至一个非常具体的实际应用当中。

之所以将第（ⅱ）项示例因素后置，是因为从字面意思即可看出，这部分的理由与通常放在意见陈述最后的创造性陈述理由相关。根据上述临时指南中的规定，审查员在指出权利要求存在保护客体问题的同时，很有可能也对权利要求的新颖性或创造性做出了负面评价。因此，相应地，在此处答复中也可以直接援引陈述书后文有关新颖性和创造性的陈述理由。实际上可以理解为，如果能够通过修改或陈述理由克服审查员所指出的创造性问题，此处涉及第一百零一条的客体问题也自然迎刃而解。

本文在以上介绍的基于临时指南所形成的答复思路显然不能普适于所有涉及保护客体问题的权利要求，但根据实际案件处理中 USPTO 的后续反馈结果来看，对于那些确实不属于单纯思维活动的计算机软件类专利相信存在一定的参考作用。

涉及马库什通式化合物的美国申请的撰写中应注意的若干问题

张福根

根据美国专利审查指南（MPEP）的规定，马库什（Markush）权利要求——无论其形式如何——是指任何列出一系列可选择的选项的权利要求（MPEP § 2173.05（h））。而马库什化合物权利要求，一般是通式的形式。对于涉及马库什通式化合物的美国申请，在撰写中除了专利申请的一般要求外，尤其应当注意一些与中国申请不同的要求。

一、说明书的撰写

与中国申请中"充分公开"的要求类似，美国申请中要求对发明进行充分的书面说明（Written description）。

首先，说明书中应当描述足以代表整个通式的数目的具体化合物（包括其制备、表征和性能测试）。当通式中的变量所涵盖的元素之间有较大变化时，申请人应当描述足够多的实施例以反映这种变化 [AbbVie Deutschland GmbH & Co., KG v. Janssen Biotech, Inc., 759 F. 3d 1285, 1300, 111 USPQ2d 1780, 1790（Fed.Cir. 2014）; Enzo Biochem, 323 F. 3d at 966, 63 USPQ2d at 1615; In re Curtis, 354 F. 3d 1347, 1358, 69 USPQ2d 1274, 1282（Fed.Cir. 2004）]。

那么，到底需要多少具体实施例呢？按照案例 In re Fisher, 427 F. 2d 833, 839, 166 USPQ 18, 24（CCPA 1970）中确立的原则，说明书中需要提供的具体指引的量与本领域中现有知识的量以及本领域中的可预测性成反比。若发明涉及不可预测的因素，如对于大多数化学反应和生理活性，则说明书中需要提供更多的信息。例如，对于通式中包括的结构差异较大的化合物，至少要给出各自对应的一般性制备方法。

此外，虽然对于申请专利的目的，体外活性数据一般是足够的，但申请人需要能够证明体外活性与体内活性（治疗目的）之间的相关性。

需要注意的是，美国申请是允许在申请递交之后补充实验数据的，前提是该后补的数据所证明的效果是原始申请中所预测的。因此，在撰写申请时，可以考虑在说明书中包括尽可能多地制备实施例。

二、权利要求书的撰写

在权利要求书的撰写中，尤其要注意马库什通式中变量的定义。

（1）在形式方面，由于马库什通式中的变量通常是通式中的某一基团，因此变量的定义应当是择一形式的。此时，"R is selected from the group consisting of A，B，C and D"和"R is A，B，C or D"这两种撰写方式被认为是等同的，也都是允许的（MPEP § 803.02）。与之对应的，对于非择一的变量，例如对化合物的盐的定义，则只有"X is selected from the group consisting of A，B，C and D"的撰写方式才是适当的。

美国申请中对于超过 20 项权利要求需缴纳附加费。与中国申请不同的是，权利要求项数的计算中不仅包括申请递交时的项数，还包括审查过程中通过修改增加的权利要求的项数。此外，应当尽量避免采用多项从属权利要求，因为一方面对于多项从属权利要求需要缴纳额外的附加费，另一方面对于多项从属权利要求在计算项数时会按照多个权利要求来对待，使得权利要求的总项数有可能超过 20 项。

另外，与中国申请不同的是，美国申请中允许上下位概念并列［MPEP § 2173.05（h）］，如此撰写可以减少权利要求附加费。

（2）在实体方面，应当注意，通式所涵盖的所有化合物应当具有共同的、与现有技术形成区别的母核结构，或者本领域技术人员一般认为其属于同一类化学物质，具有相同的性质。这样的规定与中国申请中有关单一性的规定是类似的。

当通式中包括的变量较多，或者某个（些）变量范围较宽，如此形成的马库什通式包含大量的结构上不同的化合物时，若本领域技术人员无法确定该通式所涵盖的所有具体化合物从而不能确定权利要求的边界和范围，则这样的通式可能会被认为不清楚，不符合美国专利法第一百一十二条的规定［MPEP § 2173.05（h）］。

此外，当通式中包括的变量较多时，应注意变量之间（尤其是化合物母核结构上相邻基团之间）有没有冲突。尽管可以在说明书的描述中排除变量之间冲突的情况，但若有可能，应当至少撰写一个消除了该冲突的从属权利要求。

对通式中某一变量而言，在最上位的概念（最宽的范围）和最下位的概念（最窄的范围）之间要设置足够多的中位概念（中间层次的范围）。中间层次的多少，主要取决于说明书中提供的具体实施例的多少以及各具体实施例化合物的性能测试数据。一般而言，具体实施例越多，性能测试的数据之间差异越大，则细化的中间层次就应当越多。在实质审查过程中，有可能需要对权利要求进行修改。类似地，在分案申请时也有可能需要提交与母案不同的权利要求。这样的中位概念可以作为实审阶段和分案时修改的依据［In re Lukach，442 F. 2d 967，169 USPQ 795（CCPA 1971）；In re Wertheim，541 F. 2d 257，191 USPQ 90（CCPA 1976）；Ex parte Sorenson，3 USPQ2d 1462（Bd. Pat. App. & Inter. 1987）；In re Wilder，736 F. 2d 1516，1520，222 USPQ 369，372（Fed. Cir. 1984）］。

以上是在撰写涉及马库什通式化合物的美国申请时应当注意的一些内容，以避免由于撰写的原因导致不必要的审查意见。

从一个再判决看生物序列权利要求支持问题的最新进展

姜　涛

众所周知，生物技术产业对专利保护具有高度的依赖性，而采用生物序列（如核苷酸序列、氨基酸序列等）对权利要求进行限定是该领域一个非常鲜明的特点，存在着大量的专利申请和授权专利。然而，这类权利要求是否得到说明书的支持是审查和审判中一个比较突出的问题，总体而言我国的判断标准趋于严格，与美、日、欧等国家和地区存在很大差别，经常受到国内外申请人和专利权人的质疑。

一、中国审查和司法实践

《专利法》第二十六条第四款规定："权利要求书应当以说明书为依据，清楚、简要地限定要求专利保护的范围。"其中，"权利要求书应当以说明书为依据"是要求权利要求应当得到说明书的支持。

在我国的审查和司法实践中，对于生物序列相关专利的说明书支持问题审查严格。实践普遍认为，关于生物技术领域的发明，其技术效果在没有实验数据证实的情况下，可预见性较低。尤其是生物序列，生物分子的微小改变可能导致分子空间结构的改变，进而导致其功能发生变化，因此，在没有具体实施例的情况下，本领域技术人员无法预见相关具体序列的变体是否也具有相同的功能活性。这样的观点导致申请人很难对发明的技术方案进行概括，往往只能通过枚举甚至穷举的方式来获得涵盖变体的保护范围。审查实践的结果大大挫伤了申请生物序列相关专利的积极性，因为这样的专利即使授权，竞争对手也会通过改变几个无关紧要的氨基酸或核苷酸而轻而易举地进行规避，导致发明无法得到合理保护。

本文将通过一个再审判决来介绍生物序列权利要求支持问题在中国的最新进展。

二、最高人民法院案例

2017 年 4 月 24 日，最高人民法院发布了"2016 年中国法院 10 大知识产权案件"，其中唯一入榜的发明专利相关案件就是国家知识产权局专利复审委员会、诺维信公司与江苏博立生物制品有限公司发明专利权无效行政纠纷再审案。在此案的判决中，最高人民法院详细论述了如何判断涉及生物序列的权利要求是否能够得到说明书的支持，并讨论了这类发明的专利授权标准。

（一）权利要求及案件焦点

涉案专利（CN98813338.5）从 T. emersonii CBS 793.97 菌株中分离、纯化和鉴定了一种葡糖淀粉酶。与现有技术中的葡糖淀粉酶相比，该酶具有非常高的热稳定性，在 50mM NaOAc，0.2AGU/mL，pH4.5，70℃下具有至少100 分钟的 T1/2（半衰期）。因此，涉案专利涉及一种适于淀粉转化（如由淀粉生产葡萄糖）的新的热稳定的葡糖淀粉酶，还涉及该热稳定葡糖淀粉酶在各种方法中的用途，尤其是在淀粉传统方法中的糖化步骤中的用途。

在专利权无效宣告程序中，专利权人对涉案专利的权利要求进行了修改，对保护的酶分别采用：（1）"功能+包含"；（2）"功能+同源性"；（3）"功能+同源性+来源"；（4）"功能+包含+来源"的概括方式进行了描述。其中，"功能"为具有葡糖淀粉酶活性；"包含"是指采用开放式权利要求的表达形式；"同源性"是指该酶的氨基酸序列与 SEQ ID NO：7 中所示全长序列之间同源的程度至少为 99%；"来源"是指来源于丝状真菌 T. emersonii 菌株。

本案中，双方争议的焦点之一在于：权利要求中限定的技术方案是否得到说明书的支持，也即是否符合《专利法》第二十六条第四款的规定。在涉案专利的说明书中，实施例 2 表明氨基酸序列如 SEQ ID NO：7 所示的酶具有所需的活性和功能，实施例 8、9、11 和 12 证明了 SEQ ID NO：34 序列所示的多肽亦具有上述同样的特性。SEQ ID NO：34 所示序列与 SEQ ID NO：7 所示序列相比，仅在 97 位、98 位和 475 位的三个氨基酸不同，即符合具有 99%同源性（相当于差异不超过 6 个氨基酸）的要求。

换言之，案件焦点就在于：如果通过实验证据证实了氨基酸序列为 SEQ ID NO：7 所示的酶及其某个满足要求的变体具有所需活性及功能，是否允许把权利要求的保护范围扩展至该酶的其他变体？权利要求可以采用怎样的方式来描述/概括这些变体？

（二）"功能+包含"的方式限定的权利要求

采用这种方式对涉及生物序列的权利要求进行限定是生物技术领域权利要求撰写的一种典型方式。涉案专利的权利要求 1 和权利要求 12 就是采用这种方式限定的权利要求。权利要求 1 为"一种具有葡糖淀粉酶活性的分离的酶，所述的酶包含 SEQ ID NO：7 的全长序列"。

针对这种方式，我国专利局、专利复审委员会以及各级法院均采用了非常严格的标准，通常认为这类权利要求得不到说明书的支持。此案中，在对上述两项权利要求进行审查和审判时，专利复审委员会以及一审和二审法院仍然采用了这种严格的标准，认为得不到说明书的支持。

具体理由可以概括为：权利要求中的"包含"是开放式用语，意味着可在序列一端或两端添加任意数目和任意类型的氨基酸残基，因而使得该分离的蛋白包括了大量的氨基酸序列，所属技术领域的技术人员难以预见在 SEQ ID NO：7 序列一端或两端添加任意数目和任意类型的氨基酸残基的多肽也能具有葡糖淀粉酶的活性。因此，权利要求的概括包含推测的内容，而其效果难以预先确定和评价，这种概括超出了说明书公开的范围，得不到说明书的支持。

由于再审程序不再涉及上述权利要求的支持问题，因此再审法院没有对这种类型的权利要求是否能够得到说明书的支持给出最终结论。

(三) 采用"功能+同源性"的方式限定的权利要求

采用这种方式对涉及生物序列的权利要求进行限定是生物技术领域权利要求撰写的另一种典型方式。涉案专利的权利要求 6 就是采用这种方式限定的权利要求。权利要求 6 为"一种具有葡糖淀粉酶活性的分离的酶，与 SEQ ID NO：7 中所示全长序列之间同源的程度至少为 99%，并且具有由等电聚焦测定的低于 3.5 的等电点"。

针对这种方式，我国专利局、专利复审委员会以及各级法院也同样采用了非常严格的标准，通常认为这类权利要求得不到说明书的支持。此案中，专利复审委员会以及一审和二审法院仍然采用了这种严格的标准，认为得不到说明书的支持。

具体理由依然可以概括为：权利要求 6 涉及用同源性加功能限定的技术方案，所属技术领域的技术人员难以预见除说明书中公开的如 SEQ ID NO：7 所示的多肽和 SEQ ID NO：34 编码的多肽以外的多肽都具有葡糖淀粉酶的活性，必须有一定的实验证据来证实，而说明书中缺乏相应的实验证据予以证实，本领域技术人员不清楚该同源性范围内除实施例以外的具体哪些多肽能实现本发明的目的，这些技术方案包含申请人推测的内容，而其效果又难于预先确定和评价，这种概括超出了说明书公开的范围，得不到说明书的支持。

由于再审程序不再涉及上述权利要求的支持问题，因此再审法院没有对这种类型的权利要求是否能够得到说明书的支持给出最终结论。

（四）采用"功能+同源性+来源"方式限定的权利要求

采用这种方式对涉及生物序列的权利要求进行限定并非生物技术领域权利要求撰写的典型方式。之前的审查和审判实践并没有提供可以借鉴的标准。涉案专利的权利要求10和权利要求11就是采用这种方式限定的权利要求。权利要求10在权利要求6的基础上增加了酶"来源于丝状真菌T. emersonii 菌株"。

在对其进行审查和审判时，一审和二审法院与专利复审委员会却采用了不同的标准，得出了不同的结论。面对上述不同的结论，再审法院经过审理，支持了专利复审委员会的观点。最高法院在再审判决中指出，除了同源性特征之外，从属权利要求10还进一步限定所述的酶来源于T. emersonii 菌种，权利要求11甚至进一步限定所述酶来源于特定的菌株即T. emersonii CBS 793.97。本领域普通技术人员一般认为，种是生物分类的基本单位，在某些基本特征上，同一种中的个体彼此显示出高度的相似性。同一种真菌或同一株真菌编码其体内某种酶的基因序列一般是确定的，偶尔会存在极少数同源性极高的变体序列，相应地，由该基因编码的酶也是确定的或者极少数的。本案中，99%以上同源性与菌种或者菌株来源的双重限定已经使得权利要求10、11的保护范围限缩至极其有限的酶，何况权利要求10、11还包括权利要求6所限定的酶的等电点和具有葡糖淀粉酶活性的功能。

（五）采用"功能+包含+来源"的方式限定的权利要求

采用这种方式对涉及生物序列的权利要求进行限定也不是生物技术领域权利要求撰写的典型方式。之前的审查和审判实践也没有提供可以借鉴的标准。涉案专利的权利要求13、14就是采用这种方式限定的权利要求。在对其进行审查和审判时，一审和二审法院与专利复审委员会同样采用了不同的标准，得出了不同的结论。面对上述不同的结论，再审法院经过审理，支持了专利复审委员会的观点。最高法院在再审判决中指出，尽管权利要求13、14引用了使用"包括"措辞的权利要求12。但是，权利要求13、14包含有功能性特征"编码表现出葡糖淀粉酶活性的酶"，因此在序列（a）或（b）无限延伸之后已不具备该功能的DNA序列并未包含于权利要求13、14的保护范围之内。而且，权利要求13、14还分别限定了所述DNA序列来源于T. emersonii 菌种和特定菌株T. emersonii CBS 793.97，而能够从它们之中得到包含序列（a）或（b）的DNA序列也是确定的和极少数的。因此，权利要求13、14中引用权利要求12（a）和（b）的技术方案能够得到说明书的支持。

三、生物序列权利要求的合理保护

《专利法》第二十六条第四款的支持条款是基于给予与发明人所作技术贡献相匹配的保护范围而制定，这一条款与 PCT 规定的"权利要求书应当得到说明书的充分支持"基本相同。作者认为，与他国审查及司法实践相协同，允许对说明书所记载的一个或多个生物序列技术方案进行合理概括既符合《专利法》第二十六条第四款的立法宗旨，也有利于促进生物技术领域的技术创新和发展。

（一）生物序列权利要求支持问题的新趋势

在涉案专利的再审程序中，最高法院否定了一审、二审法院对于生物序列发明过于苛刻的支持要求，明确了使用同源性加来源和功能限定方式的生物序列权利要求能够得到说明书支持的判断规则和生物序列发明专利的授权标准，对蛋白质、基因相关专利申请的撰写、审查和审判具有指导意义。

虽然，对于生物技术领域的申请人和专利权人而言，根据上述判断规则，能够获得的专利保护范围仍然有限，但是，它向人们展示了中国审查和审判这类权利要求的标准已经开始趋向更加合理。在不久的将来，涉及"功能+包含"和"功能+同源性"方式限定的权利要求是不是也同样能够得到说明书的支持，让我们拭目以待。

（二）生物序列发明的撰写策略

从上面的案例可以看出，我国目前审查和审判生物序列权利要求支持问题的标准仍然比较严格。为了获得更加合理的保护范围，申请人在对权利要求进行撰写时，应当采用尽可能多的表述方式，对技术方案进行多层次、多角度描述。除采用上述"功能+包含""功能+同源性""功能+同源性+来源"以及"功能+包含+来源"的方式外，申请人还可以考虑分别采用术语"取代、缺失或添加"与功能相结合的方式以及采用在严格条件下"杂交"与功能相结合的方式进行描述。此外，当无法采用上述这些方式对基因、多肽或蛋白质进行描述时，申请人还可以考虑在权利要求中对多肽或蛋白质的理化特性以及产生所述基因、多肽或蛋白质的方法进行描述。

生物领域属于实验性较强的领域，其实验结果具备一定的不可预期性。因此，在专利申请的说明书中进行翔实的背景技术介绍，例如介绍基因的同源进化情况，相关变体的研发情况等，对理解权利要求的保护范围具有一定的帮助作用。同时，在对生物序列权利要求进行描述时，无论采用上述哪种方式，说明书中都需要提供尽可能多的实施例支持并说明变体的效果，使审查员能够在相对大样本实验数据的基础上，结合相应基因在不同菌株、物种之间的进化情况对变体的功能作出合理预期，有助于最终获得相对更宽的保护范围。

此外，为了给予权利要求更充分的支持，在撰写说明书的过程中需要介绍生物序列的由来、获得的技术手段、序列的功能以及取得的技术效果等内容。尤其需要尽可能地解释生物序列与功能之间的关系，例如，在可能的情况下，验证并给出生物序列的功能结构域。这样，可以让审查员根据说明书的描述，整体了解发明创造的前因后果，知晓请求保护序列的功能及其关键，准确把握发明构思，尽可能给予发明合理的保护范围。

综上所述，最高法院的此次再审判例向人们展示了生物序列权利要求在我国获得合理保护范围的可能性。申请人应当更加重视对此类发明创造申请文件的准备，在说明书中应当详细描述生物序列与功能之间的关系，提供尽可能多的实施例支持并说明变体的效果，同时权利要求应当采用尽可能多的表述方式，对技术方案进行多层次、多角度的描述，从而争取获得相对更宽的保护范围。

日本实用新型专利制度及现状

陈 林

2016 年中国专利局所受理的发明专利 133.9 万件，受理的实用新型专利 147.6 万件。从申请量来讲，实用新型的申请制度在中国得到了广泛采用。随着中国企业壮大而逐渐涉足日本市场，也在日本得到知识产权保护的需求不断增加。近年来，来自中国企业以及个人的咨询也日趋增加。在此，本文对日本产业知识产权四大法（特许法、实用新型法、外观设计法以及商标法）中的实用新型法做个梳理介绍，以便更了解其制度本身及其优缺点，方便决策。

日本实用新型法旨在保护利用了自然法则做出的技术创作中的涉及物品的形状、构造或其结合的创造，其仅以形状、结构及其组合为保护对象。因此，对于方法的发明创造，则不能作为实用新型的保护客体。另外，与日本特许（也就是所谓的发明专利）相比，实用新型俗称为小发明。对于技术方案的创造性而言，要比特许的要求低。目前实用新型的保护期限为自申请之日起 10 年。

一、历史沿革

日本实用新型专利制度于 1905 年起实施，主要是为了保护周期较短的商品而设立的。立法当初也采用实质审查制度，其保护期限为自申请日起的 6 年。

1994 年，参考德国的实用新型法，改为无实审登记制，省去实质审查的程序，形成了目前的无实质审查的早期授权制度。

2004 年再次对实用新型法进行了改法。自 2005 年 4 月 1 日起实施，其保护期由原来的 6 年延长至现在的 10 年。

二、实用新型的授权条件

为了获得日本实用新型的授权，需向日本特许厅提出申请，特许厅仅对是否满足形式要件进行初步审查。在申请授权阶段，并不对申请本身的新颖性和创造性进行判断，仅针对形式问题进行审查。如满足形式要件，即可授权。

形式审查主要是判断其是否是实用新型的保护客体。由于实用新型仅限于产品的形状、结构及其组合的技术方案。方法发明、组成物质化学物质的发明、没有一定形状的物品（如液体等）、动植物品种，计算机程序等均不是实用新型的保护客体。

另外，也会驳回明显存在缺陷的申请。比如，违反公序良俗、权利要求书或说明书不符合撰写的规定、违反单一性以及其他明显缺陷。

在授权条件方面，与中国的实用新型没有太大区别。

三、实用新型的优缺点

为了获得日本实用新型的授权，需向日本特许厅提出申请，特许厅仅对是否满足形式要件进行初步审查。在申请授权阶段，并不对申请本身的新颖性和创造性进行判断，仅针对形式问题进行审查。如满足形式要件，即可授权。

形式审查主要是判断其是不是实用新型的保护客体。由于实用新型仅限于产品的形状、结构及其组合的技术方案。方法发明、组成物质化学物质的发明、没有一定形状的物品（例如液体等）、动植物品种，计算机程序等均不是实用新型的保护客体。

另外，也会驳回明显存在缺陷的申请，比如，违反公序良俗、权利要求书或说明书不符合撰写的规定、违反单一性以及其他明显缺陷。

在授权条件方面，与中国的实用新型没有太大的区别。

四、实用新型的优缺点

在此为了简单明了，仅罗列其优缺点。

（一）优点

（1）能尽早授权，一般申请提出后大约4~6个月即可获得授权。

（2）至授权为止的费用相对较低。这是由于其不仅没有实质审查请求费，也没有因答复审查意见产生的占较大比例的代理费。

（3）在授权后，也可根据技术上的需要，将其变更为发明专利申请。

（二）缺点

（1）权利自身不稳定，保护期限较短，仅为10年。

（2）在权利行使时，其手续较为复杂（需获得实用新型技术评价报告书、需向被诉方出示、需对于权利的有效性确认)。

（3）在权利行使时，需承担给对方所造成损害的无过失赔偿责任。

（4）如需变更为发明专利申请，需放弃实用新型权，会形成没有权利的真空期间。

五、实用新型申请的现状

下面，让我们看看实用新型的实际申请情况。

从图 1 可知，2016 年其实用新型的申请总量是 6480 件，与中国的实用新型申请量相比，相去甚远。而且，近年来总体呈明显下降趋势。

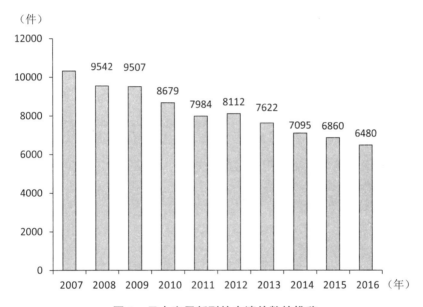

图 1　日本实用新型的申请件数的推移

注：摘自日本特许行政年度白皮书 2017。

另外，为了更清楚地了解现状，将发明专利和实用新型及其内外申请人的申请情况做个比较。

从表 1 中可知，其发明专利申请量虽然呈下降趋势，但到 2016 年为止，仍然保持 31 万件的申请量，实用新型量相对于发明专利仅为 2% 左右。日本国内申请人的实用新型申请相对于发明专利为 1.8% 左右。这里面选择实用新型申请的多数是日本的超小型企业申请人。

再来看看外国申请人对于发明专利和实用新型的选择。外国申请人的实用新型申请量相对于发明专利申请量为 2.6% 左右。可以说，即便外国申请人，选择发明专利保护的情况也是占绝大多数的。

表 1　日本实用新型和发明专利（特许）的申请件数的推移

年份	发明专利 （总量） （件）	发明专利 （外国申请人） （人）	发明专利（日 本国内申请人） （人）	实用新型 （外国申请人） （人）	实用新型（日 本国内申请人） （人）
2010	344598	54517	290081	1790	6889
2011	342610	55030	287580	1679	6305
2012	342796	55783	287013	1820	6292
2013	328436	56705	271731	1657	5965
2014	325989	60030	265959	1666	5429
2015	318721	59882	258839	1647	5213
2016	318381	58137	260244	1552	4928

注：来自日本特许厅。

六、日本发明专利和实用新型的比较

了解以上基本数据，对于日本的实用新型和发明专利制度的异同，进行简单比较，如表 2 所示。

表 2　日本发明专利和实用新型的比较

	发明专利	实用新型
保护客体	产品，方法发明	仅限于物品的形状、构造或其结合的创造
实质审查	有	无
保护期限	自申请之日起 20 年	自申请之日起 10 年
权利行使	排他权利，可直接起诉	需要出示技术评价报价书并发出警告函后方可起诉
申请的现状（2016 年）	31.8 万件/年	0.65 万件/年

七、小　结

出现以上现状，主要是在权利保护方面，实用新型由于没经过实质审查，其权利的稳定性存在问题的可能性较大，且行使权利诉讼时需要复杂的手续，不易行使权利。

其申请量相对于发明专利的特许而言，可以说是少之又少。从这一点来说，实际上实用新型制度本身并没有发挥太大作用。

考虑在日本申请专利时，可根据自身的目的，合理选择发明专利还是实用新型申请。

日本特许无效宣告制度及其现状

陈　林

　　一般来说，中国的"专利"这个概念包含发明专利、实用新型专利以及外观设计专利，涉及的专门法是《专利法》。日本与中国不同，其特许是与中国发明专利的提法相同，涉及的法律是特许法，其不包含实用新型专利以及外观设计专利。在此，由于与中国的情况存在区别，故以下沿用"特许"这个词来表述发明专利。

　　日本也有实用新型专利的保护制度。就申请量而言，实用新型相对于特许的每年30多万件，其数量可以说是少之又少，每年不过是数千件而已，其中大部分是来自日本国外的申请人。鉴于此，下文重点放在介绍针对特许的无效宣告制度，以供需要在日本行使特许权的中国企业/个人参考。

一、特许无效宣告制度

　　在日本对于已经授权的特许，可采用特许无效宣告程序宣告其无效，也利用特许异议制度，其另外还有修改制度。

　　特许异议制度是任何人（但不可匿名）在特许授权后的一定期间内，对于不具备授权条件的特许提出异议，特许厅仅进行书面审理。该制度是尽快谋求特许稳定，减少存在瑕疵的特许权的存在，而无效宣告制度则是为了解决当事人间的涉及特许有效性的纷争。对于无效宣告请求人，仅限于利害关系人，包括实际被起诉侵权方、有类似特许人、制造与特许发明相同产品的制造者等。

　　无效宣告请求人可向特许厅提出无效宣告请求，特许厅的审判部负责无效程序。该审判部与中国专利局的复审委员会相对应，该审判部根据技术领域的不同，细分出33个小部门，另外，还存在负责外观设计、商标无效的四个部门。

对于特许权，提出无效宣告请求后，合议组将无效宣告请求副本发送给特许权利人，给予特许权利人争辩的机会。

而对于权利人的答辩，合议组将判断是否需要再次给予无效宣告人针对权利人答辩内容的争辩机会。在判断需给予的情况下，指定争辩答复期限，将该答辩书发送给无效宣告请求人。在实际的实务中，通常，当事人双方将进行多次书面的争辩。

此时，权利人可基于修改请求的制度，在提出答辩意见书的同时，提出修改请求。

另外，合议组在判断该特许无效，在做出正式的无效决定前，通常发出无效决定的预告，权利人在此时依然能提出修改请求。该修改包括：缩小权利要求范围；修改误记载或误译；对不清楚的记载进行解释陈述。该修改不仅限于权利要求书，可以对附图、说明书进行修改。值得注意的是，缩小权利要求范围的修改需要满足不超出原始记载的范围这一要件的前提下，不限于增加其他权利要求项中所记载的技术特征，可增加说明书中所记载的技术特征。这一点较中国的无效程序中的修改要略显宽松，在特许权人的利益保护上更为有利。

对于特许权人的修改，无效宣告请求人这时可修改其无效理由，增加新的证据。

对于无效宣告请求，原则上举行口审，双方当事人在庭审中陈述主张。口审前，合议组将在庭审的大约两个月前，将所整理的争论点通知双方，以便双方当事人有充分的时间准备。

二、日本无效宣告的现状

（一）特许授权维持现状

到 2015 年末，日本特许保有件数 194 万件。其中，日本国内申请人的特许保有件数存在增加趋势，较十年前增加了 1.6 倍，达到 162 万件。另外，外国申请人的特许保有件数也在增加，增加了 2.9 倍，为 32 万件，但仅占全部总数的 16.5%。（图 1 来源于日本 2016 年特许行政年报）

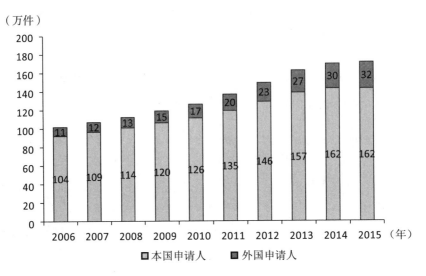

图1　日本特许授权情况

(二) 无效宣告的现状

针对特许的无效宣告请求案件中，2015 年无效宣告请求数为 231 件。2016 年特许无效宣告请求数仅 140 件，作为参考，实用新型 10 件，外观设计 26 件，商标也不过是 92 件。从量上来看，可以说是相当少。（图 2 来源于日本特许厅公开数据）

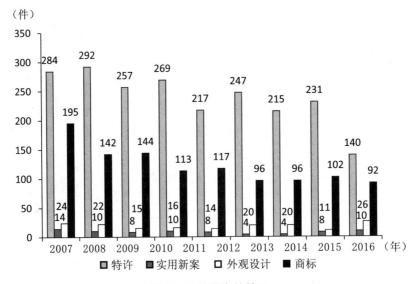

图2　无效宣告的情况

　　其中，自 2013 年以来，因特许侵权案件而提起无效宣告的比例呈逐渐减少的趋势。(图 3 来源于日本特许厅公开数据)

图3　因特许侵权案件而提起无效宣告的比例示意图

　　对于所提出的无效宣告，其成功率也应该是大家所关心的重点。从图 4 中，可见其成功率也是逐年下降。2014 年设立了特许异议制度，自 2015 年 4 月 1 日开始执行。2015 年受理 364 件，2016 年受理 1214 件，呈增长趋势。至于该制度的设立对于无效成功率的影响而言，笔者认为到目前尚未显现，将来则会进一步的影响。

　　对于无效宣告，为了有利于尽快解决所涉及的权利纠纷而一般会优先审理。从图 5 中可以看出，特许/实用新型，2015 年的平均审理大约 10.5 个月。另外，外观设计无效审理时间为 16.6 个月，商标为 8.9 个月。

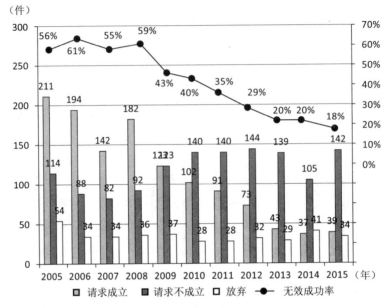

图 4　无效宣告成功率概况

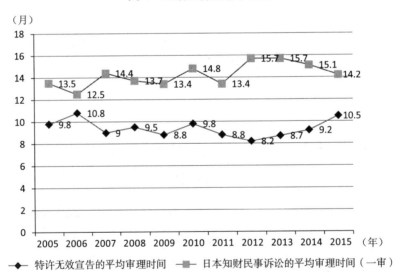

图 5　平均审理时间概况

三、总　结

日本特许的无效宣告制度在其制度上，与中国的发明专利存在较大区别，因此在有效利用该制度时，需要注意其不同而有效地采取对应措施。对于与自身存在竞争关系的特许，除了使用无效宣告程序，也可以有效利用特许异议制度。

浅谈日本与中国在专利审查中的修改及修改的
不予接受的异同

金　辉

日本的专利制度可以说是始于 1885 年开始实施的专卖特许条例，现行的日本专利法于 1959 年颁布、1960 年开始实施，而中国《专利法》于 1984 年颁布、1985 年开始实施。日本专利法的立法时间早于中国且多年来对日本专利法进行了频繁的修订，可见日本在专利权保护方面的起步较早，但其保护力度确是通过一次次的修订来不断完善和加强的。在笔者来看，日本专利法在细节方面的限制要明显多且严于中国《专利法》，本文将从两国专利法在专利审查中的修改（在日本专利法中，更多的称为"补正"）以及修改的不予接受（日本专利法中称为"补正的驳回"）的异同入手，希望可以达到见微知著的效果。

一、日本专利审查中的补正以及补正的驳回

日本专利法同中国《专利法》相同，都是采用大多数国家也遵循的"申请在先的原则"，申请人往往急于提交申请，从而存在最初的说明书、权利要求书以及附图并不完美情况。也为了确保在审查过程中，即使发现了一些否定发明的新颖性、创造性的证据时，也能通过对权利要求的补正而获得专利权。因此，需要对说明书、权利要求书以及附图进行补正。而补正的前提是，如果后来追加了原申请时的说明书等中不包括的内容，则违反了"申请在先的原则"，因而不能被接受。

但是，如果不限定补正时机而自由补正的话，则会造成手续混乱、申请处理的延迟等，因此需要规定能够补正的时机（时机要件）。另外，为了确保快速获取专利权以及确保申请处理的公平性、申请人和第三者的平衡，需要规定能够补正的范围（实体要件）。因此，日本专利法第十七条之二具体规定了能够对说明书、权利要求书以及附图（以下称为说明书等）进行补正的时机和范围。

（一）补正的时机要件

申请人在以下①～⑥中任意时机可对说明书等进行补正：

①自申请至专利授权的副本送达前（但，初次收到驳回理由通知后除外）；

②最初的驳回理由通知的指定期限内；

③收到驳回理由通知书后的根据第四十八条之七的规定的通知；

④最后的驳回理由通知的指定期限内；

⑤驳回决定不服审判的请求的同时；

⑥驳回决定不服审判中的驳回理由通知的指定期间。

（二）补正的实体要件

申请人在满足实体要件的范围内可对说明书等进行补正，实体要件根据补正时机的不同而不同，具体介绍如下。

1. 第一次审查结果送达至之前

从专利申请到接受到审查员发出的最初的驳回理由前的期间内，可对说明书等进行补正。

此时，对补正的限定较小，不能增加新的事项＊即可。

例如，补正 A。

＊新的事项，日语"新規事项"，意为"在申请书中最初的说明书、权利要求的范围或附图中没有明确记载的事项，即使从这些记载中也不能清楚知道的事项"，类似于中国的修改超范围，但不完全相同。

2. 最初的驳回理由通知的指定期限

审查员在驳回理由通知中指定了供申请人提出意见书的期限。该指定期限通常为，对居住在日本的申请人为 60 日，对居住在外国的申请人为 3 个月，在该指定期限内可对说明书等进行补正。

此时，补正被限定为，用于消除驳回理由的对权利要求的减缩或对说明书等误记的订正，不能增加新的事项，不能改变发明的特定技术特征。

例如，补正 A+B。

3. 收到最初的驳回理由通知后，第四十八条之七的通知的指定期限

申请人需要在知晓文献中记载想要获取专利权的发明相关的发明时，必须在说明书中记载该文献的信息。当审查员认为申请人怠慢上述规定时，就会发出通知。在该通知中指定了可提出意见书的期限，在该指定期限内可对说明书等进行补正。

此时，补正被限定为，应在说明书中追加记载有相关发明的文献的信息，不能增加新的事项。

4. 最后的驳回理由通知的指定期限

存在审查员发出标有"最后"的驳回理由通知。在该驳回理由通知中，指定了可提出意见书的期限，在该指定期限内可对说明书等进行补正。

但是，此时对权利要求的补正，除了禁止增加新的事项外，还有进一步的限制。即，此时的对权利要求的补正被限定为只能以如下目的进行修改：

权利要求的删除；

权利要求的限定的减缩，例如，补正 A+（B 的缩限）；

误记的订正；

对驳回理由通知中指出的不清楚记载的说明。

而且，对权利要求的限定的减缩的补正，必须使修改后的权利要求所记载的发明满足新颖性、创造性等要件（独立特许要件）。

需要注意的是，审查员将会驳回如下补正：

对说明书、权利要求以及附图追加了新的事项的补正；

针对上述目的以外的权利要求的补正；

以权利要求的限定的减缩为目的、但不满足独立特许要件的补正。

因此，在收到最后的驳回理由通知后，不允许权利要求的扩大等大幅度的补正。如果需要大幅度的补正，申请人应当考虑分案申请。

5. 提出驳回决定不服审判的请求的同时

在提出驳回决定不服审判的请求的同时，可进行说明书等的补正。但是，此时的补正与最后的驳回理由通知的指定期限中的补正一样，受到相同的限制。不适当的补正将会被审查员或法官驳回。

6. 驳回决定不服审判中的驳回理由通知的指定期间

在驳回决定不服审判中，有可能会收到法官或审查员发出的驳回理由通知。在用于提出意见书的指定期限内，可对说明书等进行补正。驳回理由通知可以是最初的驳回理由通知，也可以是最后的驳回理由通知，此时的补正与最初或最后的驳回理由通知的指定期限中的限制相同。不适当的补正将会被审查员或法官驳回。

（三）补正的驳回

如果在针对"最后的驳回理由通知"应答的补正不满足补正的限制时，审查员将驳回补正（《专利法》第五十三条第（一）项）。

对于在针对第二次之后的驳回理由通知的应答的补正不适当的情况下，如果成为专利申请的驳回理由，则再次通知该补正不适当的驳回理由，针对该驳回理由通知可进一步进行补正，因此需要对进一步补正后的权利要求再次审查。为了避免这种情况的发生，针对第二次审查以后通知的"最后的驳回理由通知"的应答的补正不适当时，将驳回该补正，这就是设置该法条五十三的意图。

以下①~④中任一情况下，补正将被驳回：

①追加了新的事项的补正（违反第十七条之二第（三）项）；

②改变了发明的特定技术特征的补正（违反第十七条之二第（四）项）；

③目的外的补正（违反第十七条之二第（五）项）；

④不满足独立特许要件的补正（违反第十七条之二第（六）项）。

1. 追加了新的事项的补正（违反第十七条之二第（三）项）

针对"最后的驳回理由通知"的应答的补正，在如下（1）或（2）情况下，将会被认为是"追加了新的事项的补正"，从而被驳回。

（1）新追加了新的事项的补正。

（2）包含了在"最后的驳回理由通知"中指出的新的事项的补正。

2. 改变了发明的特定技术特征的补正（违反第十七条之二第（四）项）

针对"最后的驳回理由通知"的应答的补正，在如下（1）或（2）情况下，将会被认为是"改变了发明的特定技术特征的补正"，从而被驳回。

（1）追加新改变了特定技术特征的发明的补正。

（2）包含改变了在"最后的驳回理由通知"中指出的特定技术特征的发明的补正。

3. 目的外的补正（违反第十七条之二第（五）项）

针对"最后的驳回理由通知"的应答的补正，只要是如下（1）~（4）的情况之外的补正，将会被认为是"目的外的补正"，从而被驳回。

（1）权利要求的删除。

（2）权利要求的限定的减缩。

（3）误记的订正。

（4）对驳回理由通知中指出的不清楚记载的说明。

4. 不满足独立特许要件的补正（违反第十七条之二第（六）项）

针对"最后的驳回理由通知"的应答的补正，在如下（1）或（2）情况下，将会被认为是"不满足独立特许要件的补正"，从而被驳回。

（1）对于补正后的权利要求，消除了针对补正前的权利要求而通知的驳回理由，但针对补正后的发明，发现了基于如下规定的新的驳回理由的情况。

（2）对于补正后的权利要求，基于在之前的"最后的驳回理由通知"中指出的基于如下规定的驳回理由仍然未被消除的情况。

关于在判断权利要求所涉及的发明是否能够独立获得专利权时所适用的规定，具体如下：

（a）发明的该当性以及产业上的可利用性（第二十九条第（一）项柱书）；

（b）新颖性（第二十九条第（一）项）；

（c）创造性（第二十九条第（二）项）；

（d）扩大在先申请（第二十九条之二，类似于中国的抵触申请）；

（e）不授予专利权的情况（第三十二条）；

（f）记载要件（第三十六条第（四）项第 1 号以及第（六）项第 1 号至第 3 号，类似于中国《专利法》第二十六条第四款）。

（四）相关案例

举出一个日本申请案例，用来说明收到补正驳回的情形。

在针对最后的驳回理由通知书的应答中，申请人将独立权利要求 1 中的"将链接进行显示"补正为"通过链接引用的方式进行显示"，审查员针对该补正，发出了补正驳回，并说明了该补正并不是以权利要求的限定的减缩为目的的修改，同时也不满足日本专利法第十七条之二第（五）项第 1 号、第 2 号、第 3 号以及第 4 号的规定，即是目的外的补正。

与上述补正驳回同时发出了驳回决定，在驳回决定中记载了"本申请，基于 2016 年 7 月 29 日发出的驳回理由通知书中的理由，应予驳回。需要说明的是，对意见陈述书的内容进行了讨论，但仍没有发现克服驳回理由的依据。另外，对于 2016 年 11 月 2 日的手续补正书，与本驳回决定一同下发了补正拒绝。"即驳回了针对最后的驳回理由通知书的补正，并以此次补正之前的申请文本作为审查对象，并认为应予驳回。

二、中国专利审查中的修改以及对修改的不予接受

中国专利在审查中，为申请人提供了相对自由的应答空间，如在中国的《专利审查指南》中明确规定了"审查员在作出驳回决定之前，应当给申请人全少一次陈述意见和/或修改申请文件的机会"以及"在提出复审请求、答复复审通知书（包括复审请求口头审理通知书）或参加口头审理时，复审请求人可以对申请文件进行修改"。而且，在中国专利审查中，实审过程的审查意见通知书并不像日本那样区分最初的驳回理由通知书和最后的驳回理由通知书，因此，中国专利审查中也不对针对审查意见通知书的修改进行区别限制。

总的来说，两国对修改的限制总的思想上基本是一致的，但日本专利审查中对修改的时机要件和实体要件的限制相对于中国专利审查来说较为严格且复杂。

（一）修改的时机

申请人在以下①~③中任意时机可对说明书等进行修改。

①主动修改；

②在答复审查意见通知书时；

③在提出复审请求和答复复审通知书或参加口头审理时。

（二）补正的限制

1. 主动修改

《专利法实施细则》第五十一条第一款对主动修改的时机做出了规定，申请人仅在下述两种情形下可对其发明专利申请文件进行主动修改：

在提出实质审查请求时；

在收到专利局发出的发明专利申请进入实质审查阶段通知书之日起的三个月内。

需要注意的是，在答复专利局发出的审查意见通知书时，不得再进行主动修改。

2. 在答复审查意见通知书时的修改

实审中针对审查意见通知书的修改只要满足同时如下两个法条的规定即可。

①《专利法》第三十三条。

《专利法》第三十三条对修改的内容与范围做出了规定，申请人可以对其专利申请文件进行修改，但是，对发明和使用新型专利申请文件的修改不得超出原说明书和权利要求书记载的范围。

②《专利法实施细则》第五十一条第三款。

《专利法实施细则》第五十一条第三款对答复审查意见通知书时的修改方式作出了规定，申请人在收到专利局发出的审查意见通知书后修改专利申请文件，应当针对通知书指出的缺陷进行修改。

综上所述，针对审查意见通知书的修改，只要满足修改不超范围且是针对通知书指出的缺陷进行修改这一大的原则就可以。

3. 在提出复审请求和答复复审通知书或参加口头审理时的修改

与实审中类似地，在提出复审请求和答复复审通知书或参加口头审理时的修改只要满足同时如下两个法条的规定即可。

①《专利法》第三十三条。

《专利法》第三十三条对修改的内容与范围做出了规定，申请人可以对其专利申请文件进行修改，但是，对发明和使用新型专利申请文件的修改不得超出原说明书和权利要求书记载的范围。

②《专利法实施细则》第六十一条第一款。

根据《专利法实施细则》第六十一条第一款的规定，复审请求人在对申请文件的修改应当仅限于消除驳回决定或者合议组指出的缺陷。

例如，《专利审查指南》中给出了下列情形通常不符合上述规定：

（1）修改后的权利要求相对于驳回决定针对的权利要求扩大了保护范围。

（2）将与驳回决定针对的权利要求所限定的技术方案缺乏单一性的技术方案作为修改后的权利要求。

（3）改变权利要求的类型或者增加权利要求。

（4）针对驳回决定指出的缺陷为涉及的权利要求或者说明书进行修改。但修改明显文字错误，或者修改与驳回决定所指出缺陷性质相同的缺陷的情形除外。

（三）修改的不予接受

在修改的不予接受方面，与日本的补正的驳回较为相似，只要是不满足修改规定的将不予接受，审查员或合议组将在通知书中说明该修改文本不能被接收的理由或通过书面、电话通知等方式告知申请人修改不能被接收，同时对之前可接受的文本进行审查。

（四）相关案例

举出一个中国申请案例，用来说明修改不满足《专利法实施细则》第五十一条第三款的规定时的情形。

在第一次审查意见通知书中，审查员仅指出了权利要求1~16不具备《专利法》第二十二条第三款规定的创造性。

申请人在意见陈述书中，针对创造性，没有对原申请文件进行修改，而是通过争辩的方式向审查员陈述权利要求1~16具备创造性。除此之外，申请人根据说明书的记载，增加了新的权利要求17。

在审查员对申请人的意见陈述书进行审理后，接受了申请人对创造性的争辩，但是发出了电话通知，告知申请人新增加的权利要求17不是针对通知书指出的缺陷进行的修改，不符合《专利法实施细则》第五十一条第三款的规定，并建议将其删除。

从实务角度谈域名纠纷及
统一的域名争议解决政策（UDRP）

隋　萍

目前中国最火的即时通讯工具当微信莫属，自 2011 年初腾讯公司推出微信以来，截至目前已拥有近 6 亿的国内外用户。腾讯的微信商标之争的硝烟还未平息，关于 weixin.com 的域名争议又打得火热。腾讯公司意图获得weixin.com 域名采取的方式是向亚洲域名争议解决中心香港秘书处提交投诉。为何该域名与腾讯公司之间产生了纠纷？该中心是一个怎样的机构？其采取的是怎样的纠纷解决程序？为何腾讯公司选择的不是诉讼程序？本文将从相关的实务角度就上述问题进行简单介绍。

一、域名纠纷的产生及统一的域名争议解决政策（UDRP）

（一）域名纠纷的产生

域名被用作网络地址的外部代码，是企业或个人在网络上的重要标识，起着识别作用。域名在命名和使用上有着一定的规则，域名是分级管理的，在一个英文域名中从右往左依次分为顶级域名、二级域名、三级域名等。例如，百度的域名 www.baidu.com，其中 com 为顶级域名，baidu 为二级域名，也即该域名中的主体识别部分；再如中兴公司的域名，www.zte.com.cn，其中 cn 为顶级域名，com 与二级域名，zte 为三级域名，也即该域名的主体识别部分。

在现实生活中，许多企业或个人喜欢把自己的商号或商标或名字作为域名的主体部分进行注册，这样域名权利就与其他权利相互关联起来。由于这些权利的管理及登记机关不同，如果这些权利为其他主体所有，那么注册成域名后纠纷就产生了。常见的域名权利与其他权利的冲突主要表现为：域名权利与商标权利的冲突、域名权利与商号权利的冲突、域名权利与姓名权利的冲突等。

weixin.com 域名纠纷产生的原因就是腾讯公司认为该域名的主体部分weixin 与自己的商标权利相冲突。

（二）统一的域名争议解决政策（UDRP）的依据

ICANN（The Internet Corporation for Assigned Names and Numbers），互联网名称与数字地址分配机构，是负责在全球范围内分配 IP 地址的非营利性国际组织，总部位于美国。ICANN 在全球范围内又授权了若干的域名注册商便于用户进行域名的注册，如中国的万网、新网等。ICANN 对所有域名的管辖权来源于用户在注册域名时与域名注册商签订的协议，该协议中具有用户要服从该机构的管辖的约定条款。而 ICANN 制定了统一的域名争议解决政策（Uniform Dispute Resolution Policy）及相关规则，简称为 UDRP 及 UDRP 规则，因此用户注册域名后就受到 UDRP 及 UDRP 规则的约束。

比如用户在中国注册商万网注册域名时，会有如下的约定条款：

用户的权利和义务：

用户注册域名和利用所注册的域名进行信息传播和自我服务时，应遵守域名管理机构（包括但不限于 ICANN 下任意一个国际通用顶级域名注册机构）的相关规定和域名争议解决办法（UDRP），以及相关的法律、法规、行政规章和国家政策，不得利用所注册的域名制作、复制、发布、传播任何法律法规禁止的有害信息。

ICANN 目前在全球范围内指定了四家机构来处理域名争议：世界知识产权组织（WIPO）、美国国家仲裁论坛（NAF）、亚洲域名争议解决中心（ADNDRC）及捷克仲裁法院（CAC）。这四家机构即域名争议的管理机构。其中亚洲域名争议解决中心又在北京、香港、首尔和吉隆坡四个城市设有秘书处。在 weixin.com 域名纠纷中，腾讯公司选定的是向亚洲域名争议解决中心香港秘书处提起争议投诉。

（三）UDRP 程序中投诉得到支持应满足的条件

根据 UDRP 政策，投诉人的投诉要得到支持，应满足以下条件：

（1）争议域名与投诉人享有民事权益的名称或者标志相同，或者具有足以导致混淆的近似性；

（2）争议域名持有人对域名或者其主要部分不享有合法权益；

（3）争议域名持有人对域名的注册或者使用具有恶意。

因此，投诉人在填写投诉表格时，需要针对上述三点进行详细的阐述及提供相关证据证明。

（四）投诉人需缴纳的费用

虽然域名争议解决机构都是非营利组织，但裁决过程中必然有工作成本以及专家费用，因此投诉人还是需要交纳投诉费用。以亚洲域名争议解决中心为例，投诉人需缴纳的费用如表1所示。

表1　亚洲域名争议解决中心费用情况

争议域名数量	总费用	
	一人专家组	三人专家组
1~2 个	1300 美元	2800 美元
3~5 个	1600 美元	3300 美元
6~9 个	1900 美元	3800 美元
10 个以上	由争议解决中心根据情况确定	

与诉讼程序动辄十几万元或几十万元的律师费用相比起来，域名争议解决程序缴纳的费用并不高。

二、域名纠纷的产生及统一的域名争议解决政策（UDRP）

（一）UDRP 程序及裁决结果

由于我们日常接触比较多的是亚洲域名争议解决中心，以下以该中心为例进行阐述。根据 UDRP 政策、UDRP 规则以及 ADNDRC 关于统一域名解决政策之补充规则，在投诉人提交投诉书并交纳费用后，域名争议解决中心将通过固定格式向被投诉人传送投诉书正式文本，并要求被投诉人须在 20 个历日内针对投诉人的投诉提交答辩书。如果被投诉人未在规定期限内提交答辩，域名争议解决中心将会进行专家指定，并缺席审理。自专家组成立之日起 14 日内，专家组将就争议做出裁决。

投诉人发起的投诉要得到支持的话，上述的三个条件必须同时满足。该三个条件中，第（3）点相对来说是关键点和难点，需要投诉人提供充分证据证明之，UDRP 中列举出了一些构成恶意的情形，例如：

（1）有证据证明，域名持有人注册或获得域名的主要目的是为了向商标或服务标记的所有者或所有者的竞争者出售、出租或其他任何形式转让域名，以期从中获得额外价值；

（2）根据域名持有人的行为可以证明，域名持有人注册或获得域名的目的是为了阻止商标和服务标记的持有人通过一定形式的域名在互联网上反映其商标；或者

（3）域名持有人注册域名的主要目的是破坏竞争者的正常业务；

（4）域名持有人目的是通过故意制造与投诉人所持有的商品或服务标记的混淆，以诱使互联网用户访问域名持有人的网站或者其他联机地址，并从中牟利。

对于被投诉人来说，其可以提交答辩书证明其注册该域名并非恶意，例如：证明该域名是与其提供的商品或服务密切关联，或并非出于盈利或商业目的，或并未造成与投诉人商标的混淆。

如果投诉人的投诉得到支持，会得到"注销域名"或"转移域名"的裁决，但不涉及经济赔偿或法律禁令。如果投诉人的投诉未得到支持，则其投诉会被裁决驳回。如果在 UDRP 裁定做出 10 日内，当事人并未就该裁决起诉至管辖的法院，则该裁决生效。

（二）UDRP 程序的局限性

当然，UDRP 程序也有其局限性，若投诉人投诉得到支持，其裁决结果只能是"注销域名"或"转移域名"，并不涉及经济赔偿问题，因此在纠纷过程中，如果给权利人造成损失、权利人欲请求赔偿的情况下，则权利人只能通过诉讼程序解决。而且，并不是所有的域名争议都可以通过 UDRP 程序解决，根据《中国互联网络信息中心域名争议解决办法》，对于由中国互联网络信息中心负责管理的".CN"".中国"域名，若该域名注册期限满两年的，域名争议解决机构不予受理。因此，对于这些类型的域名争议只能通过诉讼程序解决。

三、评述—UDRP 程序与其他的救济程序简单比较

域名纠纷产生后主要有三种救济方式，仲裁、诉讼及统一的域名争议解决政策（UDRP）。由于仲裁程序一般依据的前提是双方当事人之间在纠纷产生之前或之后订立的协议中的仲裁条款，而域名纠纷的当事人双方往往不存在这种协议，因此主要的救济途径还是诉讼程序和 UDRP 程序。

（一）域名纠纷的民事诉讼程序

2001 年最高人民法院关于审理涉及计算机网络域名民事纠纷案件适用法律若干问题的解释中指出，人民法院审理域名纠纷案件，对符合以下各项条件的，应当认定被告注册、使用域名等行为构成侵权或者不正当竞争：

（1）原告请求保护的民事权益合法有效；

（2）被告域名或其主要部分构成对原告驰名商标的复制、模仿、翻译或音译；或者与原告的注册商标、域名等相同或近似，足以造成相关公众的误认；

（3）被告对该域名或其主要部分不享有权益，也无注册、使用该域名的正当理由；

（4）被告对该域名的注册、使用具有恶意。

人民法院认定域名注册、使用等行为构成侵权或者不正当竞争的，可以判令被告停止侵权、注销域名，或者依原告的请求判令由原告注册使用该域名；给权利人造成实际损害的，可以判令被告赔偿损失。

（二）UDRP 程序与域名纠纷的民事诉讼程序比较

UDRP 程序与域名纠纷的民事诉讼程序的区别主要表现在以下几个方面。

民事诉讼程序的管辖机关是法院，依据的是《民事诉讼法》，而 UDRP 程序的性质是一种特殊的仲裁程序。

（1）相对诉讼程序来说，UDRP 程序更便捷、高效及低成本。

（2）UDRP 程序是一种不受双方当事人地域限制的可以在全球范围内采取的程序。

（3）相对诉讼程序来说，UDRP 程序不如其正式，但投诉人同样需要阐述及提交证据证明投诉成立需满足的三个条件。对于需要提供大量证据证明对方恶意的复杂案件，民事诉讼相对来说更有效。

（4）对于寻求经济赔偿的纠纷，权利人只能通过提起民事诉讼解决。

（5）如果域名所有人注册域名后并未投入使用，这种情况下采用 UDRP 程序则可能对投诉人不利。在需要综合各种因素确定域名所有者注册、使用域名是否出于恶意时，《商标法》和《反不正当竞争法》赋予了法院更多自由裁量权力。

回到 weixin.com 域名纠纷中，其为.com 域名，不受两年时效的限制，而且该案中腾讯公司的意图明显是希望以最短的时间获得 weixin.com 域名的所有权，并不涉及赔偿的问题；并且以往通过 UDRP 程序的域名纠纷，投诉人获得支持的比例远高于被驳回的比例，因此便捷、高效、低成本的 UDRP 程序自然成为腾讯公司的不二选择。

律师办理因申请知识产权临时措施损害责任纠纷案件应注意的问题*

王小兵

因申请知识产权临时措施损害责任纠纷，是指在人民法院应知识产权权利人的申请而采取临时措施之后，因申请人不起诉或者申请错误造成被申请人损失而发生的损害赔偿纠纷。❶ 通常来讲，知识产权临时措施主要包括：责令停止有关行为（行为保全）、财产保全、证据保全。

我国《民事诉讼法》第八十一条规定："在证据可能灭失或者以后难以取得的情况下，当事人可以在诉讼过程中向人民法院申请保全证据，人民法院也可以主动采取保全措施。因情况紧急，在证据可能灭失或者以后难以取得的情况下，利害关系人可以在提起诉讼或者申请仲裁前向证据所在地、被申请人住所地或者对案件有管辖权的人民法院申请保全证据。"

我国《民事诉讼法》第一百条规定："人民法院对于可能因当事人一方的行为或者其他原因，使判决难以执行或者造成当事人其他损害的案件，根据对方当事人的申请，可以裁定对其财产进行保全、责令其作出一定行为或者禁止其作出一定行为；当事人没有提出申请的，人民法院在必要时也可以裁定采取保全措施。人民法院采取保全措施，可以责令申请人提供担保，申请人不提供担保的，裁定驳回申请。人民法院接受申请后，对情况紧急的，必须在四十八小时内作出裁定；裁定采取保全措施的，应当立即开始执行。"

我国《民事诉讼法》第一百零一条规定："利害关系人因情况紧急，不立即申请保全将会使其合法权益受到难以弥补的损害的，可以在提起诉讼或者申请仲裁前向被保全财产所在地、被申请人住所地或者对案件有管辖权的人民法院申请采取保全措施。申请人应当提供担保，不提供担保的，裁定驳回申请。人民法院接受申请后，必须在四十八小时内作出裁定；裁定采取保全措施的，应当立即开始执行。申请人在人民法院采取保全措施后三十日内不

---

* 本文节选自王小兵. 知识产权案件办案策略与技巧 [M]. 北京：中国法制出版社，2016.

❶ 最高人民法院研究室. 最高人民法院《民事案件案由规定》适用手册 [M]. 北京：法律出版社，2008：305.

依法提起诉讼或者申请仲裁的，人民法院应当解除保全。"

上述都是我国《民事诉讼法》对证据保全、行为保全和财产保全的相关规定。对于申请知识产权临时措施，在我国知识产权专门法和最高人民法院的司法解释中也有明确规定。

例如：我国《专利法》第六十六条规定："专利权人或者利害关系人有证据证明他人正在实施或者即将实施侵犯专利权的行为，如不及时制止将会使其合法权益受到难以弥补的损害的，可以在起诉前向人民法院申请采取责令停止有关行为的措施。……申请人自人民法院采取责令停止有关行为的措施之日起十五日内不起诉的，人民法院应当解除该措施。申请有错误的，申请人应当赔偿被申请人因停止有关行为所遭受的损失。"第六十七条第一款规定："为了制止专利侵权行为，在证据可能灭失或者以后难以取得的情况下，专利权人或者利害关系人可以在起诉前向人民法院申请保全证据。"

我国《商标法》第六十五条规定："商标注册人或者利害关系人有证据证明他人正在实施或者即将实施侵犯其注册商标专用权的行为，如不及时制止将会使其合法权益受到难以弥补的损害的，可以依法在起诉前向人民法院申请采取责令停止有关行为和财产保全的措施。"第六十六条规定："为制止侵权行为，在证据可能灭失或者以后难以取得的情况下，商标注册人或者利害关系人可以依法在起诉前向人民法院申请保全证据。"

我国《著作权法》第五十条第一款规定："著作权人或者与著作权有关的权利人有证据证明他人正在实施或者即将实施侵犯其权利的行为，如不及时制止将会使其合法权益受到难以弥补的损害的，可以在起诉前向人民法院申请采取责令停止有关行为和财产保全的措施。"第五十一条第一款规定："为制止侵权行为，在证据可能灭失或者以后难以取得的情况下，著作权人或者与著作权有关的权利人可以在起诉前向人民法院申请保全证据。"

但知识产权权利人因申请上述临时措施导致被申请人损失的，被申请人可以向有管辖权的人民法院起诉，请求权利人给予赔偿，也可以在权利人提起的侵权诉讼中提出损害赔偿请求，由人民法院一并处理。这在《最高人民法院关于对诉前停止侵犯专利权行为适用法律问题的若干规定》《最高人民法院关于诉前停止侵犯注册商标专用权行为和保全证据适用法律问题的解释》《最高人民法院关于审理著作权民事纠纷案件适用法律若干问题的解释》中都有明确规定。

针对除在专利、商标、著作权以外的知识产权侵权诉讼中因申请临时措施而导致被申请人损害的，也可以参照适用上述法律、司法解释的规定，由被申请人向有管辖权的法院提起诉讼请求赔偿。当然,根据《民事诉讼法》对临时措施制度设置的考虑,临时措施并不局限于在知识产权侵权纠纷中使用,还可以扩大至知识产权合同纠纷、权属纠纷及竞争纠纷和反垄断纠纷等案件。

另外,还需特别注意的是,因申请海关知识产权保护措施而造成他人损害的,知识产权权利人也应承担相应的法律责任。《知识产权海关保护条例》第二十八条第二款规定:"知识产权权利人请求海关扣留侵权嫌疑货物后,海关不能认定被扣留的侵权嫌疑货物侵犯知识产权权利人的知识产权,或者人民法院判定不侵犯知识产权权利人的知识产权的,知识产权权利人应当依法承担赔偿责任。"

最高人民法院在《民事案件案由规定》中,针对"因申请知识产权临时措施损害责任纠纷"此三级案由项下又列举了5类常见的因申请临时措施而产生的损害责任纠纷作为第四级案由,即(1)因申请诉前停止侵害专利权损害责任纠纷;(2)因申请诉前停止侵害注册商标专用权损害责任纠纷;(3)因申请诉前停止侵害著作权损害责任纠纷;(4)因申请诉前停止侵害植物新品种权损害责任纠纷;(5)因申请海关知识产权保护措施损害责任纠纷。当然,对于上述第四级案由中未列明的因针对其他类型知识产权申请临时措施而造成的损害责任纠纷,可以统一暂时适用第三级案由。

近年来,知识产权纠纷呈现多发态势,在知识产权纠纷案件中,原告常常提出临时措施申请,以维护自身的合法权益。但因申请知识产权临时措施不当,导致损害责任纠纷也随之产生,原告常常因申请临时措施错误而成为被告,并承担相应的法律责任。律师在代理因申请知识产权临时措施损害责任纠纷案件过程中,应当注意以下几个方面的问题。

一、因申请知识产权临时措施损害责任纠纷案件的管辖

因申请知识产权临时措施损害责任纠纷的地域管辖,可以是对该损害责任纠纷有管辖权的法院,也可以在法院裁定采取知识产权临时措施后知识产权权利人提起相应侵权诉讼的审理法院。因申请知识产权临时措施继而提起损害赔偿诉讼,属于因侵权行为提起的诉讼,根据《民事诉讼法》的相关规定,应由侵权行为地或者被告住所地人民法院管辖。因此"有管辖权的人民法院"应是侵权行为地法院或者被告住所地法院。此处的"侵权行为地"可以理解为知识产权权利人申请临时措施的行为所在地。

二、因申请知识产权临时措施损害责任纠纷案件的诉讼时效起算点

因申请知识产权临时措施损害责任纠纷案件的诉讼时效为两年，自原告（被申请人）知道或应当知道自身权利受到侵害时起算。关于诉讼时效的起算时间，笔者认为，申请人败诉导致临时措施申请错误给被申请人造成损害的，被申请人只有在案件审理结束后，收到终审判决、裁定时才会知道或应当知道。被申请人由此提起的侵权损害赔偿的诉讼时效应当从知道或应当知道此前侵权诉讼终审判决或裁定的结果时起算，而不应从知道或应当知道采取临时措施时起算。

三、因申请知识产权临时措施损害责任的承担不以主观恶意为前提

无论是我国《民事诉讼法》，还是知识产权各专门法，抑或是最高人民法院的相关司法解释，在涉及因申请知识产权临时措施损害责任承担时，均不要求知识产权权利人存在主观恶意。在司法实践中，只要有证据证明知识产权权利人申请临时措施存在错误，造成被申请人损失的，就应当承担相应责任。

目前，我国法律和最高人民法院司法解释均未对申请临时措施错误的具体情形作出明确规定。笔者认为，申请临时措施错误的情形主要有申请保全对象错误，如申请保全的是案外人的财产或证据，申请保全的财产金额超过其诉请金额，申请保全的证据并非涉案侵权证据等。如果申请人的诉讼请求没有获得法院支持或因权利基础不存在而撤诉或败诉，则关于临时措施的申请也应认定为有错误，这符合该项制度设立的本意。所以，申请人在申请知识产权临时措施时，应当对案件的诉讼结果有基本的判断并应对申请错误造成的后果有所预见。

四、因申请知识产权临时措施造成损害的赔偿范围

《最高人民法院关于对诉前停止侵犯专利权行为适用法律问题的若干规定》第六条第三款规定："人民法院确定担保范围时，应当考虑责令停止有关行为所涉及产品的销售收入，以及合理的仓储、保管等费用；被申请人停止有关行为可能造成的损失，以及人员工资等合理费用支出；其他因素。"当然，该条款并非针对申请临时措施造成损害的赔偿范围，只是法院在确定申请人应当提供的担保范围，但由此也可以看出，一旦申请错误导致被申请人损失时，申请人应当给予赔偿的大致范围。

　　笔者认为，因申请知识产权临时措施造成损害的赔偿范围，主要应包括直接损失和预期可得利益。对于直接损失来说，主要是指因临时措施造成的直接损害，如产品销售利润、合理的仓储、保管费用、人员工资支出、保全金额的贷款利息与存款利息差额等。对于预期可得利益，主要是指具有一定的确定性和可预见性的收益，即在正常情况下，当事人能够预见，并且可以期待而必然得到的利益，只是由于侵害行为的发生，才使这些利益没有得到。当然，要证明符合预期可得利益的条件，是比较困难的，在司法实践中，这部分损失能够获得法院支持的概率较低，需要律师在办理此类案件时注意收集相关证据加以证明。

知识产权法律研究

外观设计专利失效后著作权保护之探析

臧云霄

关于外观设计专利失效后是否还能获得著作权的保护，目前在各地法院已经有多例司法判决，但不同法院的理由和判决结果各异。可见，司法实践对该问题并未达成一致意见。学术界也有多篇文章阐述这一问题，同样也是观点不一。因此，针对该问题仍有讨论和探讨的必要。本文即从目前的司法判决和各种学术观点出发进行分析探讨。

一、外观设计专利权保护客体和著作权保护客体的重合

随着人们审美观点的提高，作品特别是美术作品被大量应用在工商业领域，如产品的外观设计、商业标识、产品的包装装潢等。这样，某一作品在受到著作权法保护的同时，由于其在工商业领域的使用也可同时获得专利法、商标法、反不正当竞争法的保护，这既符合民法的宗旨和基本原则，也早已被社会公众所认同。

本文主要讨论外观设计与著作权保护客体的重合。从我国《专利法》对外观设计的定义"外观设计是指对产品的形状、图案或者其结合以及色彩与形状、图案的结合所作出的富有美感并适于工业应用的新设计"来看，外观设计所保护的客体是产品的"形状""图案""色彩"以及这些要素的结合，并且这些要素应当"富有美感"。根据我国《著作权法实施条例》的规定"著作权法所称作品，是指文学、艺术和科学领域内具有独创性并能以某种有形形式复制的智力成果"。著作权法中的作品分为多种形式，根据不同作品的定义和特点，与外观设计专利权发生重合的以美术作品居多。针对家具、玩具、饰品等具有实用功能并有审美意义的平面或者立体的造型艺术作品，还会发生实用艺术品的著作权和外观设计专利的重合。目前，针对中国的权利人，著作权法并未明确规定给予实用艺术品的保护，司法实践中只是通过个案来具体认定。著作权法第三次修订草案送审稿中明确提出"实用艺术品"的概念，以后此类产品上涉及该问题的案例也会越来越多。

在外观设计专利权和著作权均为有效的情形下，权利人选择其中一种权

利起诉，自不待言。然而，当外观设计专利权终止后，著作权人的权利受到何种影响，却值得探讨。

二、司法判例分析

（一）认定外观设计专利权失效后不对著作权进行保护的案例

案例一：深圳市王三茂食品油脂有限公司与深圳市福田区永隆商行著作权侵权纠纷上诉案❶

案件基本情况：三茂公司于1998年委托他人设计"金唛"香麻油的包装标贴并对该标贴享有著作权，标贴内容为：由"红灯笼"图案与"金唛"文字组合而成，"金唛"文字置于标贴的上端，标贴的中间部分由三个红灯笼及黄色的金穗组合而成，红灯笼上分别标有"香""麻""油"文字，两侧分别标示生产厂家的名称、地址、电话、执行标准、条形码等。2000年三茂公司将该包装标贴向国家知识产权局申请外观设计专利保护。2003年，因未缴纳专利年费，该专利失效。三茂公司发现永隆商行经销贴有涉案标贴的香麻油。除个别部分稍有差异外，两种标贴从整体上难以区分。三茂公司遂诉至法院。

一审法院认为：本案涉及著作权与外观设计专利权的权利冲突。就同一涉案标贴作品，三茂公司既享有著作权也享有外观设计专利权，外观设计专利因失效已进入公有领域。因三茂公司选择外观设计专利权进行保护，而外观设计专利权已进入公有领域，成为任何人都可以使用的公共财富，从而失去了著作权的专有权保护。永隆商行未经三茂公司许可，以经营为目的，近似使用三茂公司涉案标贴作品的行为，也因三茂公司选择外观设计专用权保护而失去著作权的专有权保护，而不被追究侵权责任。故对三茂公司的诉请予以驳回。

二审法院同样认定三茂公司对同一涉案标贴作品既享有著作权又享有外观设计专利权。但认为三茂公司自愿将涉案标贴申请外观设计专利权，从版权的保护进入工业产权的保护。该外观设计专利因未缴纳年费，已经失效，进入了公有领域，已经成为社会公众均可以使用的公共财富，因此，三茂公司的外观设计专利权不再受法律保护。永隆商行使用与该失效的外观设计专利相近似的包装标贴，使用方式与三茂公司失效的外观设计专利标贴使用方式相同，都是香麻油产品包装标贴，这属于对已经进入公有领域的公共财富的使用，没有侵犯三茂公司的专利权。同时，这种工业性使用也未侵犯三茂

---

❶ 深圳市中级人民法院（2004）深中法民三初字第670号（2005）粤高法民三终字第236号。

公司的著作权。所以，三茂公司认为永隆商行侵犯其著作权的上诉理由不能成立。

案例二：谢新林与叶根木等著作权侵权纠纷上诉案❶

案件基本情况：2001 年 9 月 12 日，案外人谢瑞林将食品包装袋（老谢榨菜）向国家知识产权局申请外观设计专利，并取得专利号为 01344419.0 的外观设计专利。2006 年 2 月 15 日，该外观设计专利权因未缴年费而终止。同年 8 月 30 日，案外人谢瑞林将该外观设计老谢榨菜食品包装袋作品的著作财产权转让给谢新林。谢新林发现被告叶根木经营的榨菜与其享有著作权的榨菜食品包装袋相同，故以侵犯著作权为由诉至法院。

一审法院认为：授予该图案作品的外观设计专利权，其保护范围是与其附着的产品紧密相连的，只局限于与外观设计专利产品在相同或相近类别的产品上使用相同或相似的图案。同时，在该保护范围以外，涉案图案作品仍然可以依据著作权利受到保护，两者并不冲突。原告和被告对食品包装袋图案的使用方式均为印刷在榨菜食品的外包装袋上，使用方式和使用产品均属相同，落入外观设计专利权保护范围内的全部设计特征。综合分析，谢新林对涉案图案的著作权受到转让人权利状态的约束，而叶根木对涉案图案的使用行为，符合对已失效外观设计的利用。而本案专利已经失效，该外观设计已失去了其垄断性，即涉案图案在食品包装袋上的使用已进入了公共领域，在该外观设计并未受其他法律保护的情况下，其他任何人都可以自由利用。涉案榨菜包装袋的使用方式也未落入谢新林就涉案图案著作权享有的保护范围内。

二审法院认为：根据《专利法》的规定，基于专利权终止的公告，社会公众有理由相信该专利已经进入公有领域，可以自由利用。若仍允许以享有外观设计专利中的外观设计图片的著作权为由阻碍他人实施已经进入公有领域的专利，因著作权自作品创作完成之日起即产生，故公众无法得知其对已经进入公有领域的专利的利用是否会受到著作权人的追究，这显然有损社会公众的信赖利益，亦与专利法之宗旨相悖。被告对被控侵权的食品包装袋图案的使用行为，属于对已经进入公有领域的外观设计专利的实施。受让人谢新林在受让外观设计专利中的外观设计图片的著作权时，已经知道该外观设计专利权已经终止，理应知道其对受让权利的行使应当受到专利制度的限制。因此，即便谢新林对该专利图片享有著作权，且该著作权尚在保护期内，谢新林亦不得以此为由阻碍他人对已经进入公有领域的自由技术的实施。

（二）认定外观设计专利权失效后仍对著作权进行保护的案例

案例三：北京特普丽装饰装帧材料有限公司与常州淘米装饰材料有限公司著作权侵权纠纷上诉案❶

案件基本情况：2004 年北京特普丽装饰装帧材料有限公司（以下简称"特普丽公司"）设计人员设计了《莫奈》系列壁纸，特普丽公司随后投入生产。2007 年 3 月 30 日，特普丽公司将前述壁纸申请外观设计专利，并获得外观设计专利权。后因未及时缴纳专利年费，该专利权于 2010 年 3 月 30 日终止。特普丽公司发现常州淘米装饰材料有限公司（以下简称"淘米公司"）生产销售的一款壁纸所使用的图案与特普丽公司享有著作权的《莫奈》壁纸图案相同。特普丽公司认为其专利权虽然终止，但前述壁纸属于美术作品，应当受著作权法保护，淘米公司的上述行为侵犯了特普丽公司关于涉案作品的著作权。

一审法院认定：在知识产权领域，一种客体上可以同时存在两种或两种以上的权利。涉案壁纸图片同时承载了外观设计专利权与著作权两种不同种类的知识产权，该两种权利各自独立存在，其中一种权利的消灭并不必然导致另一种权利的消灭，即特普丽公司主张权利的涉案壁纸在其外观设计专利权失效后，其不再受专利法的保护，但其仍然受著作权法保护，该壁纸所承载的著作权不因其外观设计专利权的失效而灭失。

二审法院认定：法律并不禁止权利人在同一客体上享有多种民事权利。如果在同一客体上存在多种民事权利，每一种民事权利及其相应的义务应当由相应的法律分别进行规制和调整。无论涉案外观设计专利权是否在法定保护期内，如果未经特普丽公司许可将该图案用作某产品（服务）的广告宣传，该行为显然侵害了特普丽公司的著作权，特普丽公司可以依据著作权法主张侵权者承担相应的民事责任。如果因为该图案已被授予外观设计专利权而对其著作权不予保护，则意味着这两种民事权利相互排斥、不能并存，这既无法律依据，也必然阻碍作品这种智力成果的使用及传播，与著作权法的根本宗旨相悖，也不符合社会公众的根本利益。

就本案而言，在涉案专利权失效之前，特普丽公司基于涉案图案取得的著作权和外观设计专利权分别受到我国著作权法和专利法的保护，其他人如

---

❶ 常州中院（2014）常知民初字第 85 号，（2015）苏知民终字第 00037 号。

果实施了侵权行为，特普丽公司有权依照著作权法或者专利法追究其民事责任。

专利权失效后，其权利客体进入公有领域，这一规则不能简单适用于在作品基础上获得的外观设计专利。专利权终止后，权利客体进入公有领域，公众可以自由使用，这一规则应该主要适用于我国专利法规定的发明专利和实用新型专利，因为这两种专利权的客体都是供工业应用的技术方案，一般不属于文学、艺术或科学作品，不会获得专利权之外的其他民事权利，故在其专利权终止后，成为公众可以自由使用的公共资源。

在作品基础上获得的外观设计专利，权利人同时拥有专利权和著作权，两种权利并行不悖，外观设计专利权保护期届满后，权利人丧失的仅仅是专利法保护的相关权利，而其享有的著作权依然存在，受到著作权法的保护。涉案专利权因特普丽公司未及时缴纳年费而提前终止，同样适用上述原则。

本案中，涉案图案的著作权均在法定保护期内，如果因为外观设计专利权失效，该图案就进入公有领域，这一结论显然与著作权法相抵触，其实质是将著作权当作专利权的从属权利，这既无法律依据，也与基本法理相悖。淘米公司认为其涉案使用行为系出于对国家专利公告的信赖，属于一种信赖利益，对此本院认为，专利公告仅告知社会公众涉案专利权中止，而并未涉及该权利客体是否受到其他法律的保护，淘米公司认为其有权使用涉案图案，是其自己对法律的理解，如果理解错误，应该自己承担不利的法律后果，其关于信赖利益的抗辩没有法律依据。

三、对各种不同观点的分析

外观设计专利权和著作权虽然在某些方面存在共通性，但还是有质的区别。比如外观设计专利权必须与产品相关，而著作权只要具备独创性且能以某种有形形式复制即可，与产品并无关联。本文讨论的案例都是外观设计产品上具有独创性图案的使用问题。如果公众将作品从失效外观设计专利中分离出来单独使用，肯定构成著作权无疑，特表述该前提。

从法院对前述三个案例的观点看，对一种客体上可以同时存在两种或两种以上的权利的观点没有分歧，分歧在于外观设计专利失效后对著作权的影响，司法实践中也存在截然相反的两种审判结果。

针对案例一和案例二认为外观设计失效后著作权不受保护的观点，其认为如果失效的外观设计依然受到著作权法保护的话，会损害公众对专利制度的信赖利益，会破坏知识产权体系的平衡。该观点看似很有道理，但也有无法解释的情形。比如上述案例二中二审法院认为："受让人谢新林在受让外观设计专利中的外观设计图片的著作权时，已经知道该外观设计专利权已经终止，理应知道其对受让权利的行使应当受到专利制度的限制。因此，即便谢新林对该专利图片享有著作权，且该著作权尚在保护期内，谢新林亦不得以此为由阻碍他人对已经进入公有领域的自由技术的实施"。根据著作权产生的理论，作者自作品完成之日享有著作权。就外观设计专利和著作权而言，著作权一般属于在先权利，不应因为专利权而受到限制，知识产权相关法律也没有规定同一客体上一种权利的终止会使另一权利的受让人在使用该权利时受到限制。因此，本文认为，前述观点值得商榷。即使外观设计专利失效，其法律后果也是专利的权利人丧失权利，而图案著作权人所享有的著作权应该是没有限制的。对此，本文并不认可案例一和案例二的观点。

在知识产权领域中，一种权利消灭后，该权利在存在期间所产生的新的权利可能继续存在；同样，如果同一客体承载两种以上权利，一种权利的消灭并不必然导致另一种权利的消灭。例如在"晨光笔特有装潢"不正当竞争一案❶中，最高人民法院认为，外观设计终止后，如果该外观设计构成知名商品特有包装、装潢的，不影响权利人取得反不正当竞争法的保护。对此，最高院明确指出："其中一种权利的终止并不当然导致其他权利同时失去效力"。

针对前述案例三中外观设计失效后著作权不受影响仍然可以受到保护的观点，二审法院的观点是"专利权终止后，权利客体进入公有领域，公众可以自由使用，这一规则应该主要适用于我国专利法规定的发明专利和实用新型专利"，也即针对发明和实用新型专利，权利进入公有领域后，公众可以自由使用，针对作品基础上获得的外观设计专利，权利人同时拥有专利权和著作权。对此，本文认为该论点并没有相应法律依据，专利法并没有针对发明、实用新型可和外观设计制定不同的规则，也没有对外观设计专利设置某种特殊情形。

诚然，外观设计专利失效后仍获得著作权的保护，确实会产生外观设计专利在进入公有领域后因为存在著作权会限制自由实施的困惑，更有人认为，用著作权保护外观设计会架空外观设计专利制度。本文认为，外观专利失效后，著作权应该受到保护。理由如下：

首先，根据我国知识产权领域的单行法，在同一客体上同时存在外观设计专利和著作权是法律规定，并未规定一种权利的失效会必然影响另一种权

---

❶　（2010）民提字第16号。

利的存在。在两种权利都有效的情况下，如果侵权人实施的同一侵权行为同时侵害同一客体上的两种权利，权利人可以选择一种权利进行维权。在专利失效的情况下，自然可以选择著作权进行维权。如果在专利失效后，权利人不可以通过著作权进行维权，则从根本上动摇了权利竞合的基础。针对在作品基础上的外观设计，如果不申请外观专利，根据著作权法规定，权利人可以至少有 50 年的保护期，而如果同时申请了外观专利，则最多只有 10 年的保护期了。这从常理上难以理解，在法理上也难以解释。

其次，如果外观设计专利失效后不对著作权进行保护，则对某些具有三维形状或平面图案构成的商标权与外观专利竞合的情形下，对外观专利无效后商标权也不应予以保护。例如，如果权利人获得某产品外形的外观专利后，又将该三维产品申请立体商标，是否在外观设计专利失效后，权利人也不再享有商标权。同理，对外观设计专利的同时又产生其他权利的，比如知名商品特有包装装潢的权利，法律似乎也不应支持。但前面最高人民法院关于晨光的再审案件确定在外观设计专利之外还可能产生知名商品特有包装装潢的权利。最高院在该案中所指出，"外观设计专利权的终止，至少使社会公众收到了该设计可能已经进入公有领域的信号，因而主张该设计受到知名商品特有包装、装潢保护的权利人应提供更加充分的证据来证明有关设计仍应受法律保护。"因此，权利人只要能举证权利的存在，自然也应该获得相应的权利保护。

因此，在外观设计专利权失效后，权利人仍享有著作权的保护。

四、权利保护的选择和权衡

针对可以同时进行外观设计专利权和著作权保护的客体，本文认为，尽管司法实践中对该问题并没有统一观点，从权利保护角度考虑，建议权利人尽量选择多方位、立体的保护方案。但实践中，多数权利人考虑到成本问题，往往单独选择一种保护方式，比如仅选择通过著作权保护。虽然从成本而言，著作权的取得成本相对较低，但相比外观设计专利，著作权提供的是一种弱保护。在侵权的判定原则上，著作权采取"接触加实质性相似"的原则，被控侵权人一般会抗辩称其使用的作品是自己独创且提供相应证据。另外，因为著作权是自动取得，非通过行政确权，在举证权利时，原告的举证责任相对较重。而外观专利只要证明外观在整体上无差异性，无论接触与否都构成侵权，原告只要提供专利证书、专利评价报告和年费收据即可完成举证责任。因此，从权利举证到侵权认定上，著作权案件中原告的证明工作更加繁重。

因此，尽管存在司法实践观点的不一和较大的申请成本，针对重要的产品设计方案，建议尽可能选择通过双重保护的原则。在外观专利有效期间，根据案件情况（如专利权评价报告结果好），尽可能通过专利维权。待外观专利失效后，根据被控侵权人的侵权行为，还可以考虑通过著作权的途径寻求保护。

中美欧以妨害公共利益为由的审查实践比较

吴小瑛

因涉及妨害公共利益不予授权的中国专利申请虽不属普遍情形，但仍属于不符合《专利法》第五条的一个重要考虑因素。妨害公共利益，是指发明创造的实施或使用会给公众或社会造成危害，或者会使国家和社会的正常秩序受到影响。涉及妨害公共利益的申请不能是因滥用而造成妨害公共利益，❶而应是发明本身或唯一用途会导致妨害公共利益。

一、中美欧的规定及判例

中国《专利法》第五条规定，对违反法律、社会公德或者妨害公共利益的发明创造，不授予专利权。该条款的设置目的是防止对可能引起扰乱社会、导致犯罪或者造成其他不安定因素的发明创造被授予专利权。❷《专利审查指南》也列举了妨害公共利益的一些例子，例如严重污染环境、严重浪费能源或资源、破坏生态平衡、危害公众健康都属妨害公共利益。❸

欧洲也有类似规定，EPO Art. 53（a）规定，一项发明如果其商业使用会妨害公共秩序或公德，则该发明不能被授权。❹欧洲审查指南指出，该规定的目的是防止可能引起暴乱或破坏公共秩序，或导致犯罪或造成其他不安定因素的发明创造被授予专利权。❺

在美国，类似法理体现在实用性规定（Utility Requirement）中。在 Lowell

---

❶❸ 《专利审查指南》第二部分第一章第3.1.3节。

❷ 《中国专利法详解》第13页。

❹ Article 53 Exceptions to patentability

European patents shall not be granted in respect of：

（a）inventions the commercial exploitation of which would be contrary to "ordre public" or morality; such exploitation shall not be deemed to be so contrary merely because it is prohibited by law or regulation in some or all of the Contracting States.

❺ Matter contrary to "ordre public" or morality Any invention the commercial exploitation of which would be contrary to "ordre public" or morality is specifically excluded from patentability. The purpose of this is to deny protection to inventions likely to induce riot or public disorder, or to lead to criminal or other generally offensive behaviour (see also F II, 7.2).

v. Lewis, 1817 中，巡回法院认为如果一项发明是用来毒害或杀害他人的，则该发明不能被授权。❶ 法院的观点与公共政策理论（Public Policy Doctrine or Ordre Public）相符。

二、中美欧的立法目的或遵循的理论原则相同

根据欧洲规定和美国判例，可以看到欧美与我国在妨害公共利益方面的规定从立法目的或遵循的原则来说是相同的，即他人造成伤残，可能破坏公共秩序或造成不安定的发明创造是不能获得专利权的，体现了将保护具有垄断性和私权性的专利权与保护社会利益、公众健康的相结合。

妨害公共利益的发明创造不包括仅其实施为国家法律所禁止的发明创造。TRIPs 协议第二款规定，各成员为了维护公共利益或者社会公德，包括保护人类、动物或植物的生命或健康，或者避免对环境造成严重污染，有必要禁止某些发明在成员地域内进行商业性实施的，可以排除这些发明的专利性，但是以这种排除并非仅仅因为其法律禁止实施为限。❷ 对于该规定的理解，换言之，就是这类发明创造禁止商业性实施的理由是否在于维护公共利益或者社会公德，而不是其他。中国《专利法实施细则》第十条的规定类似，欧洲 Article 53（a）明确如此规定。

妨害公共利益不能是因为发明创造的滥用而导致，即应是发明创造本身或其唯一用途是否会导致妨害公共利益。中国《专利审查指南》和欧洲审查指南❸都有相关规定。

三、中美欧的实践

虽然中美欧在妨害公共利益方面的立法宗旨相同，但中国与美欧的审查或审判实践却不尽相同。根据中国知识产权局复审委官网公布的案件，可以

---

❶ "All that the law requires is, that the invention should not be frivolous or injurious to the well-being, good policy, or sound morals of society. The word "useful, "therefore, is incorporated into the act in contradistinction to mischievous or immoral. For instance, a new invention to poison people, or to promote debauchery, or to facilitate private assassination, is not a patentable invention."

❷ Members may exclude from patentability inventions, the prevention within their territory of the commercial exploitation of which is necessary to protect order public or morality, including to protect human, animal or plant life or health or to avoid serious prejudice to the environment, provided that such exclusion is not made merely because the exploitation is prohibited by their law.

❸ Offensive and non offensive use Special attention should be paid to applications in which the invention has both an offensive and a non-offensive use, e. g. a process for breaking open locked safes, the use by a burglar being offensive but the use by a locksmith in the case of emergency non-offensive. In such a case, no objection arises under Art. 53（a）.

看到其中有相当比例是食品、化妆品领域的案件以妨害公共利益为由被驳回或无效。这些申请或专利被认为妨害公共利益，都是以药监局等部门的行政规定为主要依据，认为属于妨害公共利益的情形。根据欧洲专利局官网公布的上诉案件，欧洲没有类似情形。美国的判例也没有类似情况。

1. 美国实践

美国判例 Juicy Whip, Inc. v. Orange Bang, Inc.（Fed. Cir. 1999）中，被告 Orange Bang 以原告 Juicy Whip 的专利故意欺骗消费者为理由提出无效，地方法院据此宣告该专利无效。但上诉法院认为一项发明不能因为它有欺骗公众的可能就不能授权，《专利法》赋予了专利权人阻止他人使用该专利技术，但专利局并不被赋予替代警察的权利。专利局不是行政部门，一项发明能否合法化上市，还需要其他部门的批准，就好比一个药品获得了专利，但只有经过 FDA 的批准才能够上市销售一样。❶

2. 欧洲实践

根据 EPO 公布的上诉案件，EPO 以 EPO Art. 53（a）拒绝的申请或专利绝大多数都是生物领域案件，如人类胚胎的商业使用等，即属于 Rule 28❷ 规定的情形。只有极个别的案例涉及其他情形，例如，T0149/11 案是因为该专利申请的权利要求 13 的商业使用触犯了人权，因此妨害公共秩序，而落入

---

❶　The Court found that there was no basis for holding that an invention was unpatentable for lack of utility simply because it has the capacity to fool some members of the public.

The Court noted that Juicy Whip's drink machine was perfectly legal, and if Congress didn't like it, they were free to change the law. However, it was not the job of the USPTO to displace the police powers of the States and promote the health, order, peace, and welfare of the community.

The patent system is not a regulatory body, it only gives you the right to exclude others. It is for other agencies to determine if the invention can be legally marketed.

For example, even if you can get a patent on a drug, you can't sell the drug until you get approval by FDA.

❷　Rule 28

Exceptions to patentability

(1) Under Article 53 (a), European patents shall not be granted in respect of biotechnological inventions which, in particular, concern the following:

(a) processes for cloning human beings;

(b) processes for modifying the germ line genetic identity of human beings;

(c) uses of human embryos for industrial or commercial purposes;

(d) processes for modifying the genetic identity of animals which are likely to cause them suffering without any substantial medical benefit to man or animal, and also animals resulting from such processes.

(2) Under Article 53 (b), European patents shall not be granted in respect of plants or animals exclusively obtained by means of an essentially biological process.

Article 53（a）EPC 规定的不授予专利的范畴。❶ T0866/01 案是欧洲申请（EP92902903.1）的权利要求 1 的组合物包含致死量的麻醉剂，权利要求 4 定义了给药剂量，但其中的给药剂量是依据哺乳动物体重来计算的。上诉委员会（Board of Appeal）认为由于哺乳动物包括人，因此权利要求 4 属于 Article 53（a）规定的违反公共利益的情形。在异议程序中，专利权人将哺乳动物修改为低等哺乳动物之后，克服了该问题。❷

3. 中国实践及与欧美的比较

（1）案例。

【案例一】

发明名称为"对老化食用油进行复鲜的方法"的中国专利申请（申请号为 200680026451.6），权利要求保护的方法是通过加入棕榈酸抗坏血酸酯而对老化的含有 PUFA 的食用油或含有此类油的组合物进行复鲜的方法，实质审查以权利要求不符合《专利法》第五条第一款的规定驳回了该申请。经过复审，合议组维持了驳回决定。合议组评述，妨害公共利益，是指发明创造的实施或使用会给公众或社会造成危害，或者会使国家和社会的正常秩序受到影响。本申请中所述的复鲜方法处理的老化的食用油，已经发生变质或者被大众认为变质，其营养价值降低，并且会产生有害于人体健康的物质，而该老化食用油进行复鲜的方法，仅仅改善食用油的感官品质，即掩盖油脂劣变气味，给人造成油脂质量良好的假象，并不能去除食用油老化产生的有害于人体健康的物质，长期食用此类已经变质的食用油会对人体健康构成危害。因而该对老化食用油进行复鲜的方法的使用会妨害公共利益，属于《专利法》第五条第一款规定的不能授予专利权的申请。

上述中国专利申请对应的欧美申请，在审查中并没有遇到类似的审查意见。EPO 还于 2015 年 7 月 8 日签发了授权通知书，其接受的权利要求 1 就是中国专利申请实审阶段的权利要求 1。美国申请虽然没有被授权，但整个审查程序涉及的只是创造性问题，妨害公共利益的问题从来没有提及。

【案例二】

发明名称为"苄氧基乙胺衍生物作为防腐剂的用途、防腐方法和组合物"的中国专利申请（申请号为 201080055926.0）。实审于 2014 年 10 月 17 日发

---

❶ The Board considers that "ordre pubic" must be seen in particular as defined by norms that safeguard fundamental values and rights such as the inviolability of human dignity and the right of life and physical integrity.

❷ The composition of claim 4 wherein the dosage form provides between 0.15 and 0.35 ml per kg of a maximum body weight of a lower mammal.

出驳回决定，驳回理由是：权利要求 2 请求保护式（I）化合物或其盐作为化妆组合物、皮肤用组合物或药物组合物的防腐剂的用途，然而式（I）所示的苯氧基乙胺衍生物及其盐不属于卫生部颁布的《化妆品卫生规范》中许可使用的安全的防腐剂，且其是现有技术中公开的存在健康危害的化合物，并且本申请对于苄氧乙胺的安全用量没有记载，没有足够的数据表明在何种情况下使用是安全的。因此，由于权利要求 2 的使用会给公众的身体健康造成危害，进而对社会造成危害，妨害公共利益，属于《专利法》第五条规定的不能授予专利权的申请。合议组于 2016 年 6 月 12 日签发复审决定书，维持了驳回决定。

该中国专利对应的欧美申请都已授权，且授权的权利要求包括将所述化合物用于化妆品的应用且没有对用量进行限定。

【案例三】

发明名称为"杀虫化合物混合物"的中国专利申请（申请号为 2008801188 4 7.2），权利要求书 1 是，包含组分 A 乙虫腈和组分 B 甲胺磷的组合物。审查员以包括农业部、发改委的几个部委公告第 632 号（禁止包括甲胺磷在内的五中高毒有机磷农药在农业上使用）为依据，认为该权利要求妨害公共利益，于 2014 年 12 月 9 日以权利要求第 1~4 项、说明书及说明书摘要属于《专利法》第五条规定的不授予专利权的范围为由驳回了该申请。在复审中，申请人删除了甲胺磷，将其替换为毒死蜱，并将说明书、摘要中涉及"甲胺磷"的内容删除。基于该修改文本，复审委于 2015 年 12 月 22 日签发复审决定书，撤销了驳回决定。

该中国申请没有对应的美国申请，对应的欧洲申请由于缺乏单一性而被申请人放弃该申请。

【案例四】

专利号为 03806097.3 的授权专利，授权公告时的权利要求共 8 项，涉及的技术方案为用含有雷托巴胺或其盐的猪的饲料添加剂改善生长后期的猪的猪肉品质的方法以及包含雷托巴胺的饲料添加剂。该专利于 2011 年 10 月 17 日被全部无效。复审委评述，专利雷托巴胺为肾上腺素受体激动剂，属于瘦肉精的一种。本领域公知，用瘦肉精作为饲料添加剂喂养猪，会由于瘦肉精在猪内脏中的残留而造成对人体的危害，因而雷托巴胺为农业部、卫生部、国家药品监督管理局明令禁止在饲料和动物饮用水中使用的药物品种。本专利请求保护的饲料添加剂中使用了雷托巴胺，其实施将会影响公众的身体健康，对社会公众造成危害。因此，本专利为妨害公共利益的发明创造，根据

《专利法》第五条的规定，不能被授予专利权。

该中国申请没有对应的欧洲申请，对应的美国申请不涉及妨害公共利益的问题，是因为缺乏创造性被驳回。

（2）专利审查不同于行政部门的审查。

在中国，审查员以妨害公共利益为由拒绝给予授权的食品、化妆品或农药领域的申请或无效专利，大多是基于中国国家行政管理部门如药监局或农业部的规定而审查的。如果权利要求中的物质是行政管理部门的规定所明确禁止使用的，则审查员会认为该物质的所述使用属于妨害公共利益情形，上述案例三和案例四都属于这种情况。

审查员在审理案件时，以行政管理部门的规定作为判断的主要依据，是有一定道理的。作为审查员，虽然审查指南中罗列了一些妨害公共利益的情形，但在审查具体案件时，审查员并没有明确的可操作性标准来衡量一项发明创造是否属于妨害公共利益。然而，行政管理部门的规定通常都是在经过技术专家论证和考证之后慎重做出的，至少在规定生效期内，在该时期的认识水平上，被明令禁止的物质可以帮助审查员判断是对公众健康有危害的物质，据此来判断是妨害公共利益的。

但需要避免的是，审查员切忌充当起行政管理部门的职责，不是从专利申请角度来审查案件，而是从市场准入角度来审查。众所周知，出于安全考虑，食品、药品、化妆品在上市之前都必须经过相关行政审批准许可，药监局对请求上市的药品、化妆品进行审查，考核其有效性和安全性是否满足上市要求。专利是用来鼓励技术创新，为专利权人提供阻止他人无偿使用其发明创造的权利。专利制度和药监局等行政规定的立法目的不同，审查标准也自然不同。令人欣慰的是，复审委在审查中对此有清晰的认知。例如，针对中国专利申请（申请号为200710307789.5）的驳回决定，在复审委于2012年8月21日签发的复审决定中，合议组认为，《专利法》第五条第一款规定对违反国家法律、社会公德或者妨害公共利益的发明创造不授予专利权，目的在于防止可能扰乱正常社会秩序、导致犯罪或者造成其他不安定因素的发明创造被授予专利权，而不是要求专利行政部门替代发明所属技术领域的监督管理部门对相关技术的商业性实施进行管控。然而，笔者注意到，复审委也有不同的审查结果，如本文案例二。案例二中的化合物并不是被明令禁止的物质，虽然该类化合物没有出现在《卫生部卫生规范》中所列允许添加的防腐剂中，但也不是被明令禁止使用的物质。该案件目前正在行政诉讼程序中，笔者期待着法院的观点。

四、建 议

由于妨害公共利益的申请不授予专利权或者授权后也是被无效的理由，在面临可能涉及妨害公共利益的发明创造时，申请人需要认真考虑如何避免或克服权利要求落入这个不授权范畴。鉴于此，笔者建议如下。

（1）当一项发明创造具有可能涉及妨害公共利益的风险时，在撰写申请文件时，尽可能从不同的角度多层次地描述技术方案，并为各种技术方案提供实施例，为日后审查过程中修改文件，删除其中不合法的内容、保留合法的内容，使申请具有授予专利权的可能性做准备。

（2）随着时间的推移和社会的进步，公共利益的内涵和外延也在不断地发生变化，当前被认为妨害公共利益的发明创造可能在以后会发生认识的转变。因此，对于目前审查员以妨害公共利益为由不予授权的专利申请，尤其是一些 PCT 申请在进入中国后才意识到面临妨害公共利益的问题，但从商业利益角度而言获得专利权至关重要，则申请人可以考虑尽可能地使该专利申请处于存活状态，期待着将来可能发生的审查动向的改变。

（3）由于中国审查实践有别于欧美之处，因此需要欧美申请人在撰写申请文件时能提前做好准备和布局，为日后进入中国留有修改的退路。

从《专利审查指南》的修改看软件专利在中国的保护

张思悦

2017 年 2 月 28 日，国家知识产权局专利局申长雨局长签发国家知识产权局第 74 号令，宣布自 2017 年 4 月 1 日起施行《国家知识产权局关于修改〈专利审查指南〉的决定》。该决定涉及《专利审查指南》第二、四、五部分的修改，其中第二部分中对于涉及商业方法和软件的专利申请的审查规定的修改是最受关注的部分，本文试图从《专利审查指南》这一部分的修改分析并浅论软件专利在中国的保护。

一、《专利审查指南》第二部分修改的内容（针对涉及商业方法和软件的专利申请的部分）（见表 1）

表 1 专利审查指南

	原《专利审查指南》 （2010 年 2 月 1 日起施行）	修改后的《专利审查指南》 （根据第 74 号局令修正）
第 1 处	第二部分第一章 4.2 智力活动的规则和方法 　　智力活动，是指人的思维运动，它源于人的思维，经过推理、分析和判断产生出抽象的结果，或者必须经过人的思维运动作为媒介，间接地作用于自然产生结果。 　　…… 　　（2）除了上述（1）所描述的情形之外，如果一项权利要求在对其进行限定的全部内容中既包含智力活动的规则和方法的内容，又包含技术特征，则该权利要求就整体而言并不是一种智力活动的规则和方法，不应当依据《专利法》第二十五条排除其获得专利权的可能性。	第二部分第一章 4.2 智力活动的规则和方法 　　智力活动，是指人的思维运动，它源于人的思维，经过推理、分析和判断产生出抽象的结果，或者必须经过人的思维运动作为媒介，间接地作用于自然产生结果。 　　…… 　　（2）除了上述（1）所描述的情形之外，如果一项权利要求在对其进行限定的全部内容中既包含智力活动的规则和方法的内容，又包含技术特征，则该权利要求就整体而言并不是一种智力活动的规则和方法，不应当依据《专利法》第二十五条排除其获得专利权的可能性。

续表

	原《专利审查指南》 （2010年2月1日起施行）	修改后的《专利审查指南》 （根据第74号局令修正）
第1处		【例如】 涉及商业模式的权利要求，如果既包含商业规则和方法的内容，又包含技术特征，则不应当依据《专利法》第二十五条排除其获得专利权的可能性。
第2处	第二部分第九章 2. 涉及计算机程序的发明专利申请的审查基准 审查应当针对要求保护的解决方案，即每项权利要求所限定的解决方案。 …… （1）如果一项权利要求仅仅涉及一种算法或数学计算规则，或者计算机程序本身或仅仅记录在载体（如磁带、磁盘、光盘、磁光盘、ROM、PROM、VCD、DVD或者其他的计算机可读介质）上的计算机程序，或者游戏的规则和方法等，则该权利要求属于智力活动的规则和方法，不属于专利保护的客体。 如果一项权利要求除其主题名称之外……不属于专利保护的客体。 例如，仅由所记录的程序限定的计算机可读存储介质或者一种计算机程序产品，或者仅由游戏规则限定的、不包括任何技术性特征，例如不包括任何物理实体特征限定的计算机游戏装置等，由于其实质上仅仅涉及智力活动的规则和方法，因而不属于专利保护的客体。但是，如果专利申请要求保护的介质涉及其物理特性的改进，如叠层构成、磁道间隔、材料等，则不属此列。	第二部分第九章 2. 涉及计算机程序的发明专利申请的审查基准 审查应当针对要求保护的解决方案，即每项权利要求所限定的解决方案。 …… （1）如果一项权利要求仅仅涉及一种算法或数学计算规则，或者计算机程序本身或仅仅记录在载体（如磁带、磁盘、光盘、磁光盘、ROM、PROM、VCD、DVD或者其他的计算机可读介质）上的计算机程序**本身**，或者游戏的规则和方法等，则该权利要求属于智力活动的规则和方法，不属于专利保护的客体。 如果一项权利要求除其主题名称之外……不属于专利保护的客体。 例如，仅由所记录的程序**本身**限定的计算机可读存储介质或者一种计算机程序产品，或者仅由游戏规则限定的、不包括任何技术性特征，例如不包括任何物理实体特征限定的计算机游戏装置等，由于其实质上仅仅涉及智力活动的规则和方法，因而不属于专利保护的客体。但是，如果专利申请要求保护的介质涉及其物理特性的改进，例如叠层构成、磁道间隔、材料等，则不属此列。

	原《专利审查指南》 （2010年2月1日起施行）	修改后的《专利审查指南》 （根据第74号局令修正）
第3处	第二部分第九章 3. 涉及计算机程序的发明专利申请的审查示例 　　以下，根据上述审查基准，给出涉及计算机程序的发明专利申请的审查示例。 　　…… （3）未解决技术问题，或者未利用技术手段，或者未获得技术效果的涉及计算机程序的发明专利申请，不属于《专利法》第二条第二款规定的技术方案，因而不属于专利保护的客体。 【例8】……该发明专利申请不属于《专利法》第二条第二款规定的技术方案，不属于专利保护的客体。 【例9】 　　一种以自定学习内容的方式学习外语的系统 　　申请内容概述： 　　现有计算机辅助学习系统的学习内容都是由系统预先确定的，因此用户必须学习这些预先确定的内容，而不能根据自己的外语水平需求自行确定学习内容。发明专利申请能够使用户根据自己的需求选择学习资料，并将资料输入到系统中，系统程序将资料中的句子分割为多个句子单元，用户将分割的句子单元重组并输入给系统，系统程序将用户重组的句子与原句子进行比较，并根据预先确定的评分标准给出得分分数，然后将分数输出给学习者。 　　申请的权利要求 　　一种以自定学习内容的方式学习外语的系统，其特征在于： 　　学习机，将选择出的学习资料输入给该学习机；	第二部分第九章 3. 涉及计算机程序的发明专利申请的审查示例 　　以下，根据上述审查基准，给出涉及计算机程序的发明专利申请的审查示例。 　　…… （3）未解决技术问题，或者未利用技术手段，或者未获得技术效果的涉及计算机程序的发明专利申请，不属于《专利法》第二条第二款规定的技术方案，因而不属于专利保护的客体。 【例8】……该发明专利申请不属于《专利法》第二条第二款规定的技术方案，不属于专利保护的客体。

续表

	原《专利审查指南》 （2010 年 2 月 1 日起施行）	修改后的《专利审查指南》 （根据第 74 号局令修正）
第 3 处	文件接收模块，接收用户所传送的语言文件； 　　文件分割模块，将所述语言文件分割成至少一个独立句子； 　　句子分割模块，将所述独立句子分割成多个分割单元； 　　造句式语言学习模块，将所述分割单元输出给用户，并接受用户自己重组的句子，将所述独立句子与用户自己重组输入的句子进行比较，根据预先确定的评分标准给出得分分数，将分数输出给所述学习者。 　　分析及结论： 　　该解决方案是利用一组计算机程序功能模块构成学习系统，这些功能模块能够接收用户确定并传送的语言文件，将其中的句子和用户重组的句子进行比较，并将比较结果输出给用户。该系统虽然通过学习机执行计算机程序来实现对学习过程的控制，但该学习机是公知的电子设备，对外语语句所进行的分割、重组、对比和评分既没有给学习机的内部性能带来改进，也没有给学习机的构成或功能带来任何技术上的改变。而该系统解决的问题是如何根据用户的主观愿望确定学习内容，不构成技术问题，所采用的手段是人为制定了学习规则，并按照规则的要求来进行，不受自然规律的约束，因而未利用技术手段，该方法可以使用户根据自身需求自行确定学习内容，进而提高学习效率，所获得的不是符合自然规律的技术效果。因此，该发明专利申请不属于《专利法》第二条第二款规定的技术方案，不属于专利保护的客体。	

原《专利审查指南》 （2010 年 2 月 1 日起施行）	修改后的《专利审查指南》 （根据第 74 号局令修正）
第二部分第九章 5.2 权利要求书的撰写 　　涉及计算机程序的发明专利申请的权利要求可以写成一种方法权利要求，也可以写成一种产品权利要求，即实现该方法的装置。无论写成哪种形式的权利要求，都必须得到说明书的支持，并且必须从整体上反映该发明的技术方案，记载解决技术问题的必要技术特征，而不能只概括地描述该计算机程序所具有的功能和该功能所能够达到的效果。如果写成方法权利要求，应当按照方法流程的步骤详细描述该计算机程序所执行的各项功能以及如何完成这些功能；如果写成装置权利要求，应当具体描述该装置的各个组成部分及其各组成部分之间的关系，并详细描述该计算机程序的各项功能是由哪些组成部分完成以及如何完成这些功能。 　　如果全部以计算机程序流程为依据，按照与该计算机程序流程的各步骤完全对应一致的方式，或者按照与反映该计算机程序流程的方法权利要求完全对应一致的方式，撰写装置权利要求，即这种装置权利要求中的各组成部分与该计算机程序流程的各个步骤或者该方法权利要求中的各个步骤完全对应一致，则这种装置权利要求中的各组成部分应当理解为实现该程序流程各步骤或该方法各步骤所必须建立的功能模块，由这样一组功能模块限定的装置权利要求应当理解为主要通过说明书记载的计算机程序实现该解决方案的功能模块构架，而不应当理解为主要通过硬件方式实现该解决方案的实体装置。 　　……	第二部分第九章 5.2 权利要求书的撰写 　　涉及计算机程序的发明专利申请的权利要求可以写成一种方法权利要求，也可以写成一种产品权利要求，**例如**实现该方法的装置。无论写成哪种形式的权利要求，都必须得到说明书的支持，并且都必须从整体上反映该发明的技术方案，记载解决技术问题的必要技术特征，而不能只概括地描述该计算机程序所具有的功能和该功能所能够达到的效果。如果写成方法权利要求，应当按照方法流程的步骤详细描述该计算机程序所执行的各项功能以及如何完成这些功能；如果写成装置权利要求，应当具体描述该装置的各个组成部分及其各组成部分之间的关系，**所述组成部分不仅可以包括硬件，还可以包括程序。** 　　如果全部以计算机程序流程为依据，按照与该计算机程序流程的各步骤完全对应一致的方式，或者按照与反映该计算机程序流程的方法权利要求完全对应一致的方式，撰写装置权利要求，即这种装置权利要求中的各组成部分与该计算机程序流程的各个步骤或者该方法权利要求中的各个步骤完全对应一致，则这种装置权利要求中的各组成部分应当理解为实现该程序流程各步骤或该方法各步骤所必须建立的**程序**模块，由这样一组**程序**模块限定的装置权利要求应当理解为主要通过说明书记载的计算机程序实现该解决方案的**程序**模块构架，而不应当理解为主要通过硬件方式实现该解决方案的实体装置。 　　……

第4处

二、修改解读

1. 关于涉及商业方法的专利申请

《中共中央国务院关于深化体制机制改革加快实施创新驱动发展战略的若干意见》指出：**研究商业模式等新形态创新成果的知识产权保护办法**。《国务院关于新形势下加快知识产权强国建设的若干意见》指出：**要加强新业态新领域创新成果的知识产权保护，研究完善商业模式知识产权保护制度**。

为了更好地贯彻落实党中央国务院的上述文件精神，顺应各行各业商业模式创新的蓬勃局面，国家知识产权局在《专利审查指南》中做出了上述第1处修改，增加了以下规定：**涉及商业模式的权利要求，如果既包含商业规则和方法的内容，又包含技术特征，则不应当依据《专利法》第二十五条排除其获得专利权的可能性**。

不同于美国在"Alice v. CLS Bank"一案后对于涉及商业方法的专利申请和专利在授权和确权程序中有关美国《专利法》第101条专利适格性问题上从难从严的审查和裁判尺度，国家知识产权局通过上述第1处修改表明了对于涉及商业方法的专利申请较之过往更加开放的态度。专利申请人或其代理人在撰写涉及商业方法的专利申请的权利要求时，或许不再需要尽量避免出现诸如"金融""证券""投资""支付""租赁""广告"之类的用语或者对其进行技术化"包装"，只需要满足权利要求请求保护的方案在整体上属于技术方案的要求即可，即需要符合《专利法》第二条的规定，需要包含技术手段、解决技术问题、取得技术效果。

通过上述修改，国家知识产权局不再因为技术方案中包含商业规则或方法就不对其授予专利权，相信能够对于各行各业商业模式创新中产生的技术方案给予适当的法律保护，进一步鼓励和推动各类商业模式创新的涌现，促进供给侧改革目标的实现。

当然，如何判断涉及商业规则或方法的方案在整体上是否属于技术方案，在实际的申请和审查工作中仍是一个难点。希望国家知识产权局能够从平衡社会公众和专利权人利益的角度出发，出台尽量客观和标准化的审查细则，以利于专利申请人和审查员在专利申请和审查工作中把握好尺度。

2. 关于涉及软件的专利申请

《国务院关于新形势下加快知识产权强国建设的若干意见》指出：**加强互联网、电子商务、大数据等领域的知识产权保护规则研究，推动完善相关法律法规**。

191

近年来，在"互联网+"国家战略的推动下，互联网技术已经渗透到了各行各业，与各种产业链深度融合，促生出了各类智慧成果。由于"互联网+"模式产生的智慧成果多以软件和程序为载体，因此对于涉及软件的技术方案给予恰当的专利保护就变得越发重要。国家知识产权局本次对于《专利审查指南》的修改就对于软件专利的保护做出了积极尝试。

　　除了在上述第3处修改中删除了对实践已无指导意义的【例9】"一种以自定学习内容的方式学习外语的系统"之外，国家知识产权局在上述第2处和第4处修改中对于涉及软件的专利申请的审查规则做出了重要的修改，主要可以归纳为以下3点。

　　（1）允许采用"介质+计算机程序流程"的方式撰写权利要求；

　　（2）规定涉及计算机程序的装置权利要求"不仅可以包括硬件，还可以包括程序"，明确"程序"可以作为装置权利要求的组成部分；

　　（3）将第5.2节第2段中的"功能模块"修改为"程序模块"，避免与"功能性限定"相混淆。

　　根据上述第（1）点和第（2）点修改，并结合《专利审查指南》第二部分第九章中未予修改的内容可知，涉及软件的中国专利申请可以包含四种类型的权利要求。下面举例对于这四种类型的权利要求的撰写方式进行介绍。

　　假设有一种用于在移动设备（实际撰写权利要求时可以考虑上位概括为"电子设备"）上对于用户照片进行美化的技术方案，其利用移动设备的硬件和软件执行以下操作：

　　利用移动设备的摄像头（实际撰写权利要求时可以考虑上位概括为"图像获取部件"）获取用户照片；

　　基于预先定义的照片数据库，获取与所述用户照片匹配的明星照片（实际撰写权利要求时可以考虑上位概括为"照片"）；以及根据所述明星照片中的体貌特征，美化所述用户照片。

　　以此技术方案为例，在《专利审查指南》修改后，允许的四种类型的权利要求的范例如下：

　　（ⅰ）方法权利要求

　　一种用于在移动设备上对于用户照片进行美化的方法，包括以下步骤：

　　利用移动设备的摄像头获取用户照片；

　　基于预先定义的照片数据库，获取与所述用户照片匹配的明星照片；以及

　　根据所述明星照片中的体貌特征，美化所述用户照片。

（ⅱ）"程序模块"类装置权利要求

一种用于在移动设备上对于用户照片进行美化的装置，包括：

用户照片获取模块，用于利用移动设备的摄像头获取用户照片；

明星照片获取模块，用于基于预先定义的照片数据库，获取与所述用户照片匹配的明星照片；以及

美化模块，用于根据所述明星照片中的体貌特征，美化所述用户照片。

（ⅲ）"硬件+程序"类装置权利要求

一种移动设备，包括：

处理器；

摄像头；以及

存储器，其中存储有程序，

其中在所述处理器执行所述程序时，进行以下操作：

利用所述摄像头获取用户照片；

基于预先定义的照片数据库，获取与所述用户照片匹配的明星照片；以及

根据所述明星照片中的体貌特征，美化所述用户照片。

（ⅳ）"介质+程序"类产品权利要求

一种存储介质，用于存储程序，其中所述程序在被执行时使得移动设备进行以下操作：

利用所述摄像头获取用户照片；

基于预先定义的照片数据库，获取与所述用户照片匹配的明星照片；以及

根据所述明星照片中的体貌特征，美化所述用户照片。

下面对于这四种类型的权利要求的保护范围和侵权认定问题分别进行初步地分析和探讨。由于涉及软件专利的专利侵权诉讼在我国为数尚少，鲜有相关判例可供参考，也没有专门的法律条文或司法解释来澄清此类专利侵权诉讼中司法裁判的相关规则，因此下述分析仅为基于个人观点的解读，还有待将来各类相关专利侵权诉讼案例予以验证。

（ⅰ）方法权利要求的保护范围和侵权认定问题

上述用于在移动设备上对于用户照片进行美化的方法是一个典型的涉及客户端操作的方法权利要求，也是当今移动互联网时代涉及应用程序（App）的发明创造的最主要的专利权利要求类型。由于可以认为客户端的操作至少部分是由用户执行的，而多数情况下用户的行为并非为生产经营目的，不满

足中国《专利法》第十一条关于方法专利侵权认定的条件，因此其专利侵权认定问题存在一定的争议。对此问题，除了之前被较多借鉴的广东省高级人民法院（2011）粤高法民三终字第326号一案判决中"美的公司制造的空调器要实现这一功能，就要通过相应的设置、调配步骤，使空调器具备实现按照自定义曲线运行的条件，从而无可避免地使用到控制空调器按照自定义曲线运行的方法，因此美的公司是使用者"这一"制造商出厂前测试构成侵犯方法专利"的意见外，在2016年广受关注的"握奇诉恒宝"案［北京知识产权法院（2015）京知民初字第441号］中，判决书中的以下"制造商预先定义执行专利方法的步骤构成侵犯方法专利（类似于美国'mastermind'的判断方法）"的意见也值得关注：

"另外，对于被告恒宝公司是否构成我国《专利法》第十一条所指使用他人专利方法的问题，本院认为，纵观权利要求1包含的技术方案，'设置操作命令与物理认证方式的对应关系'，是电子装置的制造者已事先设置完成了对应关系，如'数字签名'对应'按OK键'，而非个人用户；S1中的'客户端向电子装置发送进行安全运算的第一操作命令'，该命令也是电子装置的制造者预先定义完成的，例如，转账交易包含数字签名操作命令，该命令是银行电子系统通过客户端（网上银行系统以及安装在用户计算机上的USBKEY软件的结合）向电子装置发送的，用户并不能主导该操作命令向谁发送；S2中的'系统查询所述的操作命令与物理认证方式的对应关系'，也是电子装置的制造者在系统内部预先设置完成的功能步骤，用户并不参与；S3中的'用户向设置于电子装置上的对应于所述第一物理认证方式的物理认证执行机构发起第一物理认证操作'，虽然是用户以'按OK键'的形式参与，但它仍然是由电子装置的制造者预先设置的，而且该操作必须符合一定的条件，流程才能继续进行；而S4步骤'电子装置执行所述第一操作命令'则是电子装置的制造者预设在系统中的一个结果。其次，上述技术方案系电子装置制造者通过事先与银行系统达成的相关协议以及凭此建立的通信接口，参照电子装置的功能预先进行的系统设置。虽然用户参与了个别步骤，但也是在电子装置制造者预先设置的操作步骤环境下进行的，用户并不能参与或改变后台程序内容，由此来看，该电子装置的制造者显然是该认证方法技术方案的实施者。"

而关于涉及服务器端操作的软件专利的方法权利要求，由于一般可以认为服务器端的操作是由软件制造商为生产经营目的来执行的，因此，如果被诉侵权的软件制造商执行的操作落入方法权利要求的保护范围（但多数情况下举证难度较大），一般可以认定专利侵权行为成立。此问题在此不做赘述。

因此，目前对于涉及客户端操作的方法权利要求和涉及服务器端操作的方法权利要求而言，相较于其他技术领域的方法权利要求，其专利侵权认定并不存在过多障碍。

（ⅱ）"程序模块"类装置权利要求的保护范围和侵权认定问题

在本次《专利审查指南》的修改中，将表述"功能模块"修改为"程序模块"，从而避免与"功能性限定"相混淆，这无疑将对于"程序模块"类装置权利要求的保护范围的解释非常有利。

在"诺基亚诉华勤"案［参见上海第一中级人民法院（2011）沪一中民五（知）初字第47号判决书及上海高级人民法院（2013）沪高民三（知）终字第96号判决书］中，对于以计算机程序为依据并采用与方法权利要求中限定的步骤完全对应一致的方式撰写的装置权利要求，上海法院将其认定为功能性限定的权利要求，并适用最高人民法院《关于审理侵犯专利权纠纷案件应用法律若干问题的解释》（法释〔2009〕21号）第四条的规定："对于权利要求中以功能或者效果表述的技术特征，人民法院应当结合说明书和附图描述的该功能或者效果的具体实施方式及其等同的实施方式，确定该技术特征的内容"对权利要求的保护范围进行解释，还认定说明书中对于方法步骤所描述的具体实施例不能构成对于装置权利要求中技术特征的支持。

通过《专利审查指南》的上述修改，"程序模块"类装置权利要求中的相关技术特征可以不再被认定为功能性限定的技术特征，权利要求的保护范围可以不局限于其说明书和附图描述的功能或者效果的具体实施方式及其等同的实施方式。

另外，对于此类装置权利要求，一种观点认为：根据《专利审查指南》中"这种装置权利要求中的各组成部分应当理解为实现该程序流程各步骤或该方法各步骤所必须建立的程序模块，由这样一组程序模块限定的装置权利要求应当理解为主要通过说明书记载的计算机程序实现该解决方案的程序模块构架，而不应当理解为主要通过硬件方式实现该解决方案的实体装置"的规定，此类装置权利要求可以等同于其他国家的计算机程序产品权利要求（例如，一种计算机程序产品，包含计算机程序指令，其在被电子设备执行时用于进行以下操作：步骤A，步骤B，以及步骤C）。

上述观点对于"程序模块"类装置权利要求保护范围的解释较为有利，相较于方法权利要求侵权认定中唯一可依靠的"为生产经营目的使用专利方法"，可以根据"为生产经营目的制造、使用、许诺销售、销售、进口专利产品"来认定侵犯装置权利要求的专利权，从而约束相关软件的制造者和分发者的侵权行为。然而，由于尚未出现相关的法院判例，此种观点能否得到法院支持还有待验证。

（ⅲ）"硬件+程序"类装置权利要求的保护范围和侵权认定问题

此类装置权利要求的撰写方式在欧美等主要国家和地区被广泛采用和允许，被认为是最接近相关方案实际物理实现方式的装置类权利要求撰写方式。由于此类权利要求限定的技术方案相较于上面"程序模块"类装置权利要求限定的技术方案更接近相关产品的实际内部构造，在专利侵权判断中一般不存在"在被诉侵权产品中找不到'程序模块'类产品权利要求中限定的程序模块实际对应的硬件模块"这一问题，从这个角度考虑，可以认为此"硬件+程序"类装置权利要求是较佳的选择。

然而，对于此"硬件+程序"类装置权利要求。一般而言，被诉侵权的电子设备或装置需要在出厂前就预装包含相关程序的软件（例如，移动设备的App），才能认定该电子设备或装置的制造商构成专利侵权，而视具体情形软件制造商可能会被认定为间接侵权。而对于用户在购买电子设备后再安装相关软件后形成的落入专利权利要求保护范围的电子设备，一般较难以认定电子设备的制造商或软件的制造商侵犯此类产品权利要求的专利权。当然，不排除今后会有法院判例对此问题进行突破。

（ⅳ）"介质+程序"类产品权利要求的保护范围和侵权认定问题

在本次《专利审查指南》的修改中，也新进引入了此类产品权利要求的撰写方式，这也是在欧美等国家和地区被广泛采用和接受的产品权利要求的撰写方式。

美国专利商标局在1995年的Beauregard案后开始允许计算机可读介质类的权利要求。在2010年的"Finjan, Inc. v. Secure Computing Corp."一案中，对于此类权利要求予以保护的重要意义就显露无遗：原告Finjan, Inc. 以方法、相应的系统以及计算机可读存储介质三组权利要求起诉被告Secure Computing Corp. 专利侵权。最终，美国联邦巡回上诉法院撤销了地方法院对于被告侵犯原告方法权利要求的判决，维持了地方法院对于被告侵犯原告计算机可读存储介质权利要求的判决，并在判决书中指出：一方须在美国境内实施方法权利要求的全部步骤才构成侵犯其专利权。而在该案中，方法权利要求中的步骤是在测试期间执行的，而测试过程均发生在德国境内，因此被告不构成对于方法权利要求专利权的侵犯。但被告在美国境内对于相关计算机可读存储介质产品的行为构成了对于原告计算机可读存储介质权利要求专利权的侵犯。

可见，此"介质+程序"类产品权利要求在专利侵权认定方面具有其独特的优势，这点在光盘等介质不再作为主流分发方式的互联网和移动互联网时代仍旧如此。对于手机等移动设备的 App 而言，用户获取 App 最常见的方式是从 Apple App Store、Google Play Store、腾讯应用宝、百度应用市场等官方或第三方软件商店购买或免费下载 App，而这些 App 一般会存储在这些软件商店运营者的服务器的硬盘或其他存储介质中。在此种情况下，如果 App 能够执行此"介质+程序"类产品权利要求中包含的程序所体现的方法步骤，或许就可以认定这些软件商店运营者为生产经营目的制造和使用（例如，将 App 制造商上传的 App 复制至其服务器硬盘，并用来供用户下载）了专利产品，涉嫌侵犯该专利权（但视具体情形或许可以依据"避风港"原则无须承担侵权责任），或许也可以认定 App 制造商在 App 开发完成后在其设备硬盘中存储该 App 并上传至软件商店的行为构成了为生产经营目的制造和使用了专利产品，涉嫌侵犯该专利权。同样，由于尚未出现相关判例，在今后此类案件中法院会以何种思路进行司法裁判尚有待验证。

综上所述，本次《专利审查指南》的修改对于涉及商业方法和软件的专利申请的审查以及授权后的保护都比较有利。专利申请人及其代理人应在撰写相关专利申请时及时调整撰写方式，对于已经提交的专利申请，也可以利用主动修改等时机，在不超出原说明书和权利要求书记载范围的前提下补入相关类型的权利要求或进行适应性的修改，以期在授权后获得更加充分的专利保护。

🔍 参考文献

国家知识产权局. 新修改的《专利审查指南》已于 4 月 1 日起施行 [EB/OL].
http://www.sipo.gov.cn/zcfg/zcjd/201703/t20170306_ 1308646.html.

指南修改动态：《专利审查指南》修改中涉及部分的解读

张梅珍

2017 年 2 月 28 日，国家知识产权局专利局局长申长雨签发国家知识产权局第 74 号令，宣布自 2017 年 4 月 1 日起施行《国家知识产权局关于修改〈专利审查指南〉的决定》。该决定涉及《专利审查指南》第二、四、五部分的修改，其中关于第四部分"专利无效审查"的修改引起业界广泛的关注，本文仅对该部分内容进行解读，以飨同业人员。

一、修改内容（见表 1）

表 1　修改的内容对比

	《专利审查指南》 （2010 年 2 月 1 日起施行）	《专利审查指南》 （根据第 74 号局令修正）
第一处	第四部分第三章 4.2　无效宣告理由的增加 （1）请求人在提出无效宣告请求之日起一个月内增加无效宣告理由的，应当在该期限内对所增加的无效宣告理由具体说明；否则，专利复审委员会不予考虑。 （2）请求人在提出无效宣告请求之日起一个月后增加无效宣告理由的，专利复审委员会一般不予考虑，但下列情形除外： （i）针对专利权人以合并方式修改的权利要求，在专利复审委员会指定期限内增加无效宣告理由，并在该期限内对所增加的无效宣告理由具体说明的； （ii）对明显与提交的证据不相对应的无效宣告理由进行变更的。	第四部分第三章 4.2　无效宣告理由的增加 （1）请求人在提出无效宣告请求之日起一个月内增加无效宣告理由的，应当在该期限内对所增加的无效宣告理由具体说明；否则，专利复审委员会不予考虑。 （2）请求人在提出无效宣告请求之日起一个月后增加无效宣告理由的，专利复审委员会一般不予考虑，但下列情形除外： （i）针对专利权人以**删除以外的**方式修改的权利要求，在专利复审委员会指定期限内**针对修改内容**增加无效宣告理由，并在该期限内对所增加的无效宣告理由具体说明的； （ii）对明显与提交的证据不相对应的无效宣告理由进行变更的。

续表

	《专利审查指南》 （2010 年 2 月 1 日起施行）	《专利审查指南》 （根据第 74 号局令修正）
第二处	第四部分第三章 4.3.1　请求人举证 （1）请求人在提出无效宣告请求之日起一个月内补充证据的，应当在该期限内结合该证据具体说明相关的无效宣告理由，否则，专利复审委员会不予考虑。 （2）请求人在提出无效宣告请求之日起一个月后补充证据的，专利复审委员会一般不予考虑，但下列情形除外： （i）针对专利权人以合并方式修改的权利要求或者提交的反证，请求人在专利复审委员会指定的期限内补充证据，并在该期限内结合该证据具体说明相关无效宣告理由的； （ii）在口头审理辩论终结前提交技术词典、技术手册和教科书等所属技术领域中的公知常识性证据或者用于完善证据法定形式的公证文书、原件等证据，并在该期限内结合该证据具体说明相关无效宣告理由的。 （3）请求人提交的证据是外文的，提交其中文译文的期限适用该证据的举证期限。	第四部分第三章 4.3.1　请求人举证 （1）请求人在提出无效宣告请求之日起一个月内补充证据的，应当在该期限内结合该证据具体说明相关的无效宣告理由，否则，专利复审委员会不予考虑。 （2）请求人在提出无效宣告请求之日起一个月后补充证据的，专利复审委员会一般不予考虑，但下列情形除外： （i）**针对专利权人提交的反证**，请求人在专利复审委员会指定的期限内补充证据，并在该期限内结合该证据具体说明相关无效宣告理由的； （ii）在口头审理辩论终结前提交技术词典、技术手册和教科书等所属技术领域中的公知常识性证据或者用于完善证据法定形式的公证文书、原件等证据，并在该期限内结合该证据具体说明相关无效宣告理由的。 （3）请求人提交的证据是外文的，提交其中文译文的期限适用该证据的举证期限。

二、修改解读

（一）修改内容解读

1. 修改方式的变化

上述四处修改最核心的是第三处——第 4.6.2 节修改方式，将原来的合并式修改删除，**改为权利要求的进一步限定、明显错误的修正**。

关于**明显错误**，在《专利审查指南》修改之前，在无效程序中是不能修改的，但在申请阶段中可以进行。

在初步审查阶段，"明显错误"在《专利审查指南》第一部分第二章第八节定义为：**所谓明显错误，是指不正确的内容可以从原说明书、权利要求书的上下文中清楚地判断出来，没有作其他解释或者修改的可能**。在该部分指出，申请人可以对明显错误进行更正，审查员也可以依职权进行修改。

在实质审查阶段，在《专利审查指南》第二部分第八章第5.2.2.2节指出：申请人可以修改由所属技术领域的技术人员能够识别出的明显错误，即语法错误、文字错误和打印错误。对这些错误的修改必须是所属技术领域的技术人员能从说明书的整体及上下文看出的唯一的正确答案。审查员也可以对明显错误的修改依职权进行。

因此，此次将明显错误的修改纳入无效程序，是非常合理的。

关于权利要求的进一步限定，在指南中明确了是指在权利要求中补入其他权利要求中记载的一个或者多个技术特征，以缩小保护范围。

相比修改前的合并式修改，在权利要求中补入其他权利要求中记载的一个或者多个技术特征，自由度显然更大，出现的情形也很多。"其他权利要求"既包括相互无引用关系的从属权利要求，也包括另一个独立权利要求，情况非常复杂。

第四处的修改——第4.6.3节修改方式，只是因为修改方式改变后做的文字调整。

2. 无效理由的增加

在无效修改方式作出重大调整之时，《专利审查指南》对第4.2节无效理由的增加（第一处）进行了相应的如下修改：

请求人在提出无效宣告请求之日起一个月后增加无效宣告理由的，专利复审委员会一般不予考虑，但下列情形除外：

（i）针对专利权人以**删除以外的**方式修改的权利要求，在专利复审委员会指定期限内**针对修改内容**增加无效宣告理由，并在该期限内对所增加的无效宣告理由具体说明的。

首先，将原来的"针对专利权人以合并方式修改的权利要求"改为"针对专利权人以**删除以外的方式修改的权利要求**"，这个修改是修改方式改变后做的文字调整。

其次，将原来的"在专利复审委员会指定期限内增加无效宣告理由"改为"在专利复审委员会指定期限内**针对修改内容**增加无效宣告理由"。从修改本身来看，是对无效请求人的限制，仅仅允许针对专利权人修改的内容增加无效理由。实际上，在未对指南修改之前，业内所理解的增加无效宣告理由，也是仅针对修改内容，即针对合并式修改产生的技术方案增加无效理由，因此，**此处的修改仅仅是进一步明确而已**。

3. 举证的限制

另外1处需要引起特别关注的是第4.3.1节请求人举证（第二处）。

修改之前，该部分内容为：

请求人在提出无效宣告请求之日起一个月后补充证据的情形，专利复审委员会一般不予考虑，但下列情形除外：

（i）针对专利权人以合并方式修改的权利要求或者提交的反证，请求人在专利复审委员会指定的期限内补充证据，并在该期限内结合该证据具体说明相关无效宣告理由的；

修改后将"以合并方式修改"的情形予以删除，并且未替换成"以其他方式的修改"，而是仅保留"提交的反证"。

也就是说，在专利权人以进一步限定的方式进行权利要求的修改时，**请求人不能针对新形成的技术方案提交任何证据！**而在修改前，请求人可以针对合并方式形成的技术方案补充证据。

进一步地，将无效理由的增加与请求人举证结合来看，在专利权人以进一步限定的方式进行权利要求的修改时，请求人不能针对新形成的技术方案提交任何证据，只能补充无效理由，可以想见的理由包括：修改超范围、不清楚、不支持及之前所提出的证据的组合等。

但证据的组合可能也有一定的限制，比如：

权 1：A+B

权 2 引用权 1：C

权 3 引用权 2：D+F

证据 1 用来评价独立权利要求 1，证据 2 评价从属权利要求 2，证据 3 评价从属权利要求 3 的技术特征 D。现在将技术特征 D 补充到权利要求 1 中，证据 1 与证据 3 能用于评价新的权利要求 1，假如新发现证据 2 中也有与技术特征 D 相关的内容，能否证据 1 与证据 2 组合？

（二）修改的出发点

1. 关于权利要求的修改

在世界范围内一些国家的专利制度设计有授权后专利文件修改的机制，例如美国专利再颁程序、日本订正审判程序等，从而为专利权人提高自己专利的稳定性提供了制度保障。我国没有单独授权后专利文件修改的机制，专利权人仅能在无效程序中以非常有限的修改方式、有限的修改时机进行些微修改。近些年无效、诉讼中出现一些典型案例，让业界看到，仅仅使用无效中删除及合并方式对权利要求进行修改，面对目前专利撰写水平并不理想的现实，带来的是对专利保护的不利和无奈。因此，来自各方面的呼声，使得在没有单独的授权后专利文件修改机制之时，适度放开无效程序中专利文件的修改方式势在必行。

实践中，专利权人希望专利文件的修改方式能够更加灵活，允许补入权利要求中或者说明书中记载的技术特征，允许修正明显的错误。但是，由于专利权的保护范围以权利要求的内容为准，授权公告的权利要求书具有公示性，因此对专利文件的修改不能损害社会公众的信赖利益。综合考虑后，适度放开专利文件的修改方式。

但此次放开的尺度是否太大，会否在无效程序中引发一些问题，会否给社会公众带来特别大的不确定性，使得无法预期产品是否落入权利要求保护范围，这些都有待于施行之后的专利实践来确认。

2. 关于请求人举证

如前所述，此次修改对请求人举证进行了限制，国家知识产权局给出的理由是：当专利权人以补入其他权利要求中记载的技术特征的方式修改权利要求时，由于并未引入此前权利要求书中不存在的技术特征，请求人仅需对其已经提交证据的组合方式进行调整，并不需要再另行补充证据，因此进行以上修改。

作为代理人，能够想见此种修改背后可能还有无效审查周期缩短的追求，另外可能考虑到了无效请求可以多次提出。

（三）修改后的影响

总体来说，此次修改对于专利权人来说是利好，对于请求人来说，则降低了可预测性同时存在更多的限制。根据第74号局令，指南修改从4月1日开始施行。作者理解，目前尚未结案的无效案件将适用该修改。针对该修改，无论专利权人还是请求人都应当考虑在无效程序中策略的调整。例如请求人需要在无效请求提出之日以及1个月内补充理由之时尽可能多地举证，专利权人在修改权利要求时虽然有了更大的修改空间，但要避免引入其他缺陷。

专利无效在整个知识产权代理中属于后端业务，但无效部分的修改会直接关系到申请阶段如何撰写专利申请。由于扩大了专利权人的修改方式，貌似对专利撰写降低了要求，但由于仍然不能将说明书中的内容补充到权利要求书中，在权利要求的构建上仍然需要仔细推敲，以对专利分层级并形成立体保护，才能在后续十年或者二十年中经得起考验。

🔍 **参考文献**

国家知识产权局. 新修改的《专利审查指南》已于4月1日起施行［EB/OL］. http://www.sipo.gov.cn/zcfg/zcjd/201703/t20170306_ 1308646.html.

我国职务发明奖酬制度的相关问题研究[*]

侯博文

我国在《国家中长期人才发展规划纲要（2010—2020 年）》中提出了要制定职务技术成果条例，明确职务发明人权益，国家知识产局在 2011 年开始研究制定《职务发明条例》，在 2012 年两次发布《职务发明条例草案（征求意见稿）》，并在 2013 年公布了《职务发明条例草案（送审稿）》。但由于企业与劳动者所处立场不同，对该稿的意见分歧较大，相关立法活动暂时搁置。2015 年 4 月，国务院法制办发布了最新的送审稿，在先前三稿的基础上又做了一定调整。

对职务发明制定专门条例可以说是顺应了社会的迫切需要，近年来，有关职务发明的案件逐年增加，而相关法律严重滞后，仅在《专利法》与《专利法实施细则》（以下简称《细则》）中有对职务发明的一些原则性规定，这也给法院在审判中带来了困扰，法官往往需要援引《劳动法》《合同法》以及《民法通则》的一些基本原则加以适用，同时职务发明制度涉及劳动雇佣、知识产权、民事合同等多种法律关系，其独特性与复杂性也使得我国有必要对此进行专门的立法。

一、现有立法在职务发明奖酬问题上的不足

在现有立法中，对于职务发明的奖酬问题，《专利法》仅在第十六条原则性规定被授予专利权的单位应对专利发明人给予奖励，并在专利实施后，对发明人给予合理的奖酬。《细则》在《专利法》第十六条的基础上，扩充了许多内容，主要包括规定用人单位可以与发明人在先约定，区分了奖励与奖酬，并规定了两者具体的数额标准。《细则》对于《专利法》最大的突破在于明确了约定优先原则，即用人单位可以与职务发明人针对奖酬达成协议。尽管细则完善了职务发明奖酬的相关内容，但在理论与司法实践中仍然存在严重不足。

---

[*] 撰写论文时作者为中国人民大学学生，本文获 2016 年度隆天知识产权优秀论文奖。

（一）对于给付奖酬的单位的定义过于狭窄

《细则》对给付奖酬的单位认定为"被授予专利权的单位"。在大部分单位中，往往是用人单位申请专利权并获得专利权。但在现代商业模式的发展下，情况便出现了不同，"张某某诉3M案"便是此类案件的代表。在该案中，张某某系3M中国公司的员工，而3M中国公司与3M创新公司皆为3M公司的全资子公司。3M公司与3M中国公司、3M创新公司的《合同研究协议》约定，3M中国公司取得的所有专利，均应转移给3M创新公司，再由3M创新公司授权许可3M中国公司使用专利。张某某同3M中国公司有关专利奖酬问题无法达成一致后向法院起诉。本案焦点问题之一便是给付奖酬单位的认定问题。法院最终认为尽管专利属于3M创新公司所有，但其与张某某无雇佣关系，因此给付奖酬单位应当是3M中国公司。类似的案件在我国司法实践中近几年有较多出现，法院在最后认定上也是对《细则》的规定进行模糊处理以维护职务发明人的权利。这说明细则在对奖酬给付的单位认定上存在立法漏洞。现代许多大型的跨国公司，基于结构优化、合理避税等方面的考虑，一般会将所有子公司的知识产权集中于一个子公司下，再通过它授权其他子公司的使用。作为一种商业模式这种运作是无可厚非的，但这造成了专利奖酬给付的问题。职务发明人与一国的子公司签订劳动合同，建立了劳动关系，但该专利却授予给了另一家与职务发明人无关的公司。而拥有专利权的公司与职务发明人并无直接法律关系，因此基于细则第七十六条的规定由其给付奖酬又缺乏合理性，这使得职务发明人在索要奖酬时处于"两头堵"的尴尬境地。细则在制定中未考虑到此种商业模式，对给付的单位定义狭窄，是一个立法上的失误。

（二）奖酬的具体数额计算标准不合理

对于奖酬的计算标准问题，《专利法》没有具体规定，在《细则》对奖励与报酬的标准与计算方式做出了详细规定。首先奖励的计算方式为固定制，即若无约定，奖励金额为不低于3000元（发明专利）或1000元（实用新型与外观设计）。而对于报酬则采取了比例制，其基准是实施该专利所产生的营业利润，并按年计算报酬。单位许可他人使用该专利的，则是以使用费为基准按年计算报酬。笔者认为，《细则》相关规定存在一些问题。

首先，奖励的计算标准过于单一。职务发明中的奖励意在提高发明人的积极性，是鼓励发明人多发明专利的一种方式。但这种将奖励的金额定为一个固定值不是一种合适的做法。我国公司数量巨大，各公司的主营业务与盈利金额也是差异巨大。这种"一刀切"的标准忽视了我国现状，违背了企业的多样性。试想，在一个每年利润并不高的创业公司，每项发明专利的3000元的奖励对于公司来说是有一定压力的；而对于一个以研发核心技术为主的技术开发公司中，一项可能给企业带来巨大经济利益的发明专利，职务发明人仅仅能得到与其薪酬与公司利润极不相称的奖励金。在这两种情况下，此种奖励模式不但不会推动专利的发展，反而会使企业负担压力或使发明者的积极性降低。因此，采取奖励金额下限固定值的方法是欠妥的。

其次，在报酬的计算标准上，仅仅以营业利润作为基准缺乏合理性与可操作性。在一些专利的实施过程中，会出现会计核算出的营业利润偏低，但实际的销售收入较高的情况，此时再依据营业利润来计算专利报酬就会损害职务发明人的权益。另外，在实际诉讼中，有关职务发明报酬是由发明人承担举证责任，而营业利润在会计核算中容易通过提高成本等方式在账面上显示一个低值，发明人又很难证明单位在账目处理的错误，很容易败诉。❶ 在涉及专利转让的问题上，《细则》没有相关的计算标准，而专利的转让已经成为技术市场上很普遍的交易方式。这很大地影响了职务发明人的经济利益。

最后，在奖酬的计算标准上缺乏整体性考量。在专利被实施到企业的生产过程中，一般情况下并不是只有一项专利在起作用，而是一道作业线上数项专利在各自环节上分别发挥作用，这就涉及每项专利的贡献值有多少。如果不考虑专利的贡献度的话，这对其他专利发明人和企业都是不公平的。同时在诉讼中，贡献度低的一项专利的发明人可以以整套作业线所产生的营业利润以主张其报酬的数额，这明显是不妥的。另外，在一项专利的研发中，单位付出的成本也应考虑在内，而不能只认为职务发明完全是其个人努力的结果，否则，职务发明与其他普通专利发明便无显著区别。因此，《细则》的计算标准缺乏对单位的参与度及各项发明人贡献程度的考量。

（三）约定优先原则的规定不完整

约定优先原则在《专利法》中并没有提及，而是在《细则》中首次提出，其基本含义是指在意思自治的基本精神下，允许单位与员工就奖励与报酬的方式和数额进行约定。❷ 约定优先原则作为职务发明中的一项重要内容，为世界绝大部分国家所采纳。它使得与劳动雇佣关系紧密的职务发明制度中引入了民法的意思自治契约自由的精神。它能够让单位和职务发明人根据实际情况灵活地确定奖酬，避免立法上较为单一的约束，促进专利发明的活跃

---

❶ 罗东川. 职务发明权属与奖酬纠纷经典案例精选与注解［M］. 北京：法律出版社，2015.

❷ 吴汉东. 知识产权法基本问题研究［M］. 北京：中国人民大学出版社，2005.

性。从这一角度看，《细则》引入该原则是十分恰当的。但《细则》的缺陷在于仅仅明确了约定的有效性与有限性，却没讨论约定的无效情形与相关限制情形。在劳动雇佣关系下，单位往往处于优势地位，而劳动者处于不利地位。此时，单位与劳动者约定的内容一般会对单位有利，这是劳动合同与普通民事合同的不同之处，即劳动雇佣的法律关系下双方地位实然是并不平等。在职务发明中，如果单位不合理地限制甚至取消了职务发明人获取奖酬的权利，那么此种约定应认定为无效。另外，如果约定的数额明显低于法定的下限时，也应在立法上予以明确的规定，但《细则》对于这些问题都没有提及，因此在一些判例中，职务发明人与单位的约定尽管十分不公平，由于职务发明人无法举证约定时有欺诈胁迫等情形，法院最终根据《细则》判决约定有效。❶ 在这种涉及单位与职务发明人核心利益的情形下，相关立法应当予以明确，而不是基于争议很大最终回避问题。

二、《职务发明条例草案》对奖酬制度的修改与特点

在 2015 年 4 月的《职务发明条例草案（送审稿）》（以下简称《草案》）中，对之前的三稿中讨论最广泛的问题都作了回应，并进行了相关的修改。总体来看，《草案》在奖酬制度上对《细则》有了明显的改动，尤其对《细则》存在的上述三个问题都予以完善和补充。

（一）扩大给付奖酬单位的范围

本次《草案》针对被授予专利权的单位与职务发明人所在劳动单位不一致的情况，将给付义务主体修改为"单位"。❷ 这种采取模糊处理的方式，解决了之前对给付单位定义过窄的问题。同时，也给今后可能在实际中出现的新情况留出了立法空间。另外，法院在审理案件时，也可以根据具体的案情对"单位"的含义做出最适合的判断。再回到张某某诉 3M 案中，若运用该条问题就会迎刃而解。在本案中，3M 中国公司在转移专利申请权给 3M 创新公司，一定取得了相关收益，即 3M 中国公司基于张某某的发明专利获益，因此给付单位即应为张某某的劳动单位 3M 中国公司，而 3M 创新公司既没有收益又与张某某无直接法律关系，因此不是报酬的给付主体。在《专利法》的最新修改稿中，我们也看到在涉及奖酬的给付上，也一律改为"单位"一词，体现出国家在对待此问题上在立法层面是一致的。

❶ 罗东川. 职务发明权属与奖酬纠纷经典案例精选与注解 [M]. 北京：法律出版社，2015.

❷ 国家知识产权局. 关于《职务发明条例草案（送审稿）》的说明 [EB/OL]. http://www. sipo.gov.cn/ztzl/ywzt/zwfmtlzl/tlcayj/201504/t20150413_ 1100584.html.

（二）完善奖酬的计算标准

从草案第一稿开始，立法部门即注意到之前对奖酬计算标准存在漏洞，因此进行了大幅度的修改。

首先，在奖励的数额问题上，《草案》放弃了固定金额的方式，而采取了以该岗位职工的月工资作为基准，以月工资的倍数的形式加以规定。这种计算方式考虑到不同单位的实际状况与不同职务发明人的具体需要，将单位效益、员工薪酬与奖励金额联系起来，更具科学性。另外，在具体倍数划分上，《草案》采取发明专利与植物新品种和其他专利两档计算，这是出于对不同专利的重要程度与投入成本的综合考量。发明专利与植物新品种，投入时间一般较长，成本较大，且对经济社会发展更为重要，因此将这两项专利单独列出是有其合理性的，并且两档的差异并不悬殊，也体现了利益平衡的原则。

其次，在报酬的具体数额上，最明显的特点是大幅度增加了报酬给付金额。长期以来，我国在强调集体意识的背景下，刻意淡化个人利益，同时由于过去的职务发明绝大多数来自国有企事业单位，因此在专利的报酬上数额较少。这严重地降低了发明人的发明积极性，阻碍了我国知识产业事业的发展。《草案》立足于当前经济发展现状并借鉴西方发达国家立法实践，由原《细则》规定的发明专利为营业利润2%增加至5%，而外观设计更是由之前的营业利润0.2%增加至营业利润3%。这将给职务发明人带来很大的经济效益，也与其投入达到基本的平衡，较之前相比更符合现实。

再次，在报酬的确定依据上，改变了《细则》单一的营业利润为基准，而采取营业利润、销售收入、职工工资三种择一作为计算基准。这种修改使单位在无法确定某种依据的具体数额时，得依据其他标准确定数额予以支付报酬，维护了职务发明人的合法权益。之前在一些诉讼中，单位会辩称专利的营业利润无法准确核算因此无法确定具体报酬数额。《草案》中新增的销售收入与职工工资都很容易计算或确定的，这极大地解决了报酬计算难的问题。此外《草案》还规定可以根据营业利润或销售收入的合理倍数一次性给付所有报酬。这也给单位在给付方式上增加了灵活性与自主选择性。

最后，《草案》还注意到单位给付成本问题，规定报酬累计不得超过营业利润的50%，这也是首次在给付数额中规定上限，避免了单位为支付专利报酬需要付出过多成本，减少了企业压力，也平衡了不同计算基准造成的数额差异。

（三）规定约定优先原则的限制情形

针对《细则》对于优先约定原则的表述过于笼统，《草案》首先明确了在先约定有效且优先的基本原则，将可约定的内容限制为奖酬的程序、方式与数额三方面，并规定凡取消或不合理限制权利的约定无效。

对于增加了约定优先的限制情形，是出于对职务发明人的保护。在一般民事合同下，合同双方凡在自愿原则下，同意减损一方权利或增加一方义务是当然有效的，这也是意思自治的体现。但作为劳动者，职务发明人在签订协议时，有可能违心地同意降低奖酬的金额，以获得劳动岗位。这种协议虽然不违反意思自治，但是基于劳资双方的不平等地位下做出的约定。而如果双方约定无偿转让专利申请，更是不合情理的。因此《草案》对于此种约定采取无效处理，是具有一定合理性的。同时应当注意到一般约定的数额低于《草案》规定的下限时，约定是有效的，只有在"不合理地"限制了职务发明人的权利时，约定才归为无效，否则约定优先原则便失去了意义。

（四）增加奖酬确定的合理性原则

针对《细则》忽略了职务发明在企业中的整体性问题，《草案》规定确定报酬时应考虑每个专利在作业线上的贡献以及每位发明人在发明中的贡献。这也是专利立法中首次提到合理性原则。合理性原则的基本要求是在职务发明中，应当注意各专利在单位中的整体配合，考虑到单位在职务发明中的投入。《草案》此次仅对合理性原则做了总括性规定，而不是提出了具体的计算公式，这是同其他国家的职务专利立法有所区别的。

概括来说，《草案》完善了原职务发明立法所存在的许多缺陷，尽管仍存在不足，所做的修改总体上是合理的、必需的。

三、职务发明奖酬制度的国际比较

我国专利立法同西方发达国家相比，起步较晚，美国、德国、日本等国家在专利的奖酬制度方面立法较为完善合理，因此了解与对比其他国家是必要的。笔者主要从奖酬的具体计算标准、约定优先原则的适用、奖酬的给付时间与方式三方面进行国际比较。

（一）奖酬的具体计算标准

在计算标准问题上，由于各国情况不同，因此都结合了本国的特色制定了不同的计算公式。首先，德国的专利立法体现在1957年制定的《雇员发明法》中。法律对如何确定奖酬没有做强制性规定，只是要求雇主在同雇员约定时要注意到企业在职务发明中的贡献度的问题。在 1959 年为了统一标准减少纠纷，德国劳工部发布了计算公式的指导性意见，而这一非强制性的计算公式为绝大多数雇主与雇员所采纳，并适用至今。具体来说，共有三种计算方式：第一种适用于雇主将专利直接引入工厂的生产线供本单位使用，专利并不是创造出一种新的生产模式，而是能够减少单位的成本，提高生产效率。在此情况下雇员获得报酬时根据单位所节省出的生产成本的一定比例来计算。第二种是在没有产生具体的销售或者使用费的情况下，雇员是按照评估后的专利公允价值计算的。第三种则是针对雇主授权第三方许可使用专利而收取许可费的情况，这也是实践中使用最多的一种，其计算公式可以写作：职务发明人所获报酬=销售收入×贡献度×许可使用费率。这三个要素中，销售收入最容易确定，即根据企业的账目进行核算。而许可使用费率则是由劳工部按照行业的不同制定一个范围，由企业在此范围内确定具体数额。许可使用费的范围一般较为宽泛，上限与下限一般在 5 倍左右，高新技术行业比传统工业要高。❶ 另外如果销售收入超过一定标准时，许可使用费率使用率反而会降低。贡献度一直是最主观同时无法准确核定比例的因素，对此，德国劳工部明确规定贡献度要考虑到雇员提出相关专利构思、实际参与完成专利和雇员的职务级别三个相关因素，由雇主综合得出一个合理数字。总体来说，德国对于报酬的具体计算标准相当细致，雇主的自主性较低，多是依据官方指导意见来确定相关标准。

日本关于职务发明的法律规定集中在《专利法》中，其中第三十五条确立了"相当对价"制度。相当对价是指单位在获得员工的专利权利时，必须经过双方协商而给予与员工贡献程度相当的报酬。由此可见，日本在立法中并没有具体规定相关计算标准，而是引入了意思自治原则。在实践中，日本的单位会在申请专利时给付一笔固定的奖励金，而在专利被授予时支付报酬。单位往往是根据企业因专利取得的利润与员工的贡献度来确定具体数额。而贡献度主要考虑企业为发明所负担的费用以及权利取得过程中、产业化过程中、发明专利让渡后等各个阶段。

美国的专利法并没有对职务发明的相关规定，大多数公司都会在签订劳动合同时与劳动者在专利使用奖酬方面达成约定，具体的计算标准则完全采取自愿的方式。近年来一些美国议员认为公司往往会对职务发明报酬约定规

---

❶ 刘向姝，刘群英. 职务发明报酬制度的国际比较及建议 [J]. 知识产权，2006, 16（2）：84-88.

定数额，此举会降低职工发明的积极性，从而呼吁国会对职务发明专项立法，但目前尚无立法动态。

（二）约定优先原则的适用

美国在职务专利领域意思自治原则运用最为广泛，因此在约定优先原则上也是有着长期的历史发展过程。美国在联邦立法上没有对职务专利的奖酬问题作出相关规定，因此企业在员工入职前会与之签署提前转让发明协议，即雇佣双方明示或默示订立有关协议或者在劳动合同中加入相关条款，用以对未来在雇佣关系存续期间雇员可能完成的发明进行权属分配。对于此类协议，由于专利发明尚未开始研发，企业在雇佣关系中拥有优势地位，往往会限制员工的许多权利，比如降低奖酬数额，解雇后的职务发明不再给付报酬等内容。如何对此种提前约定的专利转让协议进行内容与效力上的限制便成为一个重要问题。美国法院在相关案件审理中一般是将其作为格式合同看待，通过两方面确定该合同是否有效：一方面是合同本身是否符合公平原则，合同的主要内容是否明显地倾向于某一方，使得另一方处于无法自主选择的状态；另一方面是在完成专利转让后员工是否获得了合理的补偿。约定优先原则的限制范围在美国受到严格的约束，只要合同本身不涉及胁迫非自愿签订的情形，一般都会被认定为有效。从这一角度来看，美国在约定优先原则的使用上偏重于保护雇主利益。

而德国与美国相似，在《雇员发明法》实施前，对雇主与雇员签订的提前转让合同认为无效，其理由是有强制订立之嫌，违背劳动法的相关规定。但《雇员发明法》规定了雇主事先须与雇员在协商一致的前提下订立有关职务发明奖酬的协议，这实质上是承认了提前转让发明协议的有效性。并且奖酬的数额若是在双方自愿下明显低于劳工部所规定的指导标准时，也认可协议的有效性。总的来说，多数发达国家都对约定优先原则的限制情形采取十分谨慎的态度，将提前约定协议看作是普通的民事合同。

（三）奖酬的给付时间与方式

德国在给付时间与方式的问题上首先遵循约定，即雇主与雇员在协议中直接约定支付时间。对于双方未约定支付报酬的相关事宜的，雇主应当单方确定报酬的时间和方式并告知雇员，雇员若对雇主确定的报酬不接受，可以2个月内书面向雇主提交反对意见书，若雇员2个月内并未提出书面反对的，依据雇主提出的方式和数额支付。在提出书面反对之后，雇员可以向德国专利和商标局设立的调解处申请调解；调解不成的，可以向法院提起诉讼。未经调解程序不得提起诉讼。

法国的规定与德国类似，法国知识产权法典主张由双方协商，依据劳动合同确定，没有约定的，在向调解委员会请求调解时，由调解委员会在六个月内提出和解建议；当事人如果自收到和解建议通知书一个月内仍未向法院提起诉讼的，则视为接受和解建议。当事人一方提出执行诉求的，可向主审法院申请执行和解内容。若当事人在有效期内提起诉讼的，法院对该案应当不公开审理。

总体来看，各国在对奖酬的给付时间与方式上规定类似，即双方可以就此作出有效约定，未约定的在合理期限内可以申请调解或诉讼。

四、对我国职务发明奖酬制度的评析与相关建议

通过对我国职务发明奖酬制度从《专利法实施细则》到《职务发明条例草案》的梳理分析以及对其他国家的立法比较，可以看出我国相关立法愈加趋于合理化与科学化，既注重我国的国情，又借鉴了其他国家许多先进的经验。但笔者认为，我国职务发明的奖酬制度依然存在一些不完善之处，而这些问题是迫切需要解决的。

第一，应当细化职务报酬的计算方法。《草案》尽管提供了若干计算基准以备选择，但都没有将职务发明人的贡献度加入计算标准中。《草案》中虽然提到要考虑专利发明的经济效益的贡献，但都是原则性的概括，缺乏可操作性。因此我国可以借鉴德国的方式，增加发明者贡献度这一系数，并且在销售额增加到一定数额时，相应降低报酬的比例。之所以采取德国的详细规定的方式而不是美日的灵活自由的选择方式，是因为我国当前奖酬体系较为简单，单位也鲜有完整的职务专利的计算方法与合理的评价标准，若不通过立法加以指导，会很难使单位与职工保持平衡状态，也不利于我国职务发明的发展。在职务发明的诉讼中，涉及奖酬的案件数量是仅次于归属问题的案件数量，可见在实践中也要求奖酬的计算方法予以明确和细化。❶ 另外，在规定法定下限的比例时，应当根据行业为分类而区分不同标准。传统领域工业比例应当低于高新技术工业，这既有利于国家产业政策转变，也会促进传统工业单位积极主动地进行技术革新，实现转型。

第二，明确约定优先原则的限制情形。《草案》中使用"不合理"来作为认定约定无效的标准过于笼统，若不加以明确，那么约定优先原则就会面临极大的挑战。我国作为科技创新领域的后发国家，肩负着同时完成科技产

---

❶ 罗东川. 职务发明权属与奖酬纠纷经典案例精选与注解 [M]. 北京：法律出版社，2015.

业转移与创建国家创新体系的双重任务。在有关职务发明立法方面，为平衡雇佣双方利益必须对约定优先原则给予限制，但应尽可能将限制程度降至最低，充分保障企业和发明人的意思自由。另外，单位一般会在入职前即与员工签订统一制式的有关职务发明的合同，这种合同应当属于格式合同，而我国《合同法》对格式合同的无效情形作出了明确规定，因此在此类合同发生争议时应直接适用《合同法》的相关内容，而且《草案》中对在先约定的无效情形同《合同法》的规定十分相似，故《草案》的规定似乎失去了其实际意义。因此，今后的相关专利立法应当在《合同法》调整范围之外细化限制条款适用的范围和情形，以达到其立法意义。

第三，应当更加注重保护单位利益。由于职务发明是在劳动雇佣关系下形成的特殊的专利形式，因而其一定会受到劳动法的影响。从我国现有立法看，我国在职务发明方面总体是保护劳动者的权益。而我们更应看到单位在职务发明中所起的重要作用。专利的最终价值是能够运用到实际生产中去，而在这一转化过程中往往会付出巨大的成本投入，并且会有失败的风险，这对职务发明人个人来说是难以完成的，必须得到单位的支持。如果在职务发明的报酬上规定下限过高，那么企业不但要承担前期投入成本，而且要另外支付较高的额外报酬，这对于企业而言压力过大。另外，我国目前在专利方面完成数量最多的恰恰是初级创业的资本并不雄厚的公司，每项专利发明是这些公司盈利和日后发展的关键。因此不能在此阶段让公司承担更多的成本。在具体立法上，应当考虑单位在职务发明中的贡献度，包括前期研究成本与后续的开发改进等相关成本。同时在奖酬问题的约定问题上多发挥市场机制作用，慎用政府规制手段。

第四，改革奖励制度。我国现行专利法实行奖励与报酬两者并存的模式，对于职工的专利被授予专利权后，单位即应给付相应的奖励。而在专利被投入生产获得效益或者被许可第三方使用、转让的情况下，单位才会支付报酬。因此，奖励制度的初衷在于激发职工的专利发明的积极性。但是发明创造从获得专利到实施专利之间需要相当长的一段时间。从我国现实状况来看，多数职务发明的专利实用性较差，很难被实际应用。另外，对于实用新型和外观设计专利，在授予专利权时没有进行实质审查，仅作形式审查，因此后期被宣告无效的可能性很大。而我国现行法律规定职务发明专利授予后被宣告无效或者被撤销不影响之前获得奖励与报酬的效力。这就会存在一个专利并没有实施就被宣告无效，单位却支付了奖金，这对于单位来讲是不公平的。此举也会导致职工只注重其专利被授予专利权，而忽视了专利的实际的经济效益。因此，应当改革现有的奖励制度，把实际使用的与未使用的专利奖励费用相区别，并且差距适当拉大。同时还应延后奖励支付的时间，给职务发明人充分时间对其发明的专利进行后期考察与改良，真正实现奖励制度的立法目的。

五、结　语

职务发明奖酬制度是职务发明制度的核心，奖酬制度的完善会促进科学技术的进步。我国当前的职务发明奖酬的相关立法总体来看仍比较简略，而且与民法、劳动法等有重叠矛盾的情况。可喜的是，我国立法部门已经注意到这个问题，在最近《专利法》的修改与《职务发明条例》的草案中，奖酬制度更加具体化与合理化，与其他部门法律也在努力地衔接一致。但我们应当认识到，我国职务发明奖酬制度同其他发达国家相比，仍有一段很长的距离。这是西方知识产权发展了数百年的结果，我国在职务发明方面起步很晚，并且最初主要集中在国有企业，在集体主义的影响下，职务发明的奖酬也基本不被提及。另外，职务发明是推动社会经济发展与增强国家国力的重要力量之一。尤其是对于我国来说，要成功经济转型，构建创新型国家这一目标，建立完善职务发明制度是必不可少的。因此我们一方面应立足于我国国情，在社会主义市场经济的背景下重新审视职务发明的奖酬问题，另一方面主动借鉴外国的相关优先的立法经验，正视不足，促进我国的知识产权与技术创新的发展。

🔍 参考文献

[1] 刘春田. 知识产权法 [M]. 北京：中国人民大学出版社，2015.

[2] 吴汉东. 知识产权法基本问题研究 [M]. 北京：中国人民大学出版社，2005.

[3] 王迁. 知识产权法教程 [M]. 北京：中国人民大学出版社，2011.

[4] 罗东川. 职务发明权属与奖酬纠纷经典案例精选与注解 [M]. 北京：法律出版社，2015.

[5] 陶鑫良. 职务发明性质之约定和职务发明报酬及奖励 [J]. 知识产权，2016（3）.

[6] 唐素琴，刘昌恒. 职务发明人权利探析及立法保护 [J]. 电子知识产权，2015（7）.

[7] 张宗任. 职务发明的权利归属和报酬问题研究 [J]. 知识产权，2014（10）.

[8] 刘向姝，刘群英. 职务发明报酬制度的国际比较及建议 [J]. 知识产权，2006，16（2）.

[9] 王清.《职务发明条例》：必要之善抑或非必要之恶 [J]. 政法论坛，2014（4）.

［10］俞风雷.日本职务发明的贡献度问题研究［J］.知识产权，2015（6）.

［11］芦珊珊.中日专利法关于职务发明规定的比较研究［J］.科技进步与对策，2006，23（3）.

［12］王重远.美国职务发明制度演进及其对我国的启示［J］.安徽大学学报（哲学社会科学版），2012，36（1）.

［13］国家知识产权局.关于《职务发明条例草案（送审稿）》的说明［EB/OL］. http://www.sipo.gov.cn/ztzl/ywzt/zwfmtlzl/tlcayj/201504/t20150413_ 1100584.html.

［14］国家知识产权局.关于《职务发明条例草案（送审稿）》的说明［EB/OL］. http://www.sip.gov.cn/ztzl/ywzt/zwfmtlzl/tlcayj/201403/t20140331_ 925619.html.

网页作品著作权保护研究[*]

网页作品著作权保护研究[*]

网页作品著作权保护研究[*]

谢　劲

网页由文本、图形、网页横幅、表格、表单、超链接、横幅广告、字幕、悬停按钮、日戳、计数器等要素构成。构成网页的要素可以按照是否具有独创性以及能否以某种方式被有形复制分为作品性要素和非作品性要素。其中每个可以脱离网页而独立存在的要素可以作为文字作品、美术摄影作品、计算机程序分别受到我国著作权法的保护，但是我国著作权法并未对网页的版式设计单独进行保护。虽然法律规定出版者对其出版的图书、报纸、杂志的版式设计享有专有使用权，但是该项著作权邻接权的主体不能做任意扩大解释，在法律没有明确规定的情况下，网页著作权人对网页版式设计不享有该著作权的邻接权利。

一、网页是否应受著作权法的保护

作品是指文学、艺术和科学领域内具有原创性并能以有形形式复制的智力劳动成果，这种成果应当能够在一定时间内被有形的载体固定下来并保持较为稳定的状态，为社会公众直接或借助机器所感知、复制。一项智力成果只有构成作品才能获得著作权法的保护。网页是用超文本标记语言书写的基本文档，以数字化形式存储于计算机的存储设备中，通过网络浏览器以文字、图像、声音及其组合等多媒体效果展现在计算机的输出设备中，并能以多种形式被复制。网页的内容或整体界面编排效果是否具有独创性是网页能否获得著作权保护的关键。[1] 如果设计人在制作网页的过程中对网页各种要素进行组合编排，做出了创作性的智力劳动，形成新的作品表现形式，那么该网页作为数字化形式的作品应当受到我国著作权法的保护。例如在上海艺想文化用品有限公司等与上海帕弗洛文化用品有限公司侵害作品信息网络传播权、作品修改权纠纷上诉案中，法院就认为"网页的设计者将上述各元素以数字化的方式进行特定的组合而非简单排列，给人以视觉上的美感，其对颜色、

---

[*] 撰写论文时作者为中国人民大学学生，本文获 2016 年度隆天知识产权优秀论文奖。

[1] 上海市闵行区人民法院民事判决书（2014）闵民三（知）初字第 154 号。

215

内容的选择及布局编排体现了独特构思，具有独创性和可复制性，构成著作权法上所称的作品。"如果网页过于简单缺乏独创性则不能称为作品，不能获得著作权法的保护。

《最高人民法院关于审理涉及计算机网络著作权纠纷案件适用法律若干问题的解释》规定："受著作权法保护的作品，包括著作权法第三条规定的各类作品的数字化形式。在网络环境下无法归于著作权法第三条列举的作品范围，但在文学、艺术和科学领域内具有独创性并能以某种有形形式复制的其他智力创作成果，人民法院应当予以保护。"此为网页著作权的保护提供了法律依据。而在我国最新《著作权法》送审稿第五条第一款赋予了作品新的定义"本法所称的作品，是指文学、艺术和科学领域内具有独创性并能以某种形式固定的智力表达。"由此可见，网页要成为著作权法保护的作品，至少要满足这几个条件：第一，网页要具有独创性。一方面要求作者独立创作完成，不能抄袭、剽窃他人作品；另一方面要求具备最低限度的创造性，体现设计者独特构思具有一定创作高度的编排。第二，网页要具有可复制性。《著作权法》送审稿将"以某种有形形式复制"改成"以某种形式固定"。按照"固定"的要求，只有当有关的作品或者表达固定在有形的物质介质之上，才可以获得著作权法的保护。❶ 第三，网页必须是一种智力表达。网页传递思想、感情、信息或者展示美感，而著作权法只保护表达，不保护思想观念。

二、网页作品受著作权法保护的方式

从立法来看，我国《著作权法》第三条规定的各种作品类型中并没有具体规定网页作品，各种法律和行政法规中也没有相关规定。在司法实践中，"瑞德在线"诉四川宜宾的东方信息公司网页著作权侵权纠纷案的判决为慎重起见未对涉案网页定性，而仅笼统认定属于著作权保护范畴，应予以保护。此后，在厦门信达商情有限公司诉汤姆有限公司侵犯"网页"著作权纠纷案中，司法实务上将网页认定为"编辑作品"，并将保护延伸至次级网页。在2001年修改的著作权法中，"编辑作品"被修订为"汇编作品"，司法界亦随之在此后的司法认定中将网页作品作为"汇编作品"依《著作权法》第十四条加以保护。❷ 例如，武汉天天同净饮品有限公司诉武汉英特科技有限公司网页著作权侵权纠纷案中，法院认为"形成新的体系与布局并注入智力创作，在文字、图案、色彩等方面形成独特风格和创意且在互联网上以数字化形式

❶ 李明德. 论作品的定义 [J]. 甘肃社会科学，2012（4）.
❷ 王亚东，高嵩. 浅谈"网页著作权"[J]. 中国商法杂志，2010.

固定的网页应为汇编作品。"❶ 在这些案件中，审理法院都明确认定网页符合《著作权法》关于作品的规定，应该受著作权法的保护，从而突破了立法上的局限。

网页作品与传统的汇编作品之间虽然存在相似之处，但也有所不同。相似之处在于：①二者都是不同信息资源（作品或者非作品）的组合；②编排方式都具有独创性并具有一定的创作高度，反映了作者的独特构思。差异之处在于：①汇编作品通常是同类作品（文字或者美术等）的集合，而网页作品是文字、美术、动画特效等各种不同信息资源的集合，各个信息元素是并重的；②汇编作品选取的是各个信息资源中有意义的内容，这些内容在受众观赏时能够被感知和接受，而网页作品选取的信息资源有的是一种难以言传的感受，在受众观赏时未必能通过直观感知；③汇编作品对于各个信息资源的编排是有一以贯之的原则，作者的个人倾向贯穿每个信息片段的选取，而网页作品由于还受制于实用性、技术手段等，作品会呈现多种风格的混合。

网页作品包括图像、视频、伴音等各种元素，属于一种多媒体作品。因此，网页作品不应按汇编作品进行保护，在目前的立法框架下应归入《著作权法》第三条第（九）项规定的"其他作品"加以保护。这一观点在上海艺想文化用品有限公司等与上海帕弗洛文化用品有限公司侵害作品信息网络传播权、作品修改权纠纷案中也有所体现。

三、网页作品著作权产生的时间

著作权自动获得是《伯尔尼公约》规定的著作权获得方式，也是该公约的三大原则之一。网页作品作为一种多媒体作品，也应自作者创作完成之时产生著作权。对于网页创作完成之时，有两种理解：第一，创作完成之时是指源程序编写完成时。因为一旦源程序编写完成，网页的版式设计也就确定了。第二，创作完成之时是指源程序在服务器成功运行后，被浏览器第一次渲染时。因为只有此时，网页版面才第一次脱离观念中的想象，以多媒体形式在现实中呈现出来，后一种观点较为合理。理由是：第一，虽然网页之所以能有形地呈现在我们面前最终归根于源程序的开发，而且源程序作为计算机软件作品确实也是受著作权法保护的，但是不能将对源程序的保护与通过源程序呈现出来的网页的保护混为一谈。第二，如同"文字是记录语言的符号"一样，源程序是记录设计思想的代码，而源程序运行后网页的多媒体效

---

❶ 2015 年上海知识产权法院著作权典型案例及评析［J］. 上海知识产权法院，2016（1）.

果才是作者思想的表达。现代著作权法借助了思想—表达的二分法，规定著作权法保护的是表达，而不是思想。❶ 仅源程序在服务器的运行不会产生任何多媒体效果，必须通过浏览器的渲染多媒体效果才得以实现。第三，从源程序的编写过程也是一个设计人员"调试—修改"的过程，只有当源程序第一次成功运行后，被浏览器第一次渲染时网页创作才算完成。因此，源程序第一次在浏览器中成功运行，被浏览器第一次成功渲染之时才是网页作品著作权产生之时。

四、网页作品近似的认定标准

如果剽窃他人网页中的文字、图案未作修改或略作修改就直接用在自己网页中，毫无疑问构成了该作品著作权人权利的侵犯。网页作品作为一种多媒体作品，本身也是著作权法保护的对象。如果网页完全相同，无疑构成著作权侵权。即使文字、图案等网页元素与被剽窃网页完全不同，但网页作品高度近似的情况下，仍有可能构成侵犯。这就涉及网页作品相同或近似的判定标准。判定网页作品近似至少应当满足以下要求。

（一）网页所属的网站功能应当相同或近似

通常网站按功能类型可以分为门户网站、电子商务网站、社交交友网站、企业展示网站、政府网站等。随着网页设计技术的成熟和行业的标准化，同一商业功能的网站所展示的视觉效果趋于一致，而不同商业功能的网站则差异较大。例如，搜狐和网易页面布局近似，京东商城和苏宁易购布局近似，但搜狐和京东商城页面布局则反差较大。判定网页作品是否相同或近似的前提是用以比较的网页所属的网站功能应当相同或近似。判定时应当考虑网站本身的用途、用户群体等是否相同或者具有较大的关联性；网站提供的服务的目的、内容、方式、对象等是否相同或者具有较大的关联性；网站所有者所处的行业是否相同或者具有较大的关联性；是否容易使相关公众认为隶属于同一主体，或者其提供者之间存在特定联系。

（二）应该以单个网页不是以网站整体为对象进行判定

如前文所述，应当按照多媒体作品而不是汇编作品对网页进行著作权保护。网页设计者将元素在一个网页中精心组合而非简单排列，给人以视觉上的美感，其对颜色、内容的选择及布局编排体现了独特构思，并具有独创性和可复制性，单一网页作品构成一个独立的多媒体作品。网站是网页作品的

---

❶ 刘春田. 知识产权法 [M]. 北京：法律出版社，2009：55.

集合，而网页之间相互独立，彼此仅通过超链接形成一种指向性关系。万维网是由无数个网络站点和网页通过超链接连接而成的集合，没有链接就没有网络。因此，应该以单个网页作品为对象而不是以网站整体进行相同或近似的判定。

（三）网页应当构成实质性相似相同或近似

著作权侵权判定的标准并不在于思想的相似而在于表达的相似，其具体适用是以思想/表达二分法为前提条件的。如前所述，源程序是记录网页作者设计思想的代码，网页的多媒体效果才是作者思想的表达。即使源程序高度雷同的情况下，也可能因为嵌入源程序的文字、图片、声音等网页要素明显不同而使网页不构成实质性相似；相反，由于可以编辑网页的软件众多，如Front Page、Dreamweaver 等，同一网页作品的源程序也可以通过不同的程序语言如 HTML、CSS、Java Script 等来撰写。现在普遍使用的动态网页编辑语言也因动态生成而使源程序与网页之间不存在一一对应的关系。因此判断网页是否构成实质性相似应从网页所展现的多媒体效果来评价，不能以源程序是否雷同来衡量。

网页的实质性相似，可以理解为主要特征的相似，应从整体结构编排、视觉效果上进行综合判断。考虑的因素应当包括文字、图形、动画效果及色彩选择和版面布局等各种数字化元素，并可以借鉴整体观察、隔离观察、要部观察的判断原则。在上海艺想文化用品有限公司等与上海帕弗洛文化用品有限公司侵害作品信息网络传播权、作品修改权纠纷上诉案中，审理法院以便以是否构成实质性相似作为判定网页侵权的标准，即"将实质性相似的页面置于信息网络中，构成对网页作品信息网络传播权的侵犯，应承担相应责任。"❶ 并指出实质性相似即"背景色彩、页面排版抑或各版块比例布局、产品展示的位置等表达方式基本相同"。

著作权实质性相似规则的判定方法主要有两种，即整体概念感觉原则和约减主义。整体概念感觉原则，即不作任何过滤和区分地将原被告所涉及的网页作品相比较，以决定两者所涉作品是否构成实质性相似。约减主义，是指在对所涉网页作品进行实质性相似判定之前，首先要将原告作品中不受著作权保护的作品元素过滤出来，然后再将其与被告作品进行比较，进而加以侵权判定，即"抽象—过滤—比较"方法的运用。约减主义有一种"限制"版权保护范围的倾向，而整体概念感觉原则则呈现一种"扩张"版权保护范

---

❶ 上海市闵行区人民法院民事判决书（2014）闵民三（知）初字第 154 号。

围的趋势。两种不同的判定方法，也有着不同的适用范围。从司法实践的经验来看，法院一般将约减主义适用在文字作品之中，而整体概念感觉原则通常适用在视觉艺术作品之上。❶ 在网页作品著作权实质性相似的判定中，两种分析路径并非完全相斥，相反，如果将约减主义与整体概念和感觉原则结合起来未尝不是一种有益的尝试。

在网页作品实质性相似的判定问题上分析思路应当是：首先，以整体概念感觉原则作为网页作品之间是否构成实质性相似的根本判断标准。因为网页作品属于多媒体视觉艺术作品，创作出来后通常只能从整体上进行欣赏，进行分析和解构不合适。整体概念感觉原则的法理基础在于"不受版权保护的要素的原创性组合可以获得版权保护"❷。以整体概念感觉原则作为网页作品之间是否构成实质性相似的根本判断标准，不仅尊重了网页作品的本质，而且为后人创作留下了广泛的创作空间，符合市场经济的基本规律。但整体概念感觉原则也存在一定的局限性。第一，构成网页的要素包括作品性要素和非作品性要素，大量使用相同的作品性要素可能导致网页整体概念和感觉被判定为近似，然而作品性元素的保护与网页本身的保护是两码事。第二，整体概念感觉原则过于抽象，可能导致版权保护"范围过宽"，而对潜在创作者的创作行为造成了阻碍。单从整体概念感觉的角度对网页作品是否构成实质性相似进行分析，极有可能将思想层面的相似确定为作品之间构成实质性相似的基础，因此纯粹的整体概念感觉原则并不可取。其次，网页作品实质性相似的判定中，约减主义相对于整体概念与感觉原则，应当处于第二顺位。按约减主义先对网页作品进行解构，剔除不受保护的要素，仅比较受保护的要素，是为了达到只保护思想的表达而不保护思想本身的效果。仅依靠两造网页作品之间"看起来像"就做出侵权构成的结论并不合理，一方面因为上述"像"可能是由于不具有可版权性的要素所引起，另一方面在网页"看起来像"的情况下，若后者的创作思想达到"独创性"程度，仍应受到著作权法的保护，以免不适当扩大原告网页作品的著作权保护范围。网页作品的本质是通过网页要素的排列组合所带来的多媒体效果，是一种视听艺术。故而，对网页作品之间是否构成实质性相似的判定，虽然"分析与解构"能够发挥一定的作用，起到辅助判断的功能，然而，最终的衡量标准应该是两造网页

❶ 卢海君. 论作品实质性相似和版权侵权判定的路径选择——约减主义与整体概念和感觉原则 [J]. 政法论丛，2015（1）：138-145.

❷ Michael D. Murray. Copyright, Originality, and the End of the Scenes a Faire and Merger Doctrines for Visual Works, Baylor L. Rev, 2006, 58.

作品"看起来"是否一样，并足以致人误认。所以，约减主义相对于整体概念感觉原则，在网页作品之间是否构成实质性相似的判定中，应该处于第二顺位。

综上所述，在判定网页作品著作权实质性相似时，应先以整体概念感觉原则为根本判断标准。如果就两种网页作品，在相关公众"看起来"整体概念感觉并不相似，通常可以直接做出不构成版权侵权关系的结论；反之，如果在相关公众"看起来"整体概念感觉相似，则不能够断然认为被告作品构成对原告作品的版权侵权，而需要按照约减原则进行分析解构。只是此时分析解构的目的是寻找两种网页的不同之处，为思想相同但表达不同的网页作品提供保护的理由。

（四）网页的相同或近似足以让人产生误认

需要注意的是，整体路径分析尚须区分专家视角的整体路径和普通观众视角的整体路径。但此两种整体路径分析思路对网页作品并不完全适合。专家视角的缺陷在于侧重源程序和设计思路，而网页作品设计思路本身是不受著作权法保护的。网页的相同或近似应以相关公众的一般注意为判断标准。相关公众中的"相关"应当是指与网页提供的内容相关的公众，而不是所有的公众。这种误认应该是基于一个正常人的通常认识。这就要求网页所属的网站功能应当相同或近似，否则用户只要稍加注意就能避免误认。该种误认包括：第一，对网页本身的误认。网页的相同或近似以至于用户错误的认为自己实际访问的网页就是自己希望访问的网页。第二，对商品或服务的错误认识。即当网页是商品或服务的销售渠道时，造成公众对商品或服务来源或出处的误认。第三，对网页所有者身份的误认。网页的相同或近似致使相关公众认为其存在特定联系，或误认为属于同一企业。第四，对网页所有者之间关系的误认。网页的相同或近似致使相关公众误认为两个企业之间存在母子或兄弟关联关系。

综上所述，在相同或近似功能的网站中网页之间构成实质性相似并足以导致公众产生误认的可以认定为网页作品近似。

五、网页作品侵权判定具体问题

（一）网页上传或修改时间不能作为著作权在先的依据

网站建立时间不等于网页上传时间，因为网站建立后仍可以插入、删除、修改网页。著作权法保护的是网页作品而不是网站的著作权，因此在网页作品侵权判定上完全不应考虑网站的建立时间。在上海艺想文化用品有限公司等与上海帕弗洛文化用品有限公司侵害作品信息网络传播权、作品修改权纠纷案中，一审法院将"艺想公司和欧鳄公司涉案网站的 ICP 备案日期、其网页所刊载的文章日期"与"帕弗洛公司网站建成日期"进行比较，认为前者晚于后者便存在抄袭可能，此种观点并不合理。首先，网页所刊载的文章日期与网页版式本身无关；其次，网站建立时间与网页上传时间是不同概念，没有可比性；最后，ICP 备案是网站域名备案，可以用于证明网站建立时间，但是 ICP 备案不会具体到网站域名下每一个网页的子域名，因此不能用于证明网页的建立时间。鉴于 ICP 备案时间与网页上传时间本身不存在一一对应关系，ICP 备案后网页仍可修改，且不会产生新的备案，因此 ICP 备案时间也不能作为判定网页作品侵权的依据。

网页在本地创建或修改后最后一次上传到服务器的时间是网页上传时间；网页在服务器上最后一次修改的时间是网页修改时间。无论是网页上传时间，还是网页修改时间，都不宜作为著作权在先的依据。第一，能够为系统记录下来的"上传时间"与"修改时间"其实是源程序的"上传时间"与"修改时间"，而我们前面已经说过源程序与网页作品之间并非对应关系，在著作权保护上也不能混为一谈。第二，对源程序任何一个字符的修改，例如删除、增加空格，都会被系统记录为对网页的修改，但这不代表网页作品多媒体效果发生了改变。第三，在审理网页作品侵权案件时，网页上传时间作为证据其证明目的是谁最先将页面置于信息网络中，网页修改时间作为证据其证明目的是谁最先将网页修改成了现在的样子，而当事人取证时能获得的网页上传或修改时间却是网页最后一次上传或修改的时间，二者本身就是矛盾的。如果将该时间作为侵权判定的依据，可能会导致那些特别重视网页著作权的公司不敢轻易对网页做任何改动。第四，很多大型网站的页面为了信息更新的需要必须频繁修改网页源程序，甚至在诉讼过程中也不会停止更新。综上所述，网页上传或修改时间不能作为著作权在先的依据。

（二）"服务器标准"下网页作品信息网络传播侵权认定

根据《著作权法》第十条第一款第（十二）项的规定，信息网络传播权是"以有线或者无线方式向公众提供作品，使公众可以在其个人选定的时间和地点获得作品的权利"。将网页作品上传至向公众开放的服务器，就会使公众能够在其选定的时间和地点登录服务器，以在线欣赏或下载的方式获得作品，无疑构成信息网络传播行为。

在腾讯诉易联伟达侵犯信息网络传播权纠纷上诉案终审判决中，北京市知识产权法院提出"服务器标准"是信息网络传播行为认定的合理标准。❶第一，链接行为不构成网页作品信息网络传播侵权。链接行为的本质决定了无论是普通链接，还是深层链接行为，均仅提供了某一作品的网络地址，不涉及对作品任何数据形式的传输，没有数据的存储，因此也不符合"服务器标准"。第二，网页快照可能构成信息网络传播侵权行为。根据《最高人民法院关于审理侵害信息网络传播权民事纠纷案件适用法律若干问题的规定》第五条第一款规定："网络服务提供者以提供网页快照、缩略图等方式实质替代其他网络服务提供者向公众提供相关作品的，人民法院应当认定其构成提供行为"。网页快照是对原网页或图片进行复制因而属于"实质性相似"，又以快照形式存储在搜索引擎服务器中并通过信息网络进行传播因而符合"服务器标准"，因此网页快照符合信息网络传播行为的特征。只不过"不影响相关作品的正常使用，且未不合理损害权利人对该作品的合法权益，网络服务提供者主张其未侵害信息网络传播权的，人民法院应予支持。"❷

六、网页作品著作权的证明

TRIPs 协议及各国著作权法大多规定著作权自作品创作完成之日起产生，而著作权人的权利产生与权利保护是两个截然不同的问题。一般的出版发行作品通过出版发行就在事实上达到了一定程度的公示证明效力，而网页作品则因其数字性、技术性和信息网络传播的特点使得公示证明不同于传统作品。网页作品著作权侵权诉讼采用一般举证责任规则。一旦陷入诉讼中，根据"谁主张谁举证"的原则，原权利人往往需就自己的权利主张提交著作权登记等权属证明。然而，在网页作品没有物理手稿的前提下，在作品与作者的关联、作品的创作时间、侵权证据的固定等方面，权利人取证、举证都存在一定困难，不利于维权。著作权侵权案件中的举证难问题在司法实践中比较普遍，其证明手段主要包括以下几种。

（一）登 记

一般而言，各国对待著作权登记制度的态势上主要表现为采用选择登记制，由权利人自行选择是否进行著作权登记申请。一旦出现著作权侵权纠纷时，作为证明作品著作权事实归属或交易事实状态的公示依据手段，著作权人可将著作权登记证明作为诉讼中支持权利主张或对抗对方当事人的初步证

---

❶ 北京知识产权法院民事裁定书（2016）京 73 民初字第 182 号。
❷ 最高人民法院关于审理侵害信息网络传播权民事纠纷案件适用法律若干问题的规定 [J]. 人民法院报，2012：3.

据提交给法院。❶ 网页作品著作权登记可以分为权属登记和交易登记。权属登记确定网页作品静态归属，交易登记调整网页作品动态流转过程。

应当特别指出的是：第一，权属登记的对象是网页作品本身而不是源程序。如前所述在目前立法框架下网页作品应归入《著作权法》第三条第（九）项规定的"其他作品"加以保护，保护的对象是网页作品的多媒体表现形式而不是作为符号代码的源程序。判断网页是否构成实质性相似也应从网页所展现的多媒体效果来评价，不能以源程序是否雷同来衡量。第二，交易登记的对象是交易书面合同。交易书面合同稳定著作权转让合同当事人之间的合同关系，是著作权转让合同双方当事人之间的约证。我国立法未明确规定网页作品著作权交易登记的效力，考虑将其作为对抗要件应是更加合理的选择。第三，网页作品著作权质押登记生效。我国立法规定著作权质押应同时具备两个条件：书面质押合同与质押登记。《担保法》第七十九条规定："以依法可以转让的……著作权中的财产权出质的，出质人与质权人应当订立书面合同，并向其管理部门办理出质登记。质押合同自登记之日起生效。"网页作品著作权质押应适用此条规定。第四，网页作品著作权的独占许可使用、排他许可使用中，登记应作为许可使用的对抗要件，而普通许可使用中登记则应作为强化公示证明力的自愿选择方案。

（二）公　证

公证证明具有不同于一般的单位和个人证明的证明力，它是国家专门的证明机关的证明活动，证明得到法律的认可，具有很强的公信力。《民事诉讼法》第六十九条规定："经过法定程序公证证明的法律事实和文书，人民法院应当作为认定事实的根据，但有相反证据足以推翻公证证明的除外。"网页著作权方面的法律行为、有法律意义的文书和事实经国家公证机关公证所产生的法律上的证明力，对网页作品权利人的合法利益可起到法律保护作用。具体可以分为：第一，确权公证。网页作品的著作权确权公证有利于确认权利人的主体资格，排除第三人的异议，有利于确认著作权转让及许可使用合同当事人的权利与义务。第二，合同公证。实践中许多企业都是委托他人代为设计、建立网站并通过合同明确著作权的归属和双方具体权利义务，既涉及网页素材的著作权，又涉及网页作品的著作权。办理合同公证促使当事人完善法律行为，有利于当事人正确运用法律维护自身的合法权益。第三，证据保全公证。由于网页作品具有易被篡改、复制、剔除等不确定性，私人取证

---

❶ 李杨. 著作权公示的制度解读及效力重塑［J］. 电子知识产权，2008（5）：21-24.

很难具有有效的证明力。为了增强证据证明力，在网页作品侵权诉讼中，证据保全公证是维护网页作品著作权人合法权益的一项重要措施。在相关司法案例中，由专业人员在公证人员的监督下在计算机上操作，详细记录网页内容，并对操作过程进行录像，为案件的审理提供了有力证明。

采取公证取证固然对网页著作权纠纷案件事实证明有重要作用，但也存在给当事人增加了维权成本和不具有随时性的缺点。网络中作品没有原稿可以证明真正的权利人，而发表时不可能每件作品都作公证。在互联网环境中侵犯知识产权的情况随时可能发生，公证对网上的侵犯知识产权的行为不可能随时进行。因此，网页作品权利人不能过分依赖公证。

(三)"可信时间戳"认证

对于网页作品著作权的保护，确定著作权在先的正确时间是非常重要的。但如果每一张网页都去做著作权登记，对一些大型网站的权利人而言无疑是巨大的负担。可信时间戳的运用为解决此问题提供了新思路。"可信时间戳"是由时间戳认证中心提供服务，根据国际时间戳标准《RFC3161》签发的，能证明数据电文在一个时间点是已经存在的、完整的、可验证的，具备法律效力的电子凭证，其服务的本质是将用户的电子数据的 Hash 值和权威时间源绑定，在此基础上通过时间戳服务中心数字签名，产生不可伪造的时间戳文件。[1] 可信时间戳在网页著作权保护领域，主要作为权利在先的证明，或是作为侵权过程的辅助性证明存在。[2]

2015 年 4 月，北京首例使用时间戳证据的案件的判决结果引起了知识产权实务界的关注。该案主审法院认为，使用"可信时间戳"认证的电子证据是未经篡改的，具有真实性且存在其他证据相互印证，可以作为定案依据。[3] 第一，可信时间戳具备电子证据的功能。2008 年的深圳"利龙湖"案中法院首次认定"可信时间戳"作为电子数据的证据价值。2013 年，"电子数据"被新修订的《民事诉讼法》列为法定证据。2015 年《民事诉讼法解释》第一百一十六条第一款将"电子数据"进一步解释为"通过电子邮件、电子数据交换、网上聊天记录、博客、微博客、手机短信、电子签名、域名等形成或者存储在电子介质中的信息"。"可信时间戳"的证据种类属于"电子数据"。

❶ 于颀. 可信时间戳技术在电子物证取证中的应用 [D]. 辽宁：大连海事大学, 2010: 53.
❷ 张怀印, 马然. 著作权侵权案件中电子证据"可信时间戳"的合理运用 [J]. 中国版权, 2016 (4): 25-28.
❸ 北京首例使用时间戳固定证据案件一审宣判 [EB/OL]. http://tech.hexun.com/2015-04-15/174960612.html.

第二，"可信时间戳"可以作为网页著作权在先存在的证明。"可信时间戳"是解决电子签名有效性和数据电文（电子文件）时间权威问题的有效方式，是解决数字作品或作品数字化后权利人证明其作品产生时间、内容及权属问题的一条途径。数字签名的时间戳即为制作数字签名时认证机构服务器上的时间，数字签名及时间戳一经作出，便不得更改。❶ 第三，"可信时间戳"认证在网页著作权侵权诉讼中可以直接使用无须公证。在司法实践中，由于缺乏真实性和稳定性，电子证据需要配合公证进行固定和提交，方具证明力。公证的证据效力仅及于公证事项的真实性和合法性，而"可信时间戳"能否作为证据及证明力的问题乃是法院证据采信方面的问题，需要法官依据"真实性标准"和"充分性标准"进行裁量。"可信时间戳"认证证书具有公信力和证明力，可以证明上诉人侵犯被上诉人相关权利的事实真实有效，其本身已具有公信力。❷ 第四，"可信时间戳"在网页著作权侵权案件中还可以用于证明行为的持续，既包括网页创作过程的持续，也包括侵权行为的持续。

"可信时间戳"符合我国《电子签名法》第五条第（二）项"保证自最终形成时起，内容保持完整、未被更改"的要求。"可信时间戳"有效地解决了网页作品著作权举证困难的问题，且具有可信度高、效率高且成本低的优点。在司法实务中若配合专家辅助人制度使用，借助官方与认证机构的合力，"可信时间戳"的权威性将得到肯定。

（四）其他方法

"接触+实质性相似"法作为一种认定著作权侵权的基本思路，在我国的司法实践中得到肯定。对"接触"的证明不只局限于以直接证据证明被告已实际接触原告作品的情况，原告举证证明被告有"合理的可能"接触过原告的作品的，也可以认定被告接触了原告的作品。❸ 对"接触"通常存在这样一种推定：只要作品已经公开，即推定任何人实际接触过该作品。❹ 但无论如何，单纯的网页作品相似并不能直接推定著作权侵权，因为被告可以通过证明自己是独立创作完成来推翻这种主张。在上海艺想文化用品有限公司等与上海帕弗洛文化用品有限公司侵害作品信息网络传播权、作品修改权纠纷上

---

❶❷ 南京途牛科技有限公司与华盖创意（北京）图像技术有限公司侵害作品信息网络传播权纠纷上诉案，江苏省南京市中级人民法院民事判决书（2015）宁知民终字第 243 号。

❸ 北京市高级人民法院关于印发《北京市高级人民法院关于知识产权民事诉讼证据适用若干问题的解答》的通知（2007 年 4 月 5 日京高法发〔2007〕101 号）。

❹ 黄小洵. 作品相似侵权判定研究［D］. 重庆：西南政法大学，2015.

诉案中，法院的判决理由之一便包括"被告未能证明该些相同部分的表达方式系由其独立创作"。在网页作品相似的情况下，被告仍可以通过证明网页作品系由其独立创作来推翻原告的主张。因此，注意保存证明网页创作过程的证据、网页作品权利取得的合同也是必要的。

参考文献

著作类

刘春田. 知识产权法 ［M］. 北京：法律出版社，2009：55.

期刊类

［1］李明德. 论作品的定义 ［J］. 甘肃社会科学，2012（4）.

［2］王亚东，高嵩. 浅谈"网页著作权"［J］. 中国商法杂志，2010.

［3］2015 年上海知识产权法院著作权典型案例及评析 ［J］. 上海知识产权法院，2016（1）.

［4］卢海君. 论作品实质性相似和版权侵权判定的路径选择——约减主义与整体概念和感觉原则 ［J］. 政法论丛，2015（1）.

［5］Michael D. Murray. Copyright, Originality, and the End of the Scenes a Faire and Merger Doctrines for Visual Works, Baylor L. Rev, 2006, 58.

［6］李杨. 著作权公示的制度解读及效力重塑 ［J］. 电子知识产权，2008（5）.

［7］于颀. 可信时间戳技术在电子物证取证中的应用 ［D］. 辽宁：大连海事大学，2010.

［8］张怀印，马然. 著作权侵权案件中电子证据"可信时间戳"的合理运用 ［J］. 中国版权，2016（4）.

论文类

［1］黄小洵. 作品相似侵权判定研究 ［D］. 重庆：西南政法大学，2015.

法条类

［1］最高人民法院关于审理侵害信息网络传播权民事纠纷案件适用法律若干问题的规定 ［J］. 人民法院报，2012：3.

［2］北京市高级人民法院关于印发《北京市高级人民法院关于知识产权民事诉讼证据适用若干问题的解答》的通知（2007 年 4 月 5 日京高法发 ［2007］101 号）。

判决类

［1］上海市闵行区人民法院民事判决书（2014）闵民三（知）初字第 154 号。

［2］湖北省武汉市中级人民法院/（2000）武知初字第 31 号/2000.10.29。

［3］北京知识产权法院民事裁定书（2016）京 73 民初字第 182 号。

［4］北京首例使用时间戳固定证据案件一审宣判 ［EB/OL］. http://tech.hexun.com/

2015-04-15/174960612.html.

[5] 南京途牛科技有限公司与华盖创意（北京）图像技术有限公司侵害作品信息网络传播权纠纷上诉案，江苏省南京市中级人民法院民事判决书（2015）宁知民终字第243号。

计算机应用程序编程接口（API）的版权保护[*]

——美国"甲骨文诉谷歌案"的新进展

王文敏

引　言

计算机程序的版权保护范围一直是一个很难判定的问题，正如美国 Boudin 法官所言："将版权法适用于计算机程序就像是在拼接一个其各部分之间无法相互适应的七巧板。"[❶] 2016 年 5 月 26 日，美国加州北区法院判决甲骨文公司（Oracle）的应用程序编程接口（Application Programming Interface, API）受到版权法的保护，但谷歌公司（Google）使用应用程序编程接口的行为构成合理使用，从而使谷歌免于支付高达 93 亿元的损害赔偿。在该案中谷歌经历了一审胜诉、二审败诉、最高法院的拒绝审理以及再审的胜诉，可谓峰回路转。此案在美国引发了极大的关注，之前媒体普遍认为甲骨文占据上风，而谷歌处于劣势，因此谷歌的"逆袭"让业界感到震惊。由于计算机技术的日新月异，出现了许多新类型的计算机程序，谷歌案中的应用程序编程接口就是其中之一，对于这些新类型的计算机程序是否应当予以保护，目前还存在较大的争议。

一、应用程序编程接口的性质

谷歌的安卓系统（Android）是基于 Java 程序[❷]开发的，使用了 Java 程序中的部分 API 接口。2009 年，甲骨文收购了升阳公司（Sun Microsystems）的 Java 程序，随即与谷歌就许可使用 Java 的问题展开协商，然而双方未能达成协议，于是 2010 年甲骨文将谷歌告上法庭，称其侵犯 Java 的版权。本案的争

撰写论文时作者为中国人民大学学生，本文获 2016 年度隆天知识产权优秀论文奖。

❶　Lotus Development Corporation v. Borland International, Inc. 49 F3d 807, at 820 (1st Cir, 1995). (Applying copyright law to computer programs is like assembling a jigsaw puzzle whose pieces do not quite fit).

❷　Java 编程语言是一门面向对象的编程语言，因其"一次编写，到处运行"的跨平台特性，在互联网时代获得巨大发展。

议焦点是，谷歌复制 Java 系统中 37 个应用程序编程接口的行为是否构成了版权侵权。要厘清这个问题，首先必须探讨应用程序编程接口的性质。

接口也称界面，就是指"两个不同系统的交接部分"❶。一项计算机程序的接口就是使得该程序与外界之间实现数据连接和交换的部分，包括该程序同其他程序之间的接口，该程序和计算机硬件之间的接口以及该程序与操作人员之间的接口。其中，程序与操作人员之间的接口也常常被称为用户界面（User Interface，UI），它包括了操作命令、菜单、多重窗口、图标、鼠标显示等，是操作人员向计算机发出命令以及计算机程序向操作人员反馈结果的一套方式方法。❷ 而应用程序编程接口（API）是所有应用程序（如文字处理软件、游戏软件）和操作系统直接进行指挥和联系的函数调用行命令，通过API，无须访问源程序就可执行一定的功能。❸

也正因如此，提到接口（界面）这个概念，可能有两种含义，第一种是界面程序，其由代码构成；第二种是界面，尤其是指用户界面，它是界面程序运行的结果，通常经过一定的美学设计，用简洁的图形使得一般的用户也易于理解、便于使用。❹ 这两种含义涉及的版权问题也不同，前者一般作为计算机程序受到保护，而后者如果达到版权法的独创性高度，是以线条、色彩或者其他方式构成的有审美意义的平面造型艺术作品，往往可以作为美术作品受到版权法的保护。

在司法实践中，界面程序和界面就常常被不加区别地错用。在我国侵犯"公安基层业务管理系统"计算机软件著作权案❺中，专家组的鉴定报告表明：连樟文、刘九发开发的"安全文明小区电脑管理系统软件"与曾小坚、曹荣贵的软件相比，两系统的屏幕显示、数据库等都是相同的，因此两个软件构成实质性相似。但是，最高人民法院指令广东省高院对该案再审，并指出，《鉴定报告》并未对原被告软件的源程序或目标程序代码进行实际比较，而是通过比较程序的界面、数据库结构等，就得出了两个软件实质相似的结论。在该案中，鉴定报告实际上就是混淆了界面程序和用户界面之间的区别，

---

❶ 英汉计算机辞典［M］. 北京：人民邮电出版社，1984：508.

❷ 应明，孙彦. 计算机软件的知识产权保护［M］. 北京：知识产权出版社，2009：131.

❸ 参见维基词条"Application Programming Interface"，访问地址：https://en.wikipedia.org/wiki/Application_ programming_ interface，最后访问时间：2016 年 10 月 8 日。

❹ 20 世纪 80 年代以前，程序中采用的用户界面通常是由一些单词、短语和数据表组成，比较简单，但随着 Lotus、苹果、微软等软件研发商的创新，现在的用户界面已经具有了便于操作且美观的菜单、多重窗口、图标等，深受用户欢迎。随着这些复杂用户界面的出现，美国的软件开发者开始积极争取对用户界面的保护。

❺ 广东省高级人民法院民事判决书（1997）粤知终字第 55 号。

屏幕显示是界面，界面是界面程序运行的结果，非程序本身，且相同的界面可以通过不同的程序得到。因此，《鉴定报告》所称的两个软件存在实质相似性是用户界面的相似，并非界面程序的相似，这不是计算机程序作品意义上的实质相似性。[1] 本文论述的仅是界面程序，为表述更加清晰，本文在提及界面程序时采用"接口"一词，而不使用"界面"一词。

二、计算机程序的版权保护范围

计算机程序的组织结构与处理流程是多层次的，计算机程序代码是最低层次的组织结构与处理流程，其无疑属于表达而受到版权法的保护，而计算机程序的需求和规格属于最高层次，相当于作品创作的主题，属于思想而不应纳入版权法保护的范围。应用程序编程接口处于程序代码和程序功能的中间地带，是否受计算机程序的版权保护仍存争议。警惕的抄袭者往往不会逐字逐句地复制代码，而是对代码进行改头换面或小修小补，看起来这些代码似乎与在先代码不同，但实质上两项程序的组织结构和处理流程是全部相似的。[2] 这种情况发生时，问题变得非常棘手。

美国是世界上计算机软件产业发展最为发达的国家，早在 20 世纪 80 年代，美国版权法已经将计算机程序纳入了版权法的保护范围。因此有关计算机程序保护的问题也最早在美国引起争议。由于法律中关于计算机程序的规定较为笼统，许多具体问题都是在司法判例中得以解决的。同时随着计算机技术的日新月异，许多新的问题纷纷出现，因此美国计算机程序的版权规则是在判例中一步步发展而来的。

在 20 世纪 80 年代，美国在涉及计算机程序保护范围方面提出了"外观与感觉"（look&feel）的规则，即考察被指控作品是否吸收了版权作品"全部的概念和感受"，从而判断是否侵权。[3] 后来，美国法院又提出了"SSO"检验标准。在 Whelan 公司诉 Jaslow 公司案中，被告 Jaslow 公司在接触过原告 Whelan 公司的牙科诊所软件后，模仿原告的程序编写自己的程序并进行销售。被告认为，计算机作品的表达是编程语言，被告程序用了与原告程序不同的编程语言独立编写，因此并没有抄袭原告的表达。但是，法院认为作品的表达还包括程序的结构、整体的感觉，而两项程序整体结构是相似的，被告复制了原告的全部功能实现步骤，两个程序给用户的印象和感觉也是相同的。

---

[1] 最高人民法院民事裁定书（1999）知监字第 18 号。

[2] 应明，孙彦. 计算机软件的知识产权保护 [M]. 北京：知识产权出版社，2009：229-231.

[3] Atari, Inc. v. North American Philips Consumer Elec. Corp., 672 F.2d 607, 614 (7th Cir. 1982).

此案经过宾夕法尼亚东部法院和第三巡回法院的审理，明确形成了一个"SSO"检验标准，即计算机程序的结构、顺序和组织（Structure，Sequence，Organization，SSO）都是其表达，若两个计算机程序的结构、顺序和组织相似，将被认定为实质性相似。❶ 该案在一段时间内被许多相似的计算机软件版权纠纷所援引。无论是"外观与感受"规则还是"SSO"检验标准，都在一定程度上不适当地扩大了计算机程序的保护范围，渐渐地知识产权界开始质疑上述两个标准。如在1987年Plains棉花合作联盟诉Goodpasture电脑服务公司案中，美国第五巡回上诉法院就未遵循Whelan公司案的判决。❷

1991年，美国法院终于在CA诉Altai案中走出了"外观与感受"规则与"SSO"检验标准的误区，回到了版权法保护计算机程序的正确轨道上来。❸之后，美国法院在司法实践中逐渐总结出一套较为成熟的划定计算机软件中"思想"与"表达"界限的规则，即"抽象—过滤—比较法"❹。首先将原告的程序进行抽象概括，将程序中不受版权法保护的思想或不能受到保护的表达等过滤出去，再对剩下的表达与被告的程序进行对比，这样能确保被比较的是受到版权法保护的表达。如果两程序构成实质性相似，则被告构成侵权。❺ 根据这套程序，被排除出去的部分包括：①只构成抽象思想的部分。②为逻辑和使软件具有效率所必需的代码。根据"混同原则"，当一种思想只有一种或极其有限几种表达时，为了避免思想被垄断，该表达也将不受著作权的保护。虽然从理论上看，实施一种特定的编程思想，如使软件具备特定功能、完成特定任务的代码有很多，但使之效率最大化的途径只有非常有限的一两种，因此这种代码也无法保护。③"标准程序"所对应的代码。根据"场景原则"，在历史小说中如果某些场景是为了描写某一特定历史时期所不可或缺的，那么两部小说出现同样的场景并不构成侵权。"场景原则"同样适用于计算机程序，在计算机程序编写过程中，为了根据特定的软件和硬件环境实现特定的功能，程序员也必须使用特定的标准编程技术，此时也不构成侵权。❻ ④公共

---

❶ Whelan Associates, Inc. v. Jaslow Dental Laboratory, Inc., 609 F. Supp. 1307（D. C. Pa. 1985）. Whelan Associates, Inc. v. Jaslow Dental Laboratory, Inc., 797 F. 2d. 1222（3d Cir. 1986）.

❷ Plains Cotton Cooperative Association v. Goodpasture Computer Service, Inc., 807 F. 2d 1256（5th Cir. 1987）.

❸ Computer Associates International Inc. v. Altai Inc. 775 F. Supp. 544（E. D. N. Y. 1991）. Computer Associates International Inc. v. Altai Inc. 982 F. 2d 693（2nd Cir., 1992）.

❹ Melvile B. Nimmer & David Nimmer, Nimmer on Copyright, Matthew Bender & Company, Inc.,（2003）§ 13. 03（F）.

❺ Computer Associates International Inc. v. Altai Inc. 126 F. 3d 365（2nd Cir. 1998）.

❻ 王迁. 知识产权法教程［M］. 北京：中国人民大学出版社，2013：57-61.

领域中的程序。这样美国 Altai 案推翻了 Whelan 案判决中建立起来的"SSO"判断规则，确立了较为合理、科学的"抽象—过滤—比较法"。

三、应用程序编程接口的可版权性

在甲骨文诉谷歌案中，实际上就是遵循了"抽象—过滤—比较法"的思路，法官根据"思想表达二分法"进行层层"抽象"，判断 API 是否应当被"过滤"在版权保护的范围外，也即 API 是否具备可版权性，在这一问题上一审和二审的观点就截然不同。在一审判决中，加州北区法院认定争议代码不应当受到版权保护。❶ 甲骨文不服一审法院的判决，提出了上诉，2014 年，联邦法院推翻了一审判决中关于 API 不构成作品的认定，并通过"比较"认定了谷歌的 37 个 API 与甲骨文的构成实质性相似。❷ 从谷歌案的一审二审可以看出，法院的争议集中在 API 的独创性和功能性两方面。

（一）从独创性看应用程序编程接口的可版权性

版权法保护计算机程序主要在于保护具有独创性的指令与代码，包括源代码（能够为程序员所能理解的语言）和目标代码（能够为计算机所读取的语言），而"独创性"不仅要求这些计算机程序源自劳动者本人，更是要求必须达到一定水准的智力创造高度。在谷歌案中，法院的讨论就集中在 API 是否达到了独创性的高度。一审法院认为，诉争代码的独创性不足，Java API 中的很多代码都是短语和名称，没有实际意义。独创性中的"创"要求至少有最低程度的创造性，而短语和名称往往因为无法满足必要的长度和一定的深度，从而无法满足创造性的要求。谷歌仅仅复制了甲骨文 37 个 API "类库"的名称和功能，自己还投入了许多人力物力来编写 API 中具体的执行代码。同时，API 容易导致"思想"与"表达"的混合。混同原则实际上也属于独创性判断的一部分。如果 API 是实现某一功能必不可少的表达，那么其属于思想和表达的混合，从另一方面来说也就是该表达沦为了思想，没有达到独创性的高度。此时，根据版权法中的"混同原则"，API 对应的思想只有一种或极其有限的表达，因此，这些表达也被视为思想而不受保护。❸

二审联邦法院推翻了一审判决，其指出，虽然短语和名称往往不能获得版权保护，但是对这些短语和名称的排列和层次关系的设计也可能构成符合独创性要求的作品。甲骨文主张的不是单个短语和名称的保护，而是数个短

❶ Oracle America, Inc., v. Google Inc., 847 F. Supp. 2d 1178 (N. D. Cal. 2012).

❷ Oracle America, Inc., v. Google Inc., 750 F. 3d 1339 (Fed. Cir. 2014).

❸ Oracle America, Inc., v. Google Inc., 847 F. Supp. 2d 1178 (N. D. Cal. 2012).

语和名称的组合享有的版权。同时，一审法院错用了"混同原则"，API 不是唯一的，存在着可替代的表达。事实上，除了被抄袭的 3% 的代码，谷歌自己编写了 97% 的代码，这证明了谷歌完全可以编写自己的 API，API 代码中包含的思想并没有和其表达混同。

（二）从功能性看应用程序编程接口的可版权性

计算机程序是一种具有功能性的工具，必须完成一定的工作、实现一定的功能，这与一般文学艺术作品不同。而版权法中的一条基本原则是，任何具有功能性的因素，包括操作方法、技术方案和实用功能等都不在版权法的保护范围内，版权法对于计算机程序的保护也要严守这一原则。在 1879 年美国最高法院判决的 Baker v. Selden 案中，被告在书中描述了一种记账表格，能够实现和原告书中表格同样的记账效果，但是其设计的栏目和标题却与原告的有所差异，美国最高法院判决双方相似的只是记账的实用功能，被告并未侵犯原告的表达。❶ 在美国苹果公司诉微软和 Hewlett Packard 公司的系列案件中，美国苹果公司认为微软和 Hewlett Packard 公司模仿了 Macintosh 的电脑软件界面，但法院最终认定界面基本上是方便用户与计算机系统沟通的工具，当其功能性特征压倒其艺术特征时，不应享有版权保护。❷ 同样地，在 Lotus 案中，莲花公司在其表格处理软件 Lotus1-2-3 中设计了有层次的菜单命令（如点击菜单中的"文件"会弹出"新建""保存"和"复制"等选项），而被告波兰德公司为了让原先莲花公司的用户能够更好地使用自己的新软件，在自己设计的菜单之外，又加入了 Lotus1-2-3 的菜单。该案的焦点在于计算机程序的菜单命令及其结构是否属于版权保护的对象。在一审中，地区法院认为：莲花公司对菜单命令的选择和安排具有独创性，即菜单结构作为一个整体，包括其用语、结构和顺序应当作为"表达"而受到保护。但上诉法院认为，Lotus1-2-3 的菜单命令和其层次结构是一种不受版权保护的"操作方法"，将其排除出了版权法的保护范围，从而莲花公司败诉。❸

在功能性方面，谷歌案二审法院对著名的莲花公司诉波兰德公司案（Lotus 案）判决作出了补充，可以说是一个重大进步。谷歌一审中指出，API 具有功能性，谷歌只是照搬了 Java API 的一些名称和声明指令，这些属于实用性功能，不受版权保护。在二审中，法院认为 API 虽然有一定的实用功能，

---

❶ Baker v. Selden, 101 U. S. 99 (1879).

❷ Apple Computer, Inc. v. Microsoft Corp. & HP corp., 799 F. Supp. 1006 (N. D. Cal. 1992). Apple Computer, Inc. v. Microsoft Corp. & HP corp., 821 F. Supp. 616 (N. D. Cal. 1993).

❸ Lotus Development Corporation v. Borland International, Inc., 49 F3d 807 1995 (1st Cir, 1995).

但并不妨碍其作为表达受到版权法的保护。当可以有不只一种 API 来实现计算机的功能时，这就体现了 Java API 个性化的选择，这些代码虽然是指示计算机完成相应操作的命令，但也可能含有受到版权保护的表达。否则，所有的计算机程序都可以看作是操作方法或实用功能，从而无法受到任何版权保护。❶ 正因如此，二审法院修正了 Lotus 案的判决，认为即使某一计算机程序属于操作方法、具有实用功能，也可能作为表达受到版权法的保护。

在 Lotus 案的判决书中，Boudin 法官还提出了可以有的两个选择：一是认为菜单根本就是不受版权保护的，用"思想表达二分法"将菜单划入思想范畴，排除出版权保护的范围；二是认定菜单虽然是表达，但波兰德公司对菜单的使用是为版权法所允许的，即合理使用。上述两种方法都允许波兰德公司继续正当地使用菜单，而 Boudin 法官倾向于后一种选择，这是因为尽管莲花公司新设计的程序菜单可能是一项具有独创性的作品，但波兰德公司使用 Lotus1-2-3 的菜单并不是为了代替自己对菜单的设计，而是使 Lotus1-2-3 的老用户能够用他们自己熟悉的方式使用新软件，可以说是为了实现兼容性的需要。虽然 Lotus 案中法院最后采用的是第一种思路，但是第二种思路更为合理。

四、应用程序编程接口的合理使用

此次甲骨文诉谷歌案恰恰采取的就是二十多年前 Boudin 法官提出的第二种思路。虽然 API 构成作品，但由于谷歌使用 API 的行为属于合理使用，从而免除了谷歌的侵权责任。《美国版权法》在判断某一使用作品的行为是否构成合理使用时，在判例中确立了四个需要考量的因素，❷ 下文就结合四个因素对使用 API 是否构成合理使用进行逐条分析。

（一）使用的目的和性质

判断合理使用的第一个因素是使用该作品的目的和性质，涉及使用时的主观状态以及是属于商业性使用还是转换性使用。一般来说，若被告善意地使用作品更容易构成合理使用，而恶意地无视他人财产权则相反。此外，根据版权法理论，如果被告对作品的使用构成商业性使用，则不利于合理使用的认定，但这并不是绝对的，还需要考虑被告商业性的程度。在美国最高法院审理的 Campbell 案中，被告对《哦，漂亮的女人》这首歌曲进行了滑稽模

---

❶ Oracle America, Inc., v. Google Inc., 750 F. 3d 1339（Fed. Cir. 2014）.
❷ 实际上美国法院对于在认定合理使用时是否需要考察使用善意或恶意还存在分歧，有时恶意使用也可能构成合理使用。张龙. 善意使用在合理使用判断中的适用 [J]. 中国版权，2014（3）.

仿，并发行了含有该歌曲的唱片，这一行为无疑具有商业性质。但法院指出，即使完全是商业用途，也有可能构成合理使用。[1] 商业性在考察合理使用时是一个很重要的考量因素，但即使是商业性使用也可能具有足够的转换性，从而符合第一个因素的要求。转换性的使用是指一种使用能够使得作品增加一些新的东西，具有新的目的或新的性质，用新的表达和含义改变原有的作品。转换性使用的程度越高，其他因素诸如商业性等就越是无足轻重。反之，转换性使用的程度越低，那么商业性等考量因素将会变得举足轻重。

在甲骨文诉谷歌案中，法院首先考察谷歌的主观状态对第一个因素的影响。[2] 一方面，甲骨文列举了大量的内部文件，表明谷歌公司复制 Java API，是为了加速将安卓软件投放市场以谋取商业利益，即谷歌无视甲骨文的财产权利，其主观状态为恶意。另一方面，谷歌提出证据表明，在谷歌和升阳公司的很多员工都认为 Java API 的代码或者至少是被诉的这些 API 代码是可以免费使用的。升阳公司一直以来都将 Java 编程语言免费许可给用户使用，这既是开发者实践的需要，也有利于增强 Java 编程语言的普及程度，甚至升阳公司的前首席执行官 Jonathan Schwartz 在审判中也证实和支持了谷歌的观点。[3] 针对上述情况，陪审团认为，谷歌利用 Java 的部分 API 是基于善意的。

其次，是谷歌行为的商业性对第一个因素认定的影响。甲骨文认为谷歌对 Java API 的使用是商业性的使用，但法院认为，谷歌利用 API 建立了安卓系统，却将安卓系统作为一个自由和开放的软件平台，免费对所有人开放，这有利于公众分享和软件创新，同样体现了非商业性的使用目的。事实上，升阳公司早在安卓系统推出之前就已经承认，将 Java 进行开源会减少升阳公司软件的许可，减损商业效果。所以，即使谷歌的使用行为是商业性质的，不利于合理使用的认定，但其将安卓软件开源的行为缓和了其整体的商业性程度。即使谷歌的行为具有明显的商业性使用的特征，陪审团也认为其使用符合第一个因素的要求。

最后，是"转化性使用"与第一个因素之间的关系。甲骨文认为，谷歌在安卓中使用的 Java API 并没有带来新的表达、含义或要旨。尤其是，甲骨文认为安卓中使用那些代码与甲骨文使用那些代码的作用是相同的，都是作为计算机应用程序编程接口，但陪审团一致认为谷歌的使用具有转换性。在

---

[1] Campbell, 510 U. S. at 585.

[2] Oracle Am., Inc. v. Google Inc., (N. D. Cal. 2016).

[3] 事实上，正是因为谷歌认识到 Java API 是可以免费使用的，但使用这些 API 的具体执行代码是需要许可的，谷歌才复制了前者，而并没有复制后者。

上文提及的 Campbell 案中，戏仿作品与原作《哦，漂亮的女人》使用相同的旋律，甚至第一行与原作的完全相同，还完全复制了歌曲的许多短语以及整体的结构。当然，这些被复制的因素在被诉侵权的歌曲中起到了与原作相同的目的，但最高法院承认，戏仿的转换性目的当然需要模仿原作才能达到，因此允许模仿原作的确切内容，被告的行为仍然被认定为合理使用。❶ 谷歌不仅从 166 个 Java API "类库" 中选择了 37 个，自己还重新编写了 API 的具体的执行代码。此外，谷歌结合进了自己新的方法，在复制代码的同时赋予了其新的表达和含义。陪审团就此得出结论认为，谷歌将甲骨文的 API 在开源的操作系统中进行使用，是具有转换性的。因此，第一个因素有利于谷歌。

（二）被使用作品的性质

第二个因素是受版权保护的作品的性质，在这一因素中，传统的文学性作品比信息性作品（如工具书、手册），更接近版权保护的核心。具有独创性的写作和表达是版权保护的核心，所以对传统文学性作品的复制要想构成合理使用难度更大，而对信息性作品的复制要想构成合理使用则相对容易。❷ 在甲骨文诉谷歌案中，甲骨文认为，API 的设计过程是 "极具创造性的"，其应当受到版权的核心保护，因为有无数的方法来命名和组织 Java，谷歌可以在安卓上使用一个完全新的分类。甲骨文还请出了 API 的设计者证明，要根据程序的目标来确定采取何种表达是最好的，这一工作十分复杂。但是，陪审团认为甲骨文的代码并不是具有高度创造性的，甲骨文强调了 "表达"，但其忽略了程序员是在说明表达某一特定功能的挑战性，从而强调了这些代码的功能性的作用，贬低了其创造性的方面。因此陪审团认为，虽然 API 能够获得版权保护，但是 API 的设计是以功能性考虑为主，其属于信息作品，创造性较低，据此第二个因素对甲骨文不利。❸

（三）被使用部分占原作的比例和其重要程度

第三个因素是被使用部分占原作的比例和其重要性，即从质量和数量上来考察使用的程度。谷歌案中陪审团发现谷歌仅仅复制了 37 个 API "类库"，并修改了大多数具体的执行代码，其复制的代码仅仅占甲骨文 Java API 的 3%。换言之，谷歌复制的代码行的数量仅仅占了甲骨文 Java API 很小的比例。只够用来维持系统间使用的兼容性，而并没有复制具体的 API 执行代码。

---

❶ Campbell, 510 U. S. at 585.

❷ Sega Enterprises, Ltd. v. Accolade, Inc., 977 F. 2d 1510, 1527 (9th Cir. 1992).

❸ Oracle Am., Inc. v. Google Inc., (N. D. Cal. 2016).

因此谷歌只是复制了转换性使用所必需的合理的部分，从质量和数量上看均符合第三个因素的要求。❶

（四）对作品的潜在市场和作品价值的影响

第四个因素是使用行为对作品潜在市场和作品价值的影响。在谷歌案中，陪审团发现，在安卓系统中对被诉代码的使用对于版权市场（主要面向台式电脑和笔记本电脑的市场）并没有造成损害。在安卓系统推出之前，升阳公司已经将 Java API 作为开源软件向社会开放，允许任何人出于商业性目的复制 API，仅仅受到宽松的"回报许可"的限制。因此，在安卓系统推出之前 Java 的市场占有率已经有所下降，这也说明了对 Java 的损害并不是安卓带来的。同样地，事实表明，安卓给 Java 版权市场带来的影响是升阳公司将 Java 作为开源软件时早就预料到的，因此对甲骨文所造成的影响也合情合理。❷

正因如此，2016 年 5 月 26 日，陪审团全体在重审中认定谷歌的行为属于合理使用，并不侵权。需要注意的是，虽然法院已经多次对合理使用进行了考量和裁决，但对合理使用始终无法下一个精确的普遍适用的定义，该合理使用判决是在平衡各个因素后做出的，不能涵盖各式各样合理使用的情形，今后的类似判决还是需要按照个案衡量的方式来认定。

五、对我国的借鉴意义

虽然甲骨文公司表示其将继续上诉，但这一判决无疑将会对整个软件开发行业产生巨大影响。计算机应用程序编程接口的可版权性是美国计算机领域出现的最新问题，这一问题不仅在美国引发了巨大的讨论，对于中国也有重要的借鉴意义。

（一）应用程序编程接口的可版权性

我国分别于 1991 年和 2001 年颁布了《计算机软件保护条例》，此后又经过多次修订。根据我国著作权法，著作权的客体原指计算机软件，包括计算机程序及其有关文档，但 2014 年最新的著作权法修改草案送审稿将"计算机软件"修改为"计算机程序"，文档回归为文字作品保护，更为科学合理。版权法中有关计算机程序保护的原则也在法条中得到了体现。如第二十九条规定："软件开发者开发的软件，由于可供选用的表达方式有限而与已经存在的软件相似的，不构成对已经存在的软件的著作权的侵犯。"该条体现的正是混同原则。又如第六条规定："本条例对软件著作权的保护不延及开发软件所用

---

❶❷ Oracle Am., Inc. v. Google Inc., (N. D. Cal. 2016).

的思想、处理过程、操作方法或者数学概念等"，体现的正是操作方法、实用功能不受保护的原则。但是，我国相关法律中并未对计算机程序作品的范围认定以及侵权判断作出具体规定。

相比之下，我国相关的司法实践较为丰富。海淀区人民法院早在 1993 年就审理了第一起计算机软件著作权纠纷，自此之后，法院审结了多起相关纠纷，其中许多案例对计算机程序作品的范围认定以及侵权判断进行了归纳和总结。❶ 比如在长沙青果园公司诉诚光公司等案❷中，法院认为，通常软件的表达形式具有多样性，既能以源代码表达，还可以目标代码和微码等形式来表达。若为了实现一个目的可以有多种方法，且选用的那种方法不是实现该目的所必需的，即程序所反映的思想和具体的表达形式不具有同一性，那么这些方法就属于表达而不是思想，此时，这种计算机程序的结构、顺序和组织就是表达，受到著作权法保护。在该案中，由于青果园公司"KINGOSOFT 大学教材网络管理软件系统 V3.0"软件所采用的结构、顺序和组织并非只有一种，所以其表现形式应受著作权法保护。该案正确地划分了思想和表达，明确了计算机程序的范围。

我国可以借鉴美国法院在判断计算机程序范围时采用的"抽象—过滤—比较法"，版权保护不仅及于具体的代码，而且适当地应当延伸到程序的组织结构、处理流程上。首先，将计算机程序的思想从表达中抽象出来，不予保护。其次，将为逻辑和使软件具有效率所必需的代码、"标准程序"所对应的代码都排除出版权法保护的范围。最后，再对比表达，看是否相似。这样不仅最基础的计算机代码可以受到保护，一些符合独创性要求的计算机组织结构、处理流程也能得到保护，从而给予软件开发者必要的激励，避免后来者通过简单的替换代码而获得不构成侵权的软件。❸

从谷歌案中也可以看出，要防止应用程序编程接口造成垄断，将其排除出版权保护的范围，有两种思路：一种是直接认定 API 属于思想或实用功能，不能受版权法的保护；另一种是虽然 API 属于表达，但对其的使用属于合理使用，从而也不能受版权法的保护。第一种思路错误地使用了"实用功能不受保护"的原则，将所有的 API 受到版权保护的可能性都排除了，甚至为计算机代码之外一切计算机组织结构、处理流程的可版权性设置了不必要的障

❶ 张晓津. 计算机软件著作权侵权判断问题研究 [J]. 知识产权，2006（1）.

❷ 湖南省长沙市中级人民法院民事判决书（2005）长中民三初字第 147 号。

❸ 张吉豫. 计算机软件著作权保护对象范围研究——对美国相关司法探索历程的分析与借鉴 [J]. 法律科学，（5）.

碍。应当指出的是，如果某一计算机程序不属于思想与表达的混同，达到了独创性的高度，即使其具有实用功能，也不妨碍它受到版权法的保护。而第二种思路适当地认可 API 属于一种表达，有可能受到版权保护，但同时又通过合理使用制度，限制 API 造成垄断，保证了公众对 API 的正当使用，可以说从法理上看第二种思路更为科学和可取。

（二）应用程序编程接口的合理使用

《计算机软件保护条例》第一条就开宗明义地规定了立法的目的，即"为了保护计算机软件著作权人的权益，调整计算机软件在开发、传播和使用中发生的利益关系，鼓励计算机软件的开发与应用，促进软件产业和国民经济信息化的发展"。由此可见，条例除了保护计算机程序著作权人的利益，从长远来看，更是要保护公众对软件进行开发和应用，促进整个软件产业的发展。从立法趋势上也可以看出此点，2014 年著作权法修订草案送审稿专门增加了三条有关计算机软件合理使用的情形。❶ 尤其是其中第四十六条规定，计算机程序的合法授权使用者在通过正常途径无法获取必要的兼容性信息时，可以不经该程序著作权人许可，复制和翻译该程序中与兼容性信息有关的部分内容。适用前款规定获取的信息，不得超出计算机程序兼容的目的使用，不得提供给他人，不得用于开发、生产或者销售实质性相似的计算机程序，不得用于任何侵犯著作权的行为。可以说，在我国目前的相关立法规定中，这条规定了计算机程序兼容性信息可以不经版权人同意而复制，为应用程序编程接口的合理使用提供了依据。

在司法实践中，我国也出现过与美国甲骨文和谷歌案类似的案件，法院或学者们都从合理使用的角度出发，认定被告不侵权，这些案件与谷歌案也是有可比性的。

在广东智软公司诉拓保公司案中，软件用户华泰公司与软件设计者智软公司合作开发一套系统软件 A 并成为该软件的合法共有人，此后，华泰公司在该软件的基础上委托拓保公司进行后续开发了 B，而被智软公司起诉。由

---

❶ 即第四十四条、第四十五条、第四十六条，其中第四十四条的规定，计算机程序的合法授权使用者可以从事下列行为：（一）根据使用的需要把该程序装入计算机等具有信息处理能力的装置内；（二）为了防止计算机程序损坏而制作备份复制件；这些备份复制件不得通过任何方式提供给他人使用，并在本人丧失合法授权时，负责将备份复制件销毁；（三）为了把该程序用于实际的计算机应用环境或者实现其功能而进行必要的改动；未经该程序的著作权人许可，不得向任何第三方提供修改后的程序以及专门用作修改程序的装置或者部件。第四十五条规定为了学习和研究计算机程序内含的设计思想和原理，计算机程序的合法授权使用者通过安装、显示、传输或者存储等方式使用计算机程序的，可以不经计算机程序著作权人许可，不向其支付报酬。

于应用软件 B 是与 A 的操作系统软件接口并在该操作平台上运行的，要实现这一目的，其中必然会使用到 A 的操作系统的部分源代码和目标代码。法院认为，即使被控侵权软件中含有 A 的部分源代码和目标代码，亦属于该软件所有人华泰公司的合理使用范围，而不构成对原告的软件的侵犯。若由原始设计者垄断后续开发，对软件用户是不公平的，也不利于促进科技的发展，因此法院驳回原告起诉。❶

在英特尔公司诉东进公司案中，英特尔公司向深圳市中级人民法院指控我国的东进通讯公司在其通信产品的配套软件包中非法复制、发行其"intel 头文件"，并索赔 796 万元。头文件作为一种包含功能函数、数据接口声明的载体文件，并不包含具体的执行代码，而只是起到描述的作用，告诉应用程序可以在哪里找到相应功能函数的逻辑执行代码。❷ 本案虽然最后和解而未能进行判决，但学者多数认为东进公司的行为属于合理使用。英特尔的产品长时间在市场上占据垄断地位，因此其头文件中的函数命名规则已经成为行业标准，英特尔此举实际上是借计算机程序版权保护的名义进行垄断。本案中东进公司复制头文件是为了兼容的合理目的，并不构成侵权。❸ 这一解释较为合理，不仅有利于遏制行业巨头英特尔公司的垄断行为，促进我国新兴通讯公司的发展，也能较好地保护广大用户的利益。❹

对于类似的计算机程序案件，我国应该借鉴谷歌案以及遵循我国上述案件的做法。由于计算机程序不具有内在美感，多数国家起初并不赞成用版权法对其进行保护，而硅谷的崛起和美国软件行业的飞速发展，使得占据世界领先地位后的美国极力主张用版权来保护计算机程序。迫于美国强大的政治经济压力，世界各国不得不逐渐接受将计算机程序作为版权保护的要求。❺ 既然对计算机程序的保护本来就是政策性的产物，那对于软件产业发达程度远不如美国的我国而言，更应采取较为宽松的侵权判断规则。对于为了兼容在编程中必须使用相同函数名的应用程序编程接口，或是业界广泛

---

❶ 本案一审判决已经发生法律效力。参见广州市中级人民法院（2003）穗中法民三初字民事判决书第 174 号。

❷ 一般而言，每个 C++/C 程序通常由头文件（header files）和定义文件（definition files）组成。头文件作为一种包含功能函数、数据接口声明的载体文件，用于保存程序的声明（declaration），而定义文件用于保存程序的实现。参见新浪科技时代"英特尔东进达成和解"，访问地址：http://tech.sina.com.cn/focus/intel_ DJQ/，最后访问时间：2016 年 11 月 25 日。

❸ 张柳坚. 计算机软件版权原理与实务［M］. 北京：中国科学技术大学出版社，1994：45.

❹ 张晓津. 计算机软件著作权侵权判断问题研究［J］. 知识产权，2006（1）.

❺ 王迁. 知识产权法教程［M］. 北京：中国人民大学出版社，2014：54-60.

认可的编程规范以及常用数据格式等，❶ 可以灵活地运用法条将其认定为合理使用，以促进我国本土软件行业的发展，维系社会公众和权利人之间的利益平衡。

六、结 语

这次谷歌大胜甲骨文明确了计算机软件的保护边界，同时又通过合理使用制度为开源软件保驾护航。虽然判决确认了 API 是享有版权的，甲骨文公司仍然可以根据二审判决，对其他使用了 Java 代码的公司提起诉讼，但本案的结果将在很大程度上影响未来软件行业的趋势。在硅谷，开源的理念❷深入人心，使用 API 也是极其普遍的。如果甲骨文胜诉，会有更多的商业软件公司对 API 甚至类似的计算机软件提起诉讼，那么以"自由、分享、开放"为理念的开源运动将遭受重大挫折，受益的是一些商业软件公司，但受损的将是倡导开源运动的公司，更进而将影响到广大网民的切身利益。本案中，陪审团一致认定谷歌的行为构成合理使用，可以说甲骨文是输在了人心，而整个软件行业也得以从可能侵权的恐惧中解脱。正如谷歌在胜诉后发表的声明里所说的，谷歌的胜利是"安卓生态系统的胜利，是 Java 程序社区的胜利，也是所有利用开源和免费编程语言开发创新消费产品的开发者的胜利。"❸

---

❶ 张吉豫. 软件接口代码可著作权性研究——兼评《著作权法》第三次修改草案"反向工程条款"[J]. 吉林大学社会科学学报, 2013 (1).

❷ 20 世纪 80 年代以来，软件领域发起了一场开放源代码运动，开源软件的倡导者认为，开放源代码不是不尊重版权的行为，而体现了人类互助的精神。因此，开源运动运用了与 copyright 相反的 copyleft 的语言，来对用户进行授权，为用户提供无限复制和修改的权利。参见张平. 开源软件——知识产权制度的批判与兼容 [J]. 网络法律评论, 2004 (2). 参见"自由软件运动、开源和 Linux"，访问地址：http://people.ubuntu.com/~happyaron/udc-cn/karmic-html/ch01s02.html，最后访问时间：2016 年 9 月 7 日。

❸ 参见 The Oracle-Google Case Will Decide the Future of Software，访问地址：https://www.wired.com/2016/05/oracle-google-case-will-decide-future-software/，最后访问时间：2016 年 9 月 9 日。

网络交易平台商标间接侵权责任承担

——以衣念诉淘宝、杜国发案为视角兼评 Tiffany 诉 eBay 案 *

刘笑晗

近年来网络交易种类越发丰富并且简单快捷，网购已经逐渐成为人们尤其是年轻人最主要的购物方式，但随之而来的也有大量的网络侵权纠纷，其中以商标权纠纷最为突出。本文以案例为切入，试分析网络交易平台商标间接侵权责任承担，同时对美国及中国司法实践中具有重要影响的衣念诉淘宝、杜国发案及 Tiffany 诉 eBay 案进行分析，为网络交易平台商标间接侵权责任的认定提供意见。

一、商标间接侵权概述

商标间接侵权理论来源于英美法系的知识产权制度，我国并没有明确的法律条文来阐明此理论，一般是用共同侵权来解决此类问题，此种做法的弊端笔者将在后文中进行阐述。

传统商标法的基本立法目标在于确保商标的识别功能得以实现，即使消费者能够通过商标将商品与其提供者正确地联系在一起，防止混淆的发生，以实现保护商品提供者凝集在商标中的商誉免受不公平利用和损害，以及保护消费者不受误导的双重目的。[1] 因此，他人未经许可在相同或类似的商品上使用相同或近似的商标，只要有可能导致相关公众混淆，即构成对商标权的"直接侵权"。商标间接侵权是与直接侵权相对应的概念，具体是指在商标侵权纠纷中，行为人没有直接实施侵权行为，但通过一定方式和手段为他人的直接侵权行为提供了实际帮助，或者诱使、教唆了他人实施直接侵权，由于这种行为方式并不是对商标权人直接实施侵权行为，因此将其定义为"商标

---

* 撰写论文时作者为中国人民大学学生，本文获 2016 年度隆天知识产权优秀论文奖。

[1] 参见王迁. 论场所提供者构成商标"间接侵权"的规则——兼评"朝外门购物商场案"和"秀水街案"[J]. 电子知识产权，2006（12）.

间接侵权"❶。

商标权人的权利包括商标专用权和禁止权，两者的范围并不一致，构成"间接侵权"的行为本身并不在商标权人"商标专用权"和"禁止权"的控制范围内，❷ 但是，一旦直接侵权的范围确定，那么教唆、帮助直接侵权的行为即为间接侵权。

根据间接侵权的理论，商标间接侵权需要有以下要件：行为人有主观过错、有教唆帮助等行为，以直接侵权行为的实施为前提。

淘宝作为国内著名的 C2C（Customer to Customer）平台，所涉商标侵权案件众多，法院的判决也具有代表性和导向性。下面笔者以衣念诉淘宝、杜国发案为切入，来探讨网络交易平台商标间接侵权问题。

二、衣念诉淘宝、杜国发案

2010 年原告衣念（上海）时装贸易有限公司（以下简称衣念公司）将浙江淘宝网络有限公司（以下简称淘宝公司）及杜国发诉至法院，诉称衣念公司从 E. LAND 公司获得 1545520 号注册商标以及 1326011 商标的独占使用权，旗下拥有"Eland""TEENIE WEENIE"等知名服装品牌商标，2009 年起，杜国发未经衣念公司许可开始在淘宝网上销售带有"Eland""TEENIE WEENIE"商标字样的服装，2009 年 9 月开始，原告针对杜国发的侵权行为，7 次发函给淘宝公司，要求其删除杜国发发布的侵权商品信息。淘宝公司对原告举报的侵权信息予以删除，但未采取其他制止侵权行为的措施。衣念认为，淘宝在知道杜国发以销售侵权商品为业的情况下，依然向其提供网络服务，故意为侵犯他人注册商标专用权的行为提供便利条件，是纵容、帮助杜国发实施侵权行为。淘宝公司抗辩称其不具有主观上的过错，且已采取了合理审慎的措施，及时删除权利人投诉的涉嫌侵权的信息，并且衣念公司不是有效投诉，淘宝公司只是为了平衡利益，采取删除信息但不予处罚的措施。

一审法院判决认为，淘宝公司在收到衣念公司 7 次有效投诉的情况下，应当知道杜国发利用其网络交易平台销售侵权商品，淘宝公司在有条件、有能力针对特定侵权人杜国发采取措施的情况下，却未采取必要措施以制止侵权，是对杜国发继续实施侵权行为的放任、纵容。其故意为杜国发销售侵权

---

❶ 参见王迁. 商标间接侵权研究［M］. 北京：中国人民大学出版社，2008：8.

❷ 参见王迁. 论场所提供者构成商标"间接侵权"的规则——兼评"朝外门购物商场案"和"秀水街案"［J］. 电子知识产权，2006（12）.

商品提供便利条件，构成帮助侵权，具有主观过错，应承担连带赔偿责任。❶

二审法院认为，综合衣念公司的投诉情况以及在案证据可以认定淘宝公司知道杜国发利用其网络服务实施商标侵权行为，但仅是被动地删除链接，未采取必要的能够防止侵权行为发生的措施，从而放任、纵容侵权行为的发生，其主观上具有过错，客观上帮助了杜国发实施侵权行为，构成共同侵权，应当与杜国发承担连带责任。❷

笔者只是选取了网络交易平台涉及商标间接侵权的一个案例，但事实上国内外的 C2C 平台比如 eBay 和淘宝在商标间接侵权这个问题上涉诉众多。比如法国 "LV 诉 eBay" 案、比利时 "L'Oreal 诉 eBay" 案、德国 "Rolex 诉 eBay" 案。在这些类似案件中，法院认为 Tiffany 与 L'Oreal 诉讼请求不成立。也就是说，美国和比利时法院认为 eBay 作为网络交易平台提供者已经尽到了责任与注意义务，而在法国与德国，法院都认为 eBay 公司应承担更多的责任。淘宝所涉案件还包括 "彪马诉淘宝、陈仰蓉案" "衣念诉淘宝、顾某案" 等，与 "衣念诉淘宝、杜国发案" 的判决结果不同，在此两案中法院均认为不能要求网络服务商对每一个网络商店销售的每一种商品的商标合法性负责，其已尽到责任和义务。

其实，从上述一系列案件的案情和判决结果可以发现，在网络交易平台商标间接侵权案件中，会出现类似案情不同判决的情形。抛开法律之外的政治经济因素，上述结果都可以归为如何理解和界定如下问题：

（1）如何给网络交易平台定位；

（2）网络交易平台提供者商标间接侵权责任如何界定。

三、网络交易平台的定位

对网络交易平台的定位，其本身并不具有司法实践的意义，但这是解决网络交易平台注意义务以及责任承担的前提。因为不同的定位会导致其承担不同的事前审查义务、管理义务、事后补救义务和合理注意义务。

对于此问题主要有卖方或合营者、居间商、柜台出租者这几种观点，笔者认为，对于前两种观点，网络交易平台提供者与传统定义上的卖方或合营者、居间商出入较大不再赘述，而很多人将其等同于柜台出租者笔者也不能认同。

持柜台出租者观点的人认为，网络交易平台构建了一个交易场所，并收

---

❶ 上海市浦东新区人民法院（2010）浦民三（知）初字第 426 号。

❷ 上海市第一中级人民法院（2011）沪一中民五（知）终字第 40 号。

取一定的交易费用，这类似于现实生活中的场地所有者将自有场地或者柜台出租给他人销售商品并收取租金。笔者认为，这种观点是片面的，只看到了两者之间的相似性，却忽略了区别。首先，以淘宝网为例，淘宝作为典型的C2C平台对于个体商户都是免费的，它的盈利模式主要依靠广告收入和增值服务费收入，广告收入包括商家竞价排名、页面硬广广告位；增值服务费收入主要有卖家插件租金、在线软件租金分成和游戏平台收入分成。这与柜台出租者仅以租金为收入来源、不介入宣传推广方面是截然不同的。其次，网络交易平台对于卖家和买家之家的纠纷建立了一系列解决机制，无形中扮演了一种居中裁量的角色，这与柜台出租者在交易中的角色——完全不介入买卖双方的任何纠纷是完全不同的。再次，网络空间是一个虚拟空间，虽然网络交易平台提供者为买卖双方提供了一个交易的空间，但是这种空间不是真正的物质空间，提供者也不对这种虚拟的空间具有所有权，不能进行简单的等同。最后，易趣网在用户协议中这样描述自己的定位："您必须理解本公司网站上的'网上店铺'并不是传统的'店铺'，也不是'集贸市场的摊位''展览会的展览位'或'柜台'，'网上店铺'的设立不表示本公司介入用户的管理，也不导致本公司对'网上店铺'的物品有任何的处分权利……"❶，另外淘宝也在法律声明中这样写道："鉴于淘宝提供的服务属于电子公告牌（BBS）服务……会员依法应对其提供的任何信息承担全部责任。"❷

综上所述，网络交易平台与柜台出租者并不能简单等同。

当然，也有观点倾向于把B2B、B2C平台和C2C平台分开评价其地位，认为此三类平台在面向对象、准入制度、提供服务方面有一定的差异，❸ 虽然本文主要讨论典型的C2C平台eBay与淘宝所涉及的商标间接侵权问题，但笔者认为该观点是将网络交易平台这个整体割裂开来，这种过于细致的分类实际上是增加了解决纠纷的成本。因为现阶段我们虽然可以笼统地将网络平台划分为B2B、B2C和C2C，但同样是B2C，京东、当当属于"自营+品牌"模式，天猫就属于"品牌"模式，在这种情形下，一旦网络交易平台上存在纠纷，不同的经营模式就会导致其在侵权行为发生时处于不同地位以及承担不同的责任，这也正是笔者所主张的不能一概而论其定位的缘由。另外，速卖通（Ali Express）在2015年12月发表声明称"从（2016年）4月初开始，所

---

❶ http://www.docin.com/p-326892846.html，最后访问时间：2016年11月29日。

❷ https://www.taobao.com/about/copyright.php? spm = 0.0.0.0.EOi18G，最后访问时间：2016年11月29日。

❸ 参见宋寒亮. 网络交易平台提供商法律地位的重新界定［J］. 北京航空航天大学学报，2015：28（6）.

有商家必须以企业身份入驻速卖通、不再允许个体商家入驻；而到今年下半年，商家必须有品牌，仅仅有企业身份也不够了"。这也表明在一定时间内速卖通平台会同时存在 B2C 与 C2C 两种模式，而且随着电商产业的扩张，已经出现了向 B2B2C 方向发展的趋势，也就是说一个平台上会同时存在 B2B 与 B2C，那么再进行上述观点的分类并无助于解决纠纷，甚至是有违互联网发展趋势的。因此笔者认为，应当将网络交易平台进行重新的、统一的定位，而且这种定位应当是充分考虑其特点的。

根据上文分析，我们可以看出网络交易平台具有中介的特征，但是又有别于传统的柜台出租者和居间人等，其地位不能落入传统的法律框架分类范围内，那么就不应该强行将其进行类比，而是可以对其进行重新分类，同时规定其权利义务。对此，笔者认为可以采用《中华人民共和国侵权责任法》（以下简称《侵权责任法》）以及《互联网公告电子服务规定》中提出的网络服务提供者的概念，同时认定拥有独立的法律地位，我国的司法实践中也倾向于此认定，比如"彪马诉淘宝、陈仰蓉案"中广州中院即认为淘宝仅为网络服务提供者，不承担审查义务。当然网络服务提供者是一个广义上的概念，其应当包括网络内容服务提供商、网络技术服务提供商和网络交易平台提供商三种，并且应当根据扮演的不同角色承担相应的责任。当然，有学者有观点也认为可以效仿欧美国家创设一种新型的主体，比如德国采用的互动计算机服务提供商（Interactive Computer Service Provider，ICSP）❶，对此笔者认为，既然我国其他法律已经提出"网络服务提供者"这一上位概念，那么对于网络交易平台地位认定最好的方式就是将已有的上位概念细化，而不是进行新的创设，这样在解决问题的同时也可以保持法律的一致性和协调性。

四、网络交易平台提供者商标间接侵权责任如何界定

如何定位网络交易平台的地位是解决商标间接侵权问题的基础，那么解决该问题的关键则是网络交易平台该承担什么样的义务以及如何判断其承担的责任。笔者试从以下几方面进行考量。

1. 厘清间接侵权与直接侵权和共同侵权

正如笔者前文所述，基于知识产权"专有权利"绝对权的性质，只要未经许可而落入专有权控制范围之内的行为即构成直接侵权，主观过错在直接侵权中并非必要条件，只影响责任的承担。而在间接侵权的情况下，间接侵

---

❶ 参见沈吉利. 浅析网络交易服务平台提供商的法律定位——从易趣网纠纷案引发的思考［J］. 广东商学院学报，2003（3）.

权行为本身并不在商标权人"商标专用权"和"禁止权"的控制范围内，这种将知识产权的保护范围扩大是基于加大对商标权保护力度的考量，因此间接侵权需要以主观过错为要件，并且存在教唆、帮助直接侵权行为。

在我国司法实践中因为没有区分直接侵权与间接侵权，而是用共同侵权来解决问题，即网络交易平台提供商没有尽到合理注意义务，为直接侵权人提供便利，与网络交易卖家一起构成共同的商标侵权。但是我们应当看到现有的共同侵权理论并不能解决商标间接侵权问题，更不用说网络平台上的问题，这也是该理论被诟病以及在"秀水街案"与"朝外门购物商场案"中出现间接侵权认定标准不同的关键，并且现行的规定也一定程度上导致商标间接侵权没有适用空间。首先，主观要件方面，共同侵权行为要求共同侵权行为人具有共同的故意或者过失，而在间接侵权中网络交易平台提供者只是具有教唆或帮助情形，很难判定其与直接侵权行为人具有共同的故意或者过失，而如果具有共同的故意或过失就可以判定两者应共同承担直接侵权责任。其次，在责任承担方面，根据侵权责任理论，"连带侵权责任是指任何一个共同侵权人都对受害者承担全部的侵权责任，受害者可以同时向共同侵权人或者单独向任何一个侵权人要求赔偿其损害的全部，对内是在考虑过错程度的基础上平均分担赔偿额。"❶ 而在我国《侵权责任法》中规定网络交易平台提供者仅对扩大部分承担连带责任，此种连带责任与共同侵权的连带责任是不同的，可以看成是对网络交易平台过失行为的一种惩罚措施。

综上所述，商标间接侵权与直接侵权、共同侵权是不同的，对它们进行正确的区分有助于正确找到责任主体，而不会出现共同侵权理论所造成的责任不清的局面，在我国引入间接侵权理论是有其必要性的。

对于商标间接侵权的引入，笔者认为可以参考著名的 Tiffany 诉 eBay 案来构建我国的商标间接侵权制度，在该案中美国法院确立了网络交易平台商标间接侵权类型及责任判定标准。

Tiffany 诉 eBay 案❷是美国法院首次对网络交易平台服务商商标侵权责任的承担进行详尽的认定和阐述。原告 Tiffany 公司是著名的奢侈品制造商，持有 Tiffany 商标，主要销售项链、珠宝等饰品，被告 eBay 公司是著名 C2C（Customer to Customer）平台，Tiffany 公司发现 eBay 平台有大量 Tiffany 仿冒产品出现，2004 年 Tiffany 公司调查结果显示 eBay 上拍卖的所谓 Tiffany 珠宝

---

❶ 参见梁慧星. 中国民法典草案建议稿附理由（侵权行为编和继承编）［M］. 北京：法律出版社，2004：15.

❷ Tiffany（NJ）Inc. v. eBay Inc., 600 F. 3d 93（2d Cir. 2010）.

当中有 73.1% 为假货，21.9% 无法确认，只有 5% 是正品❶。在 Tiffany 公司与 eBay 沟通无法完全解决假货问题后，Tiffany 将 eBay 告上法庭，提出包括商标直接侵权、商标间接侵权在内的 5 项主张，2008 年 7 月美国纽约南部联邦地区法院判决原告败诉，二审法院联邦第二巡回上诉法院在 2010 年 4 月 1 日作出判决基本维持了一审结果。

对于商标直接侵权问题，法院指出 eBay 使用 Tiffany 商标的行为是一种指示性使用，不会造成消费者对其来源的混淆误认，因而其不构成直接侵权，笔者在本文中也不再赘述。对于商标间接侵权的诉求，法院引用了一系列判例和理论来阐述 eBay 是否构成商标间接侵权。美国商标间接侵权责任的认定主要来源于 1982 年美国联邦最高法院的 Inwood 案❷，该案中法院第一次将商标侵权责任归属于直接侵权行为人之外的第三人，由该案得出的商标侵权 Inwood 标准适用于后来的商标间接侵权案中，即如果产品制造商或经销商故意引诱他人侵犯商标权，或在明知或有理由知道商标侵权行为的情况下还继续提供产品构成商标的间接侵权，制造商或经销商承担因此而产生的损害后果❸。我们可以将上述 Inwood 标准界定的商标间接侵权行为进一步归纳为引诱侵权和帮助侵权两种。

在后来的 Lockheed Martin v. Network Solutions 案❹中，法院将 Inwood 标准适用于网络域名注册服务提供者，因此 Inwood 标准并不受适用环境是真实或者虚拟环境的限制。

Hard Rock Café Licensing Corp. v. Concession Servs. Inc 案在 Inwood 的基础上进一步确立了商标间接侵权责任承担的归责原则。法院指出，市场经营者并无积极采取措施防止侵权行为发生的义务，只有当市场经营者知悉或者有理由知悉摊位商正在或即将从事侵权行为时，其才承担辅助侵权责任。换言之，被告承担辅助侵权责任的前提是被告故意不查，即对侵权行为的"故意视而不见"等同于"实际知晓"。Tiffany 一案中，法院也引用该案明确了网络平台商标间接侵权的主观过错的认定标准：交易平台只有在明确地知道侵权行为存在的情况下才存有主观过错，因此法院驳回了 Tiffany 公司的主张：

---

❶ 电商与假货：Tiffany 诉 eBay. http://blog.sina.com.cn/s/blog_ 9450a80f0102vbmx.html，最后访问时间：2016 年 11 月 29 日。

❷ Inwood Laboratories, Inc. v. Ives Laboratories, Inc., 456 U. S.844, 102 S. Ct.2182, 72 L. Ed. 2d 606 (1982).

❸ 阮开欣. 网络交易平台服务商商标侵权责任的认定——Tiffany 诉 eBay 案的解读 [J]. 中华商标，2012 (2).

❹ Lockheed Martin Corp. v. Network Solutions, Inc., 194 F. 3d 980 (9th Cir. 1999).

eBay 应当对 Tiffany 产品仅在自己的网站或是实体店销售，大多数网上售卖的均为仿冒品"大概知道"，eBay 主观上存在过错，应当承担责任。而对于 eBay 上可能存在的商标侵权行为的监管应当由商标权利人 Tiffany 公司承担。最终法院认定 eBay 公司不具有"故意视而不见"的过错，因而不承担侵权责任。

2. 网络交易平台的义务

我们从日常纠纷的主体资格可以看出，C2C 平台涉及的侵权纠纷明显高于 B2C 平台，因为相比于 B2C 平台，C2C 平台准入门槛低，经营者面对的是更多样化的商品、分布更为广泛的经营者，虽然交易平台经营者对于平台是有控制力的，但是这种控制力在海量的网络数据面前应该如何判定其大小，换句话来说，C2C 平台经营者的注意、审查义务应当达到怎样的程度，这才是解决商标间接侵权问题的关键。

首先，就网络交易平台的审查义务来说，审查义务的界定应当全面考虑公平和效率等各方面因素。根据我国法律规定，电子商务平台具有对卖家经营者进行身份认证的审查义务。虽然，《互联网信息服务管理办法》《互联网电子公告服务管理规定》《网络交易平台服务规范》中规定平台经营者负有监控平台信息的义务。实则，这些法律要求平台进行事先审查的内容是指：（1）对国家安全、国家利益、公众利益、社会稳定和涉及淫秽、色情以及暴力的内容；（2）是否存在国家限制流通物和禁止流通物；（3）注册用户信息的真实性。其所指的监控信息并不包括信息、商品是否侵犯他人知识产权。[1] 另外，由于知识产权具有权属争议的可能、获得权利人许可等因素，要求网络交易平台主动审查商标侵权也是不切实际的。

其次，相比于网络交易平台的审查义务、注意义务来说是对经营者更高的要求，也是有一定限度的。另外，笔者认为网络交易平台的注意义务应当是贯穿整个交易过程的，比如在交易前卖家入驻时就应当在用户协议中提醒相关侵权情形，尽到提醒的注意义务；日常经营中进行常规监督，移除可能的仿制品或侵权物品；在侵权纠纷发生后，采用一定的删除、断开机制，防止侵权行为扩大。对于前一项情形，交易网站是非常容易做到的，并且即使在用户协议有提醒的情况下，我们也不能根据间接侵权理论判定交易平台承担商标间接侵权责任。对于后一项情形，实际上就是讨论在《侵权责任法》"通知移除"规则下，网络交易平台存在主观过错的情形。

---

[1] http://www.aliresearch.com/Blog/Article/detail/id/20941.html，最后访问时间：2016 年 12 月 1 日。

淘宝平台在商标间接侵权问题涉诉众多，这些案件之间案情基本相同，只在细节方面存在些许差别，而细节也正是导致了不同判决结果的关键。在"衣念诉淘宝、杜国发案"中，关于淘宝上存在的侵权行为原告7次致函淘宝，并且提供了证明和链接地址，而淘宝网只是采取了删除侵权链接的措施，依然向杜国发提供网络服务。二审法院在判决中指出，网络服务提供者接到通知后及时删除侵权信息是其免于承担赔偿责任的条件之一，网络服务提供者删除信息后，如果网络用户仍然利用其提供的网络服务继续实施侵权行为，网络服务提供者则应当进一步采取必要的措施以制止继续侵权。法院的判决表明，其认为在此种情形下淘宝平台仅删除链接是没有尽到应有的注意义务的，或者说淘宝的注意义务应当高于"通知移除"，淘宝在删除链接之后还应当进一步的扣分、封店，单纯的删除链接并不能制止侵权人继续利用淘宝侵犯他人商标权，当然法院用共同侵权理论来进行责任判定是存在一定缺陷的，前文已经充分论证，此外不再赘述。

与之类似，国外法院在处理eBay平台在商标间接侵权纠纷中，也采用了类似的要求。在Tiffany诉eBay案件中，原告的通知内容仅仅是一般性的告知eBay网站上存在大量侵权行为，而没有阐述具体细节，法院即认为不能因为一般性的告知而认定被告知晓侵权行为，此时交易平台能够证明自己采取了相应的合理的措施一般地防止侵权行为的发生，即尽到了"合理注意义务"。笔者认为，法院的此种认定是有合理性的，因为一旦一般性的告知即推定网络交易平台知晓甚至帮助侵权行为，从而删除产品链接，那么就是在不能确定直接侵权的情形下，要求避免间接侵权的后果产生，这是与间接侵权要求教唆帮助直接侵权行为的理论相违背的；另外，实际上是将一部分审查侵权行为的义务转移给了网络交易平台，这是不公平的也很难实现。但是，对于明确的告知行为，删除链接甚至后续的处理措施应当是包含在平台注意义务范围内的。

综上所述，笔者认为，在判断网络交易平台是否构成商标侵权时，要从以下几方面进行考虑：第一，网络交易平台的审查义务仅限于身份准入以及政策性的规定，对于平台上的侵权行为没有审查义务，但是其在一定条件下对于直接侵权行为具有注意义务。这种注意义务应当存在于交易前、中、后，交易前、中的注意义务主要是提醒监督义务，具体取决于网站的自行规定；交易后的注意义务主要是"通知移除"的情况下交易平台所应采取的措施，该措施并没有绝对的规定，而是根据权利人的通知所采取的合理措施。同时，对合理的注意义务违反或者故意视而不见就可认定为交易平台具有主观过错，因此要承担商标间接侵权责任。第二，上述对于交易平台主观过错的判定只是一种，如果可以从其他事实推定主观过错，并不一定局限于前述判断方法。

五、结　语

　　长期以来我国对知识产权的认识和保护力度都是不够的，尤其是在网络快速发展的今天，网络环境下知识产权的保护和救济都缺少明确的规定和依据，很多方面的立法还不完善，这其中受到冲击最大的就是网络环境下的商标权利问题。笔者认为，网络环境下的商标权是一个很大的概念，仅就其中的商标间接侵权问题而言，我国的立法司法领域还有很长的路要走。法治的发展、与发达国家接轨需要全社会的共同努力，笔者希望本文的分析和理解能够为网络环境下商标权的保护和发展提供一些粗浅的建议。

 参考文献

［1］王迁. 知识产权法 ［M］. 北京：中国人民大学出版社，2007.

［2］王迁. 商标间接侵权研究 ［M］. 北京：中国人民大学出版社，2008.

［3］王迁，王凌红. 知识产权间接侵权研究 ［M］. 北京：中国人民大学出版社，2008.

［4］沈吉利. 浅析网络交易服务平台提供商的法律定位——从易趣网纠纷案引发的思考 ［J］. 广东商学院学报，2003（3）.

［5］王迁. 论场所提供者构成商标"间接侵权"的规则——兼评"朝外门购物商场案"和"秀水街案"［J］. 电子知识产权，2006（12）.

［6］李国庆. 美国商标间接侵权法律渊源 ［J］. 中华商标，2007（5）.

［7］陈绍玲. 网络环境下商标间接侵权研究 ［D］. 上海：华东政法大学，2009.

冰山与海洋：论商标法和反不正当竞争法的功能衔接[*]

——基于《反不正当竞争法（修订草案送审稿）》第五条的分析

孙瑜晨

一、引　言

对于知识产权法和反不正当竞争法之间的关系，孔祥俊教授曾用了一个形象生动的比喻——知识产权法与反法的关系犹如冰山与海洋，冰山漂浮于海洋，反法对知识产权法发挥着"兜底"保护的功能。[❶] 作为知识产权法的重要制度构成，商标法与反法的关系更加紧密。从商标法的历史生成路径来看，美国主流观点认为"商标保护制度起源于普通法中对反不正当竞争行为的规定"，[❷] 德国学界也认为，商标法是普通竞争法的一部分。[❸] 从商标法的立法目的来看，[❹] 赋予商标申请人排他性的权利只是手段和工具，最终目的是通过这种设权性的保护来保障消费者、经营者、生产者的利益，保护竞争秩序，从而促进社会整体福祉之增进。因此，反法和商标法有着共同的目标，[❺] 两法之间的不一致也仅仅是因为实现这些目标的路径存在差异。正是由于彼此之间的密切联系，两法在商标保护方面出现功能竞合和交叉甚至冲突也就变得在所难免了。"如何协调好商标法和竞争法之间的关系"这一问题在很多国家都引起了广泛的关注。[❻]

实际上，无论明示或暗示，各个国家都几乎无一例外地认可了在两种法

---

* 撰写论文时作者为中国人民大学学生，本文获 2016 年度隆天知识产权优秀论文奖。

❶ 孔祥俊. 反不正当竞争法的适用与完善 ［M］. 北京：法律出版社，1998：452.

❷ 参见 ［英］史蒂文·D. 安德曼. 知识产权与竞争策略 ［M］. 梁思思，何侃，译. 北京：电子工业出版社，2012：157.

❸ See, Graeme B. Dinwoodie, Mark D. Janis. Trademarks and Unfair Competition, Law and Policy ［M］. 2nd ed., 2007：14.

❹ 2014 年开始施行的新《商标法》第一条开宗明义地指出："为了加强商标管理，保护商标专用权，促使生产、经营者保证商品和服务质量，维护商标信誉，以保障消费者和生产、经营者的利益，促进社会主义市场经济的发展，特制定本法。"

❺ 《反不正当竞争法》第一条规定："为保障社会主义市场经济健康发展，鼓励和保护公平竞争，制止不正当竞争行为，保护经营者和消费者的合法权益，制定本法。"

❻ 例如，学者史蒂文·D. 安德曼，鲁道夫·F. R. 佩里兹，克里斯托弗·希恩，伯吨·翁等曾就美国、英国、日本、新加坡等国如何协调商标法和反不正当竞争法的关系的问题进行过研究。

律制度之间存在着一种"礼让"关系，"礼让"形式随着不同法律体系的特征和传统而有所不同。❶ 我国 2013 年新《商标法》的修改强化了对商标的保护，特别是帝王条款"诚实信用原则"的引用，充分反映了立法者希翼通过商标法的内部改革来改善竞争法对商标法的礼让并加深礼让的程度。2016 年 2 月 25 日，国务院法制办公室公布了《反不正当竞争法（修订草案送审稿）》（以下简称送审稿），引发了各界的热切关注。从送审稿第五条中（见表 1），我们依然可以看到上述商标法扩张而反法保持谦抑和礼让的立法趋势，这不免让人产生过于强调两法之区别而忽视两法同源性的殷忧。诚然，如果用冰山和海洋来比喻两法的关系，冰山是山而海水是水，山水毕竟是两物，存在区别是必然的。但是冰山和海洋都是由水构成的，两者之间水乳交融，无法平行分割；同时海纳百川，竞争法在商标保护上实际包容着商标法，发挥着"兜底"和补充的作用，期望过度的礼让而实现两法之间泾渭分明地区分是不切实际的。立基于对送审稿第五条的分析，重思两法之间的关系定位和功能衔接，对送审稿第五条提出修改建议。以上，构成本文研究主题。

表 1　反法修订草案送审稿与现行法的对比

现行法第五条（共 1 款 4 项）	送审稿第五条（共 3 款，其中第一款包含 4 项）
经营者不得采用下列不正当手段从事市场交易，损害竞争对手： （一）假冒他人的注册商标； （二）擅自使用知名商品特有的名称、包装、装潢，或者使用与知名商品近似的名称、包装、装潢，造成和他人的知名商品相混淆，使购买者误认为是该知名商品； （三）擅自使用他人的企业名称或者姓名，引人误认为是他人的商品； （四）在商品上伪造或者冒用认证标志、名优标志等质量标志，伪造产地，对商品质量作引人误解的虚假表示。	经营者不得利用商业标识实施下列市场混淆行为： （一）擅自使用他人知名的商业标识，或者使用与他人知名商业标识近似的商业标识导致市场混淆的； （二）突出使用自己的商业标识，与他人知名的商业标识相同或者近似，误导公众，导致市场混淆的； （三）将他人注册商标、未注册的驰名商标作为企业名称中的字号使用，误导公众，导致市场混淆的； （四）将与知名企业和企业集团名称中的字号或其简称，作为商标中的文字标识或者域名主体部分等使用，误导公众，导致市场混淆的。 本法所称的商业标识，是指区分商品生产者或者经营者的标志，包括但不限于知名商品特有的名称、包装、装潢、商品形状、商标、企业和企业集团的名称及其简称、字号、域名主体部分、网站名称、网页、姓名、笔名、艺名、频道节目栏目的名称、标识等。 本法所称的市场混淆，是指使相关公众对商品生产者、经营者或者商品生产者、经营者存在特定联系产生误认。

---

❶ 参见 [英] 史蒂文·D. 安德曼. 知识产权与竞争策略 [M]. 梁思思，何侃，译. 北京：电子工业出版社，2012：2.

二、并行抑或兜底：送审稿背后对两法功能衔接的思考

尽管从理论研究上，商标权被当作知识产权的一部分，但商标权与专利权、著作权存在明显不同。专利法和著作权法赋予知识产品垄断权是为了鼓励创造或创作，而商标法赋予商标权人垄断权并不是为了鼓励权利人去创造出更多商标。商标法的核心功能在于防止混淆和淡化，维持竞争性产品之间的可辨识性。消费者可以通过商标很快识别出他们偏好的产品，从而极大地降低信息检索成本，这无疑是促进市场竞争的。一方面，为了增加自己商标的识别度，让消费者更容易发现其商标并选择该商标所指向的商品，企业需要大量投资，提高产品质量，树立企业商誉，加强广告宣传，好的商标背后就意味着质量的保证。因此，商标法需要通过设权保护来"锁住"商标背后的企业辛勤躬耕所获得的竞争优势，防止其他企业通过模仿商标来搭便车，从而保证公平竞争的展开。因此，从商标的起源，到商标的发展；从商标最朴素的识别功能，到质量保证功能和广告功能的拓补，都可以看到商标法背后的"竞争性"，可以看到商标法维护公平竞争的市场秩序的价值追求。

另一方面，商标权的排他性保护成本是非常高昂的，权利授予机制垫高了获得权利的成本，新权利的获得可能又会形成对竞争者或潜在竞争者的进入障碍。因此，商标权必须有明确的垄断边界，而且这种边界必须严格限制在一定范围内。"虽然商标权可以被定义为一种私人财产权，但是对其权利保护的范围仍然要受到公共政策考虑的限制。"Robert P. Merges 将授予的排他性权视为一种利益平衡，与其说商标法是特殊权利法，毋宁说其是利益平衡之法。相比之下，作为维护市场竞争的基础性法律，反法的保护范围更加广袤，对于商标权垄断边界之外的具有商标权益的所有标识都能给予保护，甚至某些场合下还能穿透注册主义而将保护范围延伸到注册商标。譬如，当注册商标对在先使用的未注册知名商标的利益造成损害时，未注册商标权益人可以冲破注册制的保护伞而获得反不正当竞争法的保护。再比如，很多国家在平行进口中确定了商标权利用尽原则，即一旦带有注册商标的产品经由权利人本人或经过其准许，被投放在任一国家的市场上，那么商标持有人的知识产权就将被穷尽，这就促进了合法平行进口的带有注册商标的商品与国内市场上该注册商标持有人提供的商品之间的竞争。平行进口受到竞争法的保护而免受商标法注册主义的干扰。因此，相比商标法的窄保护和强保护，反法提供的是一种宽保护和弱保护。"反法保护一切智慧信息外化的知识形态……它实际上是最普遍的自然权利的知识产权法典。"综上分析，我们就不难

理解为什么美国和德国的主流观点认为，商标法是反法的一部分；我们也不难理解为何要在反法中规定禁止"假冒他人的注册商标"，这是因为反法包容商标法。

但是送审稿中极大地限缩了反法的"宽保护"，并试图在"宽保护"和"窄保护"之间划清界限，让两者在不同的场域分别发挥各自的功能。这表现在：第一，送审稿删除了第五条第（一）项"假冒他人的注册商标"的规定；第二，反不正当竞争法将第五条的立法目的规定为禁止"不正当手段从事市场交易行为"，而送审稿将第五条的立法目的限定在禁止"市场混淆行为"；第三，送审稿采用了狭义的混淆理论，只包括导致混淆的情形（实际混淆），不包括可能导致混淆的情况（可能混淆）。

长期以来，一些学者秉持一种观点，认为商标法和反不正当竞争法"分别有独立的保护对象、规制方式、效力范围和保护重点……""在我国，保护注册商标的主要法律依据是商标法，保护未注册商标的主要法律依据是反不正当竞争法，从而形成了一种注册商标和未注册商标分立的二元商标保护体制。"亦有学者指出，"英国认为商标法与仿冒法平行……我国应借鉴英国的观点，使商标法与反不正当竞争法的关系得以明晰。"但是诚如上文所分析，商标法和反不正当竞争法在维护公平竞争方面有着共同的价值依归。在捍卫竞争秩序的大旗下，反不正当竞争法的规制范畴可以延伸到注册商标领域，甚至可以冲破专利权（如维护竞争目的下的强制许可）、企业名称权等。即便反不正当竞争法的修法过程中删去了第（一）项"假冒他人的注册商标"的规定，也很难实现"上帝的归上帝，恺撒的归恺撒"。同样地，2013 年《商标法》的修订通过打击恶意抢注行为等手段扩大了对未注册商标的保护。因此，不能简单地将商标法和反不正当竞争法分为"注册商标保护法"和"未注册商标保护法"；试图分开冰山与海洋，从而构筑二元分立的商标保护体系，不过是空中楼阁。

其次，送审稿将反不正当竞争法对商标的保护范围限定在市场混淆领域，并采用狭义的实际混淆而非可能混淆的做法，极大地限制了反不正当竞争法的功能。实际上，随着市场主体法律规避意识的增强，"赤裸裸"的混淆行为已开始逐渐减少，针对承载巨大商誉的知名商标的淡化行为更为常见。因此，现代商标保护制度不仅需要对混淆行为加以封禁，更要注重防止商标淡化。商标淡化并不要求使消费者产生误认和混淆，只要目标行为对商标的区别商品或服务的能力产生削弱即可。尽管单个市场主体对知名商标的跨类效仿似乎很难冲淡该商标在消费者心目中的印象，但如果对这种"微小行为的暴力"置之不理，那么其他市场主体在经济逐利性的驱使下会在短时间内群起效仿，从而冲淡商标的显著性，使凝聚权利人巨大精力和金钱投入的知名商标归于平凡。"淡化是一种感染，如果任其蔓延，最终必将毁灭商标的广告价值。"

商标淡化是一种侵权行为，也是一种不正当竞争行为，商标法主要保护驰名商标的反淡化，而超过商标法保护范围的淡化行为则可以由反不正当竞争法予以规制。随着立法和司法实践的完善，反淡化保护范围可以扩展到著名商标，以保护民族品牌，对抗国际知识霸权。另者，商标淡化还存在两种特殊的情形：一是由于驰名商标的认定周期冗长，可能出现某知名商标在被认定为驰名商标之前就被淡化的情形；二是保护期届满之后，未及时重新提出驰名商标认定申请而被淡化的情形。❶ 无论是两种特殊的淡化形态，还是著名商标的反淡化保护，反不正当竞争法都可以发挥功用。因此，仅将反不正当竞争法的立法目的局限在反市场混淆，无疑是狭隘的，建议将送审稿第五条第一款修改为"经营者不得利用商业标识实施下列不正当竞争行为……"。

最后，根据现行法第五条第（二）项，反不正当竞争法提供保护的前提是"造成混淆，使购买者误认为是该知名商品"。从中可以推知，现行法采用的是"实际混淆"标准。2007 年最高院《关于审理不正当竞争民事案件应用法律若干问题的解释》（以下简称《不正当竞争解释》）第四条表述为"足以使相关公众对商品的来源产生误认"，修正为了"混淆的可能"标准，体现了一定的进步性。令人遗憾的是，送审稿第五条第（一）至（四）项中均采用了"导致市场混淆"的表述，又全面退回到"实际混淆"标准，弱化了反不正当竞争法的保护深度和广度。因此，建议修改为"导致市场混淆或可能导致市场混淆"的表述并删掉送审稿第五条第三款。

三、封闭走向开放：特有名称、包装、装潢保护条款的修改

现行法第五条第（二）项的目的是保护知名商品特有的名称、包装、装潢，是最为人熟知的反不正当竞争法对商标法的兜底保护方式，也是反不正当竞争法中被适用较多的条款。截至 2016 年 11 月底，北人法宝法律数据库中收录的"擅自使用知名商品特有名称、包装、装潢纠纷"已有 595 起，是数量第二多的不正当竞争纠纷，仅少于"侵害商业秘密纠纷"。❷ 略有遗憾的是，该条款采用的是一种封闭型的立法技术。按照文义解释，其保护范畴仅涵盖到知名商品特有的"名称""包装"和"装潢"3 种类型的商业标识。因此，该条款的作用

---

❶ 也有学者将第一种情形称为"前商标淡化"，将第二种情形称为"后商标淡化"。

❷ 参见北大法宝 http://www.pkulaw.cn/case/，最后访问时间：2016 年 11 月 27 日。

范围就很容易受限于"名称""包装"和"装潢"3个词语的语义边界。

针对上述立法纰漏，司法实践对"名称、包装、装潢"的含义采用扩张性的解释，极大地拓展了该条款的适用范围。例如，根据《不正当竞争解释》第三条的规定，"由经营者营业场所的装饰、营业用具的试样、营业人员的服饰等构成的具有独特风格的整体营业形象"被纳入了"装潢"的范畴。❶ 尽管留有遗憾，但瑕不掩瑜，实践中围绕《反不正当竞争法》第五条第（二）项已经发展出一套周详自洽的规则体系，基本能够发挥出反不正当竞争法对商标体系的保护功能。

在美国的商标法中，存在商业外观（trade dress）的概念。历史上，商业外观只是指产品的标签、包装等。❷随着判例法的发展，其内涵和外延也得到扩张，包括总体形象（total image）和整体风貌（overall appearance），颜色及搭配、尺寸大小、纹路质地、图形图像、形状等要素，甚至包括营销技巧❸、氛围（atmosphere）等❹，几乎涵盖了商品上适用的一切标志。我国《反不正当竞争法》第五条第（二）项和美国的商业外观保护制度有着类似的发展脉络，发挥着类似的功能，因此，也有学者把该条款称为商业外观保护条款，其功能巨大而不应小觑。

在送审稿中，却采用了"回炉重造"、彻底推翻的立法理路，删除了商业外观保护条款。这再一次印证了上文中提到的送审稿中存在限缩反不正当竞争法商标保护功能的趋向。从立法技术学的角度，法律修改要满足必要性原则，在多种修改路径中，应当采取成本最小的修法路径。例如，如果通过法律解释能达致目的，就没有必要采用成本更高的修法方式。❺ 再者，法律修改要满足协调性原则，如果与其他已经形成的规则体系脱节，那么会造成法律的安定性和严谨性减损，增加司法适用成本。❻ 特有名称、包装、装潢保护条款最大的问题在于采用封闭型立法模式，所列举的范围有可能难以满足将来

---

❶ 根据最高院在"晨光"案中的解释，商品的"零部件本体"和"外观设计"也属于"装潢"。参见中华人民共和国最高人民法院（2010）民提字第16号民事裁定书。

❷ See, Jeffrey Milstein, Inc. v. Greger, Lawlor, Roth, Inc., 58 F. 3d 27, 31 (2d Cir. 1992).

❸ See, John H. Harland Co. v. Clarke Checks, Inc., 771 F. 2d 966, 980 (11th Cir. 1983), cited with approval in Two Pesos, Inc. v. Taco Cabana, Inc., 505 U. S. 763, 112 S. Ct. 2753 (1992).

❹ 在 Two Pesos, Inc. v. Taco Cabana, Inc. 一案中，对氛围（atmosphere）也予以保护。

❺ 参见郭泽强. 从立法技术层面看刑法修正案 [J]. 法学, 2011 (4): 19-25.

❻ 参见沈贵明. 论法律修改与法条序号的稳定——兼论《立法法》的完善 [J]. 法学评论, 2015 (4): 30-39.

日益丰富和复杂的商标实践的法律调整诉求。❶ 但即便如此，也没有必要采用"削足适履"式的大幅修改，小幅"微调"可能更符合中国实际。

我国台湾地区"公平交易法"第二十条规定的受保护对象的范围为"他人姓名、商号或公司名称、商标、商品容器、包装、外观或其他显示他人商品之表征"，日本反不正当竞争法第二条规定的受保护对象的范围为"有关他人业务上的姓名、商号、商标、徽章，商品的容器或包装及其他对商品和经营的表示"。我国台湾地区"其他显示他人商品之表征"或是日本"其他对商品和经营的表示"的概括性立法模式非常值得我们借鉴。建议在现行法第五条第（二）项的基础上加上"其他对商品的表征"的抽象概括表述，挂一防万，从而实现由封闭型立法模式向开放型立法模式转变。申言之，将其修改为："擅自使用与他人知名商品特有的名称、包装、装潢以及其他对商品的表征相同或者近似的名称、包装、装潢或其他表征，误导公众，导致混淆或足以导致混淆的……"。

送审稿删除商业外观保护条款后，引入了商标标识的概念，试图用这个"包罗万象"的概念来囊括商业外观等一切标识。❷ 郑友德等学者指出送审稿中"商业标识的界定不周延，逻辑、语序混乱，标点使用不规范导致层次不清……列举式立法的固有缺陷之一即是无法穷尽实践中可能出现的所有情形。"❸ 此外，这种立法方式也没有体现商业外观的特殊性，而且按照通常理解，商业标识（trade mark）也很难涵盖商业外观（trade dress）的全部内涵。立法语言要在精确和模糊、宜粗和宜细之间寻找平衡，商业标识的语义边界可以交由具体的司法实践去界定，不宜在立法中进行过于细致入微的列举性穷尽。因此，建议删除送审稿第五条第二款。

包装、装潢等商业外观与其他商业标识还是有所区别的，前者需要注重对功能性的考察。获得保护的商业外观必须是非功能性的，如果商业外观对于商品的使用或使用目的之实现必不可少，或者影响物品的成本或质量，就

---

❶ 例如，国投恒泰投资担保有限公司曾在自己的企业字号中使用了"国投恒泰"，这与国家开发投资有限公司这一知名企业名称的简称（国投）相似。"国投恒泰"还故意将其经营地址迁至"国投"公司的原办公地点"国投大厦"。该案中经营地址的迁移行为是仿冒的一种新形式，其造成或可能造成他人误以为国投恒泰与国投公司存在联系，造成混淆的后果，构成不正当竞争。参见北京市朝阳区人民法院（2010）朝民初字第 20979 号民事判决书。

❷ 送审稿第三款规定："本法所称的商业标识，是指区分商品生产者或者经营者的标志，包括但不限于知名商品特有的名称、包装、装潢、商品形状、商标、企业和企业集团的名称及其简称、字号、域名主体部分、网站名称、网页、姓名、笔名、艺名、频道节目栏目的名称、标识等。"

❸ 郑友德，张钦坤，李薇薇，等. 对《反不正当竞争法（修订草案送审稿）》的修改建议 [J]. 知识产权，2016（6）：5-7.

N

是功能性的。❶ 如果属于功能性设计，即使它可能获得第二含义，也不能获得反不正当竞争法的庇护。再者，商业外观的判断要注意整体性观察，"不正当竞争法关于商业外观的规定要求所有的元素特征都应该进行整体性的考量，而不是单独分开的。"❷ 最后，商业外观还涉及与专业法的衔接，外观设计属于专利法的保护客体，而我国大部分外观设计属于产品的外包装。因此，商业外观保护条款确实有独立存在的价值和意义。

四、企业名称条款的实践价值及完善

现行法第五条第（三）项规定"擅自使用他人的企业名称或者姓名，引人误认为是他人的商品"的行为属于不正当竞争行为。送审稿在此基础上进行了扩充，一方面将层出不穷的"傍名牌"行为——将他人注册商标、未注册的驰名商标作为企业名称中的字号使用的行为——列入反不正当竞争法的规制范围（送审稿第五条第（三）项），另一方面将与知名企业和企业集团名称中的字号或其简称，作为商标中的文字标识或者域名主体部分等使用而造成混淆的行为也列入反不正当竞争法保护范围（送审稿第五条第（四）项）。前者涉及对自己名称的不正当使用，后者涉及对他人名称的不正当使用，本文统称为企业名称条款，在文章本部分进行论述。

傍名牌是指将他人的知名商标作为企业名称中的字号予以使用的行为。近年来，此类不正当竞争行为猖獗，给商标权人及市场竞争秩序带来严重滋扰。例如，蜘蛛王商标是温州知名商标和浙江省著名商标，其在浙江省乃至全国范围内的一定市场区域都享有较高的知名度。不法企业或个人利用香港等其他法域的企业注册登记制度的漏洞❸，将"蜘蛛王"注册为企业名称中的字号，再在国内经营销售的商品上突出使用该企业名称，假借他人竞争优势，误导公众。例如，在蜘蛛王集团诉温州金蛛鞋业案中，被告在香港注册了香港蜘蛛王国际集团有限公司❹；在蜘蛛王集团诉陈玉珠案中，被告注册了意大利蜘蛛王国际（香港）鞋服有限公司❺；在蜘蛛王集团诉永嘉县神蛛王

---

❶ See, Inwood Laboratories, Inc. v. Ives Laboratories, Inc., 456 U. S. 844 (1982).

❷ American Greetings Corp. v. Dan – Dee Imports, Inc., 807 F. 2d 1136, 1141 (3rd Cir. 1986), quoting S K & F Co. v. Premo Pharmaceutical Labs., 481 F. Supp. 1184, 1187 (D. N. J. 1979), aff'd, 625 F. 2d 1055 (3rd Cir. 1980).

❸ 例如，香港、维京群岛、百慕大等地企业注册登记极为便利，管制环境也极为宽松。

❹ 参见浙江省温州市中级人民法院（2005）温民三初字第 141 号民事判决书。

❺ 参见浙江省温州市中级人民法院（2005）温民三初字第 180 号民事调解书。

皮饰案中，被告注册了香港蜘蛛王集团国际有限公司❶。送审稿第五条第
（三）项对傍名牌的行为及时予以回应，具有巨大的实践价值，是值得肯认
的，但是该条款仅将保护范围限定在注册商标和未注册的驰名商标，削弱了
其保护功能。实际上，很多傍名牌的行为都不再明目张胆地以驰名商标为标
靶，而是指向了著名商标。根据国家工商总局《驰名商标认定和保护规定》
第十三条的规定，如果权利人发现他人将其驰名商标作为企业名称进行登记，
可能欺骗误导公众的，可以向登记机关申请撤销该企业名称登记。但是，该
规定保护的只是驰名商标。上文所引案例中出现的"蜘蛛王"只是著名商标
而不是驰名商标。修法的力度不应当仅仅"隔靴搔痒"，而应当回应社会现
实，建议将送审稿第五条第（三）项的保护范围扩大到未注册的著名商标。

现行法第五条第（三）项禁止擅自使用他人的企业名称而引起混淆的行
为。司法实践中，对于"企业名称"的含义也经历了由窄至宽的发展和演变
过程。1993年《反不正当竞争法》制定实施后，被擅自使用的他人的"企业
名称"被严格解释为在登记机关登记的完整名称。❷ 直到《关于审理不正当
竞争民事案件应用法律若干问题的解释》出台，才将保护范围扩大到"字
号"，其第六条指出，"具有一定的市场知名度、为相关公众所知悉的企业名
称中的字号"，可以认定为反不正当竞争法中的"企业名称"。2014年最高人
民法院发布了第29号指导案例，将"简称"也纳入"企业名称"的语义范围
内。❸ 由此，对他人企业名称的擅自使用可以分为完整使用和不完整使用两种
形态。送审稿第五条第（四）项规定的擅自使用"知名企业和企业集团名称
中的字号或其简称"只是不完整使用企业名称的情形。因此，现行法第五条
第（三）项完全可以涵盖送审稿第五条第（四）项的内容，而且其包括完整
使用企业名称的情形，建议保留原条款。

五、结论：送审稿第五条的一体三元式重构

"知识产权是从市场中产生的，也只能在市场中存在"（Peter Drahos 语）。
赋予知识产品垄断权只是手段，而促进市场公平竞争才是知识产权法的目标。
知识产权法与竞争法的关系密切，公法色彩浓郁的商标法的竞争法倾向更加
显著。2013年新《商标法》的修改扩大商标法的适用范围，引入了诚实信用

---

❶ 参见浙江省温州市中级人民法院（2005）温民三初字第71号民事判决书。
❷ 参见《最高人民法院公报》2001年第3期。
❸ 参见李友根. 论企业名称的竞争法保护——最高人民法院第29号指导案例研究 [J]. 中国法
学，2015（4）：266-285.

原则，非视觉商标也允许被注册（如声音商标），加大了对驰名商标的保护力度，引进商标侵权惩罚性赔偿制度，还将管辖臂膀延伸到未注册商标。但与这种扩张相对应，反不正当竞争法送审稿体现的却是一种缩小的趋向：将反不正当竞争法商标保护制度的立法目的局限在对市场混淆行为的保护；删除了禁止"假冒他人的注册商标"的条款，企图让反不正当竞争法与商标法保持泾渭分明的界限；在实践中发挥巨大功能的商业外观条款也被剔除……扩张和谦抑的修法趋势背后反映的是立法者对于两法关系和功能定位认识不清，试图在反不正当竞争法和商标法之间划定界限，构建平行的二元的商标保护制度。

反不正当竞争法和商标法之间的最大区别并不是前者保护未注册商标而后者保护注册商标的区别，也不是前者保护商标以外的其他商业标识而后者专门保护商标的区别，而是两法的保护路径和作用方式的区别。反不正当竞争法保护的是一种法益，是对侵犯商标法益的市场行为进行规制的"行为规制法"；商标法保护的是一种专有权利。法益的外延要远远大于权利，无论是注册商标抑或是未注册商标都需要反不正当竞争法的保护。只不过对于商标法基于促进竞争的目的而专门设权保护的领域，反不正当竞争法的保护功能退居其次，发挥着兜底和补充的作用，但并不是彻底剥离。如同海洋托举着冰山，冰山不可能离开海洋而存在。美国第五巡回上诉法院曾经指出：对于所有商事活动中违反诚实商业实践的行为，无论是法定与非法定的诉由，反不正当竞争法就是一把保护伞。❶

送审稿试图引了"包罗万象"的商业标识的概念，来涵盖商业外观等标识。但是，商业外观和其他商业标识之间是有区别的，要考虑到其功能性，也要考虑到商标法与专利法外观设计保护制度的衔接。此外，名称、姓名与我们通常理解的商标之间也存在区别，名称、姓名涉及商标法和企业名称登记制度的衔接。鉴于商业实践的惯性、修法的必要性和经济性以及法律适用中的习惯，本文建议保留商业外观条款和企业名称条款。当然，商业标识这一上位概念的引入也有一定的进步性，建议在送审稿增设规定："擅自使用他人的知名商业标识，误导公众，导致混淆或足以导致混淆的"为不正当竞争行为。一方面增加兜底条款以涵盖其他未予明确列举的不正当竞争行为，另一方面以此替代被送审稿删除的原法第（一）项，纠正送审稿试图分割反不正当竞争法和商标法的做法，明确反不正当竞争法对商标法的兜底功能，从而实现两法之间的关系和功能的正确定位。由此，形成一个"外观

❶ Mckinney, David R. Telephone Mnemonics and Complementary Numbers: A Review of Trademark and Unfair Competition Law and Policy [J]. Byu L. rev 95. 95 (1999): 109-123.

（dress）—名称（name）—标识（mark）"一体三元的立法构造（见表2）。

表2　修改建议

现行法第五条	本文修改建议第五条
经营者不得采用下列不正当手段从事市场交易，损害竞争对手： （一）假冒他人的注册商标； （二）擅自使用知名商品特有的名称、包装、装潢，或者使用与知名商品近似的名称、包装、装潢，造成和他人的知名商品相混淆，使购买者误认为是该知名商品； （三）擅自使用他人的企业名称或者姓名，引人误认为是他人的商品； （四）在商品上伪造或者冒用认证标志、名优标志等质量标志，伪造产地，对商品质量作引人误解的虚假表示。	经营者不得利用商业标识实施下列不正当竞争行为： （一）擅自使用与他人知名商品特有的名称、包装、装潢或其他对商品的表征相同或者近似的名称、包装、装潢或其他表征，误导公众，导致混淆或足以导致混淆的； （二）将他人注册商标、未注册的驰名商标或著名商标作为企业名称中的字号使用，误导公众，导致混淆或足以导致混淆的； （三）擅自使用他人的企业名称或者姓名，误导公众，导致混淆或足以导致混淆的。 （四）擅自使用他人的知名商业标识，误导公众，导致混淆或足以导致混淆的。

知识产权惩罚性赔偿的实证研究[*]

——以商标法实施为例

江　波

2013 年 8 月 10 日，第十二届全国人民代表大会常务委员会第四次会议审议通过了《关于修改〈中华人民共和国商标法〉的决定》，其中正式引入惩罚性赔偿，主要是针对实践中"权利人维权成本高，往往得不偿失的现象"。[❶] 在当前依法治国的大背景之下，加强知识产权的保护不言而喻，而全球化浪潮下，知识产权已成为发达国家抢占全球经济、科技制高点的有力武器，加强司法保护，营造良好的创新环境，更是当前司法实践的重中之重。2014 年《著作权法（修订草案送审稿）》、2015 年《专利法修订草案（送审稿）》中，均规定了惩罚性赔偿。[❷] 2017 年 3 月 15 日通过的《民法总则》更是将惩罚性赔偿在民事领域中的地位在民法总则中予以正式确立。[❸]

惩罚性赔偿制度，在英美已实行近二百年的时间，无论是理论以及实践都累积了丰富的经验。在引入该项制度的时候，诚然需要借鉴这些宝贵的"智慧结晶"。但是，惩罚性赔偿制度作为一项具体的司法制度，并非如正义、公正、人权之流具有普世性价值的制度，可以不加思考予以移植。我们需要去考虑自身的土壤，考虑"试点先行"的惩罚性赔偿在其他法律中的运行状况，尤其是惩罚性赔偿在《商标法》中的实践，更是我们在修订《著作权法》及《专利法》，引入惩罚性赔偿的良好素材。"实践是检验真理的唯一标准"，本文基于此出发，考察惩罚性赔偿在法律中的司法实践，尤其以《商标法》的实践

---

[*] 撰写论文时作者为中国人民大学学生，本文获 2017 年度隆天知识产权优秀论文奖。

[❶] 《中国人民共和国商标法修正案（草案）》的说明，载中国人大网 http://www.npc.gov.cn/wxzl/gongbao/2013-11/25/content_1823283.htm，2017 年 9 月 2 日访问。

[❷] 《著作权法（修订草案送审稿）》第七十六条第二款规定："对于两次以上故意侵犯著作权或者相关权的，人民法院可以根据前款计算的赔偿数额的二至三倍确定赔偿数额。"《专利法修订草案（送审稿）》第六十八条第一款："对于故意侵犯专利权的行为，人民法院可以根据侵权行为的情节、规模、损害后果等因素，在按照上述方法确定数额的一倍以上三倍以下确定赔偿数额。赔偿数额还应当包括权利人为制止侵权行为所支付的合理开支。"

[❸] 《民法总则》第一百七十九条第二款规定："法律规定惩罚性赔偿的，依照其规定。"

为重，以期能够发现该项制度在实现过程中所出现的"水土不服"。

一、我国惩罚性赔偿的司法实践

目前主要的案例数据库有 3 个：中国裁判文书网（http://wenshu.court.gov.cn/）、北大信息法律网（http://www.pkulaw.cn/）及威科先行·法律信息库（http://law.wkinfo.com.cn/）。中国裁判文书网收集的案例是最全的，但是其检索功能不如其他商业数据库便捷，威科先行·法律信息库有统计及批量下载案例的功能，相较北大法宝，笔者更习惯使用威科先行。故，以下检索数据，均来源于威科先行·法律信息库。检索的范围：现行法律中规定惩罚性赔偿条款实施后的全部民事判决书。

检索一：

2017 年 8 月 15 日采取如下检索步骤：（1）打开威科先行·法律数据库；（2）点击标题栏中"案例"选择"判决文书"；（3）选择案由、民事、文书类型、判决书；（4）在搜索栏选择全文搜索，再输入待搜索的法律名称，如《消费者权益保护法》，进行初步搜索；（5）在检索栏输入法律条文中标识的条号及项次，如（第五十五条第二款），选择在结果中搜索；（6）对于上述步骤的搜索结果，在剔除现行法以前的以及其他不合要求的情况，再进行统计；（7）其他待搜索的法律重复步骤（3）~（6）即可。笔者通过搜索获取的中国各级法院援引惩罚性赔偿有关条款的案件数量统计见表1。

表 1　中国各级法院援引惩罚性赔偿有关条款的案件数量　（单位：件）

法律规定	消费者权益保护法（2013）第五十五条第二款	侵权责任法（2010）第四十七条	食品安全法（2015）第一百四十八条第二款	最高人民法院《关于审理商品房买卖合同纠纷案件适用法律若干问题的解释》第八条、第九条	商标法（2013）第六十三条第一款
基层法院	17	145	2498	207	16
中级法院	15	88	794	173	13
高级法院	0	2	0	21	4
最高法院	0	0	0	2	0

检索二：

同样以上述（1）~（4）步骤，对规定有惩罚性赔偿条款的法律进行搜索，得出现行法律在各级法院适用的案件总数，再与适用惩罚性赔偿条款的案件进行对比，得出图 1 关于惩罚性赔偿条款引用与现行法律在各级法院适用案件总数对照图。由于侵犯《食品安全法》的案件数为 15532 件，而引用第一百四十八条第二款惩罚性赔偿的案件有 3296 件，引用占比为 21.20%，进行了数据的处理，未呈现在图 1 中。

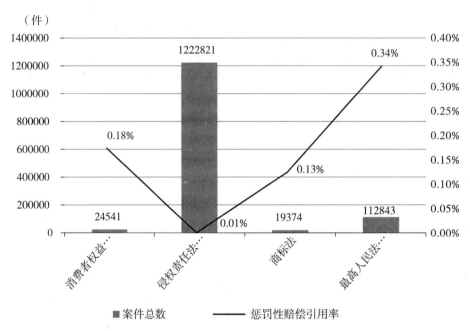

图 1　惩罚性赔偿条款引用的占比

小结：

（1）上述表 1、图 1 能够清楚地反映出来，惩罚性赔偿制度在司法中的适用比例是相当之低的。以 2013 年修订的《商标法》第六十三条第一款中引入惩罚性赔偿为例，现有的数据表明，每 1000 件案件中才不到 1.3 件是适用了惩罚性赔偿的。工商总局局长周伯华在 2012 年 12 月 24 日第十一届全国人大常务委员会第三十次会议中就《商标法修正草案》作出说明，对于引入惩罚性赔偿，主要是针对"实践中权利人维权成本高、往往得不偿失的现象，草案引入了惩罚性赔偿制度，规定对恶意侵犯商标专用权、情节严重的，可以在权利人因侵权受到的损失、侵权人因侵权获得的利益或者注册商标使用许可费的 1～3 倍的范围内确定赔偿数额。"❶ 显然，司法实践与立法时的原意不相符合，大量商标侵权案件依旧无法获得惩罚性赔偿来弥补其维权的高成本，

---

❶ 参见中国人大网，http://www.npc.gov.cn/wxzl/gongbao/2013-11/25/content_1823283.htm，2017 年 8 月 17 日访问。

打击了私人维权的积极性，导致商标领域"搭便车"的现象屡禁不止，破坏了中国的知识产权保护环境。

（2）表1中显示，各级法院引用惩罚性赔偿条款主要集中在基层法院及中院，高级法院引用该条款的是少之又少，到最高院更是颗粒无收。一方面，中国的法院层级越高审理的案件标的额、影响力就越大，因此审理的案件就越少；但是从另一方面也反映了惩罚性赔偿这个在英美争吵近两个世纪，美国最高法院也做出过若干有影响力判决的制度，❶ 到中国的司法界就变得如此默默无闻，丝毫没有引起最高院的关注。可想而知，这个制度在中国的司法界并不受欢迎，并没有在法律中生根发芽。

二、商标侵权纠纷中惩罚性赔偿案例的实证分析

本文重点分析的是修订的《商标法》引入惩罚性赔偿后，在司法实践中，法院判决惩罚性赔偿的理由及统计数据以及法院在适用该制度时存在的困境。

（一）适用惩罚性赔偿比例与判赔金额

检索三：

2017年8月19日检索，使用威科先行·法律数据库。其步骤如下：（1）打开威科先行·法律数据库，选择标题栏中案例、判决文书；（2）选择检索栏中的高级检索，输入关键词"惩罚性赔偿"，案由"商标侵权纠纷"，时间限定在2014.05.01～2017.08.19，文书类型判决书；（3）重复步骤（1）、（2），将步骤（2）中的关键词换为"损害赔偿"。经过上述检索步骤，笔者将得到的数据进行统计，绘制成表2、表3。

表2 判决类型及件数

判决类型（2014.05.01～2017.08.19）	件　数
关键词"商标侵权纠纷"＆"惩罚性赔偿"	33
关键词"商标侵权纠纷"＆"损害赔偿"	1138
原告主张惩罚性赔偿的	27
法院支持惩罚性赔偿的	8
法院支持损害赔偿的	30

❶ The Amiable v. ancy , Day v. Woodwotrth , Missouri Pacific Railway Company v. Humes , ertz v. RobertWelch, Inc., Dun Bradstreet, Inc. v. reenmoss Builders Inc., Aetna Life Ins. Co. v. Lavoie, Bankers Life Casualty Co. v. Crenshaw.

表3　判决案件解析金额

编号	案　号	判决日期	判赔惩罚性赔偿金额（元）	判赔损害赔偿金额（元）
1	（2015）深中法知民初字第556号	2016.12.12	无说明	1000000
2	（2015）沪知民初字第731号	2016.08.11	无说明	3000000
3	（2015）青知民初字第5号	2015.10.27	无说明	100000
4	（2014）闵民三（知）初字第413号	2015.08.07	无说明	14000
5	（2015）闵民三（知）初字第164号	2015.05.06	无说明	1500000
6	（2015）惠城法民三初字第15号	2015.05.04	20000	30000
7	（2014）惠城法民三初字第200号	2015.04.09	3000	8000
8	（2014）东二法知民初字第356号	2014.11.13	无说明	100000

小结：

（1）表2显示，商标侵权损害赔偿的案件有1138件，而涉及惩罚性赔偿的只有33件，占比2.9%，这33个涉及惩罚性赔偿的判决书中，原告主张的有27件，即有6件是法院主动援引的，法院主动适用的占比为18%，在33件判决书中，法院支持惩罚性赔偿的只有8个，支持率仅有24%。上述数据表明，惩罚性赔偿整体在商标侵权案件中，适用的比例是相当低的。原告主张惩罚性赔偿的数量也是偏低的，根据《最高人民法院关于审理商标民事纠纷案件适用法律若干问题的解释》（2002），原告可以选择赔偿的计算方式，但是，惩罚性赔偿方式并未在引入后成为权利人维护权利、获取足额赔偿的有利武器。再者，从法院层面看，对于惩罚性赔偿的适用，姑且无论其适用的条件，单是从适用的情况观之，法院并未显示出对此的"好感"，这与理论界一边倒支持该制度形成鲜明的对比。

（2）表3是关于法院判决惩罚性赔偿的统计表，笔者梳理了法院支持惩罚性赔偿的8个案例。对于法院最终判决的损害赔偿金，最高是300万元，与法定赔偿的金额持平，而最低的不过8000元，平均为457333元。❶而惩罚性赔偿金的具体金额，只有两个案件中作出具体说明。其余案件中，只是笼统地将惩罚性赔偿金、损害赔偿金及合理开支结合在一起，给出一个酌定的金额，并无具体说明。惩罚性赔偿金计算方式，按照法律规定，应当是在权利人遭受

---

❶　为了数据更具代表性，在计算这8个案件的赔偿金额时，剔除了一个最高额300万元及一个最低额8000元，再求其平均值。

的损失或者侵权人获取的利益上，由法院决定 1~3 倍的赔偿数额。在上述收集到的案例中，均未按照法律的规定进行计算，在认定情节恶劣及存在主观恶意之后，适用惩罚性赔偿，由法院酌定赔偿数额，其计算方式，与法律规定的酌定赔偿如出一辙，使得惩罚性赔偿沦为另一种形式的酌定赔偿。

（二）适用惩罚性赔偿的理由

根据现行《商标法》第六十三条第一款的规定，适用惩罚性赔偿的条件：主观存在恶意+情节恶劣+权利人的损失或侵权人的获利的计算基数。❶ 三者缺一不可，但是何为"恶意""情节严重"，法律及相关的司法解释并未作出说明。为此，笔者梳理 8 个认定构成惩罚性赔偿的偿判决书说理部分，以期找到一些标准（见表4）。

表4　案件判决惩罚性赔偿的理由

判决案号	判决惩罚性赔偿的理由
（2015）深中法知民初字第556号	确定 100 万元的赔偿损失数额，考量了惩罚性赔偿，并综合考量各因素。首先，考量"华润"权利商标与权利字号的显著性和较高知名度。"华润"权利商标与权利字号，作为一种区别性的标志，与"华润"企业具有较高的信誉与声誉息息相关，"华润"企业越具有较高的信誉与声誉，"华润"权利商标与权利字号，其显著性越强，知名度越高，其商业价值也就越大，侵权人"搭便车""傍品牌"，攀附商誉之恶意越明显，故对其构成不正当竞争的侵权行为，应当予以惩罚性赔偿。其次，考量攀附商誉之恶意等侵权情节。国家相关部门先后两次发文保护"华润"字号，"华润"企业具有较高信誉与声誉，"华润"权利商标与权利字号越具有显著性和较高知名度，"华润"权利商标与权利字号越具有较高经济价值，侵权人"傍品牌""搭便车"的主观恶意越强烈，对侵权人酌定判赔金额也应相应提高，故在酌情判赔时应提高被告该侵害知识产权成本，予以惩罚性赔偿。

---

❶ 参见《商标法》第六十三条第一款："侵犯商标专用权的赔偿数额，按照权利人因被侵权所受到的实际损失确定；实际损失难以确定的，可以按照侵权人因侵权所获得的利益确定；权利人的损失或者侵权人获得的利益难以确定的，参照该商标许可使用费的倍数合理确定。对恶意侵犯商标专用权，情节严重的，可以在按上述方法确定数额的一倍以上三倍以下确定赔偿数额。赔偿数额应当包括权利人为制止侵权行为所支付的合理开支。"

判决案号	判决惩罚性赔偿的理由
（2015）沪知民初字第731号	被告实施的行为满足"恶意侵犯商标权，情节严重"的要求，但由于本案无法按照原告的损失、被告的获利以及涉案商标的许可使用费确定赔偿数额，故计算惩罚性赔偿数额基础的"上述方法确定数额"并不存在，进而惩罚性赔偿数额亦无法确定。但本院认为，既然商标法已经确立损害赔偿制度应当坚持填补损失和惩罚侵权双重目标的情况下，作为计算损害赔偿兜底方式的法定赔偿制度，同样应兼具补偿和惩罚的双重功能。在确定法定赔偿数额时，可以将被告的主观恶意作为考量因素之一。因此，本院在确定法定赔偿时将对原告惩罚性赔偿的诉请酌情予以考虑。
（2015）青知民初字第5号	本案中，被告销售的被控侵权商品总销售数量为3193件，总销售额107万元。考虑到网络销售成本低廉，销售假冒商品利润率极高。同时在本院受理的，原告诉三家天猫网店侵害其商标专用权系列案件中，其中一家为被告塞瑞达公司自营，包括被告凯文克莱公司在内其余两家由被告塞瑞达公司提供发票，网店页面设计雷同，可以认定被诉三家网店侵权行为恶意明显，应适用惩罚性赔偿原则。
（2014）闵民三（知）初字第413号	鉴于原告没有提供充分证据证明被告侵权造成原告的损失额，也没有充分证据证明被告翁钦灶侵权的获利额，故本院综合考虑涉案注册商标的知名度及被告侵权行为的性质、侵权方式、过错程度、侵权产品的销售价等案情，酌定赔偿的数额。同时，由于被告翁钦灶系再次销售侵害原告商标权的笔，故本院依法在按前述原则酌定赔偿额的基础上，再行考虑给予被告一定的惩罚，被告需加倍赔偿原告的损失。
（2015）闵民三（知）初字第164号	因双方当事人均未对原告因侵权行为所遭受的损失及被告因销售侵权商品所获利益提供证据，故本院综合考虑以下因素酌定赔偿数额：原告商标的知名度及商业价值；被告的经营规模；被告侵权行为的性质及过错程度；侵权商品的价值；以及危害程度等因素。被告实施被控侵权行为，主观上具有恶意，原告要求适用惩罚性赔偿，本院予以一定考虑。
（2015）惠城法民三初字第15号	惩罚性的赔偿部分，酌定20000元，从两个因素酌定被告的赔偿金额：一是被告所属于食品行业，与食品相关的商业行为应当以严谨、诚信、守法为原则，但被告使用了侵犯原告商标权的商标，对消费者造成一定的误导，被告应当对这种违反法律及诚信的行为应当承担责任；二是被告的侵权行为异于侵犯排他性商标权的侵权行为，即"遮浪马仔"未排除他人正当使用，被告因惰于另行设计而抄袭原告的商标，实质是一种搭乘"顺风车"的行为，赔偿标准应当以搭乘"顺风车"的部分为限。

续表

判决案号	判决惩罚性赔偿的理由
（2014）惠城法民三初字第 200 号	对于惩罚性的赔偿部分，有两个因素可从轻酌定被告的赔偿责任，一是工商行政部门从被告经营的惠州市惠城区晴工眼镜商行扣押了 14 副被控侵权的眼镜，根据被告的自认，每副眼镜预期可获利 280 元，14 副眼镜预期可获利 3920 元，但随着工商行政管理部门的扣押，这一部分预期利润落空；二是被告属于"被动侵权"，被控侵权的眼镜是被告从前一手经营者接收而来的，被告侵权的主观过错较小，因此，惩罚性的赔偿酌定为 3000 元。
（2014）东二法知民初字第 356 号	红雨日用品店开设在原告的正规加盟店隔壁，侵权恶意明显，且在接到原告律师函后仍未停止侵权行为，情节严重，本院依法对其适用惩罚性赔偿。

小结：

（1）"恶意"的认定。"恶意"一词具有两种意思，其一，某种事实即坏的愿望、恶毒仇恨、为了害人而害人；其二，描述某一必然造成他人损害的行为。通常侵权法中仅指前一种意义上的。❶ 我国《商标法》规定惩罚性赔偿的适用，需要被告存在恶意，也就是惩罚性赔偿制度只是针对那些心存不良居心、坏的用意的人所实施的严重侵权行为人，对于过失以及一般的故意，并不适用。根据上述表 4 中判决书认定恶意的梳理，大致可以分为以下几种类型。

①商标的知名度及显著性，知名度越高，显著性越强，则商标的商业价值就越高，他人"搭便车""傍名牌"，攀附商誉的恶意程度就越高。

②商标所属的领域，在食品领域，对民众的影响更大，若权利人的商标并未排除他人正当使用，侵权人利用他人商标"搭顺风车"，可以认定存在恶意。

③被告的专业性，若被告清楚地了解原告的品牌，具有一定程度上辨别真伪的能力，且明白正规进货的渠道，仍然去销售假冒商品的，认定存在恶意。

④被告之前实施过侵犯原告商标的行为，且为此受到行政处罚或其他的处罚，再次实施侵权行为，或者接到原告的律师函，仍未停止侵权，认定存在恶意。

（2）"情节严重"的认定。情节严重，是一个原则性的要求，既可以是

---

❶ 王利明. 美国惩罚性赔偿制度研究 [J]. 比较法研究，2003（5）：8.

侵权行为严重，也可以是造成严重的损害后果。笔者梳理上述 8 个判决，对于情节严重，通常认定为是侵权行为严重，如恶意傍名牌，多次侵犯原告的商标。侵权造成的损害后果，通常不容易评估，商誉的丧失、权利人因其"傍名牌"的行为，造成原告多大的损失，在实践中很难举证证明。因而，笔者认为此处的"情节严重"应指侵权行为严重，不含造成的后果。

三、适用惩罚性赔偿存在的问题

《商标法》在 2013 年修订，引入惩罚性赔偿，并于 2014 年 5 月 1 日正式开始实施至今，但是司法实践中惩罚性赔偿的案例难觅真迹，更不要说有何引起热议的典型案例，利剑在手，却鲜有人使用，更没有催生商标领域的"王海式"打假。可见，该项制度存在问题，笔者试图分析收集到的有限惩罚性赔偿案例，窥得其中一二。

（一）惩罚性赔偿与法定赔偿适用界限不明

在《商标法》修订前，法定赔偿作为兜底条款，在权利人无法主张其实际损失更无法举证侵权获利的情况，给予法院一定的裁量权，根据侵权行为的性质、期间、后果，商标的声誉，商标使用许可费的数额及商标使用许可的种类、时间、范围及制止侵权行为的合理开支等综合确定。❶ 由于权利人的实际损失及侵权人的获利难以举证，因而法定赔偿成为侵犯商标损害赔偿的主要计算方式，广泛适用于司法实践中。惩罚性赔偿，是一种准刑事的民事措施，主要是惩罚、威慑侵权人和一般人，防止其再犯。两者的功能并不相似，按道理，两者不应产生适用上的混淆。但是，在司法实践中，两种界限不明，何时适用惩罚性赔偿，何时适用法定赔偿，各级法院的判决存在自相矛盾之处。如在广东罗浮宫国际家具博览有限公司诉杜清杰、杜萌雅一案中，❷ 杜氏父女两人于 2013 年侵犯"罗浮宫"注册商标，被贵州市中院认定构成侵犯商标，并被申请强制执行。两人在 2016 年被查明有使用"罗浮宫"的商标在卖场和网站大肆宣传，并在西南国际家具装饰博览城（六盘水店）开设了侵权卖场的分店，侵权行为及表现如出一辙。被再次起诉到贵州市中院，法院认为构成侵权，且存在侵权恶意，按照侵权的性质、主观恶意等适用法定赔偿，对于原告主张的惩罚性赔偿并未支持，也未说明理由。而在大

---

❶ 参见《最高人民法院关于审理商标民事纠纷案件适用法律若干问题的解释》（2002）第十六条第二款。

❷ 参见贵州省贵阳市中级人民法院（2016）黔 01 民初字第 1558 号。

润发投资有限公司于康成投资（中国）有限公司侵犯商标纠纷案中，❶ 大润发投资公司使用康成投资（中国）有限公司注册的驰名商标"大润发"，受到了行政处罚，而后仍然使用"大润发"的商标。法院认为大润发公司作为同样经营大型超市的竞争者，明知"大润发"商标存在的情况下，仍然将"大润发"作为企业字号，并在经营宣传中单独、突出使用"大润发"字样；更为严重的是，大润发公司在 2015 年 4 月受到行政处罚后，并没有在经营中积极进行整改，于 2016 年 4 月，大润发公司的加盟店再次因相同的行为受到行政处罚，足以证明大润发公司具有明显的侵权恶意。判决时，考量了了惩罚性赔偿的要求。上述案例足以说明，在司法实践中，由于惩罚性赔偿的计算基数无法明确，导致适用惩罚性赔偿时，只能是由法官酌情判决，因而势必会与法定赔偿发生重叠。如此，对引入惩罚性赔偿制度所寄厚望将无法在司法实践中得以践行，该制度也将在以后的司法实践中被人遗忘。

（二）惩罚性赔偿金数额高低的考量因素不明

根据现行《商标法》的规定，惩罚性赔偿对恶意侵犯商标专用权情节严重的，根据权利人的损失或者侵权人获得的利益，商标的许可费的倍数确定数额的一倍以上三倍以下确定赔偿数额。至于，一倍至三倍的考量因素，法律未作进一步明确的规定，由法官自由裁量。而根据笔者收集到的有限案例分析，法院并未居于任何有系统的理论从事裁量，而只是根据个别因素决定惩罚性赔偿金的高低，或者根本没有交代任何参考因素。在法院判决中提到的考量因素有：侵权人的主观恶意、实际获利情形❷以及侵权商标所属的领域❸。

此外，惩罚性赔偿的金额也是法院在判决中不予以明确之处，笔者在收集到的案例中，仅有两个法院明确惩罚性赔偿的数额，并阐明了理由，而其他仅是一言以蔽之，单纯确定一个损害赔偿的数额，并不区分这个赔偿金额的组成。

四、结 语

《商标法》中惩罚性赔偿的司法实践中所暴露出来的问题，正是我们进一步需要考虑解决的，有些可能是基于中国的国情而产生的，有些是该制度实施中普遍遇到的。若为前者，需要我国的立法者、司法者以及理论研究者发

---

❶ 参见上海知识产权法院（2015）沪知民初字第 731 号。
❷ 参见广东省惠州市惠城区人民法院（2014）惠城法民三初字第 200 号。
❸ 参见广东省惠州市惠城区人民法院（2015）惠城法民三初字第 15 号。

挥其才智，提出解决方案；若为后者，可以直接借鉴英美国家成熟的经验。

可见，实践中出现的问题，使得惩罚性赔偿制度在调控社会行为时远未到达理想境界。对此，我们不能奢求移植的制度能够一蹴而就解决现有的问题，而只能依据波斯纳倡导的实用主义精神，以"摸索前进"的方式逐步改进，以期日后逐渐趋于理想。

网络环境下的商业标识侵权：特征、认定及规制*

胡丽文

一、引　言

美国未来学家阿尔文·托夫勒在 1980 年提出了"第三次浪潮"的概念，目的在于区别人类社会发展过程中曾出现的以农业阶段、工业阶段为代表的第一次、第二次浪潮。❶ 以科技化和信息化为代表的"第三次浪潮"是人类社会迄今为止最深刻的社会大变革，并且在 21 世纪的今天仍在继续。当今时代下，以互联网为代表的网络环境给人们的生产方式、生活方式、消费方式以及信息交互方式等带来了翻天覆地的变化。信息化以及由此而带来的变化性是当今时代的主题，而法律天然就具有稳定性与滞后性，此种对立使得法律在规制技术性特征明显的违法行为上愈加谨慎。也正是此种审慎的态度使得互联网行业中的不法行为者往往会罔顾规范的约束而采取机会主义的行为，以借此谋取不正当利益。仅以互联网不正当竞争案件为例，2012 年北京市第一中级人民法院受理网络不正当竞争案件仅 18 件，至 2015 年已上升至 160 件，2016 年前 5 个月已受理 163 件网络不正当竞争纠纷案件，前 5 个月的受理数量基本就与 2015 年全年受理案件持平。❷ 事实上，互联网侵权案件不仅数量在持续攀升，而且侵权的行为方式、表现形式也层出不穷。随着技术的不断迭代创新，互联网领域迎来了以云计算、大数据、机器智能等一系列技术革新，同时互联网企业的经营模式也在时刻发生变化，并由此而催生了诸多新型侵权及不正当竞争方式。

有鉴于此，本文将以网络环境下的商业标识侵权为研究对象，特别是注意其与传统商业标识侵权的区别所在，并对互联网行业中几类较为典型的侵权类型、样态进行探讨，最后则重点讨论网络环境下初始兴趣混淆理论的适

---

* 撰写论文时作者为中国人民大学学生，本文获 2017 年度隆天知识产权优秀论文奖。
❶　[美] 阿尔文·托夫勒. 第三次浪潮 [M]. 朱志焱，潘琪，译. 北京：商务印书馆，1982：190.
❷　北京市海淀区人民法院关于网络不正当竞争纠纷案件的调研报告（一）[EB/OL]. 中国知识产权律师网，http://www.ciplawyer.cn/articleview/article_ view_ 19574.htm，2017-08-30.

用问题，目的在于为规制互联网行业中的商业标识侵权及不正当竞争提供理论基础。需要提及的是，本文所指涉的"商业标识"是广义上的，并不仅仅局限于商标法上的商标，还包括反不正当竞争法上的企业名称、知名商品特有名称、包装、装潢等，目的在于将针对商业标识的侵权及不正当竞争行为一并纳入探讨范围。

二、区别于传统侵权行为的特征

网络环境下的商业标识侵权以及不正当竞争行为较之于过往线下环境的类似行为附加了诸多新特征，此既给法律规范在规制相关侵权行为时提出了新挑战，也给其体现法律规制力提供了新机遇。就其特征而言：

首先，网络环境下的商业标识侵权及不正当竞争具体表现形式更加多样化，而且行为的技术性特征较为明显。目前，互联网行业中的商业标识侵权主要表现为对各种商业标识的混同、域名的仿冒、网页抄袭以及不正当使用搜索关键词等行为。而且随着互联网技术的飞速发展，越来越多的侵权行为将借助技术手段的便利，使得其具体表现形式呈现多样化、复杂化的特征。正如学者所言，现实社会中的许多有形物体、标识等均可以通过一定的方式在网络环境中再现，因此企业为了尽可能地扩大其自身影响，也会千方百计地将其所拥有的权利延伸至互联网场域。从某种意义上说，网络环境下复制成本低、跟风模仿的特性也为活动主体进行诸多混淆行为提供了便利。❶ 此外，与传统侵权行为不同，网络环境下的商业标识侵权以及不正当竞争技术化倾向明显。过往一般侵权行为所作用的客体对象主要是商标、知名商品特有名称以及企业名称等，此种混淆侵权的方式都是针对权利人商业标识一对一的普通侵权仿冒，而网络环境下的域名混淆、网页抄袭与假冒等行为都是以互联网相关技术为支撑的，具有很强的技术性特征，并且往往以技术创新为突破点。互联网行业内的经营者在利用新的技术方式开展竞争时，此种方式往往都是以技术创新为依托的，其是否构成侵权以及不正当竞争归根结底还是要看此种技术创新形式在使用中是否具有商标法以及反不正当竞争法意义上的正当性基础。

其次，网络环境下的商业标识侵权及不正当竞争的影响不再囿于一定的地域范围而具有空间上的无限延伸性，而且互联网的跨时空性以及迅速传播性的特征将放大其对于合法权利人以及市场竞争秩序的不利影响。过往一般

---

❶ 参见高富平. 电子商务法律指南［M］. 北京：法律出版社，2003：485.

侵权由于时间、空间的限制，其所影响的范围往往只局限于一定的地域范围内，所影响的人群也主要是产品行销地以及经营机构所在地的消费者或潜在购买者。但是网络环境超越了时空界限的障碍，使得任何网络用户只要需要就能随时随地浏览经营者及其产品的信息。"尤其在互联网环境下，进入一个网站毫不费力——通常从链接的网站或搜索引擎的列表上一次点击即可；因此，网上冲浪者可能比传统的砖泥结构商店的顾客，更容易混淆商店的主人。"❶ 这种快捷、低门槛的信息接触方式导致经营者实施的侵权及不正当竞争行为所影响的人群基数将比原来多得多，而且随着互联网行业的飞速发展，各个行业巨头也开始形成，在某些领域占据绝对性优势地位的企业往往拥有的客户数量数以亿计，如腾讯的 QQ 以及微信等。因此，一旦此种体量的互联网巨头公司在市场经营中实施了侵权及不正当竞争行为，那么该行为所波及的影响将是全国性甚至是全球性的。例如，著名的"3Q"大案❷中，腾讯公司的"二选一"行为的波及范围之广以及影响程度之深都是原来传统环境下经营者实施的侵权及不正当竞争行为所不能比拟的。换言之，也正是网络环境这种低成本、快速蔓延以及影响广泛性的特性使得许多不法行为人往往选择此场域作为其行使此类违法行为的新平台，以期能够使更多的消费者受此影响从而扩大该行为所带来的经济效益。

再次，网络环境中的侵权及不正当竞争行为较之过往有着边界模糊、难以确定性的特征。某一新的技术利用形式到底是互联网行业内的自主创新性行为还是只是传统意义上的侵权行为在网络环境下的某种重构以及二者的实质界限到底为何，此类问题性质的界定都是商标法以及反不正当竞争法应对社会情势变迁而不得不面临的挑战。试举一例，在北京市海淀区人民法院审理的百度诉搜狗不正当竞争纠纷一案❸中，搜狗在百度的搜索栏下方设定了自动弹出与搜索关键词相关词汇的下拉菜单，而且在下拉菜单中覆盖和隐藏百度搜索引擎的下拉菜单，点击下拉菜单中的任何词条都会自动跳转到搜狗公司经营的搜狗搜索结果页面。双方对于该行为是否会构成故意仿冒、混淆搜索框和搜索结果的争议本质上就是讨论网络环境下新技术形式的创新性适用与传统侵权以及不正当竞争行为之间界限的问题。对此，该案主审法官承认，搜狗公司的上述做法就其本身而言在技术上具有一定的创新性，可以将其看

---

❶ Brookfield Communications Inc. v. West Coast Crop, 174 F. 3d 1036, 转引自［美］伊恩·C. 巴隆. 电子商务与互联网法（第 1 卷）［M］. 张平, 总编译. 北京：中国方正出版社，2005：11-53.

❷ 广东省高级人民法院（2011）粤高法民三初字第 2 号民事判决书，最高人民法院（2013）民三终字第 4 号民事判决书。

❸ 北京市海淀区人民法院（2015）海民（知）初字第 4135 号民事判决书。

作是该公司有意义的尝试方向。但是，输入法作为网络环境中的基础应用软件应尊重公众的知情权与选择权，不能以技术创新的形式掩盖非法竞争的目的。很明显，随着互联网技术的进一步发展以及商业利用形式的多样化，更多的创新性技术将被经营者应用于市场竞争中，如何确定网络环境下此类新行为是否具有商标法以及反不正当竞争法上的正当性基础以及怎样确定其与传统侵权以及不正当竞争行为的区别将是不得不面对的问题。

最后，利用网络环境为平台来实施商业标识侵权以及不正当竞争将具有更强的隐蔽性特征，行为的违法证据也难以保存，消费者维权成本过高。即时性与无纸化是网络环境的特点，也正是这种特征决定了网络环境中信息更新的迅速以及违法行为证据一旦被发布者删除难以再以证据的形式予以保存，不利于消费者进行后续的维权与诉讼。此所导致的最终结果就是市场中的不法主体利用互联网为平台而实施的侵权以及不当竞争行为的法律成本极低，客观上给其不断地试探法律的规制底线提供了便利。此外，行为的技术性特征也为其隐蔽性提供了条件。一旦某种行为的技术性特征与互联网的创新性氛围结合起来，那么其首先就具备了一定的正当性基础，毕竟互联网行业对技术创新的支持是毋庸赘言的。而且，一旦某种利用新技术形式的行为出现，普通消费者甚至法官因缺乏相关的知识背景，对于这些行为是否具有正当性基础、是否构成侵权以及不正当竞争都存在认定上的困难。不难看出，此类侵权以及不正当竞争行为的变化性、不确定性与其隐蔽性的特征正是互为因果的。

三、几种典型的侵权样态

网络环境下，对于商标以及企业名称等的侵权、仿冒并不仅仅局限于传统意义上的将他人标识用于自己线下的实体商品或服务上。随着互联网技术的进步，经营者还有可能借助技术的便利将其他经营者的商标以及企业名称跨域使用为网络环境下所特有的弹出式广告（Pop-up ads）、旗帜广告（Banner ads）、关键词广告（Keyword ads）、网页元标签（Meta tags）❶ 以及网络域名（Domain name）侵权，等等。这些行为在本质上都是对他人的商业标识进行不正当使用，是对他人商标专有权的一种侵犯，即仍是在借助他人

---

❶ 网页元标签是置于网站的源代码中的一种软件参数，网页作者用它来描述网页的特征性信息和主要内容，其文字并不显示在网页上，一般的网页浏览者并不会看到它的存在，只有搜索引擎能够阅读识别它。元标签所提供的内容往往是搜索引擎产生检索结果并排列网站顺序的依据，为了能够将其网站在搜索结果中名列前茅，一些网页作者故意在其元标签中加入与网页内容不相关的非真实描述，其中就包括他人的商标。

的商标以及企业名称的混淆、仿冒使用来使消费者发生误认混淆，在客观上侵害了权利人的商标专用权，也构成对权利人的不正当竞争，应当予以制止。

（一）弹出式广告

弹出式广告是指互联网行业中经营者为了提高其广告的传播率、点击率和影响效果，利用网络技术（往往是借助于跟踪网络用户浏览历史的间谍软件来实现），不需要网络用户主动点击就自动出现、弹出或者游动在页面之上，并强迫其观看的某种广告形式。❶ 弹出式广告相较于其他普通广告而言具有投放费用低、影响范围广等特点，其也正是因此而备受不法广告经营者的关注。但是，此种未经网络用户许可而强制弹出的特点也饱受诟病。这不仅会侵犯网络用户的自主选择权，减损用户的精神性权益，同时还容易使用户的信息安全受到威胁。网络环境下，借用弹出式广告的形式进行侵权以及不正当竞争已屡见不鲜，但是根据对其利用形式、方式的不同而可能会分别构成一般商标侵权或者不正当竞争。从本质上讲，因该行为而构成混淆的后果是因为对他人商业标识进行了不正当利用，此与商标法上的一般侵权以及反不正当竞争法意义上的仿冒主要是对他人的商业标识进行了不当利用的本质是契合的。

在著名的 1-800Contacts, Inc. v. WhenU.com 案❷中，原告是通过邮件、电话以及网站来出售隐形眼镜以及相关产品的经销商，被告则是一家从事网络广告业务的公司，其工作方式是在用户电脑中所安装的程序中嵌入软件来记录网络用户的上网习惯，并向其不定时地发送与浏览网站相关的广告。本案中，用户在浏览原告的网站时，被告向其使用用户发送了与原告业务存在竞争性的网络广告。原告认为，被告的此种行为侵犯了其"1-800Contacts"的商标权，违反了州和联邦的版权、商标以及不正当竞争法律，特别是违反了《兰哈姆法》第四十三条中的不正当竞争、商品来源的虚假表示、商标淡化以及域名抢注的相关规定，原告也以此向法院提起了诉讼。一审的州地方法院大体上支持了原告的诉求，并且向被告发出了初步禁令（Preliminary Injunction），禁止其向其网络用户发送与"1-800Contacts"具有竞争性的弹出式广告。州地方法院认为被告对原告的商标构成了兰哈姆法意义上的"商业使用（used in commerce）"，并且认为初始兴趣混淆理论（Initial Interest Confusion）以及 Polaroid

---

❶ 叶明. 我国互联网弹出式广告的法律规制困境及其对策研究［J］. 经济法论坛，2014（2）.

❷ 1-800Contacts, Inc. V. Whenu. com and Vision Direct, Inc., 309 F. Supp. 2d 467（S. D. N. Y. 2003）.

因素测试❶都可以运用到本案中来判断是否构成混淆及其可能性的存在与否。州地方法院经审理后认为，被告向其网络用户发送弹出式广告的行为会使消费者误认为被告与原告存在着某种意义上的关联关系或者该行为是经过允许而发生的，因此法院支持了原告所提出的该行为会构成来源以及初始兴趣混淆的诉求。该案后因上诉进入上诉程序。第二巡回法院推翻了一审州地方法院的判决。❷ 第二巡回法院认为，WhenU 对于"1-800Contacts"商标的使用并不构成兰哈姆法意义上的使用，也不存在对于该商标的侵权。不同于一审州地方法院，二审巡回法院认为 WhenU 将 1-800Contacts 网址嵌入 SaveNow 软件目录中的做法并不属于法律所禁止使用的情形。因为其并没有将该商标使用在任何商品或服务上以达到仿冒的目的，WhenU 根本没有对该商标进行复制、展示，更没有向其网络用户展示此商标。二审法院在审理时，还列举了与 WhenU 有关的另外两个类似案例以支持其观点。在 Wells Fargo & Co. v. WhenU. com，Inc.❸ 一案中，法院拒绝了原告初步禁令的申请，并认为 WhenU 在其软件目录中嵌入 Wells Fargo 注册网址的行为并不是兰哈姆法意义上的"使用"，也没有对 Wells Fargo 网址造成任何形式上的干扰。州法院在 U-Haul International，Inc. v. WhenU. com，Inc. 案❹中则认为，WhenU 的行为只是"纯粹的机械连接功能（pure machine-linking function）"，并不构成兰哈姆法意义上的"使用"。一审法院不认同此两个案例的判决，并且认为其对于自己审理此案件无约束力。二审法院则持相反的意见，即认为上述两个案例是有一定说服力的，其也认同相关法官对于该行为的性质认定。

由此可见，对于弹出式广告的性质界定在司法实践中仍没有形成统一认识，这一方面是因为此种新技术的使用而带来的陌生效应需要一定的认知过程进行消化、适应；另一方面也是因为对其采取的不同利用方式、场合会构成不同侵权后果，需要具体问题具体分析。需要注意的是，在弹出式广告中，经营者将信息嵌入他人网站中的行为虽然会不正当地利用他人所累积起来的知名度，但由于该行为本身所使用的是自己的独立页面形式，因此一般并不会造成消费者的误认混淆，只是可能会给网络用户带来网页浏览过程中的不便性。但是一旦越界利用了弹出式广告并在其广告中对他人享有权益的商业

---

❶ Polaroid Crop. V. Polarad Elecs. Corp.，287 F. 2d 492（2d Cir. 1961）."Polaroid Factors" 是由美国第二上诉巡回法院 Friendly 法官在该案中提出的界定是否构成商标法上混淆的 8 项判断因素。

❷ 1-800Contacts，Inc. V. Whenu. com and Vision Direct，Inc.，414 F. 2d 400（2d Cir. 2005）.

❸ Wells Fargo & Co. v. WhenU. com，Inc.，293 F. Supp. 2d 734（E. D. Mich. 2003）.

❹ U-Haul International，Inc. v. WhenU. com，Inc.，279 F. Supp. 2d 723（E. D. Va. 2003）.

标识进行了不正当的利用，则有可能造成消费者的误认混淆，侵犯他人的而商标权益以及构成对于他人的不正当竞争。

（二）网页元标签

网页元标签是互联网行业中关于网页信息的特殊术语，其通常被用来准确描述网页，包括关键词、页面作者、最后修改事件等其他宏信息。但是其文字并不显示在网页上，网页浏览者也看不到它的存在，只有搜索引擎能够阅读并且识别它。一般而言，其所包含的信息往往是搜索引擎进行结果排列的依据，因此经营者为了能够排列靠前而往往故意在其中加入某些可以影响排名的非真实描述，其中就包括他人具有知名性的商标或者企业名称等。众所周知，搜索引擎是用户进入网络环境的一个最初始的利用与凭借工具。所以，不法经营者一旦将网页元标签进行某种设定，用户所得到的搜索结果就有可能是被篡改过或者预先安排好的，在元标签中嵌入他人的文字商标或者企业名称使自己的网站在搜索结果中排列靠前的行为的正当性因此也就被否定。此就是将他人的商标用作网页元标签而引发的商标侵权问题，不仅如此，一般权利人除了因此提起商标侵权之外还会向法院主张不正当竞争之诉。在 Playboy Enterprises, Inc. v. Calvin Designer Label, Calvin Fuller, and Calvin Merit 一案❶中，原告是注册商标"Playmate""Playboy"的所有者，被告 Calvin 为了进入网络色情行业，建立了包含原告 Playboy 杂志名字及商标的成人网站：www. playboyxxx. com 和 www. playmatelive. com。除此之外，被告还将原告商标"Playboy"设置成为其网站的元标签，并且将"Playboy"以及"Playboy Magazine"重复埋设成为其网站网页的隐藏文本（hidden text）。法院认为，被告的一系列行为将会使得搜索引擎在呈现搜索"Playboy"结果时将被告的网站排列在第一或第二的前列位置，其目的就在于希望将 Playboy 的潜在消费者转移到自己网站上来。❷ 法院经审理后支持了原告依据《兰哈姆法》以及州普通法所提出的请求，并以此向被告发出禁令，禁止被告将原告的商标使用为域名以及元标签。除了上述案例之外，将"Playboy"用作为网页元标签的案例在美国仍有许多❸，相关法院在大多数情况下也都支持了 Playboy 依据

---

❶ Playboy Enterprises, Inc. v. Calvin Designer Label, Calvin Fuller, and Calvin Merit, 985 Supp. 1218 (N. D. Cal. 1997).

❷ See Veronica Tucci, The case of the invisible infringer: metatags, trademark infringement and false designation of origin, University of Florida Journal of Technology Law & Policy, Vol. 5, No. 2, 2000.

❸ Playboy Enterprise, Inc. v. Asiafocus International, Inc., 1998 WL 724000 at * 2 (E. D. Va. 1998); Playboy Enterprise, Inc. v. Global Site Desgins, Inc., 1999 WL 311701 at * 1 (S. D. Fla. 1999).

《兰哈姆法》提出的商标侵权以及不正当竞争的请求。法院的主要理由往往是被诉行为人的行为不当地利用了原告的注册商标，使消费者产生或者可能产生双方之间彼此有着赞助或者某种联系的误认混淆，并且以此来吸引原告的潜在的消费者转移到自己的网站上来，侵犯了原告的合法权益。例外的是Playboy Enterprises, Inc. v. Terri Welles 一案❶，法官经审理后驳回了原告依据《兰哈姆法》和加州普通法提出的商标侵权和不正当竞争的初步禁令诉请。本案原告Playboy是注册商标"Playboy""Playmates""Playmate of the month""Playmate of the year"的所有者，被告Terri Welles则是一位模特兼代言人。1980年，Terri Welles在Playboy杂志上开始了她的模特生涯。1980年5月，Terri Welles登上了Playboy杂志封面，并且在当年12月被评为"Playmate of the month"。1981年6月，Terri Welles获得了"Playmate of the year"的奖项。自1980年以来，她总共在Playboy杂志上出现过不少于13期，并且其也把自己看作是Playboy杂志的"Playmate"和"Playmate of the year"。在1997年6月29日，Terri Welles创办了自己的个人网站http://www.terriwelles.com, 并在其网站上张贴自己的照片、海报以及相关的活动信息。该网站的网页标题是"Terri Welles-Playmate of the Year 1981"，网页链接标题则是"Terri Welles-Playboy Playmate of the Year 1981"。除此之外，她还将该标题缩写"PMOY81"作为自己网站网页的背景水印，并将"Playboy""Playmate"作为自己网站网页的元标签，以使得用户在搜索"Playboy"等内容时能够出现自己的个人网站上。但是，被告为了避免出现网络用户混淆的情形，也在其网站网页底部出示了一份免责声明："此网站与Playboy公司无任何联系，也并非其赞助。'PLAYBOY' 'PLAYMATE OF THE YEAR' 'PLAYMATE OF THE MONTH' 等注册商标系Playboy公司所有。"法官经审理后认为，"Playmate"商标不仅仅是原告所拥有的注册商标，也是Playboy公司授予出现在该杂志上的优秀模特们的一项荣誉。被告对于原告商标的使用仅仅是为了诚实地表达其是"Playmate of the Year 1981"这一事实，只是描述性地用以表明其身份而已，并且也没有故意混淆消费者的故意，因此这种使用并不为法律所禁止，法院也据此驳回了原告的初步禁令的申请。

由上可知，对于将他人商标用于网页元标签的行为是否构成侵权以及不正当竞争仍必须根据具体案情进行分析，特别是要着重分析行为人的该种利用行为对于普通消费者是否存在混淆可能性以及对是否存在对他人的交易机

---

❶　Playboy Enterprises, Inc. v. Terri Welles, 7 F. Supp. 2d 1098 (S. D. Cal. 1998).

会的侵夺等。不难发现，将他人的受到保护的商业标识用作元标签行为的目的往往是使自己的网站能够出现在搜索结果前列，以此来增加网站被访问的可能性。也正是因为元标签容易被不良商家用作不正当的竞争行为，因此摆脱这种侵权风险极大的技术形式成为一些搜索引擎公司所竭力追求的目标。随着科技的进步，现在很多搜索引擎都改变了以往排列显示结果的计算法则，"例如谷歌就在强调网站访问数量和质量的同时，强调网站超链接的数量和质量，这使得元标识对搜索引擎失去了意义，自然就使埋设元标识丧失了动力。同时，关键词广告服务出现后，人们更多地使用关键词广告服务，埋设元标签的现象也越来越少了"。❶ 因此，对于网络环境下的技术性侵权而言，注重的是分析技术行为的法律实质，以法解释的方式适用现行法律规范仍然是规制的首选，尤其不能使法律随着技术变迁的脚步亦步亦趋，否则将徒增法律规范的不稳定性。

(三) 关键词的使用问题

过往，人们关注关键词的使用往往是将其与关键词广告以及搜索引擎公司所提供的竞价排名服务联系起来。但是，如果细分起来，网络环境下对于关键词的使用并非只是局限于关键词广告行为。不正当的关键词广告或者竞价排名服务行为往往涉及三方法律主体，即搜索引擎服务商、接受竞价排名服务的客户以及关键词商标或名称的所有者。除此之外，还存在另一种对于关键词的使用方式，即行为人未经许可将他人所拥有权利的商标以及企业名称、字号等受法律保护的商业标识设置成关键词的行为，此种行为只涉及两方法律主体，搜索引擎公司并未参与到该行为中来。不难发现，后一种行为实际上与上述所讨论的网页元标签不当使用的行为在本质上并无二致，其目的主要都是能够使自己的网站显示在搜索结果的前列。鉴于前文事实上已经讨论过该种行为，因此这里着重探讨关键词广告这一行为。

关键词广告是与网络搜索引擎密切相关的新兴的营销形式，也被称为搜索引擎广告。在互联网环境下，用户的"注意力"是各互联网企业激烈争夺的资源。越能引起用户的注意与关注的技术利用形式就越能受到相关企业的青睐，因此网络搜索引擎公司为了在搜索结果的排列上赚取利润，往往会开展关键词的"竞价排名"服务。谁支付的竞价高，谁的网站的排名就可能会被尽量地排在搜索显示结果的前列。一般而言，网络环境下所有的信息都只

---

❶ 杜颖. 社会进步与商标观念：商标法律制度的过去、现在和未来 [M]. 北京：北京大学出版社，2012：123.

有被用户所关注才有其价值，因此相关信息在搜索结果列表中越靠前其网站就越有可能被访问。也正是如此，在缺乏相关规范的约束下，经营主体为了牟取利益最大化往往会在此过程中借助不正当的竞争方式进行竞争。在著名的大众交通（集团）股份有限公司等诉北京百度网讯科技有限公司等侵犯商标专用权与不正当竞争纠纷案❶中，百度搜索引擎为"搬场"等相关词条提供了竞价排名的服务。市场中的搬场公司如果与百度签署了相关的竞价排名服务的合同，那么在同等条件下其公司会在搜索结果所显示的从事搬场业务的不同公司中排列靠前。原告诉称，在所有以搬场为关键词进行搜索的结果中混杂了大量冒充标注正规大众搬场公司标志及文字介绍的假冒公司，遂以此提起诉讼。法院经审理认为，与百度签署过"竞价排名"合同服务的第三方在未经大众搬场公司许可的情况下擅自使用"大众搬场"等字样，此会使普通消费者对两者产生不必要的联想或者认为存在某种关联上的联系。此外，百度公司作为搜索引擎的管理者与经营者，在其对搜索引擎以及相关行为具有监管义务的情形下却放任此种明显存在侵犯他人权益的行为而不顾，其对于该行为的发生负有间接上的责任。综上所述，法院认为，根据商标法以及反不正当竞争法的相关规定，接受"竞价排名"服务的第三方网站的上述行为构成擅自使用他人企业名称的侵权以及不正当竞争。

然而，关键词广告行为性质的认定并不就只存在上述一种论断，在宁波畅想软件股份有限公司诉宁波中源信息科技有限公司、宁波中晟信息科技有限公司不正当竞争案❷中，对于行为性质的认定一、二审法院就有着不同的看法。本案中，原告作为一家高新科技企业拥有多项外贸管理软件的著作权，其所拥有客户量达几千家，在相关市场中的份额占比也较大。此外，原告为推广自己的品牌，先后花费了大量的精力、财力在相关平台上进行推广，其所拥有的"畅想"字号、"intersky"商标和"畅想软件"已经在行业内具有一定的知名度。原告诉称，被告在未经其许可的情况下擅自把原告企业名称及其字号"畅想软件"作为搜索关键词并且与百度签署了关键词竞价排名合同，普通消费者或者潜在购买者在搜索上述词汇时找到的首条信息是两被告官方网站（www.joinf.com）的链接，此容易使他们产生误认上的混淆。故此，原告请求法院判令被告在百度推广竞价排名时禁止将与原告的企业名称或者字号作为相关的关键词，认定其构成不正当竞争。被告则辩称，该搜索结果

---

❶　上海市第二中级人民法院（2007）沪二中民五知初字第 147 号民事判决书。

❷　浙江省宁波市中级人民法院（2014）浙甬知初字第 196 号民事判决书，浙江省高级人民法院（2015）浙知终字第 71 号民事判决书。

是百度基于搜索引擎排名规律所产生的结果，而关键词作为信息搜索的索引词本质上是公众资源，任何人均无权垄断，此种关键词的使用方式本身并不具有违法性。此外，被告还辩称，其在后台秘密状态下使用涉案关键词属于商业秘密，且被告的创意标题、描述内容和链接网址均无原告权利内容，不会造成相关公众的误认、混淆，也就不存在不正当竞争。一审法院审理后认为，被告的上述行为是在后台使用了原告的企业名称及字号，而非在其一般的市场经营活动中使用，因此其在主观上不具有利用原告的商誉使相关公众产生混淆和误认的故意，客观上因被告也对其结果与原告作了一定的区分，因此普通消费者在行使一般注意力的情形下并不会在两者之间产生混淆和误认，也不属于侵犯原告的合法权利的情形。此外，原告认为被告此种行为的目的是旨在通过不正当手段以获取市场交易机会，违反了诚实信用原则，应被认定为不正当竞争。对此，法院认为在反不正当竞争法范畴内，商业机会只是一种受保护的权益，其本身并非是法定权利，而且交易的达成是双方合意的结果，交易机会既有可能在竞争中获得也有可能在竞争中失去。因此，从某种意义上而言，市场竞争中的商业机会受损者要获得法律的进一步保护，其还必须证明他人获得此机会的行为是不正当的，也只有此种行为才不被反不正当竞争法所禁止。因此，虽然被告以原告的企业名称或字号作为推广链接的关键词有借此增加其网站及商品广告出现在搜索结果中机会的意图，但综合考虑其设置的推广链接的具体情形、关键词广告市场的特性以及网络用户的认知水平等因素，其行为尚未达到不正当竞争的程度。被告所设推广链接及其公司网站并未借用原告的名义，其行为不属于利用了原告的商誉，原告也无证据证明被告设置推广链接的行为对其合法权益造成了实际损害，故被告的此项行为不构成不正当竞争，原告所主张的理由不能成立。

原被告双方均不服一审判决，提起上诉。二审法院经审理认为，原告畅想公司在业内积累的商誉和知名度及其企业名称和字号应依法受到妥善而全面的保护。被告上述行为所面向的网络用户很可能是畅想公司的目标客户或潜在客户，亦是被告中源公司、中晟公司所要争取的对象。被告作为同业竞争者，在未经原告合法许可的情况下将畅想公司的企业名称、字号等作为搜索关键词通过百度进行推广链接，显然具有不正当利用畅想公司商誉，攫取其客户资源，以获取不正当竞争利益的主观故意。而当客户搜索原告企业名称及其字号时，位列搜索结果首行的"富通天下"广告推送极可能吸引客户一定的注意力，客观上会增加被告公司网站的点击量，亦极有可能影响到客户的选择，给该两公司带来潜在的商业交易机会。此外，虽然百度推广在将

"富通天下"作为首条推送的同时，标注有"推广链接"的字样以示区别，但即使百度搜索行为人最终未对产品的来源产生混淆误认，但被告两公司利用此类后台设置的关键词搜索模式进行广告推送，显属不当使用他人的企业名称或字号，有悖于诚实信用原则和公认的商业道德，具有可责性，应给予明确的否定性评价。最终，针对两被告的此项行为，二审法院依据《反不正当竞争法》第二条、第五条第（三）项判令中源公司、中晟公司立即停止在百度推广服务中使用"畅想软件""宁波畅想软件开发有限公司"作为搜索关键词。

在我国台湾地区，相关学者对将他人商标标识等作为关键词广告的行为也进行了学理上的探讨。一般认为，此种未经他人同意并且不恰当的利用行为当然是一种不正当行为，既可能会构成侵权使用下的商标使用，同时又违反竞争法上的相关规定，构成对他人的不正当竞争。"若广告主不仅购买他人商标作为关键词，并在标题内容不当使用该著名商标（包括指示搜寻引擎业者进行广告优化，或错误操作搜寻引擎者'插入 KEYWORD'功能）误导网路使用者，则也是构成榨取他人商标商誉的不公平竞争行为，违反'公平法'第二十四条。广告主前述三种违反'公平法'第二十四条之行为，若涉及混淆著名商标之虞，则也有可能构成'公平法'第二十条之违反。"❶ 因此，如果相关主体在网络环境下对于关键词利用不当，则极有可能违反台湾地区"公平交易法"第二十四条一般条款以及第二十条仿冒行为的条款。从本质上而言，关键词广告或者搜索引擎公司利用该技术进行竞价排名服务的行为并不当然地构成不正当竞争行为，关键在于中立性的技术形式被怎样运用。"广告基本上属于商业言论自由保护的范围，所以除非是侵害他人重大权利或公共利益，否则不应轻易加以限制，广告主利用网路特性所作的关键词广告，亦应该是如此。准此，广告主购买他人商标作为关键词在自己的搜寻页面争取比较佳的位置，可非议性不大。"❷ 在网络环境下，如果在利用关键词广告行为当中对他人知名的商标以及企业名称进行了不正当的使用，并且造成了消费者的误认混淆。那么此种行为就与传统环境下的侵犯他人知名商标以及企业名称的行为性质并无差异，同样都是侵犯他人商标权以及不正当竞争的行为，必须接受来自相关法律的规制。

（四）域名侵权

域名是互联网用户在网络中使用的用来区别不同网址主页的字符标识，

---

❶ 刘孔中. 关键词广告之商标法与竞争法争议 [J]. 月旦法学杂志，2014（12）.

❷ 刘孔中. 关键词广告之商标法与竞争法争议 [J]. 月旦法学杂志，2014（12）.

也是域名注册人在互联网上代表自己的标志。它与计算机的 IP 地址相对应，但是由阿拉伯数字和圆点组成的 IP 地址的表示方法缺乏直观性，难以记忆。因此为了计算机网络用户使用上的方便，人们设立了域名来与 IP 地址对应，在使用时直接输入域名即可。由于域名具有较强的识别性与可记忆性，互联网用户一般也是凭借域名来区分信息服务的提供者，域名也因此日益成为互联网上的重要标识。正如学者所言，它的存在有利于建立标识与特定主体之间的联系，也为宣传的展开和商誉的附加提供了最基本的前提。由此，域名的财产功能凸显无遗，围绕域名所产生的利益应该受到法律保护。❶

如前所述，域名是与 IP 地址一一对应的，因此这也就决定了域名不同于商标标识而具有排他性与唯一性的特点，而且网络的无国界特点使得域名的这种唯一性乃是针对全世界范围而言的，不同于商标权利具有地域范围性。同一商标在不同的国家或地区可能为不同的人所有，而一个域名却只能归属于一个主体。因此，当多个商标权利主体中只能有一个权利主体能申请域名注册时，那么其他商标权人将会因为域名使用的唯一性而与注册域名的所有人发生冲突。❷ 此种冲突是域名的特性与商标的特性所决定的，在所难免。然而，在网络环境下，随着域名的标识性作用越来越被人所重视，不法经营者为了寻求不正当利益往往会行使一些不正当的竞争手段以使消费者发生误认的混淆，构成对他人知名商标或者知名商品的攀附。这其中就包括近似域名的混淆行为以及将他人商标、企业名称等用作域名的混淆行为。

1. 近似域名混淆

近似域名混淆是由因域名与域名之间极其相似而引起的，本质上而言，这与商标的相似以及企业名称与企业名称的相似所引起的混淆并且无区别，只是传统的仿冒行为在网络环境下的扩展或者形式上的变化而已。就司法实践来看，我国的司法审判中对于域名近似混淆的案例也有所涉及，王林阳与杭州都快网络传媒有限公司计算机网络域名侵权纠纷一案❸即是关于域名纠纷的典型案件。本案中，一、二审法院认定了都快网络公司为"19floor. net"域名的注册人，对该域名享有相关的权利；同时，也确认了"19floor.com"域名系王林阳主办并且实际经营使用。关于两个域名是否构成混淆以及不正当竞争的关键问题，二审法院经审理认为，从字面来看，虽然两个域名均为国

---

❶ 赵林青. 对域名法律保护的思考——以域名与商标的冲突为视角 [J]. 法学杂志，2007 (5).
❷ 孙玉荣. 论域名与商标的冲突及其法律解决 [J]. 北京工业大学学报（社会科学版），2006 (1).
❸ 浙江省杭州市中级人民法院（2007）杭民三初字第 193 号判决书，浙江省高级人民法院（2008）浙民三终字第 286 号民事判决书。

际顶级域名（.net 和.com）下的二级域名，其字符串均为"19floor"，两者完全相同，中文含义均为"19 楼"，故该两个域名构成相似。此外，后注册使用的 19floor.com 网站网页无论是色彩、板块设置，还是栏目类型、页面构架均与之前注册并具有一定知名度的 19floor. net 网站存在相同和相似之处。从结果来看，在两个论坛上发贴的许多网民对于所进入的网站产生了混淆，误入网站的情况时有发生。因此，二审法院认为，王林阳经营管理的"19floor. com"网站对"19floor. net"网站存在刻意模仿，足以造成相关公众对两者的误认和混淆。且王林阳在经营使用自己网站过程中，故意与都快网络公司的网站混淆，误导网络用户访问其网站，主观上具有明显的恶意，构成对他人的侵权及不正当竞争。

很显然，由域名相似所引起的混淆在法律上是能够得到法院的支持的，这在司法实践中已有判例支持。但是，法院的这种支持并不只是单纯的因为域名相似。在该类案件中，不法经营者为了追求混淆结果的最大可能性，往往还会在网页设置以及相关页面架构上对他人网站进行刻意模仿，这也是法院在审理时必须考虑的要件。易言之，在被仿冒域名缺乏知名性而且两个网站的网页设计、栏目设置都并不相同的情况下要想获得域名的保护是很困难的。如在北京慧聪建设信息咨询有限公司诉阿里巴巴电子商务有限公司不正当竞争纠纷案❶中，尽管原告的域名"www.hc360.com"与被告的域名"www.hc3600.com"极其相似，但是在企业字号、注册地址、经营范围、网页设计以及栏目设置等都不相似的情况下，法院认为消费者并不会轻易地仅凭域名就发生误认混淆。因此，对于原告的诉讼请求也不予支持。此案即说明在域名近似引起的混淆案件中，除了域名的相似之外，还要具体判断是否存在其他的足以引起消费者误认混淆的情形存在，否则，仅凭域名的相似是很难认定混淆结果的发生的。

2. 将他人商标、企业名称以及知名商品特有名称等用作域名的混淆

关于域名的混淆，并不仅仅局限于域名与域名近似所引起的混淆，还包括将他人的商标、企业名称以及知名商品特有名称、包装、装潢等用作域名所引起的混淆。此种不正当竞争行为的目的就在于使自己的域名与他人的商标等商业标识发生混淆，或者即使不发生混淆也是利用他人商标的商誉来达到销售自己商品或者服务的目的。法院在审理此类案件中一般会将商标权人与域名持有人之间的利益进行某种平衡，此即意味着即使商标进行了注册获

---

❶　浙江省杭州市中级人民法院（2005）杭民三初字第 123 号民事判决书。

得商标法的保护，但是此也不应构成对相同或相似域名注册的当然禁止。"其理由在于，商标和域名属于不同的商业符号，商标专用权的范围并不当然及于域名；易言之，'注册商标的专用权，以核准注册的商标和核定使用的商品为限'，域名并不属于上述权利范围。"❶ 只有在两种情况下才能判决域名持有人败诉：①与域名相同或相似的商标为驰名商标。②商标权人与域名持有人有竞争关系，域名与商标的相似足以使观众产生混淆，从而形成不正当竞争。❷

将商标、企业名称、知名商品特有的名称用作域名的行为在互联网发达的今日早已不足为奇。在内蒙古蒙牛乳业（集团）股份有限公司诉王麒计算机网络域名纠纷案❸中，原告蒙牛公司系其第 29 类牛奶商品"特仑苏"商标的所有者，该商标经过原告的宣传和使用已经在市场上具有较高的知名度。被告王麟系域名"www.telunsu.com"的所有者。原告蒙牛公司诉称，原告的域名系其商标"特仑苏"的拼音，而且被告将该域名提供给伊利公司使用以及此后又公开在网上出售牟利的行为违反了商标法以及反不正当竞争法的规定。法院经审理认为，原告的此类牛奶商品已经成为相关公众所知悉的商品，应当认定其已构成《反不正当竞争法》第五条第（二）项规定的"知名商品"。同时，"特仑苏"商标并非汉语固有词汇，亦无证据表明其系牛奶商品的通用称谓，故其具有区分商品来源的显著特征，亦符合该法第五条第（二）项所规定的"特有的名称、包装、装潢"要件。此外，争议域名的主要部分为"telunsu"与原告的知名商品特有名称"特仑苏"读音一致，虽然拼音"telunsu"可以对应的中文不仅仅是"特仑苏"，但鉴于原告的商品名称具有较强的显著性和较高的知名度，且从被告上述的使用行为可以合理推定被告注册争议域名是故意选择该词汇。市场中普通消费者在看到该域名时也容易联想到原告的知名商品，进而可能产生误认的混淆。再次，有证据表明被告在注册争议域名之后，未将之投入正当的商业使用，而是将争议域名链接向原告的同业竞争者伊利公司网站首页，或者将原告与被告之间就争议域名产生的争议裁决放在网站上，并公开发表"特仑苏商标转让！"等信息，从而不正当地使原告利益受损。特别是将争议域名链接向伊利公司网站首页的行为，会误导网络用户访问伊利公司网站，从而致使原告合理的商业机会流失，并极有可能使网络用户误认为争议域名的主要部分"telunsu"与伊利公司具有

---

❶ 谢晓尧. 在经验与制度之间：不正当竞争司法案例类型化研究［M］. 北京：法律出版社，2010：202.

❷ 黄伟峰. 域名问题法律研究的回顾与反思［J］. 网络法律评论，2005（1）.

❸ 北京市第一中级人民法院（2010）一中民初字第 11713 号民事判决书。

某种关联，从而使原告所累积的"特仑苏"的市场声誉和市场号召力受到抢夺。这些都足以表明被告对争议域名的注册、使用，主观上具有利用"特仑苏"商品名称的知名度和该知名度可能在商业上产生的较高价值以获取不正当利益的目的，具有恶意。最终法院判决，被告注册、使用争议域名的行为构成了对原告的不正当竞争。

事实上，由此案就可以看出，在网络环境下将他人的商业标识用作域名的行为本质上并非是域名的保护问题，而是商业标识在域名领域延伸的保护。换句话说，就是此种行为仍未摆脱传统环境下对于商业标识的侵权以及不正当利用的烙印，只是充其量被用在了域名领域之内。因此，一旦域名不当使用所针对的客体是商标以及反不正当竞争法所保护的客体对象，而且在使用后发生了混淆的后果，就极有可能构成侵权以及竞争法意义上的仿冒。

总之，网络环境下，无论是将他人的商标或者企业名称等作为网络域名、关键词广告还是设置成为网页元标签的行为都在一定程度上侵犯了他人对其商业标识所享有的专有权益。不仅会对附着在标识之上的商誉造成不利影响，还会减弱乃至消除标识所代表商品的品牌力，损害商标的显著性，进而使消费者发生误认的混淆。事实上，认定此类行为性质的关键也在于此，将此类行为与传统的侵犯标识利益的市场混淆行为相比，二者本质上并无太大差异。只是此类行为发生在网络环境下，且所利用的形式更加多样化且带有明显的技术性特征，但在可能构成商标侵权以及不正当竞争上并没有不同之处。值得注意的是，上述几种技术利用形式并非天然就具有侵权以及不正当竞争的属性，之所以会发生混淆的后果，主要是因为这几种新的技术形式对他人享有法益的商业标识进行了不当利用，从而导致消费者误认混淆，进而才可能构成侵权以及不正当竞争。此外，上述案例情形都是发生在网络环境下，而且大多数经营者利用他人商标的目的仅仅是使用"引诱销售"的策略使消费者进入自己的网站页面，至于是否一定要在购买过程中也发生混淆误认则并非是其所极力追求的目标，这就可能涉及初始兴趣混淆的理论问题。

四、初始兴趣混淆的理论问题

初始兴趣混淆（Initial Interest Confusion），又称"售前混淆（Pre-Sale Confusion）"，是美国第二巡回法院在 1975 年审理 Grotrain，Helffrich，Schulz，Th. Steinweg Nachf. v. Steiway&Sons 一案❶时提出的。此后，一些法

---

❶ Grotrain，Helffrich，Schulz，Th. Steinweg Nachf. v. Steiway&Sons，523 F. 2d 1331 (2th Cir. 1975).

院开始在审判中承认初始兴趣混淆理论，并将商业标识的保护范围扩展至商品或服务出售前的阶段。❶ 1999 年，美国第九巡回法院在审理 Bookfield Communications, Inc. V. West Coast Entertainment Corp. 一案❷时确立了在网络环境下同样适用该理论来处理商标仿冒侵权纠纷的原则。在本案中，原告 Bookfield 是一家从事娱乐业的软件销售服务公司，并就"MovieBuff"商标获得了联邦商标注册，以此作为其在互联网上销售娱乐搜索数据软件的商标。被告 West Coast 经营音像租赁业务，在原告之前就已经注册了"www.moviebuff.com"的域名，并且在自己的网页元标签内嵌入了"MovieBuff"字符。后来被告也在该网站上推出了与原告产品类似的娱乐搜索数据软件，原告据此向法院提起了商标侵权与不正当竞争诉讼。法院审理后认为，即使消费者知道他们正在访问的是被告而不是原告的网站，且在这种意义上不存在混淆，然而通过使用"moviebuff.com"或"MovieBuff"而把本意是寻找原告"MovieBuff"的用户转移到了自己的网站，被告不正当地从原告标识的良好声誉中获益，在这种意义上即构成初始兴趣混淆。很显然，被告借用原告商标实施"引诱销售"策略的后果不外乎两种：一是网络用户进入网站页面后仍未发现原、被告之间的区别，乃至在购买商品或服务过程中一直都被蒙蔽；二是网络用户在进入被告网页后发现了原、被告其实不是一家公司，混淆的可能性就此终止，用户是否仍购买被告的商品或服务取决于自己的态度。第一种情况是典型的消费者发生了混淆的误认，运用传统商标法或者反不正当竞争法中的售中混淆理论就可以解决。第二种情况所牵涉的即是此处所讨论的初始兴趣混淆或者售前混淆的问题。初始兴趣混淆主要是指消费者在实际购买之初，由于经营者的不正当行为而致使消费者对商品或服务的来源产生了误认上的混淆并产生了购买商品或接受服务的初始兴趣，即使随后购买时消费者的这一误认已经得到纠正，但是商标权人仍然可以凭此而主张商标侵权的一种理论。由于初始兴趣混淆往往发生于消费者实际购买之前，这与传统的发生在销售过程中的混淆有了明显的时间区别，因此也被称为"售前混淆"。

初始兴趣混淆理论从其诞生之初就伴随着诸多争议，甚至在其诞生地美国，不同的法院在不同的案件审理过程中对此理论能否适用也有着不同的理解。过往的案例显示，在美国第二、第三、第五、第七以及第九巡回法院，

---

❶ Checkpoint Sys., Inc. v. Check Point Software Techs., Inc., 269 F. 3d 270, 292 (3d Cir. 2001); Elvis Presley Enters., Inc. v. Capece, 141 F. 3d 188, 204 (5th Cir. 1998); Dorr-Oliver, Inc. v. Fluid-Quip, Inc., 94 F. 3d 376, 383 (7th Cir. 1996).

❷ Bookfield Communications, Inc. v. West Coast Entertainment Corp. 174 F. 3d 1036 (9th Cir 1999).

依据初始兴趣混淆理论来主张商业标识的保护是可行的。❶ 然而，美国第四巡回法院在审理 Lamparello v. Falwell 案时，却明确指出："我们从未采用过初始兴趣混淆理论，我们遵循另一种截然不同的分析模式（传统混淆理论）来判断是否存在商标侵权，这种模式下，要求法院从普通消费者角度来检查所谓的侵权使用，最终判断是否存在混淆可能的存在。"❷ 不仅如此，法院根据案情也会采用对商标合理的指示性、叙述性使用来拒绝适用初始兴趣混淆理论，类似 Marianne BIHARI and Bihari Interiors, Inc. v. Craig GROSS and Yolanda Truglio 案❸、Playboy Enterprise, Inc. v. Terri Welles, Inc. 案❹等都是其中典型的案例。

在我国，对于能否将此理论适用于我国的司法审判实践的问题，学者们对此也有着不同意见。不仅如此，对于所谓利用消费者发生初始兴趣混淆的行为究竟是属于商标侵权纠纷还是属于反不正当竞争法所认为的不正当竞争行为也是聚讼纷纭，至今仍没有定论。但是需要说明的是，学理上讨论的商标法与反不正当竞争法之间并不存在一条界限分明的沟壑，"从来源上看，反不正当竞争法与商标权的保护是'同源的'"❺。因此，不正当竞争行为与商标侵权行为之间并非平行独立的关系。对于初始兴趣混淆理论而言，当然也就不能仅凭其不正当竞争的属性而断然否认商标法对之规范的可能。❻ 虽然现阶段关于初始兴趣混淆理论的许多问题尚未有公认的定论，但是此理论的独特价值仍是可以想见的。无论是研究商标法上的混淆还是反不正当竞争法上的仿冒其都是难以绕开的话题。特别是本文所着力关注的乃是网络环境下的商业标识侵权问题。而且，随着互联网时代的来临，传统混淆理论对于网络环境下的诸多行为的规制已经力有不逮，初始混淆理论在网络环境下的适用又越来越被提倡，因此就网络环境下关于初始混淆理论问题的讨论是有必要的。

自从美国第九巡回法院在 Bookfield 一案中将上述初始混淆理论应用于处理互联网场域中的商标纠纷以来，此理论就伴随着互联网的发展而逐渐

---

❶ Gary W. Hamilton. Trademark on the Internet：Confusion，Collusion or Dilution？［J］. Texas Intellectual Property Law Journal，1995，4（1）.

❷ Christopher Lamparello v. Jerry Falwell Ministries，420 F3d 309，76（4th Cir. 2005）. 转引自陈晓峰. 初始兴趣混淆分析在网络环境下的适用——从消费者权益保护的角度分析［J］. 中华商标，2011（8）.

❸ Marianne BIHARI and Bihari Interiors，Inc. v. Craig GROSS and Yolanda Truglio，119 F. Supp. 2d 309（S. D. N. Y. 2000）.

❹ Playboy Enterprise，Inc v. Terri Welles，Inc. 78 F. Supp. 2d 1066（S. D. Cal. 1999）.

❺ 郑成思. 世界贸易组织与贸易有关的知识产权协议［M］. 北京：中国人民大学出版社，1996：216.

❻ 徐聪颖. 论"初始兴趣混淆"的法律规制［J］. 时代法学，2010（3）.

走入人们的视线。甚至有学者认为，"初始兴趣混淆理论是解决网络商标侵权案件的基本理论"，"是随着网络商标侵权现象应运而生的一个'新的理论突破'"。❶ 现阶段来看，此论述当然过于强调初始混淆理论的正面作用。但是，这恰恰也在一定程度上证成了初始兴趣混淆理论在网络环境下适用于商标侵权纠纷案件审理的合理性。此种合理性正是互联网的特殊环境所赋予的，或者说初始兴趣混淆理论的特性适应了互联网场域中"眼球经济""注意力经济"的新特点。正如 Gray W. Hamiton 所言，"鉴于网络环境的特殊性以及网络用户的合理期待，该理论特别地被用作网络环境下保护商标所有权人的权利"。❷

事实上，到目前为止，导致初始兴趣混淆的商标使用行为也主要集中在互联网销售中，其使用方式表现为第三人将商标权人的商标标识以网络域名、弹出式广告及关键词设置等方式进行使用并以此吸引消费者的营销方式，这种方式的商标使用行为与传统的商标使用显著不同。❸ 互联网时代下，"注意力经济""眼球经济"的特性使得经营者提升自身关注度成了其所极力追求的目标，正是这一目标使得经营者在参与市场竞争时往往为了吸引消费者的关注而采取"引诱销售"的策略。因此，未经许可将他人有影响力的商标设置成为网站元标签、弹出式广告以及关键词搜索等行为屡见不鲜，其目的就是使消费者在进行网络搜索并点击搜索结果时进入自己的网站页面。对于不法经营者而言，即使不能让消费者误将自己的产品当作商标权人的产品而购买，如果通过与商标权人的商标相同或近似而能够让消费者进入自己的店堂询问了解，即吸引消费者的眼球与注意力，就成功一半了。❹ 消费者虽然可能在购买时不会轻易发生混淆，但是经营者在购买前往往利用仿冒的手段进行误导以吸引消费者或者潜在购买者的注意力，进而达到销售商品或服务的目的。初始兴趣混淆理论所着力解决的问题就在于此，其最大价值就在于解决"注意力经济"的互联网时代中的各种"搭便车"问题。对于初始兴趣混淆而言，虽然误认发生在购买之前并且在购买时并不会发生真正意义上的混淆，但是

---

❶ 邓宏光，周源. 网络商标侵权的新近发展 [J]. 重庆社会科学，2008（5）. 黄武双. 搜索引擎服务商商标侵权责任的法理基础——兼评"大众搬场"诉"百度网络"商标侵权案 [J]. 知识产权，2008（5）. 转引自徐聪颖. 论"初始兴趣混淆"的法律规制 [J]. 时代法学，2010（3）.

❷ Gary W. Hamilton. Trademark on the Internet：Confusion, Collusion or Dilution? [J]. Texas Intellectual Property Law Journal, 1995, 4（1）.

❸ 刘燕. 论互联网环境下商标侵权认定的标准及原则 [J]. 兰州大学学报（社会科学版），2015（1）.

❹ 李友根. 论消费者在不正当竞争判断中的作用——基于商标侵权与不正当竞争案的整理与研究 [J]. 南京大学学报（哲学·人文科学·社会科学），2013（1）.

此种"搭便车"行为的危害性仍然是显而易见的。其不仅可能使商标所有者丧失潜在的商业交易机会，还妨碍了该商标在消费者印象中的——对应关系，"延迟甚至阻止该商标中所蕴含的情绪和情感在消费者的头脑中迅速激活，使商标的特有文化和意义难以被清晰地表达和认知对应"❶。网络环境下，互联网企业往往需要的是网络用户的这种点击关注度来实现网站的频繁访问，并以此为基础来获得商标商誉的持续维持，甚至某些平台网站正是凭此得到商业广告投放主的青睐。这也是互联网企业在网络环境下赚取利润的主要方式，一旦被不法经营者将混淆提前至购买之前，就有可能将网络用户的点击欲望转移至他人的网站，从而使自己的网站的访问量日趋势微，侵害其原本可获得的正当利益。

我国现阶段关于初始兴趣混淆的讨论主要局限在学理研究的层面上，具体实务中，仅有极少数的案例对此有过涉及。在沃力森信息技术有限公司诉八百客（北京）软件技术有限公司等侵犯商标权纠纷案❷中，一、二审法院似乎对于初始兴趣混淆理论给予了一定程度的支持。该案中，原告诉称，自己是一家开发企业客户管理软件（CRM 软件）的科技公司，该软件的注册商标为"XTOOLS"。多年来，该软件及其商标在原告公司的悉心经营下逐渐具有了较为广阔的市场前景，也在市场上获得了一定的关注度与知名性。而被告公司作为与自己同行业的竞争者理应知晓原告公司产品及其商标具有一定知名性的事实，但是其仍然选择将被告的上述商标作为搜索关键词，并编制了"八百客——国内最专业的 xtools"等市场推广信息。如此一来，互联网用户原本想通过搜索关键词"XTOOLS"进入原告公司网站页面却被误导进入例如被告公司，使消费者产生误认上的混淆。原告认为被告此举已经侵害了原告的商标所有权构成了对其商标专有权的侵害，也构成对其的不正当竞争。就本案案情来看，被告的确将原告商标作为关键词与搜索引擎公司签署了竞价排名合同，而且用该关键词进行搜索时也的确会使相关公众误以为该结果所链接到的就是原告网站。但是，被告在其网站界面内并未继续使用原告的商标也并未出现任何关于原告产品的信息，所以进入被告网站的消费者之后就不会再继续产生误认上的混淆，其在此后选择继续接受商品或者服务所基于的判断是选择相信被告的商品或者服务，而与原告再无关联。因此，本案中被告所实施的上述行为某种意义上并不会导致售中混淆，如有可能也仅仅

---

❶ 蔡颖懿."关键词广告"初始兴趣混淆的商标侵权分析［J］. 学理论，2014（8）.

❷ 北京市海淀区人民法院（2009）海民初字第 26988 号民事判决书，北京市第一中级人民法院（2010）一中民终字第 2779 号民事判决书。

只会导致售前混淆。此案即系典型的网络环境下关于商标权纠纷案件，其背后所涉及的学理问题亦即此处所讨论的初始兴趣混淆问题。一审法院经审理后认为，被告的此种行为会致使相关公众对原被告所提供的服务产生混淆和误认，并致使本拟通过搜索引擎的结果进入原告公司的用户进入了被告的网站界面，此举提升了被告公司的访问量和曝光率，为其公司创造和提供更多的商业机会和交易可能性。因此，被告此举确已构成对原告商标专用权造成的损害，侵犯了其"XTOOLS"注册商标所享有的专用权。二审法院在审理后维持了一审的原判意见，并认为，被告的此种行为虽未造成在商品销售或服务提供过程中的混淆误认，但鉴于其一方面不当利用了注册商标的商誉，另一方面可能会削弱注册商标专用权人之间的唯一对应关系，故基于此类行为而产生的混淆误认也同样会损害注册商标专用权人对商标所合法享有的利益，此行为亦属于商标法所调整规制的范围，属于侵犯注册商标的专用权行为。❶

很明显，由此案可以看出，初始兴趣混淆理论对于解释适用互联网场域中的商标纠纷起着不可替代的作用。从域外经验来看，在美国近几十年的司法实践中，初始兴趣混淆理论原则的适用有扩大化的趋势，特别是在互联网环境下，其更成为法院审理商标侵权案件所经常适用的理论。因此，虽然整体来讲，现阶段我国对于初始兴趣混淆理论的适用仍存在争议，但是网络环境的特殊性决定了有其适用的优先条件，至少在该领域内值得尝试。

五、结　语

网络环境下的商业标识侵权问题涉及商标法与反不正当竞争法，对于侵权以及不正当竞争行为的规制也需要二法共同作用才能达到预想效果。不同于传统侵权以及不正当竞争，网络环境下的类似行为具有前者所不具备的特征、样态，对于这些行为的规制也理应建立在对其特征、样态完全认识的基础上而展开。此外，网络环境下的特殊性决定了初始兴趣混淆理论的适用优势，无论在司法实践还是理论研究中都有必要进一步深入探讨，如此对于规制网络环境下的商业标识侵权以及不正当竞争将大有裨益。还要提到的是，要注意区分商业标识在网络环境下的侵权和合理使用问题，努力寻求以网络环境所代表的技术创新与法律规范为代表的秩序稳定之间的平衡、协调状态。

---

❶ 北京市第一中级人民法院（2010）一中民终字第 2779 号民事判决书。转引自刘敏. 论"初始兴趣混淆"原则在中国司法中的适用 [J]. 法律适用，2014（4）.

论委托创作合同的性质*

——兼论《著作权法》第十七条的修改

《中华人民共和国著作权法》（以下简称《著作权法》）第十七条规定："受委托创作的作品，著作权的归属由委托人和受托人通过合同约定。合同未作明确约定或者没有订立合同的，著作权属于受托人。"在我国知识产权法理论和实践中一般将该条文规定的作品称为"委托作品"❶，其所依据的合同称为"委托创作合同"❷。而在 2017 年的《中华人民共和国民法典知识产权编》学者建议稿（以下简称《学者建议稿》）第二十一条规定："因履行定作合同而形成的知识，定作人可与承揽人约定知识产权的归属；没有约定的，知识产权属于承揽人。"❸ 在该条的立法理由中写到："在我国《著作权法》第十七条与《专利法》第八条规定中，似把此类合同定性为委托合同，学界也通常把相应产生的成果称为'委托作品'或'委托发明'。严格说来，此种定性并不恰当。"❹ 从而就现行《著作权法》对委托创作合同的定性提出了疑问。关于委托创作合同的性质，理论及实务界一直颇多争议。因此，本文将主要围绕委托创作合同的性质问题展开研究，就委托创作合同的定性提出本文的观点，并结合委托创作合同的性质就《著作权法》第十七条的修改提出建议。

一、委托创作合同的性质争议

目前，在理论和实务界，关于委托创作合同性质主要有四种观点，本文将其归纳为委托合同说、承揽合同说、委托或承揽合同说和无名合同说，下

---

* 撰写论文时作者为中国人民大学学生，本文获 2017 年度隆天知识产权优秀论文奖。

❶ 有时也被称为"委托创作作品"或者"定作作品"。

❷ 有时也被称为"委托作品合同"。

❸❹《中华人民共和国民法典知识产权编》学者建议稿（上），载搜狐网 http://www.sohu.com/a/192253207_744164，最后访问时间：2017 年 10 月 20 日。

面分述之。❶

（一）委托合同说

第一种观点认为，委托创作合同属于《合同法》第三百九十六条规定的委托合同。❷ 例如，金勇军教授认为，《著作权法》第十七条是涉及委托合同的条款，这里的"委托"即《合同法》第二十一章规定的委托合同关系。❸ 在司法实践中，部分法院采纳了这一观点。❹ 例如，在尹剑平等诉北京天音丽音文化艺术有限公司委托创作纠纷案中，法院认为双方签订的委托创作合同属于委托合同。❺ 主张委托合同说的理由主要有二：一是委托创作合同符合委托合同的特征。受委托创作的行为可以被解释为一种受托处理事务的行为，符合委托合同的标的❻。二是从法律解释学的角度，依照法律用语的统一性，原则上委托作品及委托创作合同中的"委托"与委托合同的"委托"应作相同的解释❼。故该说将委托创作合同归入委托合同的范畴。

（二）承揽合同说

第二种观点认为，委托创作合同属于民法上的承揽合同。❽ 例如，刘春田

---

❶　本文中的"委托人"和"受托人"，若是指称委托创作合同的双方，并不等同于委托合同中的"委托人"和"受托人"，只是为了和委托创作合同的称呼保持一致，特此指出，望读者注意。

❷　参见金勇军. 知识产权法原理［M］. 北京：中国政法大学出版社，2002：289. 裴桂华. 委托创作作品的质量判定标准［J］. 人民司法·案例，2009（4）：94-96.

❸　参见金勇军. 知识产权法原理［M］. 北京：中国政法大学出版社，2002：289.

❹　参见最高人民法院（2013）民申字第2353号民事裁定书、重庆市第五中级人民法院（2013）渝五中法民初字第610号民事判决书、广东省深圳市福田区人民法院（2011）深福法知民初字第490号民事判决书、北京市东城区人民法院（2008）东民初字第370号民事判决书、北京市东城区人民法院（2007）东民初字第7393号民事判决书、北京市第一中级人民法院（2005）一中民初字第2093号民事判决书。

❺　该判决书写道："被告接受二原告委托，为其文字作品谱曲，安排歌手演唱、配乐、录音合成等，属于受托处理委托人事务，故双方签订的合同属于委托合同。"参见北京市东城区人民法院（2008）东民初字第370号民事判决书。

❻　参见北京市东城区人民法院（2008）东民初字第370号民事判决书。

❼　参见叶青. 论我国《著作权法》中的委托作品［D］. 上海：华东政法学院，2002：10.

❽　参见刘春田. 知识产权法［M］. 北京：中国人民大学出版社，2014：95. 王迁. 知识产权法教程［M］. 北京：中国人民大学出版社，2016：172. 李琛. 知识产权法关键词［M］. 北京：法律出版社，2006：84. 陈锦川. 著作权审判：原理解读与实务指导［M］. 北京：法律出版社，2014：66. 迪茨. 著作权问答［G］//高琳，何育红，高思，译. 郑成思. 知识产权研究（第4卷）. 北京：中国方正出版社，1997：11. 易健雄. 论作品创作委托人的单方解约权［J］. 法学杂志，2009（6）：65-67. 张以标. 对我国约定不明委托作品著作权归属的反思——一种合同法的视角［J］. 青海社会科学，2014（3）：80-82. 叶青. 论我国《著作权法》中的委托作品［D］. 上海：华东政法学院，2002：9-12. 王伟. 论委托作品［D］. 北京：中国政法大学，2009：12. 陆映青. 委托作品著作人身权归属探析［D］. 上海：华东政法大学，2010：4-6.

教授认为，在委托创作合同关系中，一方当事人向另一方当事人提供的不是劳务，而是特定的作品（工作成果），这反映了承揽合同的性质。❶ 在司法实践中，也有法院采纳了这一观点。❷ 例如，在李行健诉王成利等委托创作合同纠纷案中，法院认为委托创作合同更具有承揽合同的性质。❸ 主张承揽合同说的主要理由是，委托创作合同的标的并非处理事务，而是完成并提供工作成果即作品，因此从本质上更符合承揽合同的特征。此外，也有学者认为，委托创作合同通常涉及成果验收问题❹，委托创作合同基于委托人对受托人技巧或技能的认可和信任❺，委托创作合同是有偿合同❻，这些也均符合承揽合同的特征，故将委托创作合同归入承揽合同更为合理。❼

（三）委托或承揽合同说

第三种观点认为，委托创作合同属于委托合同或承揽合同。这一观点出自国家版权局的一则答复，其在 1999 年《关于〈快乐大本营〉一案给长沙市开福区人民法院的答复》中称：“委托作品……即在民法的委托或者承揽关系

---

❶ 参见刘春田. 知识产权法［M］. 北京：中国人民大学出版社，2014：95.

❷ 参见疆维吾尔自治区高级人民法院伊犁哈萨克自治州分院（2016）新 60 民终字第 578 号民事判决书、北京市东城区人民法院（2015）东民（知）初字第 6218 号民事判决书、山东省青岛市黄岛区人民法院（2015）黄知民辖初字第 11 号民事裁定书、陕西省高级人民法院（2015）陕民二终字第 140 号民事判决书、湖北省武汉市中级人民法院（2015）鄂武汉中知重字第 2 号民事判决书、广西壮族自治区贺州市中级人民法院（2014）贺民三初字第 33 号民事判决书、广东省深圳市宝安区人民法院（2012）深宝法民二初字第 473 号民事判决书、北京市高级人民法院（2012）高民终字第 34 号民事判决书、北京市第一中级人民法院（2010）一中民初字第 5312 号民事判决书、北京市石景山区人民法院（2010）石民初字第 05701 号民事判决书、广东省深圳市中级人民法院（2010）深中法民四终字第 234 号民事判决书、北京市海淀区人民法院（2007）海民初字第 18296 号民事判决书。

❸ 该判决书写道：“在委托创作关系中，受托人向委托人提供的是符合约定的标准的成果，即特定的文学或艺术作品，因此委托创作合同关系在性质上更具承揽合同的性质。”参见北京市东城区人民法院（2015）东民（知）初字第 6218 号民事判决书。

❹ 参见易健雄. 论作品创作委托人的单方解约权［J］. 法学杂志，2009（6）：66.

❺ 参见张以标. 对我国约定不明委托作品著作权归属的反思——一种合同法的视角［J］. 青海社会科学，2014（3）：81.

❻ 参见易健雄. 论作品创作委托人的单方解约权［J］. 法学杂志，2009（6）：66. 张以标. 对我国约定不明委托作品著作权归属的反思——一种合同法的视角［J］. 青海社会科学，2014（3）：81. 王伟. 论委托作品［D］. 北京：中国政法大学，2009：12.

❼ 另有一种观点认为，委托创作合同属于无名合同，但是其与承揽合同具有类似性，因此根据《合同法》第一百二十四条类推适用承揽合同的规定。这种观点虽然不承认委托创作合同是承揽合同的一种，但是强调其与承揽合同最为类似，在法律适用的后果上与承揽合同说并无二致。因此本文也将其算作承揽合同说的一种。参见张鹏. 如何在司法实践中认定委托创作合同［N］. 中国知识产权报，2011-01-19（9）. 张鹏. 委托创作合同的性质及作品检验义务［N］. 人民法院报，2011-09-14（7）. 案例参见重庆市第五中级人民法院（2014）渝五中法民初字第 650 号民事判决书。

下创作的作品。"❶ 不过，该答复并未给出该观点的理由。另外，本文也尚未发现有法院在审判中采纳了这一观点。

（四）无名合同说

第四种观点认为，委托创作合同是一种无名合同，且不适用委托合同或承揽合同的有关规定。❷ 例如，周详教授认为，委托创作合同与委托合同及承揽合同都是性质不同的合同，《合同法》分则不适用于委托创作合同。❸ 在司法实践中，有的法院在判决中认定委托创作合同不属于《合同法》分则中的委托合同或承揽合同。❹ 例如，在王钟与北京幻想纵横网络技术有限公司等著作权合同纠纷案中，法院认为当事人之间形成委托创作合同关系而非委托合同关系。❺ 在上海某某企业形象设计有限公司诉上海某某线缆有限公司著作权权属、侵权纠纷案中，法院则认为委托创作合同也不能适用承揽合同的有关规定。❻ 主张无名合同说的理由有两方面：一是与委托合同相比，委托创作合同的标的是完成作品创作，而非为他人处理事务；二是与承揽合同相比，委

---

❶ 国家版权局. 关于《快乐大本营》一案给长沙市开福区人民法院的答复［G］//国家版权局办公室. 中国著作权实用手册. 北京：中国书籍出版社，2000：604.

❷ 参见李顺德，周详. 中华人民共和国著作权法修改导读［M］. 北京：知识产权出版社，2002：102. 周详. 论委托作品合同［G］//郑成思. 知识产权文丛（第9卷）. 北京：中国方正出版社，2003：220-221. 罗向京. 委托创作合同：名与实的困惑——以司法判决例为样本的分析［J］. 长白学刊，2008（6）：55-59. 诸葛语丹. 委托创作著作权侵权民事责任研究［D］. 南宁：广西师范大学，2011：4-5.

❸ 参见周详. 论委托作品合同［G］//郑成思. 知识产权文丛（第9卷）. 北京：中国方正出版社，2003：220-221.

❹ 判定委托创作合同不属于委托合同的案例，参见上海市浦东新区人民法院（2010）浦民三（知）初字第424号民事判决书、广东省珠海市中级人民法院（2014）珠中法民二终字第6号民事判决书；判定委托创作合同不属于承揽合同的案例，参见上海市高级人民法院（2001）沪高知终字第52号民事裁定书、上海市第一中级人民法院（2002）沪一中民四（商）终字第346号民事裁定书、北京市第二中级人民法院（2009）二中民终字第3260号民事判决书、上海市浦东新区人民法院（2010）浦民三（知）初字第798号民事判决书、江苏省无锡市中级人民法院（2016）苏02民终字第755号民事判决书。

❺ 该判决书写道："本案系著作权合同纠纷，文学作品的委托创作协议不同于合同法中委托合同，合同法中的委托合同……其合同目的是为他人处理事务，委托合同订立后，受托人在委托的权限内所实施的行为，等同于委托人自己的行为。而委托创作协议的文学作品必须依赖于作者的创造性智力劳动，即使委托人有思想、观点的要求，也只是受托人创作的限定范围，并不能取代受托人的智力创造。因此两者在性质、内容及法律适用上显然是不同的……"参见上海市浦东新区人民法院（2010）浦民三（知）初字第424号民事判决书。

❻ 该判决书写道："承揽合同与委托创作合同在交付的工作成果上存在显著差异。承揽合同的标的物是有形物，其上存在的是物权，物权归属定作人；委托创作合同的标的物是无形的智力成果，其上存在的是著作权，著作权的归属依双方约定，无约定或约定不明的则归属受托人。"参见上海市浦东新区人民法院（2010）浦民三（知）初字第798号民事判决书。

托创作合同的工作成果是作品，而非有形的物或者无形的服务。另外，两者有关工作成果归属的规定也有所不同，故委托创作合同是一种不同于委托合同和承揽合同的无名合同。❶

（五）争议归纳

通过整理上述观点可以看出，委托创作合同性质的争议主要有 3 种可能的选择：委托合同、承揽合同和无名合同（不适用委托合同及承揽合同的规定）。而争议的分歧主要集中在两个问题：第一，委托创作合同的标的究竟是处理事务，还是完成并提供工作成果？第二，承揽合同的工作成果是否包括作品？下文将主要针对这两个问题进行讨论，并就委托创作合同的性质提出本文的观点。

二、委托创作合同的性质辨析

（一）委托创作合同的标的

委托创作合同性质争议的第一个问题，就是委托创作合同的标的就是处理事务还是完成并提供工作成果。这是委托合同说与承揽合同说及无名合同说的主要分歧所在。❷ 委托创作合同的标的，即委托创作合同的给付，是指委托创作合同债务人应为的特定行为。❸ 根据民法理论，合同法分则的有名合同，是以给付的种类为标准划分的。❹ 据此，有名合同间的本质区别在于给付也即合同的标的不同，要确定某一具体合同属于何种有名合同，关键在明确该合同的标的的性质为何。故判断委托创作合同的性质，关键亦在确定委托创作合同的标的性质。

一般认为，委托创作合同的标的是按照受托人的要求完成作品创作的行

---

❶ 另一种观点认为，委托创作合同不同于委托合同及承揽合同，但在极少数场合与承揽合同发生部分重合（如广告制作的承揽合同）。这种观点的主张和理由与无名合同说的差别不大，故也纳入无名合同说的范畴，不再单独列出。参见郑成思. 对 21 世纪知识产权研究的展望 [J]. 中国社会科学院研究生院学报，1999（5）：41.

❷ 无名合同说与承揽合同说都承认委托创作合同的标的是完成并提供工作成果，但在承揽合同的工作成果是否包括作品上存在分歧。故在此部分不着重强调无名合同说与承揽合同说的区别，于下文再详细论述两者的不同。

❸ 传统民法理论认为，债之标的为债务人的给付，故合同的标的亦是给付。参见梅仲协. 民法要义 [M]. 北京：中国政法大学出版社，1998：204. 史尚宽. 债法总论 [M]. 北京：中国政法大学出版社，2000：231. 王利明. 民法 [M]. 北京：中国人民大学出版社，2010：305.

❹ 梅迪库斯将该标准称为"所约定的给付的种类"，张俊浩称为"给付标的的性质"，王利明则称为"给付标的的不同"，参见迪特尔·梅迪库斯. 德国债法分论 [M]. 北京：法律出版社，2007：5. 张俊浩. 民法学原理 [M]. 北京：中国政法大学出版社，1997：644. 王利明. 合同法研究（第三卷）[M]. 北京：中国人民大学出版社，2015：9.

为。然而，仅依据文义解释，这种行为既可以被认为是一种完成并提供工作成果的行为，也可以被解释成是一种处理事务的行为，正如梅仲协所言："依一般生活上之经验……劳作之实施，足以完成某种事功者，均得称为处理事务。"❶ 语言的多义性使得单纯的文义解释并不能解决委托创作合同标的性质的困惑，故仍须结合体系及目的因素对委托创作合同的标的加以考察。

根据民法理论，合同法分则的体系基本上是按照合同标的的种类展开的。对合同法分则中有名合同的具体分类，存在不同的学说❷。但无论学说对有名合同的分类多么细致，基本上都可以纳入财产权的移转和服务提供两分法的框架中。承揽合同和委托合同均属于服务提供型合同。委托创作合同的标的是按照委托人要求完成作品创作的行为，强调的是提供服务而非财产权（著作权）的移转❸，故亦属于服务提供型合同。在服务提供型合同中，又可以进一步分为完成工作的合同和提供服务的合同。❹ 两者的区别在于，完成工作的合同"一方当事人不仅要提供服务，而且该服务必须体现为一定的成果"❺，而提供服务的合同仅需提供服务，而不需保证取得一定的成果。换言之，完成工作的合同给付的是"以特定工作成果表现的特定工作"❻，而提供服务的合同给付的就是劳务。以合同的目的观之，承揽合同重结果，以取得特定的工作成果为目的；委托合同重过程，以处理事务为目的，不以取得一定成果为要件。❼ 因此，承揽合同属于完成工作的合同，委托合同属于提供服务的合同。在常见的委托创作合同关系中，受托人除了付出一定的劳务，还必须提交符合约定要求的作品，否则不能获得委托人的对待给付。可见，仅付出劳务不足以实现合同目的，而完成特定的工作成果才是委托创作合同的根本目

---

❶ 梅仲协. 民法要义［M］. 北京：中国政法大学出版社，1998：411.

❷ 例如，张俊浩将合同分为移转标的物所有权的合同、移转标的物用益权的合同、完成工作的合同、给予信用的合同、提供服务的合同、劳动合同与雇佣合同、承包经营合同、移转智慧成果的合同、合伙合同、保险合同，韩世远认为立法者实际是采纳了财产权让与型合同、财产权利用型合同、服务提供型合同的分类，王利明按照给付标的将合同类型分为财产权的移转和服务提供两大类，再将移转财产权的合同分为移转财产所有权的合同和移转财产使用权的合同两大类，将服务提供的合同分为完成一定工作的合同和提供一定服务的合同两大类。参见张俊浩. 民法学原理［M］. 北京：中国政法大学出版社，1997：9-11. 韩世远. 合同法学［M］. 北京：高等教育出版社，2010：21. 王利明. 合同法研究（第三卷）［M］. 北京：中国人民大学出版社，2015：13-14.

❸ 虽然委托创作合同中委托人可以在委托创作的特定目的范围内使用作品甚至取得作品的著作权，也存在着财产权的利用或财产使用权的移转，但是合同最主要的内容还是受托人提供的按要求创作作品的服务，这也是委托创作合同与著作权许可合同、著作权转让合同最根本的区别所在。

❹ 参见王利明. 合同法研究（第三卷）［M］. 北京：中国人民大学出版社，2015：13-14.

❺ 王利明. 合同法研究（第三卷）［M］. 北京：中国人民大学出版社，2015：14.

❻ 张俊浩. 民法学原理［M］. 北京：中国政法大学出版社，1997：711.

❼ 参见韩世远. 合同法学［M］. 北京：高等教育出版社，2010：483.

的。因此，委托创作合同的标的是完成并提供工作成果，委托创作合同属于完成工作的合同，从本质特征看更接近承揽合同而非委托合同。

借助体系解释和目的解释可以得出，从本质特征看，委托创作合同更接近承揽合同。除本质特征外，委托创作合同表现出来的其他特征，亦可佐证委托创作合同的性质更接近承揽合同而非委托合同。首先，委托创作合同关系中经常涉及成果验收的问题❶，亦即接受工作成果的一方对成果有特别指定，符合承揽合同的特征❷。其次，委托创作合同基于委托人对受托人技巧或技能的认可和信任❸，也即委托人对受托人有特殊要求，受托人须具备相应的人力、技术、设备和完成工作的能力和资格，这也是承揽合同的特征之一❹。再次，委托创作合同的受托人一般以自己的名义和费用按照委托人的要求完成一定工作，并独自承担工作中的意外风险，符合承揽合同的特征，而委托合同中的受托人一般是以委托人的名义和费用处理一定的事务，受托人并不承担任务中的风险。❺

（二）承揽合同工作成果的范围

根据对委托创作合同标的的分析，委托创作合同与承揽合同更为相似。然而，主张无名合同说的观点认为，委托创作合同相比承揽合同仍具有特殊性，其主要区别在于，承揽合同的工作成果是有体物或服务，而委托创作合同的工作成果则是无体的作品，承揽合同的有关规定只适用于工作成果为有体物或服务的情形，而不适用于委托创作合同。可见，主张承揽合同说和无名合同说的主要分歧，就在于承揽合同的工作成果是否应当包括作品。本文认为，承揽合同的工作成果应当包括作品，笔者将在下文分析，无名合同说所主张的主要理由并不成立，而主张承揽合同说在理论和实践方面都更有意义。

首先，主张承揽合同的工作成果不包括作品，是基于一种对承揽合同规

---

❶ 参见易健雄. 论作品创作委托人的单方解约权［J］. 法学杂志，2009（6）：66.

❷ 参见张俊浩. 民法学原理［M］. 北京：中国政法大学出版社，1997：712. 也有教科书称该特征为"定作物的特定性"或"标的物的特定性"，参见崔建远. 合同法［M］. 北京：法律出版社，2010：443. 马俊驹，余延满. 民法原论［M］. 北京：法律出版社，2007：687，688.

❸ 参见张以标. 对我国约定不明委托作品著作权归属的反思——一种合同法的视角［J］. 青海社会科学，2014（3）：81.

❹ 参见张俊浩. 民法学原理［M］. 北京：中国政法大学出版社，1997：712. 崔建远. 合同法［M］. 北京：法律出版社，2010：445. 马俊驹，余延满. 民法原论［M］. 北京：法律出版社，2007：687，688.

❺ 参见王伟. 论委托作品［D］. 北京：中国政法大学，2009：12. 王利明. 民法［M］. 北京：中国人民大学出版社，2010：449.

范目的的法意解释。这种观点认为："从《合同法》的规定看，承揽合同的规范是为满足特定的'工业'需要设计的，承揽标的以有形物为前提，如交付工作物、验收义务、留置权规定，无不预设以有形物为对象。"❶ 若追溯承揽合同之起源，能在一定程度上印证这一观点。历史上首次将承揽合同作为独立的有名合同规定的是《德国民法典》。❷ 有学者指出，"德国民法制定当时，系以手工业者对物的生产、加工与改造，如木工、缝制或修改衣服，为承揽规范的主要对象"❸，而无体的文学艺术科学作品"无论如何，并非民法制定当时，立法者所设想的典型承揽的案型"❹。我国的民事立法和民法理论深受大陆法系民法尤其受德国民法影响❺，若将立法意图的考察延伸至德国民法建立承揽合同制度时，认为根据立法本意承揽合同的工作成果不应包括作品，似有一定道理。

然而，这一观点实有可商榷之处。其一，德国民法理论已承认，承揽合同的工作成果可以包括作品。《德国民法典》第六百三十一条第二款规定："承揽合同的标的，既可以是某物的制作或变更，也可以是其他由劳务或劳务给付引起的结果。"❻ 学者魏尔斯对该条款所述的承揽合同的标的做了较为常见的区分，其中包括手工业工作（如摄影工作或者开锁服务）、脑力劳动（如鉴定、规划、翻译、市场调研、艺术演出及活动、电脑程序）等❼，这些标的中很多都属于作品的创作。其二，根据德国民法制定时以有体物为承揽规范的主要对象，不能直接推论中国合同法制定时有着相同的立法目的。德国民法与中国合同法立法相隔百年，德国民法制定之初，尚处工业时代，对物的承揽尤其是动产的承揽是现实中最常见和最重要的形态，因此承揽合同的规则制定主要以此形态的承揽为基础。而中国合同法制定时，与德国民法制定时的情境已大不相同，为他人创作作品已成现实中的常态，立法者须对此类情形的规制有所考虑，将其纳入承揽合同的范围亦不无可能。其三，从立法参与者的观点及理论通说看，我国《合同法》有关承揽合同的规定应当是将作品创作纳入了规范范围。根据人大法工委相关专家编写的《中华人民共和

❶ 罗向京. 委托创作合同：名与实的困惑——以司法判决例为样本的分析 [J]. 长白学刊, 2008 (6)：57.

❷ 参见崔建远. 合同法 [M]. 北京：法律出版社, 2010：443.

❸❹ 陈自强. 民法讲义Ⅱ——契约之内容与消灭 [M]. 北京：法律出版社, 2004：176.

❺ 新中国成立前的民法制定着重参考德国、日本和瑞士的经验，新中国成立后的民法制定受到苏俄民法的影响，但由于苏俄民法本身乃是参考德国民法典制定的，决定了新中国的民事立法和民法理论仍旧与德国民法相通。参见梁慧星. 民法总论 [M]. 北京：法律出版社, 2011：19-20.

❻ 陈卫佐. 德国民法典 [M]. 北京：法律出版社, 2010：236-237.

❼ 参见迪特尔·梅迪库斯. 德国债法分论 [M]. 北京：法律出版社, 2007：283-284.

国合同法释义》，翻译名著、拍摄人像、广告制作之类的智力劳动均可成为承揽合同的标的。❶ 学界通说亦认为："承揽中的工作……也可以是无体之精神创作，但是得借有体物予以形体化者，例如软件设计、广告设计、美术艺术创作或鉴定报告……"❷

其次，主张承揽合同的工作成果不包括作品，还基于一种逻辑前提，即有体物和作品间的差别会导致受委托创作作品的情形不能适用承揽合同的许多规则。例如，有观点认为："它（指委托创作合同）的特殊性，首先是标的的与众不同；其次，这不同的标的又引起具体规则的困惑……"❸ 这些具体规则的困惑包括：承揽合同的定义中明定"交付工作成果"，而"交付"为有固定内涵的法律用语，是否适用于无体的工作成果，似有推敲的余地；❹ 承揽合同中的工作成果往往属于定作人，而委托创作合同可以约定作品著作权的归属，约定不明时著作权归受托人（相当于承揽合同中的承揽人）；若定作人未向承揽人支付报酬，承揽人对完成的工作成果享有留置权，而留置权是以动产为对象，是否可以作品为对象，实属疑问。

然而，这一见解亦是站不住脚的。首先，这些具体规则困惑的产生并非源自给付标的物的特殊性，而是有着一定的历史原因。正如上文提到的，承揽合同制度产生之初，对物的承揽尤其是动产的承揽是现实中最常见和最重要的形态，因此承揽合同的规则制定主要以此形态的承揽为基础，在法律用语和规则设计上有着明显的痕迹。例如，"交付"一词，在严格的法律意义上仅指动产物权变动的公示方法；留置权规则，也明显是针对动产而设计的。但是，随着社会变迁，其他形态的承揽开始跃居重要地位，理论和实践也承认承揽合同的规则适用于非以动产为对象的承揽形态（如不动产承揽、服务承揽），并不因给付标的物的特殊性而限制承揽合同的适用范围。若是以"交付"等法律用语、成果归属和留置权等具体规则来论证承揽合同规则不适用于给付标的物为作品的情形，那么也能以同样的理由质疑承揽合同规则在不动产承揽、服务承揽中的可适用性，这样的结论显然不符合理论通说和实践现状。其次，即使这些法律用语和规则设计并不适合受委托创作作品的情形，大多数承揽合同的规则仍可以在委托创作合同中适用。《合同法》分则"承揽合同"一章规定的承揽合同的内容、绝大部分承揽人和定作人的义务、承揽

---

❶ 胡康生. 中华人民共和国合同法释义［M］. 北京：法律出版社，1999：372.

❷ 韩世远. 合同法学［M］. 北京：高等教育出版社，2010：482.

❸ 罗向京. 委托创作合同：名与实的困惑——以司法判决例为样本的分析［J］. 长白学刊，2008（6）：57.

❹ 参见韩世远. 合同法学［M］. 北京：高等教育出版社，2010：482.

人的中途变更及任意解除的权利，在委托创作合同的情形下基本都可以直接适用。再次，那些被认为不适用于委托创作合同的法律用语和具体规则，经过变通和解释，也可以适用或类推适用于委托创作合同的情形。例如，根据法律概念的相对性❶，可将承揽合同中"交付"的含义作更广义的理解，不限于动产物权变动的公示方法，或者将委托创作合同中"交付"对象，解释为附有作品的物质载体。比如，合同未约定时委托创作作品的归属规定，亦可类比承揽人仅以自己的材料制成动产的情形，此时理论上动产所有权先归承揽人取得❷，与受托人（相当于承揽合同中的承揽人）取得作品著作权的规定具有类似性。再如，承揽合同中的留置权规则，也有可能适用于委托创作合同的情形，如果作品所附的物质载体的所有权属于定作人，那么受托人便可以行使该权利，留置该物质载体。

强调作品相对于有体物的特殊性，进而认为委托创作合同相对于承揽合同具有特殊性，其实是低估了承揽合同所具有的包容力❸，低估了传统民法理论的抽象程度和统率力。"当出现新的问题时，学者们首先要做的是用旧的理论去解释新的现象，解决新的问题。只有当旧理论无法解释这些现象的时候，才设法采用一个更新的理论基础来解释它。"❹当委托创作合同的定性问题出现时，我们首先应当考虑在既有合同法分则体系中去寻找其合适的位置，如果存在既有的合同类型可以基本包容委托创作合同，就没有必要过分强调委托创作合同的特殊性，使之成为一个独立的类型。显然，无名合同说的持有人过分关注委托创作合同表面上的、极少的特殊性，却对其与承揽合同在本质上的、诸多方面的相符性视而不见。这种忽视理论一般性、强调虚假特殊性的思维，是一种缺乏体系化的思维，在方法论上是存在问题的。而承认承揽合同可以包容委托创作合同，借助传统民法理论去认识和解决委托创作合同的新问题，具有更深远的方法论上的意义，对民法及著作权法理论的建构和发展更加有利。

此外，通过理论上承认委托创作合同属于承揽合同，从而允许委托创作合同适用承揽合同的规定，具有极为重要的实践意义。目前，有关委托创作合同的具体规定非常少，几乎只有《著作权法》第十七条规定及相关的司法解释。实务中处理委托创作合同纠纷，经常适用《合同法》总则的一般规定，

---

❶ 王泽鉴. 民法思维：请求权基础理论体系 [M]. 北京：北京大学出版社，2009：174.
❷ 参见韩世远. 合同法学 [M]. 北京：高等教育出版社，2010：489.
❸ 易健雄. 论作品创作委托人的单方解约权 [J]. 法学杂志，2009（6）：66.
❹ 姚欢庆. 知识产权上民法理论之运用 [J]. 浙江社会科学，1999（3）：87.

但是这些规定往往比较原则性，需要加以具体化，而且委托创作合同纠纷中也存在着特殊、具体的问题，使得《合同法》总则的规定不足以应对复杂的实践。在针对委托创作合同建立起完善的特别规则之前，"裁判者最佳的解决途径就是在体系中寻找亦有的规则或原则，用类比或演绎的方式得出解决方案"❶。因此，解决委托创作合同纠纷过程中，法官可以通过认定委托创作合同与承揽合同的隶属关系，直接适用《合同法》分则中承揽合同的有关规定。即使在理论上不认同委托创作合同属于承揽合同，但为了方便司法实践、解决委托创作合同纠纷，也应当通过认定委托创作合同与承揽合同的相似性，类推适用承揽合同的有关规定。❷ 事实上，已经有法院利用这一点来有效地解决实践中出现的委托创作合同纠纷问题。例如，在委托创作合同的履行过程中，委托人出于自身原因或客观情事变化，可能不再需要合同约定的工作成果，这时候法院可以适用《合同法》第二百六十八条，赋予委托人以承揽合同中定作人的单方解除权，从而避免委托人被拘束在"法锁"中，造成资源浪费，❸ 在陈廷一与孙午良委托创作合同纠纷案中，一审、二审法院正是利用这种方法，使委托创作合同中的委托人从合同义务中解放出来。❹ 正如有学者所说，相比知识产权法，民法的历史悠久，有着比较成熟与完整的概念体系，其中大量的规则与原则都是对民事法律关系的抽象与总结。❺ 与其忽视民法的成熟经验，另寻他法，不如充分利用这些丰富的资源，为解决所谓的知识产权法"新问题"提供思路，这才是司法实践中最为明智的选择。

综上所述，本文认为，委托创作合同的性质是承揽合同，而且是承揽合同中的定作合同。处理委托创作合同纠纷时，可以适用《合同法》分则有关承揽合同的规定。

三、《著作权法》第十七条的修改

《学者建议稿》已经直面委托创作合同的性质问题，并且在立法理由中就

---

❶ 李琛. 从知识产权司法需求论我国民法典的编纂［J］. 法律适用，2016（12）：17.

❷ 参见张鹏. 如何在司法实践中认定委托创作合同［N］. 中国知识产权报，2011-01-19（9）. 张鹏. 委托创作合同的性质及作品检验义务［N］. 人民法院报，2011-09-14（7）. 案例参见重庆市第五中级人民法院（2014）渝五中法民初字第650号民事判决书。

❸ 参见易健雄. 论作品创作委托人的单方解约权［J］. 法学杂志，2009（6）：67.

❹ 该案后来由最高人民法院再审，错误地认定委托创作合同的性质为委托合同，但仍认可了委托人的任意解除权。虽然最终效果相同，但最高院对合同性质的认识是错误的。参见北京市第一中级人民法院（2010）一中民初字第5312号民事判决书、北京市高级人民法院（2012）高民终字第34号、最高人民法院（2013）民申字第2353号民事判决书。

❺ 李琛. 从知识产权司法需求论我国民法典的编纂［J］. 法律适用，2016（12）：17.

该问题表达了与本文相同的观点："按照《合同法》相应规定，委托合同是委托人和受托人约定，由受托人处理委托人事务的合同；承揽合同是承揽人按照定作人的要求完成工作，交付工作成果，定作人给付报酬的合同。相比较而言，上述合同应更近于承揽合同。按照《合同法》规定，承揽包括了加工、定作、修理等情形。而从此类合同的内容来看，可具体定性为定作合同，而相应产生的知识成果可称为'定作成果'，或者分别称为'定作作品''定作发明'等。"可见，就委托创作合同的性质问题，学界正在初步形成共识，并希望借助民法典编纂的机会，对该问题做出澄清。然而，在 2014 年的《中华人民共和国著作权法（修订草案送审稿）》（以下简称《著作权法送审稿》）中，仅仅对《著作权法》第十七条进行了较小的修改，主要是将司法解释中的部分规定纳入法律之中。❶ 从党的十八届四中全会提出民法典编纂以来，知识产权法学界的主流一直呼吁在民法典中设立知识产权编，并努力付诸实践，提出了《学者建议稿》。如果将来果真以《学者建议稿》为框架在民法典中设立知识产权编，则《著作权法》的修改必然要与民法典中的规定相协调；即便未能设立知识产权编，《学者建议稿》也体现了目前知识产权法学界的最新思考，也理应体现在《著作权法》的修改当中。因此，应当重新思考《著作权法》第十七条的修改，强调委托创作合同的承揽合同（定作合同）性质，从而指引委托创作合同实践中的法律适用。

　　另外，作为一种承揽合同（定作合同），委托创作合同也应当遵循合同法的基本原则，除非有足够充分且正当的理由，不应有违背基本原则的特殊规定。有学者指出，《著作权法》关于约定不明委托作品的归属规定有违合同法的意思自治原则。❷《著作权法》第十七条规定，受委托创作的作品"合同未作明确约定或者没有订立合同的，著作权属于受托人"。然而，按照《合同法》总则中的规定，若合同内容没有约定或者约定不明确，应当先由当事人补充协议，不能达成补充协议的，才按照合同有关条款或者交易习惯确定。❸ 而现行《著作权法》的规定，可能导致被解释为合同当事人不能有

---

❶　《著作权法送审稿》第二十一条规定："受委托创作的作品，其著作权归属由当事人约定。当事人没有约定或者约定不明的，委托作品的著作权由受托人享有，但委托人在约定的使用范围内可以免费使用该作品；当事人没有约定使用范围的，委托人可以在委托创作的特定目的范围内免费使用该作品。"该条第二款的规定，主要是吸纳了《最高人民法院关于审理著作权民事纠纷案件适用法律若干问题的解释》（法释〔2002〕31 号）第十二条的规定。

❷❹　张以标. 对我国约定不明委托作品著作权归属的反思——一种合同法的视角 [J]. 青海社会科学，2014（3）：82.

❸　参见《合同法》第六十一条。

知识产权律师论丛（第3辑）

机会再次协商或同意的补救机会，委托作品的著作权都只能归属于受托人，从而违反合同法的意思自治原则。❹《著作权法送审稿》第二十一条仅规定"当事人没有约定或者约定不明的，委托作品的著作权由受托人享有"，并未明确规定合同当事人补充协议，故仍未解决这一问题。因此，应当做进一步的修改。

因此，结合对委托创作合同性质的分析，本文认为，应当基于《著作权法送审稿》，对《著作权法》第十七条做进一步的修改。本文建议将《著作权法》第十七条修改如下：

"因履行定作合同而创作的作品，其著作权归属由当事人约定。当事人没有约定或者约定不明，可以协议补充；不能达成补充协议的，定作作品的著作权由承揽人享有，但定作人在约定的使用范围内可以免费使用该作品；当事人没有约定使用范围的，定作人可以在定作的特定目的范围内免费使用该作品。"

论深层链接的定性与著作权法规制*

林文静

引 言

互联网在技术领域和商业模式的发展对于法律行业的影响不容小觑，大数据时代下深层链接的出现更是冲击着传统的著作权理论与互联网利益分配的格局。对于提供"深层链接"服务的服务商而言，其行为究竟是直接构成信息网络传播行为，还是帮助传播被链接的作品，国内学术界与司法界却始终没有达成一致意见❶。由于链接应当遵守的合理规则在目前法律中尚无明确规定❷，深层链接的定性与评价标准成为学术界争论不休的话题，不同的法院在个案中所持的标准与判决结果也时常大相径庭。

比如在 2016 年的"腾讯诉快看影视"案中，一审的法院就采用"实质性替代标准"，认定被告作为视频聚合平台经营者的相关行为构成侵犯信息网络传播权❸。但在二审的判决结果中，北京知识产权法院又推翻了之前一审的判决结果与思路，转而采用了为较为主流的"服务器标准"，认为被告易联伟达公司的做法既未构成对被上诉人信息网络传播权的直接侵犯，也没有构成共同侵权行为❹。

有鉴于在新闻、音乐、游戏、视频网站以及内容聚合平台等领域都存在深层链接被大量运用的情况，牵涉了用户、著作权人、被链接网站与设链网站等多方的复杂利益，极有可能对被链接网站以及著作权人产生重大的不良影响，因而对其性质形成统一的认定标准，进而明确规制途径，是十分有必

---

* 撰写论文时作者为中国人民大学学生，本文获 2017 年度隆天知识产权优秀论文奖。

❶ 王迁. 网络环境中的著作权保护研究 [M]. 北京：法律出版社，2011：336.

❷ 石必胜. 论链接不替代原则——以下载链接的经济分析为进路 [J]. 科技与法律，2008（5）：62-67.

❸ 海淀法院认为，快看 App 的行为实质打破了原网站、权利人对作品播出范围的控制，改变了作品的目标用户群体和传播范围，违背了权利人对作品进行控制的意志，影响了相关作品的正常使用，实质性损害了独家信息网络传播权人的合法授权分销利益，构成了对信息网路传播权的侵犯。参见（2015）海民（知）初字第 40920 号判决书。

❹ 参见（2016）京 73 民终字第 143 号判决书。

要且有意义的。

一、深层链接的定义与分类

由于各种链接技术新生事物的特征，使得在对它们进行定义时也市场出现表述含糊、定义相左的情况❶，不同的文章中对深层链接表述各异，没有形成统一的定义。在讨论类似问题时，不同学者也时常会采用一些不同的术语（如"加框连接"❷、"下载链接"❸ 等）来讨论实质上大体相同的情形。这样的用语混乱多少影响了对于深层链接及相似链接的研究与讨论，但与本文所想探讨的问题关系不大，在此也就不多加赘述。本文所指称的深层链接，与网页或网站之间的外部链接相对应，是在不发生网页跳转的情况下指向其他网站中具体信息的内部链接。这一定义的关键在于它越过了被链接网站直接向用户提供作品，虽然作品并不储存于设链网站的服务器中，却由于其未脱离设链网站的页面、地址栏，没有跳转至被链接的网站❹，往往会使得用户产生自己获取的作品是由设链网站所提供的这样错误的认识。目前实务中所称深层链接行为并非规范意义上的技术概念。通常情况下，如果链接提供者在引导用户获得被链接内容时，无须进入被链接网站即可获得被链接内容，则该链接行为被称为深层链接行为❺。

结合法律实务中的常见情况与一些学者的归纳，与信息网络传播有关的深层链接大致可以分为以下几类。

1. 对向公众开放的合法作品的深层链接

此类链接是最为一般的深层链接，往往通过爬虫技术等在未经许可的情况下对其他网站中已经向公众提供且没有采取技术措施的文件设置链接，但却能在不脱离设链平台的前提下就实现完全的跳转。通常情况下，设链网站并未得到作品来源网站的授权，实际上分流了源网站的受众、截取了源网站的资源与利益，极有可能会对源网站的广告利益与用户流量产生负面影响。

2. 对未向公众开放作品的深层链接

目前在实践中，存在着大量分散的个人影音网站，通过插件链接至不能

---

❶ 参见王迁. 网络环境中的著作权保护研究 [M]. 北京：法律出版社，2011：336；崔国斌. 加框链接的著作权法规制 [J]. 政治与法律：专论，2014（5）：74-93.

❷ 崔国斌. 加框链接的著作权法规制 [J]. 政治与法律：专论，2014（5）：74-93.

❸ 石必胜. 论链接不替代原则——以下载链接的经济分析为进路 [J]. 科技与法律，2008（5）：62-67.

❹ 孔祥俊. 知识产权法律适用的基本问题 [M]. 北京：法制出版社，2013：403.

❺ 参见（2016）京73民终字第143号判决书。

从公开渠道获取的作品（表演、录音录像制品）并向公众传播。这类链接所指向的作品往往存储于一些海外的服务器中，公众使用常规的搜索方式一般无法接触到❶。这些设链网站通过专业个人网站的建站软件建立具有编辑、集成、推荐、索引、导航等功能，以深层链接的方式通过互联网向公众传播未向公众传播未向公众开放的作品资源库❷。此类情况在实务中较为少见，指向的往往是载有侵权作品的未向公众开放的资源库，而且与时常涉及破坏技术措施的问题。

3. 对向公众开放的侵权作品的深层链接

此类深层链接指向的是本身提供大量侵权作品的网站，有关的案例可以参考2013年国家版权局因百度影音实施信息网络传播权行为对其进行查处的案件。对向公众开放的侵权作品设置深层链接，为被链接网站的直接侵犯信息网络传播权的行为提供链接服务，扩大了侵权作品的传播范围，就有可能在被链接的网站能够被认定为直接侵权的情况下，构成对权利人信息网络传播权的间接侵害❸。比如在2009年的慈文诉网通案中，最高法院从"帮助侵权"的角度，认为即使海南网通的涉案网页仅是链接的第三方网站，也因为其未尽到最低限度的注意义务而应当承担连带责任。

由此可见，对于指向侵权作品的深层链接，无论其是否能够构成信息网络传播行为，都能从侵权责任法上对其进行规制的途径，故而此类深层链接并非本文的重点讨论对象。但仍需一提的是，很多不认为深层链接可以构成直接侵权的人主张通过间接侵权理论来对此类深层链接进行规范，尽管在理论上有可行性，但现实中著作权人想要证实侵权的网站与设链的网站之间存在切实的交易关系则并不容易，更不用说在采用间接侵权规则下想要证明设链站点存在侵权的过错的难度之大❹。

4. 对采取禁链措施作品的深层链接

此种链接也被简称为"盗链"，往往存在于一些视频客户端中，它通过一定的技术手段抓取他人的视听资料地址、占用他人带宽及版权内容，以实现在其控制的终端播放被链接网站中的影音视听文件❺。此种深层链接最大的特征就在于被链接网站对其已经采取了一定的有效技术手段时（如搜狐在网页

❶ 王志豪. 深层链接行为的法律定性研究［D］. 上海：华东政法大学，2016：30-107.

❷ 杨勇. 深度链接的法律规制探究［J］. 中国版权，2015（1）：53-59.

❸ 陈惠珍. 深层链接行为的可归责性分析［J］. 上海审判实践，2011（7）.

❹ R. Anthony Resse. The Public Display Right：The Copyright Act's Negelected Solution to the Controversy over RAM "Copies". 2001 U. Ⅲ. L. Rev. 83, 119-120（2001）.

❺ 吕长军. 视频客户端盗链的侵权模式及法律责任分析［J］. 电子知识产权，2014（5）：86-90.

上作出的相关声明❶禁止他人对其网站内作品进行深层链接），仍然采取了规避防链措施的行为，对被链接网站的作品进行了深度盗链。

近年来，随着整个互联网行业的迅猛发展，以"一站式"服务甚至无广告为优势和特性的聚合平台产生了大量用户群体，这些平台虽然给用户带去了更为方便快捷的体验，但也因为缺乏规范而沦为侵犯版权的重灾区，这些乱象不可避免地引起了学术界、互联网服务提供商以及司法与执法部门的高度重视。关于聚合链接行为的定性与规制，也产生了一些不同的看法，一些学者认为如果设链网站采用了破坏技术措施的手段，造成了被链接网站的商业利益的受损，受害的网站可以依据《反不正当竞争法》追究设链者的责任；而在 2016 年爱奇艺公司诉聚网事公司案中，上海杨浦法院一审法院也是遵循着这样的思路认定"爱奇艺公司和聚网视公司之间确实存在竞争关系，聚网视公司采用技术手段绕开片前广告，直接播放来源于爱奇艺公司的视频的行为构成了不正当竞争"❷。还有一些观点则认为以上行为可以直接视作侵犯了信息网络传播权的行为，比如北京市朝阳区人民法院知识产权庭庭长林子英就指出："聚合平台盗链的关键问题是违背被链接网站的意志，通过技术破解等措施进行深层链接，越过正版网站向用户提供作品。"❸ 即便在设链者自己不上传的情况下，其埋设深层链接的行为也相当于盗取他人上传的资源实施的传播行为，因而可以被认作是对信息网络传播权的侵犯。

当然，上述分类尽管有所差别，也由于这些轻微的差别使得个案中不同法院在面对不同类型的深层链接时会产生不同的思路、得出不同的结论，但深层链接定义的核心（也是其特殊之处）仍然是在于它直接指向各类作品而并未离开设链网页，也往往不以网络地址的原始形式出现，造成不少用户误认为被链接作品是来自设链网站❹，也在实质上产生由深层链接设置者越权控制了自己并不享有权利作品的效果。而本文探讨的重点，也集中于第一种最典型的深层链接——对向公众开放的合法作品的深层链接。也即探讨当该链接所链文件并非侵权作品且被链接网站虽未许可其设链行为也未采取技术措施的情况下，将采取何种判断标准对其进行定性以及进一步如何对其进行

---

❶ 参见搜狐视频网. 关于反盗版和反盗链技术措施权利保护声明［EB/OL］.［2016-04-07］. http://tv.sohu.com/s2016/piracy/index.shtml.

❷ 中国知识产权报. 全国首例视频聚合盗链不正当竞争案尘埃落定［EB/OL］. http://www.cnipr.com/sfsj/zfwq/201605/t20160513_196873.htm.

❸ 人民法院报. 聚合盗链的"罪与罚"［EB/OL］. http://mt.sohu.com/20160905/n467617651.shtml.

❹ See Alain Strowel, Nicolas Ide. Liability with Regard ti Hyperlinks, 24 Columbia-VLA Journal of Law & the Arts 403（2001），p. 407.

规制。

二、严格规制深层链接的必要性

1. 链接的价值与流量利益

在互联网环境下，链接对各方主体都起着至关重要的作用，它打破了时间和空间的间隔，帮助用户在多如牛毛的信息中能够便利地与所需的资源对接。各类设链行为由于其可能引起的利益纠纷，受到了司法实务和理论学术界的重视，应当对深层链接进行一定的规制也得到较多的共识。但是究竟应该采用何种标准对其进行定性，则会影响到规制的范围与权利人受救济的程度，对著作权理论与体系也会产生不同的影响。

互联网中数字技术的迅猛发展和大范围的普及使得作品的传播方式发生了根本改变，作品以数字的形式存在，侵权者仅需极低成本便可实施复制行为，而且作品的传播也不再需要依赖有形的复制品。复制品的占有与否已经不再能对权利人所得利益产生太多影响，因而传统上认定侵权行为的方式也必然要不断改进。因此，在数字环境下，传播行为一方面促使作品的经济利益能够得到更大限度的发挥，另一方面其自身也随着技术的不断演进而被不断赋予更多不同的含义。在这样的背景下，控制传播行为，明确其内涵与外延，对于有效遏制侵权、维护权利人权利、重塑健康的互联网秩序就显得尤为重要。

诚然，社会公众应当享有必要程度的链接自由，但著作权人与被链接网站在作品传播中所应获得的相应回报同样不容忽视。提供正版内容的网站，为了能够完好地存储、传播正版内容，需要花费大量的资金购买服务器和带宽资源。但在目前的互联网行业中，形式各异的深层链接服务提供者通过获取原作品信号的方式，以此生产要素在自己控制之下的页面重新开发并传播，最终实质上以自己的名义呈现了著作权人的作品。以上的行为在进一步提高用户获取信息的便利❶、扩大了作品传播范围的同时劫取了原网页访问量。然而，传播范围的扩大所带来的经济利益并没有分流给被链接网站和著作权人，他们的经济利益还因为被劫取的流量而受到冲击。根据针对国内视频网站的不完全统计，这些运营商每年在运营正版视频的过程中都需要在宽带上付出至少 46.8 亿元的成本。反观视频聚合 App、网盘等深层链接出没的密集区，其所有人却可以通过深层链接等方式轻而易举地得到权利人的正版作品，对

---

❶ 崔国斌. 加框链接的著作权法规制 [J]. 政治与法律：专论，2014（5）：74-93.

正版视频网站的带宽和服务器资源造成了严重的冲击和挤占❶，同时为自己谋取了并不低于将作品至于服务器中的利益。

2. 深层链接之不利影响

从后果来看，设置深层链接的行为在实质上能够起到架空原属于著作权人控制的作品传播范围的效果，对于内容提供商与著作权人的流量利益与广告利益都造成了切实的损害，对于用户产生与访问原内容提供网站几乎一样的效果且容易引起用户的误认，对于设链的网络服务提供商则带来与其实施直接的信息网络提供行为一致的收益。在认定某一行为是否能纳入专有权利的范围时，固然要考虑手段和方式，但效果也是必须给予考虑的关键因素。如果对于该权利所涉及的多方主体所产生的影响几乎都一模一样，仅仅因为技术手段的不同就使得法律上给出不同的对待，结果就会是侵权者轻易地改变自己的技术手段，就可以继续损害权利人的合法权利坐收不当的利益，那么设置信息网络传播权的保护作用必然会打折扣。既然设置深层链接与存储在自己的服务器中再进行上传的行为对于网站能产生几乎一样的收益且不受到著作权法的限制，又可以节省大量的服务器硬盘资源，在技术如此发达的时代，网络服务提供商又何乐而不为呢！就好比著作权中的复制权：在现有的明文规定下包括"印刷、复印、拓印、录音、录像、翻录、翻拍"几种传统的手段❷，若通过立法者未曾预想到的手段可以达到与"复制"一样的效果和损害，难道可以仅仅因为其不是《著作权法》明文列举下的方式不同就不认为其落入复制权的范围吗？显然是不合理的。

三、常见的司法适用标准与分析

深层链接的定性问题，在很大程度上其实就是对于信息网络传播权的认定问题。由于理论界与司法实务界在界定信息网络传播行为时采用的标准难以形成统一意见，也导致了深层链接在个案认定中的定性和适用发生混乱。为主流观点普遍认可并为欧美代表性判决所采用的"服务器标准"，在面对层出不穷的现实问题与诉求时，是否还适用于技术发展日新月异的网络环境，已经引起越来越多的讨论，以下笔者将简述几种较为常见的标准并进行分析。

---

❶ 王开广. 视频盗链和网盘侵权年致损逾 38 亿元，业界呼吁明确其直接侵权定性［EB/OL］. http://mt.sohu.com/20160821/n465245310.shtml.

❷ 参见《著作权法》第十条第一款第（十二）项："信息网络传播权，即以有线或者无线方式向公众提供作品，使公众可以在其个人选定的时间和地点获得作品的权利。"

1. 服务器标准

顾名思义，服务器标准就是指通过判断作品是否被上传到公开的服务器上来认定这一行为是否构成信息网络传播行为的标准❶。该标准将重点放在了对信息网络传播权的"提供"之框定上，认为要构成信息网络传播行为，必须是"提供"作品的行为，而只有将作品上传至服务器为不特定的用户获取，才符合"提供"的定义。

服务器标准一直得到很多欧美国家的认可❷，也成为我国诸多个案中法院采用的判准，如在 2015 年北京市知识产权法院所受理的湖南快乐阳光互动娱乐传媒有限公司诉同方股份有限公司侵害信息网络传播权纠纷案二审中，判决书中已经明确了判断信息网络传播行为的标准为服务器标准❸。很多人基于实践中的判定认为服务器标准已经成为认定信息网络传播权的唯一标准，但我们更应关注的是这些案例背后的说理，而非判例的结论本身。正如前文所述，当深层链接的运用已经给原著作权人与原网站带来重大经济利益损失的情况下，服务器标准却成为设链网站不正当地获取其他网站流量与广告利益的"免死金牌"，破坏力互联网生态时，其合理性应当受到质疑。一些学者主张服务器标准符合信息网络传播权的立法原意并能最大限度地维系利益平衡❹，但本文则不这么认为。首先，信息网络传播权尽管在立法时参考过 WCT 第八条的规定❺，但 WCT 并没有要求成员国必须单独设置一个与其列举的属于第八条所规定的"向公众传播权"（making available）子权利相对应的权利，且我国立法者当初在设立信息网络传播权时，对于"向公众提供权"（making available）以及"向公众传播权"（communication to thepublic）这两种涵盖范围有所差别的权利究竟是以何者为参考与借鉴，并没有一个确切的说法，而且参与立法的权威学者们，在这一问题上也并未明确表态，故而直接将"信息网络传播权"与"向公众提供权"画上等号本身缺乏足够的背景依据。而即使是能将两者等同，WCT 的基础提案在解释"提供"行为时，只是将"provision of server space, communication connections, or facilities for the carriage and routing of signals"（提供服务空间、通讯

❶ 冯晓青. 聚合盗链行为侵权性及司法适用标准分析——兼议"腾讯诉快看影视"案 [J]. 中国版权，2016（4）：40-43.

❷ 参见欧盟法院（ECJ）的判决：Case C-466/12 Svensson, February 13, 2014；美国法院的判决：Perfect 10, Inc. v. Amazon. com, Inc., 487F. 3d 701 (9th Cir. 2007).

❸ 参见（2015）京 73 民终字第 559 号判决书。

❹ 王迁. 网络环境中的著作权保护研究 [M]. 北京：法律出版社，2011：339-349.

❺ "修改后的著作权法规定的信息网络传播权的定义，直接来自前述知识产权阻止版权公约第八条的表述。" 胡康生. 中华人民共和国著作权法释义 [M]. 北京：法律出版社，2002：56.

连接或为信号传输或路由提供便利）❶ 这几类行为明确地排除出去，但深层链接的行为却不能被涵盖在这几类行为中；反过来说，它仍然有可能通过对法律的解释被纳入"向公众提供"的行为之中。所以，即便深究立法原意，也很难可以得出立法者当初在设立信息网络传播权时已经明确纳入服务器标准。其次，在利益平衡方面，如前文所述，设置深层链接的行为对于内容提供商与著作权人的流量利益与广告利益都造成了切实的损害，对于设链的网络服务提供商则带来与其将作品上传至自己的服务器中进行传播相同的收益，还为其节省了硬盘资源。若放任这一行为，对于著作权人创作的积极性将是重大打击。

2. 用户感知标准

用户感知标准，一般被理解为以用户的感受作为对信息网络行为的判准。也即只要用户误认为其获取的内容是直接来自设置链接的网络服务提供者，那么即使网络服务提供者仅仅对第三方网站中的内容设置了深层链接而没有将作品上传到服务器中，也可以认定网络服务提供者构成直接侵权。2003年华纳唱片有限公司与北京世纪博悦科技有限公司侵害录音制作者权纠纷一案中——一审与二审采用了不同的标准。一审法院采用了"用户感知标准"认为，设链行为若使得网络用户认为作品是由设链者提供的，则该行为应当属于作品提供行为。❷ 而该案二审法院却采取了不同的审判标准，认为原审被告的行为仍然属于链接服务行为，不构成受信息网络传播权控制的传播行为。判决书中所持的观点是：作为信息网络传播权控制的行为，对信息网络传播行为的认定属于事实认定范畴，而最为符合信息网络传播行为这一客观事实属性的标准并非流于主观的用户感知标准，而应诉服务器标准。笔者可以承认对信息网络传播权的认定属于事实认定范畴，也可以承认用户感知标准可能会因对"主观"的判定而不够科学，但法院直接得出"服务器标准最为符合信息网络传播行为这一客观事实属性"的结论则可能稍显草率，毕竟除了用户感知标准外，还有一些同样客观的标准与服务器标准在认定上有着大相径庭的结论。

进一步说，一些服务器标准支持者所认为的"用户感知标准只是一个主

---

❶ Basic Proposal for the Substantive Provisions of the Treaty on Certain Questions Concerning the Protection of Literary and Artistic Works to be Considered by the Diplomatic Conference, 1996, WIPO doc CRNR/DC/4, Para. 10. 10: "What counts is the initial act of making the work available, not the mere provision of server space, communication connections, or facilities for the carriage and routing of signals."

❷ 参见北京市第一中级人民法院（2003）一中民初字第12189号判决书。

观标准，其在法理上难以成立"❶ 也并非没有问题，因为不是一个名词被冠以"感知"二字就成了全然主观的判断。如对于"抢劫罪"中"胁迫"行为采用的是使被害人"不敢反抗"的认定方式，看似主观，却还是能在实务中采用客观的依据来认定，因而名义上主观的标准其实在实务中都能找到相对客观化的判定方式。而以"主观"来作为对"用户感知标准"的攻击，是不是可以被理解为只要能找到更为客观的认定方式，该标准便存在被实务采纳的空间。

3. 实质呈现标准

实质呈现标准是在对信息网络传播权进行改造的基础上将深层链接纳入著作权的规制范围的标准，它与用户感知标准有很多相似之处，可以说只是侧重点不同而本质相同。❷ 前文的用户感知标准以"用户的认识"为着眼点，而后者则以"作品实质呈现方式"为着眼点，其认为只要网站自己控制的用户界面实质呈现了他人作品，就可以视为进行了信息网络传播行为。两者的最大不同，也是实质呈现标准先进于（并且严格于）用户感知标准之处，就在于其合理地解决了用户感知标准广受诟病的"主观臆断"的问题，而是以客观的展示行来作为认定是否构成信息网络传播行为的标准。换而言之，就算深层链接的提供者采取了合理的手段表明作品信息和来源，可能能够避免用户产生误认，但由于设链者在自己控制的界面对他人的作品做了展示，使得用户不需要访问被链接的网站，产生了"实质呈现"的效果，因此深层链接的设置者就应该被认定为提供者❸。如此一来，可以避免"用户感知标准"之下源网站即便被用户所认知传播利益仍然会流失的情况。而之所以这样认为，也是从深层链接为著作权人反对的理由出发——这一行为将会实质改变作品的呈现方式，进而破坏著作权人对作品的传播利益。

实质呈现标准为深层链接落入信息网络传播权控制范围提供了一个较为可行的思路，是对"用户感知标准"的进一步补充。但是何以认为著作权人反对的理由是基于作品呈现方式的改变（又或者说何以断定作品呈现方式的改变必然会影响到作品的传播利益），如何处理好"呈现"与"提供"的关系以及如何明确提供"深层链接"与"普通链接"的实质性差异，并从提供深层链接这一行为本身的构成进行类型化的区分等的一系列问题，还需要等待更为完善的论述出现。

---

❶ 王迁. 网络环境中的著作权保护研究 [M]. 北京：法律出版社，2011：338.
❷ 王迁. 论提供"深层链接"行为的法律定性及其规制 [J]. 法学，2016（10）：23-39.
❸ 崔国斌. 加框链接的著作权法规制 [J]. 政治与法律：专论，2014（5）：74-93.

4. 实质替代标准

由于通过深层链接，用户可以在不发生跳转的情况下于设链网站获得原作品的内容，被链接网站的点击量和其他诸如广告、收费服务等收益因此而减少❶。从这一现实效果出发，基于控制深层链接的网站在传播范围、传播效果、传播收益等方面对于原被链接网站的全面替代，深层链接对互联网利益分配格局产生了实质性的改变。遵循权利义务对等的原则，设链者必须承担网络内容服务者相应的注意义务，应当被认定为构成侵权。比如，在腾讯诉快看案一审中，法院就认为快看影视 APP 的具体服务提供方式，使得作品的域名渠道、可接触用户群体等属于网络传播范围的内容被扩大，这样的后果是已经获得合法授权的其他视频网站的流量和收益则因此受到减损。这一行为在没有向著作权人以及源网站支付获取分销授权的成本支出的情况下，却在客观上发挥了在聚合平台上向用户"提供"视频内容的作用，也即产生了实质性替代效果，法院因此认定构成侵权❷。有一个问题是是否会存在某一设链网站与被链接网站的传播市场完全不同、不存在流量竞争关系以致以该原则无法控制设链行为，这里涉及对于网站传播市场与流量利益的认定，给实际审判的法官留下了自由裁量的空间。

还有一些质疑的观点认为："实质替代标准"存在逻辑循环，其作为认定"传播"的标准，本身就包含了"传播利益"，因此还是没有回答什么是"信息网络传播行为"❸。这样的说法有一定的道理，但实际上"传播"与"传播利益"是结果与行为的关系，从行为效果反向认知行为本身，也应当可以作为一种对行为进行定义的方式。而且需要明确的是"实质替代标准"本身并无意解决"信息网络传播行为"的定义改进和明确之问题，而更多的是在实务方面提供某类行为在现有的定义之下应当被纳入"信息网络传播行为"范围的理由。支持这一标准的一些学者从法律经济学的角度给出了深层链接应当受到规制的正当性，跳脱出了法条自身的框架之中，在社会效果层面给予了充分的考量，也正是因为其主要还是着眼于裁判效果而非法律适用过程，因此并未给出究竟深层链接是否可以落入信息网络传播行为的判断❹。但在实

❶ 石必胜. 论链接不替代原则——以下载链接的经济分析为进路 [J]. 科技与法律, 2008（5）: 62-67.

❷ 参见（2015）海民（知）初字第 40920 号判决书。

❸ 冯晓青. 聚合盗链行为侵权性及司法适用标准分析——兼议"腾讯诉快看影视"案 [J]. 中国版权, 2016（4）: 40-43.

❹ 石必胜. 论链接不替代原则——以下载链接的经济分析为进路 [J]. 科技与法律, 2008（5）: 62-67.

务审判的认定中，如何从法条以及法律解释出发来对某一行为进行定性仍然是基本的必经过程，因而实质替代标准在总体思路正确的情况下，仍需要在法律文本和法学解释论上找到一条具体、精细的可行之道。

5. 其他标准

除了上述 4 个标准外，实践中较为常见的还有实际控制标准（也被称为"域名、流量控制标准"）❶、新公众标准❷以及法律标准❸等。以上这些标准，都未在著作权法上有过明确规定，也并非标准的法律术语，甚至于有些概念也会被不同的人作出不同的释义与解读，在定义上都缺乏共识。它们被提出，更多只是为了在认定网络传播侵权行为时有一个简单明确的定位，为信息网络传播行为的界定提供一定的凭借。但并非哪一标准就必须被一成不变地遵守，比标准的名称更重要的是适用这些标准背后的道理，这也是本文关注的重点。

四、可能的救济途径分析

1. 应当摈弃的技术措施论与反不正当竞争论

"技术措施论"与"反不正当竞争论"的拥护者也认同应当对深层链接进行规则，但其方式则是要求被链接网站为了保护自己的利益必须设置防链的技术措施，再依据著作权法上的规避技术措施来处理，或者从反不正当竞争法上对破坏技术措施的行为寻求救济❹。由于破坏技术措施的行为与设链行为是两个相互独立的行为，故而这样的论断其实是回避了对深层链接的定性问题。而且，从著作权法利益平衡出发，这一论断一方面对著作权人与内容提供商提出了过高要求，使得合法的权利人的利益不能得到法律直接有效的保护；另一方面在深层链接为法律所许可的情况下，许多原来愿意向普通链接与普通搜索引擎开放的网站会因为担心深层链接的行为损害自身利益而选择设置技术措施，付出原本不必要的成本，不仅阻碍了正常搜索技术的运用与被链接网站的推广，同时也使得公众接触信息的难度增加，损害他们获取信息的便利。网站演变成了彼此隔离的信息孤岛，最终挤压了网站的开放空

---

❶ 杨勇. 深层链接的法律规制探究 [J]. 中国版权，2015（1）.

❷ 此一标准在欧盟法院的判决中被广泛运用（参见欧盟法院的判决，Svensson v. Retriever Sverige，Court of Justice，Case C-466/12），但受到国内外多数学者的反对，笔者对于法院的判决理由也存在一些不认同之处，并未打算将其作为可行的规制路径，限于篇幅不再赘述。

❸ 孔祥俊. 论信息网络传播行为 [J]. 人民司法，2012（7）：59-69.

❹ 陈绍玲. 论网络中设链行为的法律定性 [J]. 知识产权，2015（12）：29-38.

间和链接的自由❶。再者，深层链接行为毕竟是以"作品传播利益"为中心的行为，若有为保护作品传播利益而设的权利（在我国《著作权法》上即"信息网络传播权"）能直接对它进行限制，则为了避免著作权体系的混乱以及"碎片化"，应当优先考虑信息网络传播权的适用；只有在这一路径确实无可行性时，再来考虑著作权体系以外的措施进行规制。而进一步来说，当我们希望通过信息网络传播权控制深层链接的使用时，对信息网络传播权本身的解读和剖析就是关键所在。如何在几种均存在可行性的方式中选出最佳途径，以下本文将尝试给出一些建议。

2. 尚待完善的提供与展示行为二分

内容提供和渠道服务这两项，是为了实现作品传播利益的必经步骤。在互联网发展早期，"内容提供"在作品传播中起着更为明显和重要的作用。这是因为直接将作品内容上传到公开的网络服务器从而实现公众的获取，是作品得以传播的重要手段。但是随着互联网科技的更新，内容不断丰富、来源更加多元化，人们也更加注重作品的内容欣赏，从而使"渠道服务"这一原本为大家所忽视的步骤的作用更加突出。❷ 基于此，确有必要重新审视通过渠道服务达成的展示行为与网络传播行为的关系。

"提供与展示行为二分"与前文所提及的"实质呈现标准"相对应，它的观点持有者承认设置深层链接的行为的确不属于网络提供行为，但他们同时指出网络传播行为不仅包含作品的提供，从实际中和观念上还应当包含作品的展示。提供行为固然重要，但真正使得作品实现商业价值、网站获得流量利益的则还是作品对外展示的一步。考虑到普通链接与深层链接的区别（下文将会详述），普通链接单纯地为用户访问第三方网站服务而不施加控制行为，不会干预到第三方被链接网站或客户端对载于其服务器中的文件的展示；深层链接设链者对外以自己的名义向公众展示作品，并且通过自己的页面或客户端实际对作品的呈现方式与传播范围进行了操控。这时候，著作权人和原网站沦为设链网站背后的作品来源而不再能对其享有权利的作品施加影响，甚至没有机会使得用户了解作品真正的提供和展示者。设链者的这一行为无疑是与被链接网站和著作权人的利益与意志相悖，插足成了网络提供者和用户之间新的传播媒介❸，这一新媒介与用户所进行的互动，构成了网络

❶ 崔国斌. 得形忘意的服务器标准 [J]. 知识产权, 2016 (8): 3-19.

❷ 冯晓青. 聚合盗链行为侵权性及司法适用标准分析——兼议"腾讯诉快看影视"案 [J]. 中国版权, 2016 (4): 40-43.

❸ 崔国斌. 得形忘意的服务器标准 [J]. 知识产权, 2016 (8): 3-19.

传播行为。

但略显尴尬的是，在我国以及国外司法实践中，并没有把信息网络传播行为这一交互式的传播行为拆分成"作品提供"和"作品展示"的先前判例❶。相反地，现有判决确认：作品展示行为对应用户实际的浏览、下载行为，与信息网络传播行为的成立并无直接关系，它只对侵权损害赔偿数额产生影响❷。而且，在《著作权法》的明文规定上，信息网络传播权的定义从字面上并不能完整地覆盖作品展示行为。要用这一理论指导实践，就必须动用修法程序，对信息网络权的定义进行修改或者新增其他权利。更有甚者，单纯从理论内部的严谨性上，也有学者产生质疑，在这一二分法之下，将会出现单一的交互式传播行为受到双重权利控制的逻辑悖论——被链接网站仅仅实施了一个传播行为，这一行为却要面临被"信息网络传播权"与"作品展示权"双重评价的境况❸。

3. 回应现实的实质替代标准

为了维护法律的安定性，当法律条文通过解释尚能应对社会变化的需求时，便优先使用法律解释来保证法的统一与稳定；只有当法律条文的内涵已经完全不适应社会发展的要求时，才会采用法律修改的方式回应现实需求❹。故而我们在考虑对深层链接被链者可能的救济路径时，为了尽可能地避免对现有《著作权法》的变动，应当优先考虑将深层链接行为纳入现有的明文列举的权利中进行规制。以下本文将尝试分析如何较为合理地使得深层链接为信息网络传播行为涵盖。

（1）深层链接与普通链接的区别。

在解析"信息网络传播行为"之前，笔者希望能对深层链接与普通链接进行一个厘清，这是因为会有一些人认为深层链接与普通链接本质都是网络地址，只是在引导用户获得被链作品的途径上有不同❺，并不能改变作品均是在被链接网站中进行展示的事实。若不对这两个概念从行为上进行明确区分，就可能被指责为不从行为本身而仅从后果进行定性。

服务器标准的支持者在攻击实质呈现标准的支持者时，认为当他们强调"导致聚合平台设链者角色变化的，并非是'设链行为'本身，而是其控制网页或客户端、对外宣示控制者身份并对第三方提供的信息数据进行加工呈现

---

❶❸ 陈绍玲. 论网络中设链行为的法律定性 [J]. 知识产权，2015（12）：29-38.

❷ 参见河南省高级人民法院民事判决书（2013）豫法知民终字第55号。

❹ 朱景文. 法理学 [M]. 北京：中国人民大学出版社，2015：314-317.

❺ 王迁. 论提供"深层链接"行为的法律定性及其规制 [J]. 法学，2016（10）：23-39.

等一系列行为"❶ 时，就等于他们认为提供链接是否构成信息网络传播行为并不取决于该行为自身的特征而是取决于其他行为，而由此设置深层链接和普通链接的行为与网络传播行为关系的区别已经不由行为本身的不同决定，而变成了由其他行为所导致的后果来认定。但情况其实不然，从行为角度来看，深层链接与普通链接一者并未脱离设链网站的页面和地址栏，未跳转至被链接网站，在自己控制的页面或客户端"展示"作品；另一者则仅仅提供引导的作用，在用户点击后就实现到被链接网站页面的完整跳转。两者的最大区别，就在于呈现的网站内容的管理域名不同，从而使行为的控制力也有质的区别。❷ 由于对互联网传播控制的关键就是域名和网址，这样的区别就直接影响到了两者是否能构成信息网络传播行为。

同时，尽管同为链接，深层链接作为一种商业性行为，和普通链接大相径庭。它自身的特殊形态为其带来丰厚的经济回报，这些经济利益足以弥补设链者所要负担的其他交易成本，即便对深层链接进行规制，设链者需要在经过权利人许可的情况下才能设置链接，但由于其中仍然保留巨大的获利空间，因而不会减少设链行为；加上对于合理使用规则的配套运用，社会公众的链接自由也不会受到威胁❸。而反过来，如果不对其进行规制，那么设链者就可以在不需承担交易成本的情况下盗取被链接网站的商业利益，破坏互联网健康的生态秩序。

对深层链接行为进行有效的规制，扩张著作权的法律控制范围从而覆盖作品的"渠道服务"环节，能够有利于保障作者利益，从而可以进一步激励创作，这是著作权法保护文学、科学、艺术创作，促进文化科学事业发展的立法宗旨的应有之义。

（2）实质替代标准的合理性。

前文已经对实质替代标准进行了初步评述，在这里笔者想结合深层链接与普通链接的标准进一步阐释其适用的合理之处。

首先，实质替代标准可以克服唯技术论的缺陷，它以"提供"的终端环节为着眼点，将"传播"这一实行行为作为最终的考量，因而只要设链网站在最终向公众提供并传播作品的环节产生了实质替代了被链接网站或权利人

---

❶ 崔国斌. 加框链接的著作权法规制［J］. 政治与法律：专论，2014（5）：74-93.
❷ 杨勇. 深层链接的法律规制探究［J］. 中国版权，2015（1）.
❸ 王开广. 视频盗链和网盘侵权年致损逾 38 亿元，业界呼吁明确其直接侵权定性［EB/OL］. http://mt.sohu.com/20160821/n465245310.shtml.

的效果，则不需考虑技术手段究竟如何改变，就应当被认定为实行了提供行为❶，如此一来就避免了因为技术更新所引起的不必要的认定混乱。如果说实质呈现标准是对用户感知标准的改进，那么实质替代标准则是在实质呈现标准之上的更进一步："实质呈现"是从技术层面对于"被替代链接"所损失的利益进行原理上的解释，而"实质替代"则是"实质呈现"的必然结果，两者在本质上有契合之处，而"实质替代"又能避开对于"呈现"行为在信息网络传播行为中的定位进行过多不必要的探讨，仅仅将关注点聚集于"提供"行为本身。

其次，站在《著作权法》立法目的的视角上，要保护著作权人的利益，促进科学文化事业的发展，就应当对行为是否会实质上损害著作权人的应得收益进而影响作者创作积极性进行分析。而但凡用户在完全为设链者所控制的页面以设链者设定的方式获得权利人的作品，则作品传播利益就会处于无效率的分配状态❷。如果不对上载作品的网站的利益加以维护进而置著作权人作品在互联网中传播的利益于不顾，就会极大地打击著作权人创作的积极性，并使作品的数量与质量受到连带的负面影响❸。

（3）对解释方法的运用。

根据《著作权法》第十条的规定："……信息网络传播权，是指以有线或者无线方式向公众提供作品，使公众可以在其个人选定的时间和地点获得作品的权利。"在司法实务中，就有法院尝试对信息网络传播权之核心"提供"行为进行一定的扩充解释。如在腾讯诉快看案中，一审法院在判决书中指出："在技术飞速发展的背景下，不能将'提供行为'仅限于'上传到网络服务器'一种行为方式，还必须合理认定技术发展所带来的其他'向公众提供作品'的行为方式，科学界定聚合平台提供服务的性质"。❹ 以信息网络传播权分销授权之商业运作的逻辑为基点，法官认为信息网络传播权的权能中包含了对作品在网络上的传播范围、传播方式以及传播期间的具体控制。

根据《最高人民法院关于审理侵害信息网络传播权民事纠纷案件适用法律若干问题的规定》（以下简称《规定》）第三条规定："……通过……等方式，将作品、表演、录音录像制品置于信息网络中……人民法院应当认定其

❶ 张细英. 深度链接中的著作权侵权行为认定 [D]. 广州：暨南大学，2016.

❷ 张艳红. 今日头条 App 版权纠纷 [J]. 电子知识产权，2015（Z1）：32-33.

❸ 石必胜. 论链接不替代原则——以下载链接的经济分析为进路 [J]. 科技与法律，2008（5）：62-67.

❹ 参见（2015）海民（知）初字第 40920 号判决书。

实施了前款规定的提供行为。"❶ 其中"上传到网络服务器、设置共享文件或者利用文件分享软件等方式"中的"等"字为法官在适用时也预留了变通的空间——只要涉案的行为与前述的几种行为能够归为同一类别的行为，就可以被认定为提供行为。到此，相关司法解释至少并没有完完全全采取服务器标准，为"提供"行为的扩大解释保留了可能性。而《规定》第五条则作出了如下规定："网络服务提供者以提供网页快照、缩略图等方式实质替代其他网络服务提供者向公众提供相关作品的，人民法院应当认定其构成提供行为。"从这一规定我们可以推知，司法解释认可以实质替代的标准来认定提供行为。从体系解释的角度出发，虽然《规定》对实质替代标准的采纳是在第五条对网页快照与缩略图的提供行为之规制中出现的，但是为了达到该司法解释整体的一致性，第五条所提供的判定思路也应当能在其他法条中得到适用。

综合上文所提及的，深层链接的设置对于设链者、被链者与著作权人产生了与上传至公开服务器的提供行为相同的后果，有着对作品几乎一样的控制力和传播范围，完全可以起到替代前述"上传至网络服务器、利用文件分享软件"等方式相同的效果，故而沿着司法解释的界定与逻辑，可以推出"提供"行为可以并且应当涵盖设置深层链接的行为。

有的学者甚至更进一步认为，应该将焦点从"提供"转移到"获得"。因为在法律规范的表述中，"向公众提供"作品的表现形式实际上就是"使公众获得作品"，而且"向公众提供"作品的最后落脚的目的也是为了"使公众可以（在选定的时间地点）获取到作品"❷。WCT 第八条中"making available to the public"的表述，其实也是在强调提供行为最后落脚的"available"即公众对作品的获得。深层链接这一技术，使得设链者处于相当于提供者的位置，最后实际上的效果也是使得点击链接的用户能够在任意时间地点获得作品，若以提供行为所服务的获得效果为重心，则将其纳入信息网络传播权也就顺理成章。所以无论是以"提供"为着眼点抑或是强调"获得"行为的重要性，在综合运用几种可行的法律解释方法之后，可以得出信息网络

---

❶ 法条原文为："网络用户、网络服务提供者未经许可，通过信息网络提供权利人享有信息网络传播权的作品、表演、录音录像制品，除法律、行政法规另有规定外，人民法院应当认定其构成侵害信息网络传播权行为。通过上传到网络服务器、设置共享文件或者利用文件分享软件等方式，将作品、表演、录音录像制品置于信息网络中，使公众能够在个人选定的时间和地点以下载、浏览或者其他方式获得的，人民法院应当认定其实施了前款规定的提供行为。"

❷ 冯晓青. 聚合盗链行为侵权性及司法适用标准分析——兼议"腾讯诉快看影视"案 [J]. 中国版权，2016（4）：40-43.

传播行为在现行法律的框架下，存在着涵盖深层链接行为的合理性与可行性之结论。

基于以上的一系列分析，本文认为，对深层链接进行规制无论从政策面还是理论面都有必要性存在。在当前几种存在可行性的方案中，为了避免逻辑上可能出现的矛盾、维护法律的稳定性，以司法解释与网络传播行为商业盈利模式为出发点，采用实质替代标准对信息网络传播权进行扩大解释，则应当是一个被优先选择的方案。

五、后　记

在信息网络传播行为的认定上，"服务器标准"一直占据绝对的主流，但许多人在探讨深层链接与信息网络传播行为时，却将目光更多集聚于表面形式，而忘记了信息网络传播权这一权利的实质内核及设立的目的。在一系列先前判例的背后，更值得我们关注的还是这些审判实践对利益平衡与权利保障的作用以及和著作权法律体系的衔接。不可否认，"服务器标准"的存在自有其合理性与实用性所在，但本文更希望我们在相关问题的探讨中不要局限于服务器标准的窠臼之中而忽略了其他可能的解决思路，以至于与人们基本的常识脱节。毕竟在网络著作权侵权认定问题上如果能尽量避免机械地单纯以技术标准来认定，我们的理论和实务才能够更好地应对发展日新月异的互联网技术，实现社会整体效益的最大化。

🔍 **参考文献**

专（译）著

[1] 王迁. 网络环境中的著作权保护研究 [M]. 北京：法律出版社，2011.

[2] 孔祥俊. 知识产权法律适用的基本问题 [M]. 北京：法制出版社，2013：403.

[3] 朱景文. 法理学 [M]. 北京：中国人民大学出版社，2015：314-317.

[4] 王迁，LucieGuibault, Guibault. 中欧网络版权保护比较研究 [M]. 北京：法律出版社，2008.

[5] 李琛. 知识产权法关键词 [M]. 北京：法律出版社，2006.

[6] 刘春田. 知识产权法 [M]. 北京：中国人民大学出版社，2015.

[7] 王迁. 知识产权法教程 [M]. 北京：中国人民大学出版社，2016.

[8] 胡康生. 中华人民共和国著作权法释义 [M]. 北京：法律出版社，2002.

[9] 薛虹. 网络时代的知识产权法 [M]. 北京：法律出版社，2000.

期刊

[1] 石必胜. 论链接不替代原则——以下载链接的经济分析为进路 [J]. 科技与法律, 2008 (5): 62-67.

[2] 崔国斌. 加框链接的著作权法规制 [J]. 政治与法律: 专论, 2014 (5): 74 -93.

[3] 陈惠珍. 深层链接行为的可归责性分析 [J]. 上海审判实践, 2011 (7).

[4] 孙远钊. 搜索引擎"深度链接"的法律问题（下）——以"谷歌搜索引擎案"为例 [J]. 中国版权, 2015 (2): 56-59.

[5] 吕长军. 视频客户端盗链的侵权模式及法律责任分析 [J]. 电子知识产权, 2014 (5): 86-90.

[6] 王迁. 论提供"深层链接"行为的法律定性及其规制 [J]. 法学, 2016 (10): 23-39.

[7] 王迁. 三论"信息定位服务提供者"间接侵权的认定——兼评"泛亚诉百度案"一审判决 [J]. 知识产权, 2009 (2): 3-12.

[8] 冯晓青. 聚合盗链行为侵权性及司法适用标准分析——兼议"腾讯诉快看影视"案 [J]. 中国版权, 2016 (4): 40-43.

[9] 杨勇. 深层链接的法律规制探究 [J]. 中国版权, 2015 (1).

[10] 陈绍玲. 论网络中设链行为的法律定性 [J]. 知识产权, 2015 (12): 29-38.

[11] 崔国斌. 得形忘意的服务器标准 [J]. 知识产权, 2016 (8): 3-19.

[12] 冯晓青. 聚合盗链行为侵权性及司法适用标准分析——兼议"腾讯诉快看影视"案 [J]. 中国版权, 2016 (4): 40-43.

[13] 孔祥俊. 论信息网络传播行为 [J]. 人民司法, 2012 (7): 59-69.

[14] 芮松艳. 论搜索、链接服务提供行为的侵权构成要件 [J]. 知识产权, 2011 (1): 58-64.

[15] 芮松艳. 深层链接行为直接侵权的认定以用户标准为原则: 以技术标准为例外 [J]. 中国专利与商标, 2009 (4): 81-91.

[16] Alain Strowel. Liability with regard tohyperlinks [J]. Westlaw, 2001.

学位论文

[1] 何敏. 网络链接滥用引发的知识产权问题研究 [D]. 上海: 复旦大学, 2009.

[2] 张细英. 深度链接中的著作权侵权行为认定 [D]. 广州: 暨南大学, 2016.

[3] 王志豪. 深层链接行为的法律定性研究 [D]. 上海: 华东政法大学, 2016.

互联网文章

[1] 王开广. 视频盗链和网盘侵权年致损逾38亿元, 业界呼吁明确其直接侵权定性 [EB/OL]. http://mt.sohu.com/20160821/n465245310.shtml.

[2] 搜狐视频网. 关于反盗版和反盗链技术措施权利保护声明 [EB/OL]. [2016-

04-07]. http://tv.sohu.com/s2016/piracy/index.shtml.

[3] 中国知识产权报. 全国首例视频聚合盗链不正当竞争案尘埃落定 [EB/OL].
http://www.cnipr.com/sfsj/zfwq/201605/t20160513_ 196873. htm.

[4] 人民法院报. 聚合盗链的"罪与罚" [EB/OL]. http://mt.sohu.com/20160905/
n467617651.shtml.